中共重庆市委当代党员杂志社 / 编著

Those years, those stories, those people

那年那事那人

1949—2024

CHONGQING　　重　庆

重庆出版集团 重庆出版社

图书在版编目（CIP）数据

那年·那事·那人：重庆：1949—2024 / 中共重庆市委当代党员杂志社编著. -- 重庆：重庆出版社，2024.10.（2024.12重印）-- ISBN 978-7-229-15604-6

Ⅰ．D619.719

中国国家版本馆CIP数据核字第2024D8E815号

那年·那事·那人：重庆1949—2024
NANIAN NASHI NAREN: CHONGQING 1949-2024
中共重庆市委当代党员杂志社　编著

责任编辑：彭　景　卢玫诗　李欣雨　谭翔鹏　荣思博　冯　静
责任校对：刘春莉　刘小燕
装帧设计：刘沂鑫　李南江

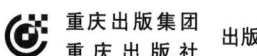
重庆出版集团
重庆出版社　出版

重庆市南岸区南滨路162号1幢　邮政编码：400061　http://www.cqph.com
重庆出版社艺术设计有限公司制版
重庆恒昌印务有限公司印刷
重庆出版集团图书发行有限公司发行
E-MAIL:fxchu@cqph.com　邮购电话：023-61520678
全国新华书店经销

开本：787mm×1092mm　1/16　印张：26　字数：430千
2024年10月第1版　2024年12月第2次印刷
ISBN 978-7-229-15604-6
定价：128.00元

如有印装质量问题，请向本集团图书发行有限公司调换：023-61520678

版权所有　侵权必究

编委会

- 主 任 -

张俶瑃　李　斌

- 委 员 -

周　勇　唐润明　艾新全　唐春林　别必亮
杨安军　刘成国　王志勇　陈国栋　李剑峰
徐　飞　吴　昊　彭　景

序

甘宇平[*]

重庆是一块英雄的土地，有着光荣的革命传统。毛泽东同志在这里进行了决定中国前途命运的重庆谈判，周恩来同志领导中共中央南方局在这里同反动势力展开了坚决斗争，邓小平同志在这里领导中共中央西南局进行了大量开创性工作。习近平总书记于2016年1月、2019年4月、2024年4月三次赴重庆考察，发表重要讲话，作出重要指示，为重庆的现代化建设作出战略擘画，同时，高度肯定重庆"改革开放取得新进展，产业发展迈出新步伐，城乡融合发生新变化，生态文明呈现新面貌，民生福祉得到新改善，各方面工作取得新成绩"。

《那年·那事·那人：重庆1949—2024》是从1949年起，每年就写一事，写到2024年，是"复兴之路"的缩影，以庆祝中华人民共和国成立75周年。

学好党史、新中国史、改革开放史、社会主义发展史，让初心薪火相传，把使命永担在肩，自觉做习近平新时代中国特色社会主义思想的坚定信仰者、忠实实践者，奋力谱写中国式现代化重庆篇章。

以《"进军大西南！"》《时光守护者》为代表的纪实文章，生动描绘了"天翻地覆慨而慷"的场景。

《"我参建了新中国第一条铁路"》《为了人民的大礼堂》《"钢铁之城"美丽蝶变》《"飞"向世界的重庆》《建设西部大开发"2号"特大工程》《山水入"划"》等20篇纪实文章，反映了如火如荼的经济社会建设、沧海桑田的巨大变化。

《"816"，我亲历的神秘核工程》反映了艰巨的三线建设，《为了三峡移民安稳致富》《瞿塘峡壁题刻"搬家"记》《千年题刻白鹤梁》反映了"当惊世界殊"的三峡工程。

---

[*] 甘宇平，中共重庆市委原副书记、重庆市人民政府原副市长、原国务院三峡工程建设委员会副主任、全国第十届政协常委、重庆市人民政府原顾问，是新重庆建设的亲历者、参与者、见证者。

《"诗与史俱在"的〈红岩〉》《版画映乡愁》《"川剧之花"梅开三度》《在史迪威博物馆聆听历史的回响》《让大足石刻走向世界》《让三峡文物"活"在当下》等13篇纪实文章反映了重庆文化的源远流长、博大精深，也体现了当代重庆人对优秀传统文化的继承和发扬。

《最是直辖澎湃时》，记录了历史大事：设立直辖市的伟大意义，设立直辖市后产生的宏大作用，人民的欢欣鼓舞和激扬奋进跃然眼前。

《为人类贡献家蚕基因组》《喜望群星耀满天》《为国争"气"》《"长安"新动能》《"重庆稻"香飘海外》《让科技"长"在田间地头》等11篇文章反映了重庆科学技术的蓬勃发展，"世上无难事，只要肯登攀"。

《环保局"开张"以后》《为长江"十年禁渔"志愿护渔》记录了重庆贯彻"生态优先、绿色发展"的生动实践。

《少年英雄感动中国》《那年特大洪水，他用生命营救80多人》《静水深流》《铁轨上的生死时速》《勇救四孩痛失两亲仍坚强》《"这里是我的家，我不救哪个去救？"》等10篇，讲述了山城各行各业的英雄人物故事，让我们崇尚英雄、学习英雄、关爱英雄。

《生生不息的红岩魂》《"他在烈火中永生！"》《"狱中八条"的来龙去脉》，让我们把红色基因传承好、把红色江山世世代代传下去。

《恢复高考　改变命运》《白手起家办大学》《开创国内保税港区新模式》《驾驶中欧班列驰骋丝绸之路》《在"世界中转站"吊装城市未来》《"小巷书记"的民生使命》再现了重庆改革开放的华章，"长风破浪会有时，直挂云帆济沧海"。

《"西西公园"入梦来》《把重庆火锅做到"天下第一"》《"超越"解放碑》等篇目，体现了人民的获得感、幸福感、安全感和认同感。

岁序常易，华章日新。在中华人民共和国成立75周年之际，一批投身中国特色社会主义建设实践的重庆儿女，怀着对历史负责、对未来负责的赤诚之心，编辑出版《那年·那事·那人：重庆1949—2024》，具有重要意义。故叙怀于兹，兼以为序。

2024年8月21日

目录

序 001

1949年 "进军大西南!" 001
1950年 时光守护者 007
1951年 文化宫的"流量密码" 012
1952年 "我参建了新中国第一条铁路" 018
1953年 火力发电助力建设新重庆 024
1954年 为了人民的大礼堂 029
1955年 大田湾的"雄起"声时常在耳边回响 035
1956年 "儿科拓荒者"的燃情岁月 041
1957年 揭开合川马门溪龙的神秘面纱 046
1958年 无轨电车穿城过 052
1959年 少年英雄感动中国 057
1960年 难以忘怀的"宽银幕"记忆 062
1961年 "诗与史俱在"的《红岩》 067
1962年 "西西公园"入梦来 072
1963年 生生不息的红岩魂 077

1964年　"红岩神炮"改写我国"缺重少轻""有炮无车"历史　082

1965年　"钢铁之城"美丽蝶变　088

1966年　一桥飞架嘉陵江　093

1967年　"816"，我亲历的神秘核工程　099

1968年　铸得"铁龙"蜀道宽　104

1969年　设计建造"亚洲第一吊桥"　109

1970年　难忘山城手表"嘀嗒"声　114

1971年　"越洋电话"变"形"记　120

1972年　重庆有个"地下都江堰"　125

1973年　把重庆火锅做到"天下第一"　130

1974年　环保局"开张"以后　136

1975年　"超越"解放碑　141

1976年　传承中医济苍生　146

1977年　恢复高考　改变命运　150

1978年　我们的"东莱式派出所"　155

1979年　白手起家办大学　160

1980年　天府可乐"重庆造"　165

1981年　那年特大洪水，他用生命营救80多人　170

1982年　重庆水轮机"转"出中国质量　175

1983年　为解决全国人民的穿衣问题贡献力量　180

1984年　《春夏秋冬》勇立潮头　185

1985年　一张演出节目单背后的渴望　190

1986年　赶赴200万年前的"约会"　195

1987年	37年守护"万里长江第一索"	201
1988年	版画映乡愁	206
1989年	"川剧之花"梅开三度	211
1990年	"飞"向世界的重庆	217
1991年	续写全国首个双拥模范县的故事	222
1992年	"他在烈火中永生!"	226
1993年	为了三峡移民安稳致富	231
1994年	在史迪威博物馆聆听历史的回响	236
1995年	再续百年航运传奇	242
1996年	"狱中八条"的来龙去脉	248
1997年	最是直辖澎湃时	254
1998年	静水深流	261
1999年	铁轨上的生死时速	267
2000年	建设西部大开发"2号"特大工程	272
2001年	桂园新声	277
2002年	瞿塘峡壁题刻"搬家"记	282
2003年	奋战"8小时重庆"	287
2004年	为人类贡献家蚕基因组	292
2005年	勇救四孩痛失两亲仍坚强	297
2006年	喜望群星耀满天	301
2007年	让大足石刻走向世界	306
2008年	开创国内保税港区新模式	311
2009年	千年题刻白鹤梁	316

2010年　山水入"划"　322

2011年　驾驶中欧班列驰骋丝绸之路　327

2012年　山沟里飞出金凤凰　332

2013年　用"隐名"传递人间大爱　337

2014年　为国争"气"　343

2015年　"长安"新动能　348

2016年　在"世界中转站"吊装城市未来　353

2017年　"重庆稻"香飘海外　358

2018年　用生命守护平安　363

2019年　让科技"长"在田间地头　368

2020年　让三峡文物"活"在当下　373

2021年　为长江"十年禁渔"志愿护渔　378

2022年　"这里是我的家，我不救哪个去救？"　384

2023年　用灯光为新重庆"写诗"　389

2024年　"小巷书记"的民生使命　394

附录　历史上三次提出建设"新重庆"奋斗目标　400

后记　403

"进军大西南！"

夏祥洲　高晓燕

> 1949年5月，中央命令刘邓大军进军大西南。中国人民解放军西南服务团（简称"西南服务团"）应运而生，主要任务是接管地方、建立政权，其中约3000名随团成员，从1949年10月1日深夜启程，跋涉千里，于12月初进入重庆，大部分人就此扎根，用一生参与并见证了重庆解放及其后数十年的发展变迁。

讲述人

王玉明，男，原西南服务团成员、重庆市西南服务团团史研究会原副会长，曾任重庆市九龙坡区委书记。

1949年10月1日下午3时，中华人民共和国举行开国大典，中央人民政府主席毛泽东在北京天安门城楼上向全世界庄严宣告："中华人民共和国中央人民政府今天成立了！"

礼炮齐鸣、欢呼四起。同一时刻，这一喜讯正穿过南京浦口火车站的高音喇叭，传递到正在候车的数千名西南服务团成员耳中。王玉明站在队伍中，激动得手心冒汗。他努力压抑着满腔豪情与壮志，裹紧双腿绷带，调整背包肩带，端正军帽，随即踏上了开往徐州的火车，奔赴大西南。

那一年，他18岁。他从未想过，其后一生，他和众多西南服务团成员都将阔别故土，成为解放重庆、建设重庆、见证重庆发展的中坚力量。

万人参团——
进军大西南，接管地方，建立政权

1949年，在取得辽沈、淮海、平津三大战役胜利后，中国革命迎来了大转折。不久，英勇的人民解放军一路挺进，先后占领南京，解放杭州，解放上海。5月23日，中央军委要求刘邓大军进军大西南，一举端掉蒋介石集团最后盘踞的老巢，解放全中国。刘伯承、邓小平随即着手为解放大西南准备大量干部，组建中国人民解放军西南服务团。6月12日，西南服务团在上海成立，华东支前司令部副司令员曹荻秋担任第一团团长。消息一出，上海、南京、安徽等地迅速掀起"南下热"，数以万计的进步青年报名参团投身革命。

在上海读书的18岁青年王玉明便是其中一员。他被编入一团重庆支队，支队约有3000人，由西南服务团总团副主任兼第一团团长曹荻秋带队，目标：接管重庆，建立新政权！

西南服务团在南京进行了3个月的整训后，于1949年10月1日深夜，跟随刘邓大军从南京出发，踏上进军大西南的征程。"两双胶鞋、一支步枪、一个背包、三斤盐巴、一个米袋、一只水壶，便是我的全部家当。"王玉明说。

挺进西南——
随刘邓大军跋涉7000里

蜀道之难，难于上青天。跟随部队到重庆，王玉明对此深有体会。一路上，西南服务团跟随刘邓大军辗转迂回，或步行，或乘火车，或坐轮船，翻越崇山峻岭，跨过大江大河，途经江苏、河南、湖北、湖南、贵州等省份，最后抵达重庆，耗时两个多月，全程行军约7000里。其中，5000多里是徒步。

行军路上的艰苦难以名状，王玉明至今记忆犹新。每天天不亮就要出发，到上午10点左右才休息吃饭，每天行军上百里。"最初，我们这些新兵双脚每天起泡，超负荷步行后的双腿第二天根本没法走路。老兵们经验丰富，教了我们两招。"王玉明说。第一招是晚上烧水，热水烫脚缓解疲劳；第二招，用针刺穿水泡放水，再穿一根头发到水泡里，头发丝够细，可随时引流，这样就不会再起泡，也不会感染，大概三四天后，水泡就会成茧。"不过茧子很快就长厚，得用刀削薄，不然走路又会痛。"王玉明笑着说。

除了肉体上的苦，精神上的苦也得硬扛。为了确保军事行动的秘密性，西南服务团成员们不能写信回家，不少第一次离家的成员饱受思亲之苦。同时，这一路上，部队既要提防地方匪患，又要抗击国民党残部的袭扰。王玉明至今仍能忆起酉阳龙潭响彻整夜的枪声。战斗部队将西南服务团夹在中间，一前一后与国民党残部激烈拼杀，全力确保服务团周全。对不到20岁的学生兵来说，不怕是假的，但王玉明和战友们从未有过退缩的念头。

1949年，《人民日报》刊登《向全国进军的命令》
（中共重庆市委党史研究室　供图）

重庆解放——
访贫问苦、剿匪反霸、推进土改……敢教日月换新天

随着西南的解放，西南服务团陆续进入任务执行阶段。全团17000余人被分配到了云、贵、川、康各地。

1949年11月30日，重庆解放。同年12月8日，曹荻秋带队入城，王玉明和服务团的成员们清晨5点在较场口集结，等候参加进城仪式。"从七星岗到通远门的那一段，就是仪式路段，上午10点，仪式开始，前方是野战部队，西南服务团紧跟其后，所经之处，老百姓夹道欢呼，掌声雷动，歌声高扬，

"进军大西南！" | 003

中国人民解放军从湖南进入重庆，向重庆黔江挺进（重庆日报　供图）

'解放军是人民的大救星！''毛主席万岁！''中国共产党万岁！'的口号声响彻云霄。每个人都沉浸在解放的喜悦中。"王玉明回忆道。12月20日，王玉明被分配到弹子石开展工作。他们的身份转为地方工作人员，他们的任务十分艰巨：访贫问苦、剿匪反霸、减租退押、土地改革、建立政权……

在土改前，西南服务团便明确了紧紧依靠群众的工作方针。王玉明和另一名队员住进了佃农吕银章的草房，和他一家四口同吃杂粮、同干农活。"我们俩每月有18元的供给，全部交给老吕家，他也成了我们走进农村、了解农村的'老师'。""我们深度掌握了当时农村的阶级情况，也学会了好多农活。就说插秧吧，我第一天插，毫无技术，全是乱的。老吕很用心地教，我硬着头皮插了3天才算整齐了，持续弯腰劳作让我直不起身子，但是打心里高兴——总算不会被笑话了！"老吕一家也喜不胜收，成员们交的供给大大改善了全家的生活。减租退押过程中，在工作队和村农协会的督促下，地主把吕家三代人租地的押金直接退给了吕家。"感谢共产党！"拿回押金当晚，老吕破天荒买了2斤猪肉，做成香喷喷的回锅肉，煮肉的水加入饭豆和南瓜做了汤，还烧了一条鱼，配上新鲜的青菜和自制的咸菜，一家四口和两名住家队员狠狠打了一次"牙祭"。

土改完成前后，西南服务团全面参加接管重庆的政务、军事、财经、交

重庆人民在抗战胜利纪功碑前欢迎人民解放军（重庆日报 供图）

通、后勤等各方面机构，重庆各地陆续建立新政权，迈入建设重庆的新阶段。至此，西南服务团的使命光荣完成。

扎根重庆——
为地方发展奉献一生，西南服务团刻入重庆历史

使命已达，但服务团成员们的脚步并没有停下。西南服务团第一团成员大部分都留在了重庆，进入西南局、西南军政委员会、重庆市及各区级机关，成为建设重庆的骨干。1983年12月1日，52岁的王玉明被任命为重庆市九龙坡区委书记。

"首先要推行包产到户，把农民安定下来。"土地问题解决了，农民有积极性了，但农产品收入有限，无法解决贫穷的问题。随之，社队企业如雨后春笋般发展起来，并且从农业服务型企业逐步升级为生产型企业。社队企业发展的迅猛态势，被邓小平高度评价为"异军突起"。当时的九龙坡区辖34平方公里，人口60万。1978年，九龙坡区成立了社队企业管理局，兴办了一

批社队企业，年产值1468万元。1979年，全区社队企业产值实现2356万元，第一次超过农业收入。王玉明履新九龙坡的1983年底，九龙坡社队企业总产值达到了8142万元。王玉明明白，大力发展社队企业，是让农民致富、区域发展的重要路径。他大刀阔斧地实施了"四板斧"。

一为"引"。比如邀请外区优秀社队企业到九龙坡"传经送宝"，为花溪乡（今重庆市巴南区花溪街道）建起了拥有最新技术的隧道砖瓦窑，生产出高质量的页岩砖，迅速打开市场。王玉明还积极引进老家的多个企业到九龙坡投资建厂。

二为"建"。九龙坡是百年兵工重庆建设厂所在地，当时建设厂所产摩托车声名大噪，区委、区政府多方争取支持，终于获得了为建设厂生产摩托配件的机会。1984年，八桥乡（今重庆市大渡口区八桥镇）抓住啤酒热的市场"风口"，着手成立金星啤酒厂，成为国内最早的民营啤酒企业之一。

三为"借"。借的是"智"。当时，九龙坡组建了一支"顾问团"，成员为各行各业的知名人士，他们的任务就是为九龙坡区提供各种有用的信息。

四为"激"。激是激励，全方位调动干部的积极性。王玉明深谙解放思想、开阔视野对发展的意义，他先后介绍上百名干部前往上海、江苏、广东、天津等先进地区学习、参观、取经。

其后十余年，九龙坡区从社队企业起家的乡镇企业在改革开放的时代洪流中稳步发展，到1997年，总产值突破了102亿元，企业数4500多家，它们的发展为农村奔小康、农民脱贫致富作出了重要贡献。1995年，王玉明光荣离休。他和西南服务团众多扎根重庆的成员一样，一身赤胆、一颗红心，用一生奉献有力延续着西南服务团的精神力量。离休后的王玉明，继续投身西南服务团团史研究会的工作，组织会员研究编撰西南服务团团史。

75年时间匆匆而逝。如今，西南服务团已成回忆，成员们也大都作古。那段如歌的岁月已深深镌刻在重庆的历史中，西南服务团在重庆的光辉历程，将在重庆人民的心中，永久闪耀。

1950 时光守护者

张雨欣

> 1950年7月7日,重庆市人民政府在改变市区部分街道名称的布告中,将"抗战胜利纪功碑"改名为"人民解放纪念碑",后经西南军政委员会核准改名为"人民解放纪念碑"。同年10月1日,时任西南军政委员会主席的刘伯承为"人民解放纪念碑"题写了碑名。

讲述人

胡明富,男,1951年考入重庆市公用局路灯管理所,负责全市路灯的安装和维修工作,1954—1958年负责解放碑顶部机械大钟的校时工作,曾被评为重庆市一级劳模。

"解放碑的钟——不摆了!"这是20世纪70年代重庆家喻户晓的一句歇后语。那时解放碑顶部的钟由于种种原因,偶尔不准甚至停摆,这句话便流传开来。当胡明富老人的儿子胡绍华提起这句歇后语时,今年91岁的胡明富老人也开怀大笑起来。但随后他便坚定地告诉记者,在他管理解放碑时钟的近4年时间里,解放碑的钟从来没有停摆过!

提起那段岁月,胡明富老人的眼中闪烁着光芒,仿佛穿越了时空,回到了那个他与解放碑紧密相连的年代。

钟情时刻

1947年,为永久纪念重庆作为大后方在抗战中所作出的重大贡献,"抗战胜利纪功碑"正式落成。

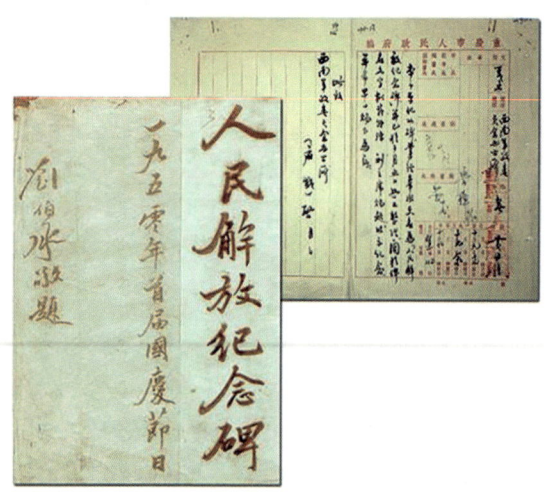

1950年，刘伯承亲自题写的碑名（重庆日报 供图）

1950年，"抗战胜利纪功碑"正式更名为"人民解放纪念碑"。同年10月1日，时任西南军政委员会主席的刘伯承为"人民解放纪念碑"题写了碑名。解放碑建成之初，作为重庆市中心的地标性建筑，碑顶设风向仪、风速仪、指北针等测量仪器，但唯独缺少计时的大钟。在当时的市领导多方协调之下，四台大钟从法国巴黎漂洋过海而来，被镶嵌在了解放碑碑顶。当时的时钟是最原始的机械钟，有了钟还需要专门有人给它上发条，指针才能正常运行。

1954年，这个重要任务分配给了重庆市公用局路灯管理所。调钟需要格外严谨、负责，时任路灯管理所副所长的罗吉人想到的第一人选便是当时已是工程技术组组长的胡明富。1951年，胡明富在参加路灯管理所考试时便初露锋芒。胡明富的女儿胡琼告诉记者，父亲只上过几年学，后来一直自学机械类的知识，考入路灯管理所便是靠着他自学的英语在一众考生中脱颖而出。参加工作后，胡明富踏实能干、刻苦钻研，第三年便当上了工程技术组组长。所以管理解放碑时钟这个任务交给他再合适不过。"高兴！光荣！解放碑可是我们重庆的标志性建筑！"说起70年前接到管理解放碑大钟的任务时，胡明富难掩心中的激动。胡明富回忆，为了方便开展工作，政府还为他配备了一块进口手表和一辆自行车。

1954年的一个清晨，阳光洒在古朴的钟面上，映射出淡淡的光辉，胡明富正式开启调钟人的工作。提起第一次进入解放碑调钟的情景，胡明富说他并没有紧张，因为自己一直从事维修工作，懂得各种原理和技巧，对于调钟这项任务很自信。相较于紧张，他心中更多的是新奇。解放碑，这是重庆人民心中的丰碑，能进入解放碑里，再爬到碑顶，是多么难得的体验啊。胡明富回忆，碑内是水泥浇筑的螺旋楼梯直上碑顶，爬到碑顶用时约5分钟。碑顶上有一座机械大钟，由两个重约30公斤的重锤下坠带动齿轮慢慢转动，对应的机械带动四面的指针走动。

　　胡明富最主要的任务就是每周将已经掉落的重锤拉上来，开启时钟新一轮的运行。胡明富向记者介绍："每到整点，另一重锤就带动机械敲响铜钟，为重庆市民报时。报时依据的是北京时间，误差不得超过三秒，我的任务就是上钟、校准时间，不能让钟停走。用手摇动手柄，将落下的重锤摇上顶端，再校准时间，方能完成一次操作。"那时候，胡明富几乎每天骑着自行车往返于家和解放碑之间。"重庆市总工会在大田湾搞了个全市自行车比赛，我骑着车子就去了，还拿了个第七名！"老人眼里闪着光，似乎回到了20岁出头那个意气风发的年岁。

坚守时光

　　管理解放碑的时钟，这份工作，胡明富坚持了近4年。后来，解放碑的时钟换成了自动校准的石英钟。"我的工作质量，是由解放碑四周的行人和千千万万市民来监督的。"胡明富老人回忆说，"一旦时钟稍有不准，一个电话就会打到市政府或公用局。无论刮风下雨，我都会骑着自行车，爬上碑顶，调整钟表，确保它准确报时。"在他的讲述中，我们体会到的更多的是一位普通工人的敬业和责任心。提起高高的解放碑，"危险"这个词深深地刻在胡明富的记忆里。

　　1957年，《重庆日报》刊登了市民的来信，信中描述了解放碑周围半夜传来的凄惨乌鸦叫声，让附近居民夜不能寐。一时间，谣言四起，人心惶惶。但胡明富比谁都清楚，解放碑上只有四口大钟和几台测量仪器。

20世纪50年代的解放碑（重庆日报　供图）

时光守护者　｜　009

为了消除居民的顾虑，他和同事立即对解放碑进行了检查。原来是碑顶的风速器年久失修，风吹时摩擦发出了奇怪声音。查明原因后，胡明富提出了一个既节约成本又高效的检修方案：从顶层窗口支出木方，在木方上搭平台，工人爬上塔尖进行检修。尽管这个方案在当时危险系数高、难度大，但胡明富毫不犹豫地站了出来。"我去！"简单两个字，展现了他年轻时守护解放碑的坚定和勇敢。胡明富说："我爬到了碑尖，好高，好危险！"提起这一次登高检修的经历，老人记忆犹新。"心跳个不停，根本不敢往下看。但真正登到最高点时，我向远处看去，南岸真武山、扬子江，江北上横街、嘉陵江，尽收眼底，我的心也稳了许多。"当胡明富顺利完成风速器的检修后，他向时任路灯管理所所长的范恒书汇报了全过程，受到了在场所有人员的称赞。

在胡明富管理解放碑时钟的同时，他的本职工作也没有落下。1955年，经过不断的试验和研究，胡明富成功将重庆市市中区（今重庆市渝中区）的路灯系统从手动控制升级为自动化管理，这一创新举措随后在全重庆进行推广，实现了路灯启闭的自动化。因此，胡明富被评为重庆市一级劳模。

岁月长跑

在解放碑当调钟人的4年光阴转瞬即逝，胡明富将这种认真严谨的工作态度延续到了之后的工作中，把对时间的精准把握能力转化成了一种生活哲学。在他看来，时间不仅仅是解放碑时钟上的指针转动，更是人生中每个重要瞬间的积累与传承。

1960年，胡明富被调到重庆市供电局（今国网重庆市电力公司）运输科当修车学徒。女儿胡琼回忆："父亲只要做一件事情、一项工作就很专注。"那时候，供电局所需要的大型货车，都是国外进口的，于是，胡明富购买了很多相关机械类英文书籍自行研究，几年后，他从普通工人成长为汽修专业工程师。当年，白市驿机场发电机突发故障，情况紧急，好几位工程师都束手无策。这时，电力局局长想到了胡明富，连夜打电话给他。胡明富到现场查看，找出原因并马上展开维修，发电机顺利重新启动。

在采访这位与解放碑的时钟打了近4年交道的老人时，胡明富手上的手表引起了记者的注意。1954年参加解放碑调钟工作时的那块手表，在离开解

胡明富老人与解放碑合影（胡明富　供图）

放碑调钟岗位时，胡明富已归还给政府。但在解放碑调钟的几年里，胡明富早已和时钟结下深深的情谊。胡琼注意到了父亲对钟表的情有独钟，在他80岁寿辰时，特地买下这块表作为生日礼物。老人爱不释手，一戴就是11年。"只要一做事情就取下这块表，做完之后马上就戴起。"胡绍华也在生活的细节之处观察到了父亲对时间那份特殊的依恋。

也许是胡明富恪尽职守地守护了解放碑的时钟近四载，岁月也对这位耄耋老人格外温柔。1993年，胡明富正式退休。退休后的家庭聚会，胡明富总会自己录像刻录光盘送给家人，将温馨美好的时光用影像保留；67岁自学五笔打字法，写下一本名为《我的一生》的回忆录；参加单位退休职工合唱团，一直唱到了84岁……

如今，解放碑的钟早已更新换代，变为计时精准、不需要人工上发条的钟表。解放碑周围也修起了高楼大厦、购物中心。这座见证了无数历史时刻的丰碑，依旧矗立在重庆的心脏地带，它的钟声依旧准确无误地响起，为市民和游客报时，就像胡明富老人那颗始终坚守的心。

文化宫的"流量密码"

全 丽

> 新中国成立后,时任中共中央西南局第一书记的邓小平十分关心人民群众的精神文化生活建设,提议修建重庆市劳动人民文化宫。1951年7月1日,重庆市劳动人民文化宫正式开工奠基,次年建成开园。重庆市劳动人民文化宫是继北京、上海之后建成的第三座大城市文化宫,此后70余年,文化宫成为一个开展文化活动、休闲娱乐、宣传培训的重要活动场所。

讲述人

范秋萍,女,历任重庆市劳动人民文化宫宣传组副组长、政技组组长、宣教组组长,文化宫建设发展的参与者、见证者。

92岁的范秋萍坐在窗前,深情地遥望渝中半岛的方向,满眼都是自己20岁时的影子。

范秋萍时常会想起,穿过那座耸立在中山二路的弧形大门,沿着斜坡下行,道路两旁是郁郁葱葱的黄葛树,斜坡的尽头,就是热闹的文化宫中心广场。

"闹热,人多!"这是范秋萍对重庆市劳动人民文化宫的第一印象。

时光回溯到1952年8月5日。一场大雨过后,重庆城显得格外干净、清爽。下午6点半,广场上上百面彩旗迎风飘扬,文化宫的弧形大门上飘下了彩色的纸花,在群众的欢呼和掌声中,文化宫的大门为它的主人——重庆人民打开了。

那天,不满20岁的范秋萍,正在工会组织的一个学习班学习。"吃过晚饭,一辆大客车把我们送到文化宫参加游园晚会。那天真是热闹,文化宫里人山人海,大家都在唱歌、跳舞。"范秋萍说。

"闹热，人多！"同样是几代重庆人对文化宫的记忆。文化宫绝对是当时重庆最闹热的地方，看露天电影、看歌舞戏剧、开会听报告，以及孩子们参加汇演比赛，文化宫都是首选之地。文化宫大剧院播放的第一场电影卖出了12000多张票，它创造过单日接待10万人的纪录，可以说是最早的"10万+"缔造者，掌握着重庆人民文化生活的"流量密码"。

1952年，重庆市劳动人民文化宫大门（重庆市劳动人民文化宫 供图）

城市公园——重庆早期热门"打卡地"

"在文化宫的北端有一座亭，亭子的三面都有长廊，西面的长廊又通向一座草亭。这草亭是个很幽静的地方，东边的下面是动物园，现在养有老虎和川西兄弟民族送来的豹子；南面隔一个喷水池，再穿过一个草坪，便到了第一会堂。由动物园绕过一条曲曲折折的石梯子路，便到了文化宫的后门，也接上到篮球场、溜冰场的路了。这个亭子上面的顶像两个车轮，顶尖上是一颗红星。夏日里，亭子四周蝉鸣声声，如同一首动人的交响曲。坐在这亭子里，看得见工厂的烟囱，也看得见隔着两江的原野和后面与天边相连接的山峦，享受祖国带给我们的无限幸福。"

范秋萍珍藏着一张报纸——文化宫建成开园当天的《重庆日报》，报纸上的这段白描，生动地描绘出了一个美丽的城市园林公园。

"文化宫很美，很多人喜欢在这里拍照留念。"范秋萍从第一天走进文化宫，就喜欢上了这里。

文化宫是懂美学的，光与影在这里总是很容易被捕捉。文化宫修建之初，保留了园区内大量砖木结构质量较好的建筑，略加修缮赋予其新的功能；新建了正大门、展览室、图书馆、健身房、溜冰场、小型足球场、儿童乐园和动物园；增建各种花圃长廊、亭台水榭和花木绿植，使文化宫成为重庆解放初期规模最大、设施最全、园景最美的城市公共空间，成为重庆市民美好生活的秀场、最热门的"打卡地"。

文化宫的美，吸引着一代又一代的重庆人。穿上白衬衣，擦亮了皮鞋，在圆弧形大门前咧开嘴笑；戴上红领巾，和同学在红星亭来一张青春少年照；和父母在水池边嬉笑合影，和外婆在蜿蜒曲折的花卉亭廊休憩、摆龙门阵……谁家里没有几张文化宫的照片，都不好意思说自己是"老重庆"。

文化乐园——为市民打"文化牙祭"

"文化宫是邓小平同志提议修建的'文化工程'。"范秋萍回忆道，在西南军政委员会的一次会议上，邓小平亲自提议修建重庆市劳动人民文化宫。他说，重庆解放了，劳动人民翻身作了主人，打上了"肉牙祭"，但这还不够，还要让重庆人民打上"文化牙祭"。

1980年文化宫大剧院旧照（重庆日报　供图）

修缮后的文化宫大剧院高度还原了1956年刚建成时的历史风貌（视觉重庆张锦辉　摄）

根据邓小平的指示，重庆市委和市政府很快制订出修建计划，并专门成立了修建委员会。邓小平亲自点将，让当时的重庆市长曹荻秋担任修建委员会主任。随后，重庆市政府在财力相当紧张的情况下拨出专款130万元，在原川东师范学校旧址修建文化宫，与重庆人民大礼堂、大田湾体育场并列，成为解放初期重庆的三大民心工程之一。

1951年7月1日，文化宫举行奠基典礼。在修建过程中，邓小平多次审查工程图样和工程模型，并几次亲自到工地上视察工程进展情况。1952年5月1日，邓小平再次来到文化宫施工现场视察，曹荻秋

20世纪50年代文化宫大剧院广场（重庆日报 供图）

市长邀请他为文化宫题写宫名，邓小平愉快地答应了。邓小平共写下36个字，对每一个字反复比较后，最终精选出"重庆市劳动人民文化宫"10个字。1952年8月5日，文化宫举行隆重的竣工典礼，邓小平题写的"重庆市劳动人民文化宫"10个大字庄重夺目，置于文化宫大门中央，至今犹存。

文化宫的落成极大地丰富了重庆人民群众的文化生活，成为重庆人民群众精神文化生活的新标志。

"那个时候学校组织春游、秋游，经常都是来文化宫。一进文化宫大门，男娃娃们就会从斜坡上往下冲，比赛谁跑得最快。"范秋萍笑着回忆道。

儿童乐园一直是文化宫最受孩子们欢迎的地方。从划破裤子的"梭梭滩"（重庆方言，指滑梯），到后来去培训班上课前都要坐两次的小火车、过山车，文化宫就是童年最理想的玩耍地。特别是家住渝中区两路口附近的孩子，即便每天在文化宫里玩到深夜回家，要挨上父母几巴掌，也是笑着睡着的。

文化宫的露天电影，则让许多家庭提前了吃晚饭的时间。每天下午5点左右，四面八方的人流就朝着文化宫涌来，他们人手提着一个小板凳，排着队进文化宫。家住江北、巴南的人们，甚至会冒着坐不了轮渡、夜宿江边的风险，也要来看一场露天电影。

"文化宫的露天电影，一张门票只需要4分钱，很受群众欢迎。有一年放映朝鲜电影《卖花姑娘》，场场爆满，人多得挤都挤不进去。"范秋萍想起这些，眼里是藏不住的兴奋，一如当年赶来看电影的人们。

除了放映露天电影，文化宫还有京剧团、川剧团的演出，赛花会、灯会、篮球赛……作为当时重庆最大的文化活动中心，全市性的重要政治接待、大型集会、庆典、展览及游园活动，都在这里举办。节假日开展的各类文化活动，更使文化宫成为让人流连忘返的乐园。

文化宫是懂过节的。从开园起，文化宫就坚持围绕节假日开展活动。春节看灯会，元宵节猜灯谜，"五一"游园，"六一"少先队活动，中秋节、国庆节赏菊赛花……每一个节日，文化宫都给市民安排得明明白白、满满当当的。"每到节假日，文化宫里人山人海。"孩子们兴奋得想要到处看、到处跑，大人们则紧紧抓着孩子的手，生怕他们在人群中走丢了。

培训学校——职工"点单"，文化宫"配菜"

"文化宫是广大职工的文化学校，又是职工的文化乐园。要起到学校和乐园的作用，就要面向生产、面向基层。"交谈中，范秋萍多次提到这句话。

"面向生产、面向基层"的职工学校，讲究的是实用。"改革开放初期，工厂招收了大量的新工人，新工人跟着师傅学，但是师傅只能从技术上教，理论水平却提不高。怎么办？工会就让我们文化宫办短训班、学习班。"范秋萍说。为了摸清基层的实际需求，她和同事们就到工厂去蹲点调研，发现当时工厂从国外进口了不少机器设备，可工人既看不懂图纸，也不会用。于是，文化宫先后举办铸工基础知识、电工基础知识、电子计算机、机械制图、机械设计、工业会计、科技英语、科技日语等学习培训班，为企业培训了一大批生产技术骨干。

"我们请重庆大学、四川外语学院的老师来上课，老师们担心工人学员听不懂，就深入浅出地讲，很受工人欢迎。职工们都想到文化宫来学习，一个班七八十个人都装不下，

重庆市劳动人民文化宫中门广场（全丽 摄）

教室的边边角角都坐满了人。"范秋萍说,"后来,我们又在红星亭办起英语角。星期天晚上,英语学习班的学生、喜欢英语的人都来英语角对话交流。"

除了文化技术培训,文化宫还先后开设音乐、美术、摄影、雕塑、戏剧、舞蹈、健身、武术、围棋等对职工有吸引力的课程,并邀请知名的文化艺术专家前来授课。同时,文化宫先后组建重庆市当代职工艺术总团、重庆工人雕塑创作室、重庆职工摄影协会、重庆职工书画协会、重庆职工灯谜楹联专业委员会等文艺团体。

文化宫是懂服务的。2019年起,文化宫组织开展"送培训进基层"活动,采取"订单式"服务方式,按照基层企业单位和职工选择的"菜单",免费开展教育培训活动,让更多职工群众享受到高品质的文化生活。

潮流先锋——在成长中坚守

文化宫从来都是文化新事物的引领者,它一直在成长,不断在升级。

1952年,文化宫就建成了旱冰场,白天溜旱冰,晚上跳交谊舞;

1954年,文化宫的游泳池开放了,重庆的姑娘们在这里换上了泳装;

20世纪90年代,文化宫的游泳池可以冲浪了;

······

时至今日,文化宫依然开展有市民免费参与的太极拳、瑜伽等当下流行的健身活动。每天广场上的晨练,都有众多市民参与。

文化宫是懂潮流的。露天电影、灯会、"打火龙"表演、泳池冲浪……与时俱进,紧跟重庆市民的文化需求,是文化宫的流量密码。

因文化需求而生,因文化需求而兴。为人民群众"打文化牙祭"这个重托,牢牢地刻在了文化宫人的骨子里。

说到这里,92岁高龄的范秋萍眼里闪着光:"领导交给我们的任务,我们就要努力去完成。"

"我参建了新中国第一条铁路"

徐 焱

> 1952年6月13日，全长505公里的成渝铁路全线贯通。7月1日，成渝铁路通车典礼在重庆和成都同时举行。成渝铁路是新中国自行修建的第一条铁路，它的贯通堪称中国筑路史上的传奇。成渝铁路的建成，实现了四川人民半个世纪的夙愿，深刻地改变了四川乃至西南地区的交通格局，新中国大规模经济建设的序幕也由此拉开。

讲述人

孙贻荪，男，江苏泰州人，成渝铁路建设者，曾任中国人民解放军西南军区军工筑路第一总队直属二团参谋，成渝铁路通车后赴朝鲜战场，任战地记者，回国后先后在中铁八局集团有限公司、成都铁路局工作。

74年前的1950年6月15日，初夏的山城重庆，位于佛图关的西南军区司令部大操场上，阳光温暖，微风不燥。

五星红旗和八一军旗迎风飘扬，操场像披上了节日的盛装，一场简朴却不失隆重的开工典礼在人群的欢腾声中拉开了帷幕。

"我的人生命运从那一天起开始改变，与铁路结下了缘分……"面对记者采访，现年92岁的孙贻荪老人，将那段修筑成渝铁路的历史娓娓道来。

挥师成渝

"孙贻荪,出列!"

那年,孙贻荪17岁,是西南军政大学的一名学生。

6月15日清晨,刚出完早操的孙贻荪收到大队刘政委的命令,要求他立刻回营房打背包,下午两点前赶到市中区(今渝中区)佛图关西南军区司令部大操场。

接到任务的孙贻荪并不知道要去做什么,只知道学校在南温泉附近,距佛图关18公里,还得坐轮渡过长江,要在规定时间前赶到指定地点,时间并不宽裕。几位要好的同学得知孙贻荪要离队了,赶忙请了相馆的师傅,一起拍了张合照,之后孙贻荪便动身启程。

中午时分,孙贻荪辗转赶到西南军区司令部大操场,找到值班警卫报了到,便被带进了会场,这时,他才看到主席台上方的横幅上写着"西南军区部队修筑成渝铁路动员大会",而他就这样成了新组建的中国人民解放军西南军区军工筑路第一总队的一员。

"当时,邓小平、刘伯承、贺龙都坐在主席台上,邓小平是我们的老师,每月都要来给我们讲两次课,我看到他神采奕奕地站在麦克风前,操着四川广安口音给我们作动员报告。"孙贻荪回忆,当时邓小平嘱咐他们:"你们去修路,肯定会遇到很多困难,但是莫要说二话呦!"

邓小平作完动员讲话后,贺龙为筑路部队授旗,总队司令员李静宜向贺龙敬礼,而后双手接过绣有"开路先锋"字样的旗帜,转身向全场展示。与此同时,喇叭里响起了《中国人民解放军进行曲》的歌声:"向前!向前!向前!我们的队伍向太阳……"会场顿时沸腾了,人们高呼着"中国共产党万岁!""毛主席万岁!"

筑路大军扛着"开路先锋"大旗前往筑路现场(中铁二局 供图)

| 1952年7月1日成渝铁路全线通车，图为由成都驶向重庆的第一列火车出站（重庆日报　供图）

这天，3万军工分赴指定的筑路工地，孙贻荪跟着通信团二连赶往现场，完成了军校生到筑路人的身份转变；这天，西南铁路工程局设了九龙坡、油溪、永川、隆昌、内江、资中、资阳、简阳、成都9个工务总段，下辖29个分段，正式开始修路工作；这天，消息在山城重庆传开了，老百姓纷纷报名参加修路……

攻坚克难

"你看这张照片，我们是一手拿铁镐一手拿枪，边修路还得边打土匪。"谈及当年修路遇到的困难，孙贻荪指着照片如是介绍，表情严肃。

1950年的端午节，成渝铁路开工后的第5天，刚从学校出来的孙贻荪，以排级见习参谋的身份，跟随部队到了一个名叫泥壁沱（今重庆市九龙坡区西彭镇泥壁村附近）的地方，负责沿线架电话线。

忙碌中，孙贻荪听到当地老乡闲聊，说山里有人影晃动，可能是土匪。说者无心，听者有意，孙贻荪把这一情况记在心上，赶忙回驻地观察情况。刚到驻地，就看见一个头裹白帕身着长衫的中年人，从背后山梁上跌跌撞撞冲下来，告诉他山那边来了一百多号土匪。

孙贻荪把情况及时告知了连长，连队吹响了紧急集合哨，50多名战士子弹上膛，手榴弹拉开保险栓，做好了战斗准备。

又过了不到5分钟，土匪从山上冲了下来，被早已做好万全准备的战士们迎头痛击。一阵枪声过去，土匪倒下五六个，其余惊慌四散，部队乘胜追击，打了场漂亮仗。

因为战斗中的出色表现，团长在部队里宣布，孙贻荪原本两个月的见习期提前结束，并破格晋升半级。

孙贻荪回忆，成渝铁路修筑之初，土匪和国民党残余部队不时会袭扰破坏，因此他们修路时枪就放在身旁，子弹上膛。

除了土匪的袭扰，各种物资的缺乏也给成渝铁路的修筑带来了不小的挑战，缺水泥、缺火药、缺钢轨、缺枕木，真正的一穷二白。"没火药我们就自己做土炸药，把青冈树烧的木炭砸碎了过筛，和土硝按比例混合，制成土炸药，引线是用的农村糊窗户的土皮纸制作的。"虽是忆苦，孙贻荪眼神中却不乏几分自豪。

为了克服困难，一方面，当时的重庆水泥厂、西南工业部第一零一厂（重钢集团前身）等工厂顶着国外封锁的压力恢复或加大生产；另一方面，筑路部队和修路民工集思广益，顽强拼搏。常常是天还未亮，大家就举着火把出门上工，天黑到看不见了才回驻地休息，为了提高工作效率，还陆续发明了"单人钢钎冲眼法""压引放炮法"等施工技巧，在提高施工效率和安全性的同时，尽可能节省土炸药等重要物资。

克服困难与挑战的过程，还伴随着诸多牺牲和伤残的情形。有数据统计，成渝铁路的修筑过程中，因公死亡和致残的人数均超过百人。

万众一心

"噫吁嚱，危乎高哉！蜀道之难，难于上青天！"李白所作的《蜀道难》这一千古名篇，其实也写出了川渝百姓的千年之痛。彼时，四川人民太渴望铁路了。

对于1950年的中国而言，修成渝铁路可算是超级工程，在缺乏大型机械

位于四川省内江市的成渝铁路筑路民工纪念碑
（徐焱 摄）

设备的情况下，自然需要大量劳动力。军工是修筑成渝铁路的"开路先锋"，有了先锋开路，各地民工如川汇海，集聚成一股强大力量，最高峰时，人数逾十万之众。

1951年春节，孙贻荪所在的工地，民工自发发起了"在工地过年"倡议，喊着"路不修通不回家"的口号，留在工地上照常修路施工。"路修了两年，这些民工大多都没回过家，这是很让人感动的。"孙贻荪感慨道。

"我们还经常会被老百姓的热情感动。"孙贻荪回忆，不仅是农民工兄弟的付出，所有老百姓都在竭尽所能为修路作贡献，"当时根据测算，修成渝铁路需要129万根枕木，其中三分之一都是老百姓捐的。"

孙贻荪曾代表部队接收过很多种木材，有上了年纪的老人留着做棺材的寿木，有准备成亲的新人做嫁妆打家具的木料，有修房子用的房梁……送到收购点的木材中，不乏楠木、香樟等名贵木材，有些人把木材送到却不留名字、不收报酬，只是为了能早日听见"火车叫"。

成渝铁路动工之初，因为担心凑不齐枕木耽误工程进度，西南财政经济委员会还专题召开了"枕木会议"，本意是想动员周边民众采伐符合要求的木材，不承想一呼而百应，沿线各处收购点不是提前完成任务，就是超额完成任务。

除了捐枕木，群众自发组织的护路队也给孙贻荪留下了很深的印象。铁路修到哪里，护路队就组织到哪里，日夜守护着修好的铁路，严防土匪特务搞破坏。

"许多护路群众对铁路特别熟悉，哪里有多少钉子都清清楚楚，是一种发自内心的责任感，是一种真正的主人翁态度。"孙贻荪说。

蜀道通途

1951年12月6日，成渝铁路铺轨到内江；1952年6月13日，成渝铁路铺轨到达终点站成都。至此，四川人民盼望了几十年的铁路终于修成了，结束了四川没有铁路的历史。

四川修筑铁路，发端于1903年，从清末到北洋政府再到国民政府，百姓盼铁路盼了近半个世纪，却没见着一寸铁轨。中华人民共和国成立后，成渝铁路从动工到通车仅用了两年。

因为在修路期间表现优异，部队领导为孙贻荪准备了一份特殊的奖励——庆祝成渝铁路全线通车典礼摄影记者证。"出席通车典礼的证件是红色的，摄影记者证是绿色的，有这个证就能上主席台拍照，当时我没有相机，还专门去借了相机和胶卷。"孙贻荪笑着说，荣耀之情溢于言表。

1952年7月1日，汽笛声响彻巴蜀两地。中共中央西南局、西南军政委员会、西南军区联合在重庆菜园坝火车站广场召开了庆祝中国共产党成立31周年暨成渝铁路全线通车典礼大会，时任铁道部部长滕代远出席了典礼，成都火车站广场也于同日召开庆祝大会。

那一天，火车分别由重庆、成都开出，两地以及沿线各地的群众从四面八方涌向火车站，一睹通车盛况。重庆菜园坝火车站广场和成都火车站广场成了欢乐的海洋，到处彩旗飞扬，人们身着节日盛装，载歌载舞，庆祝这一盛典。

那一天，孙贻荪换上新军装，挎上相机，站在主席台上，不断按下手中快门。"成都市民汇集在火车站广场和沿街大道，一直排到了北一环路附近，满满的一片全是人，到处都是欢声笑语，西南民族学院的学生还表演了舞蹈，那场面盛况空前。"孙贻荪抬手比画出很大的样子，情绪激昂。

"能够参与成渝铁路的修建，是我这一生的荣幸。"孙贻荪说，坐上火车从成都回重庆的时候，听到火车汽笛声，他流泪了，"我想，那些为修路牺牲的烈士得到了最好的告慰。"

火力发电助力建设新重庆

冯驿驭

> 1953年1月23日，重庆507火力发电厂（今重庆发电厂）开工。重庆507火力发电厂是新中国成立初期在西南地区建设的第一座现代化火力发电厂，是国家"一五"计划156个建设项目之一。

讲述人

解建国，男，重庆发电厂退休职工。

2024年春节，年逾七旬的解建国老人花了3天时间，总算预约上了重庆发电厂旧址的参观门票。

和满怀好奇的年轻游客一道，解建国走进厂区，看着这里修剪整齐的绿植、五光十色的彩灯，还有让他眼花缭乱的投影灯，不禁感慨万千——他曾在这里工作了30多年，见证并参与了重庆发电厂的发展历程。

这座有70多年历史的发电厂，不仅是当今年轻人青睐的文艺打卡地，更是老一辈重庆人的记忆与骄傲。新中国成立初期，重庆各界满怀热情地建设人民的生产的新重庆时，它产出的电力点亮了这座城。

"板凳角"迎来洋专家

1949年，新中国成立，重庆解放。"建设人民的生产的新重庆"，这是1950年1月以邓小平为第一书记的西南局发出的号召。

《重庆发电厂厂史》记载，重庆解放之初只有3座公用发电厂，即第一发电所（大溪沟发电厂）、第二发电所（弹子石发电厂）、第三发电所（鹅公岩发电厂）。加上11家自备发电容量的工厂，全市的总装机容量仅有26850瓦，第三发电所还在重庆解放前夕被炸毁。重庆解放后，第三发电所修复发电，但全市电力仍然极度紧缺，日最高负荷仅为21800千瓦时。社会上一度有"电摇机器不如手，油灯反比电灯明"的说法。

1950年9月，长江边上的九龙滩"板凳角"地区，迎来了一群穿着工作服的外国人。他们是来自苏联的专家，和西南电力管理局的干部们一起，前来勘查厂址。这次勘查，改变了"板凳角"这个偏僻小地方的命运。1951年，中共中央政治局扩大会议提出"三年准备，十年计划经济建设"的重大决策，决定从1953年开始实施第一个五年计划。国家"一五"计划的基本任务是集中主要力量进行以苏联帮助我国设计的156个建设项目为中心、由694个大中型建设项目组成的工业建设，优先发展重工业，从而初步奠定我国社会主义工业化的基础。重庆507发电厂（今重庆发电厂）正是这156个建设项目之一。1953年1月23日，重庆507火力发电厂开工，全部设备由苏联设计、制造、供货。1954年4月20日，重庆507电力厂发电并举行发电剪彩典礼。时任中共西南局书记、西南行政委员会副主席的贺龙在庆典上讲话，并为发电剪彩。同一天，庆典大会还向毛泽东主席发出致敬电。

建厂之初，重庆507发电厂面临着人员文化程度低、业务水平不足的困境。当时，技术工人和运行人员都从外地调来，只有在小规模旧电厂工作的经验，新招收的工人更是毫无业务基础。1954年3月，苏联专家陆续来厂，先后为运行管理干部和工人讲课40多次，对提高职工技术水平起到了决定性作用。听课后的干部和工人又采取"滚雪球"的培训方式，分别将授课内容再传授给其他职工，使得先进技术和业务知识快速传遍全厂。与此同时，结合全国开展的扫盲运动，重庆507火力发电

1954年4月20日，首台1.2万千瓦机组并网发电。贺龙为重庆发电厂首台机组发电剪彩（重庆广播电视集团 供图）

厂自1954年起，组织职工每周开展3次集中学习。至1957年，全厂共扫盲245人，超过600人次参加各级学校的考试。此外，2台机组投运前，苏联专家还帮助重庆507火力发电厂建立了分场运行、维护试验、事故处理和职责服务方面的48种规程制度。在全面学习这48种规程制度的基础上，发电厂对具体操作进行了进一步细化，严抓安全工作，为圆满完成"一五"计划任务奠定了基础。

双塔烟囱

1954年重庆507发电厂建成之初，就为重庆市供应了60%的电力，当年共发电7653万千瓦时。1955年，重庆507发电厂更名为重庆发电厂。通过学业务和严抓生产规范，全厂发电量跃升至1.9729亿千瓦时，扭转了新中国成立之初重庆"油灯反比电灯明"的局面，点亮了重庆经济前行道路上的明灯。

解建国于1982年来到重庆发电厂工作，负责后勤保障、物资管理等，此后一直工作到2011年退休。入厂时，解建国31岁。"那时候，我觉得自己正是干事业的大好年华。"他骄傲地回忆。"重庆发电厂担负着城市工业生产和居民生活的主力供电任务，我们深感责任重大。"解建国说。为了确保完成供电任务，发电厂采用苏联的半军事化管理模式，例如，值班人员必须站立值班以便保持专注；每次交接班，班组都要开半个小时左右的总结短会；对工作服、安全帽的穿戴管理非常严格等。"这一严格的管理模式，培养了一支稳定、团结的职工队伍，为后续西南地区新建电厂输送了一批素质过硬的职工。"解建国回忆。

经过不断建设，1985年，重庆发电厂总装机容量达到696兆瓦，成为当时西南地区最大的火力发电厂。20世纪80年代，重庆发电厂开始建设我们熟知的两座烟囱中的第一座，此后又于90年代竣工第二座。解建国参与了建设过程。"我从未见过这么高的建筑物，何况是烟囱了！"解建国回忆。当时，他家住在发电厂北面不远处的家属区，每次出门，看到两座烟囱屹立在蓝天下，冒出滚滚白烟，他都备感自豪。"为了建好烟囱，选的都是最好的工人，大家冲劲十足。"年近九旬的蒋高维是重庆建工第九建筑公司退休工人，曾参与建设1984年完工的第一座烟囱，他至今以此为荣。他说，那时候工地上热火朝天，大家心中"只有向前，没有后退"。

工业遗址的新生

随着重庆城区快速扩张，城区面貌日新月异。重庆发电厂所在的"板凳角"已成为都市核心区，一座大型的火力发电厂不再适宜继续留在此地。重庆发电厂往日的辉煌，在几十年后已是珍贵的工业遗产。

2014年至2015年，因为环保需要，重庆发电厂搬迁至万盛经开区。两座烟囱先后"熄火"。"当时，发电厂职工虽然心有不舍，但都理解搬迁发电厂是党和国家在电力建设领域新的布局，全力支持这一决策。"解建国说。

重庆发电厂环保搬迁中，两座烟囱最终被留了下来，它们是重庆保存得最完好、最具特色的工业遗迹之一。

2020年5月，重庆美术公园正式落户九龙半岛，同年10月正式启动建设。规划提出，要以四川美术学院黄桷坪校区为依托，以重庆发电厂工业遗址为核心，以九龙滨江生态区域为轮廓，在九龙半岛全域打造集"大美景、大美育、大美业"于一体，市民广泛参与的、国际化高品质美术主题公园，成为"全球独特、中国唯一"。重庆美术公园的建设，意味着沉寂的重庆发电厂旧址将迎来新生，继续讲述她的故事。

2023年年底，解建国发现，夜空中多了两支"光棒"，照亮了夜空。那是重庆发电厂两座烟囱被灯光点亮，在夜空中焕发的光芒。重庆市九龙坡区住房城乡建委相关负责人介绍，近年来，对重庆发电厂双塔烟囱进行了升级改造，烟囱90米以上高度安装了360°环绕LED格栅屏，是全球面积最大、高度最高的烟囱屏幕；90米以下高度，则采用大流明户外工程投影机实现烟囱的360°环绕投影，配合上部显示屏共同打造如梦如幻的裸眼3D效果。同时，结合底部的裸眼3D投影以及光束灯、染色灯，双塔烟囱可营造出高尺度灯光秀。此外，重庆发电厂旧址还修缮了道路，重新种植了绿化带，与两座烟囱一道换新颜，成为重庆颇具人文情调的打卡地之一。与此同时，搬迁至万盛经开区的重庆发电厂这颗旧"能源心脏"也重新跳动。

2022年11月15日夜晚，位于万盛经开区平山园区关坝组团的重庆发电厂环保迁建项目首台机组进入点火调试阶段。重庆发电厂不仅换了地址，也实

九龙坡区黄桷坪的重庆发电厂老厂区内，两根240米高的烟囱屹立于此（视觉重庆张锦辉 摄）

现了技术升级。该项目相关负责人介绍，重庆发电厂环保迁建项目应用了超超临界高效发电技术，发电效率更高。除了发电技术升级，重庆发电厂环保迁建项目的环保技术也实现了升级。据悉，该项目采用国内领先的"近零排放"烟气处理方案，排放指标优于天然气发电排放标准，能够有效杜绝传统火电厂排出的污染物造成的酸雨、"石膏雨"现象。

2024年是新中国成立75周年。如今，重庆发展日新月异，经济社会和城市面貌发生了巨大变化，发电量已需要使用百亿千瓦时来衡量。但在重庆城区各处，依然能望见重庆发电厂两座烟囱的身影。70多年前，"一五"计划实施之初，重庆发电厂点亮了重庆工业基础，点亮了一座城市的发展道路；70多年后，它再度点亮了重庆的夜空，成为一道独特美景。

为了人民的大礼堂

胡梦元

> 1951年6月，重庆市人民大礼堂（原名西南行政委员会大礼堂）破土兴建，经过建设大军近3年的艰苦鏖战，于1954年4月竣工。人民大礼堂代表着重庆人民建设美好未来的坚定决心，是重庆人民艰苦奋斗的象征，在重庆市的政治、经济和文化等方面发挥着重要作用。

讲述人

张开源，男，重庆市人民大礼堂总工程师张家德之子。

人民大礼堂位于重庆市渝中区人民路173号，坐落于马鞍山上。从广场出发，穿过128级梯道，就可到达中心礼堂——由三重檐攒尖宝顶和面阔九楹、重檐歇山顶的步云楼组成。这座融合了现代先进结构技术与传统民族形式的恢弘建筑，建成于1954年。

应城市发展需要而建

"建设人民的生产的新重庆。"1950年1月，西南局确定了城市建设的总方针。在该方针指导下，重庆掀起了一股建设热潮。

"当时整个西南一级党政群机关经常苦于没有能容纳较多人数集会的场所，而且在招待外宾和过往负责干部的住房上也经常感到困难。"面对迫切需要，西南军政委员会主要领导刘伯承、邓小平、贺龙等同志于1951年初研究决定，在西南军政委员会办公大楼对面的马鞍山上兴建一座大礼堂，附加一座招待所。

决策下达后，工程筹备工作如火如荼地开展。西南军政委员会办公厅成立了直属于办公厅的"西南军政委员会工程处"，作为大礼堂的建设单位，由办公厅主任段云兼任工程处处长，还从西南建筑公司、重庆大学等单位抽调技术骨干力量，组建了一支40多人的集工程设计、施工管理和行政管理于一体的精干队伍。然而，在当时的社会条件下，修建这样一座满足重庆政治、文化活动需要的重要公共设施，面临的困难相当多，其中建筑方案设计就是一大难题。

设计方案几经波折

1951年4月，人民大礼堂建设筹备工作开始进行，西南军政委员会决定首先发动群众，向社会征集方案。两个月后，来自各地的参选方案挂满了重庆市政府的展厅，以供西南军政委员会和重庆市的领导审定。

怀揣着对新中国建设热情的执业建筑师张家德对人民大礼堂设计抱有极大热忱，通宵达旦赶制出一幅长3.91米、高1.63米的巨幅彩绘设计图。当设计图悬挂上墙时，引发了现场激烈讨论。"很多人认为此图画得很美，像一幅美丽的艺术品或广告画，但是作为大礼堂方案却不现实。"张家德之子张开源回忆说，大家都很疑惑，图中大跨度的礼堂屋顶要如何实现。"当时，父亲的方案被判为不切实际，被压下了。"张开源说，事情的转折点发生在7月初的一个傍晚。原来，负责方案征集工作的段云对之前的遴选结果不满意。一筹莫展之际，在重庆市委机关办公楼的施工工地上，他遇到了正在检查建筑施工质量的张家德。与其交谈时，段云得知，张家德的方案在送审时被遗漏了。

"段主任很好奇父亲的方案到底是如何'不切实际'的。"张开源回忆道，"当晚，父亲和母亲就带着图纸到了西南军政委员会办公厅，段主任看到父亲的方案时，连说了三个'好'，还向西南军政委员会副主席贺龙等人作了汇报。"方案主建筑前面是入口广场，下面是带有绿化的三层须弥座，中间用宽阔的梯道将入口广场和前庭广场连接起来，前庭广场中间是阅兵场，周围环绕着整齐的花园，其中嵌着人工水景、白石拱桥、人民英雄雕像……当晚，面对张家德的设计方案，西南军政委员会副主席邓小平表示，按照该方案建

张家德设计方案图（重庆市人民大礼堂管理处　供图）

设的效果肯定好！

方案被选中后，张家德又不断对其进行优化。当时，张家德已经因病致聋，只能通过写字和做手势与大家沟通交流。"我们很少看到父亲睡觉，他总是翻阅建筑科技书籍，不停地写写画画。那时候，我家关于建筑结构的计算书至少有几十本，摞起来有一人多高。"张开源回忆说。

众志成城铸经典

"经过多方考察，人民大礼堂选址最终定在了马鞍山上。"张开源回忆道。当时的马鞍山虽然不算高，但好歹也是一座山，想要在这里修建大礼堂，就必须先把山铲平。工程量如此之大，施工力量却不足。

1951年6月，大礼堂开山平基工程开工。重庆市人民大礼堂管理处的档案记载显示，当时各方面都在组织义务劳动，工人们先后在现场搬运钢材500多吨、木材与南竹3.5万多根、青砖450多万块。"当时西南军区工兵营派来200多人，用推土机、空压机削平了半座马鞍山，处理土石方30余万立方米，施工进入高峰时工地上共有1700多人，整个工程处技术和行政管理人员达40多人……"时任重庆市政府外事办公室秘书的刘荣宁在其回忆录中写道。为了加快工程进度，贺龙从西南军区调来工程兵和相关机械设备，而由机关义务劳动大军和民工组成的搬运大军也参与到大礼堂修建的工程中来，最终完成了土石方和相关建筑材料的搬运工作。

经过数千人长达一年的艰苦努力，1952年6月，开山工程完工，开始基础工程施工。1953年1月，基础工程施工完毕，进入主体工程施工阶段。主体工程的核心结构是一个直径达46.33米的钢结构穹顶，这个穹顶是我国有史以来第一个大跨度穹顶。在施工过程中，张家德本着"大胆设想，谨慎验证"的精神，设计了一整套科学的施工方法。

在施工前，张家德制作了一个严格按比例缩小的直径一米多的钢结构穹顶实物模型，经过连续十天的荷载实验，未发现模型有任何变形。实验的成功证明了钢结构穹顶设计的科学性。在施工时，张家德等人认为，可以先在大礼堂正中央架立一座高36.9米的中心木塔架，并在塔架上将钢结构网架顶环安装好，随后再进行铆配试装，检验合格后再用木质钓竿将钢结构网架一片一片地吊到高空中，以木塔架作为支点进行装配，钢结构网架建成后再拆除木塔架。

西南铁路工程局桥梁工程处承担制作安装大礼堂穹顶半球形双层钢结构网架的工作，从地面试装到高空铆接，50多名工人起吊了280吨材料，用铆钉枪手工操作7.2万多颗烧红的铆钉进行冲击铆固，终于在1953年2月完成了钢结构穹顶制作安装工程。

钢结构网架和钢结构穹顶施工结束后，附加木结构和砖结构的施工就开

正在建设中的重庆人民大礼堂的大礼堂拱顶（重庆日报　供图）

重庆人民大礼堂竣工后的全景图（重庆日报 供图）

始了。"钢结构网架和混凝土楼座之间通过铰接活动支座连接，可以保证钢结构网架在混凝土支座上有44毫米的移动空间，以应对热胀冷缩造成的变形。"谈起张家德的设计，张开源很是自豪。在张家德的设计中，建造大礼堂要先通过铆钉固定木屋架和钢结构穹顶，木屋架上为木屋面，其上铺设琉璃瓦。大礼堂圆顶有三重檐，第一重檐有36根立柱，第二、三重檐有72根立柱，这些立柱皆为灰板条包成。南北楼采用砖木结构，楼板采用夹砂楼板，中间是木龙骨，其上铺设木楼板，龙骨下面为灰板条，木楼板和灰板条之间通过填充锯末混合农药以达到隔音和防虫的目的。

"父亲说，大礼堂的建设离不开重庆人民的齐心协力。"张开源表示，在他的记忆中，张家德经常和工人们在大礼堂施工地同吃同住。为了烧制琉璃瓦，1953年初，贺龙派人在重庆江津珞璜临时找到一个砖厂，并从其他厂抽调了一些技术人员，负责琉璃瓦烧制工作。但由于釉面温度低，封窑高度太高，烧制始终不成功。厂长每天都在现场与工人们一起反反复复做试验：改进工艺制作技术，将现有的窑子隔矮，加高窑内温度……最后，试验终于成功。3个小窑、2个大窑共5个窑子轮番烧制，每窑要烧八九个小时，中间还要将瓦取出对其进行制釉、置色，过程中对温度的要求较高。当时没有温度表，全靠用土办法（火锥）来掌握温度，因此烧制起来非常困难。由于当时烧制地点是临时的，用完后就要拆除，为确保琉璃瓦的使用数量充足，工厂特地制作了两套，一套使用，另一套备用。"数量大、任务紧，工人们工作非常卖力，外面是40℃的高温，里面是温度更高的火窑，他们轮班烧制，从不说苦道累……"张开源回忆说。

经过全体人员的艰苦奋斗，1954年4月，大礼堂竣工，贺龙为大礼堂亲笔题名"西南行政委员会大礼堂"。后来，随着西南行政委员会的撤销，大礼堂更名为重庆市人民大礼堂。张家德认为，建筑是有生命的。绿色琉璃瓦、大红廊柱、白色护栏……被重庆人民艰苦奋斗精神浸润的重庆市人民大礼堂，一直在诉说着这座城市的故事。

大田湾的"雄起"声
时常在耳边回响

王 雪

> 1955年5月30日，重庆举行大田湾体育场（又名重庆市体育场）开工典礼。经过9个多月的修建，1956年2月9日，新中国第一座甲级体育场竣工，这也是我国第一座现代意义上的综合体育场。

讲述人

　　杜忠勇，男，重庆市体育场原场长、重庆市大田湾全民健身中心原主任，大田湾体育场建设发展的参与者、推动者、见证者，重庆体育文史专家，现在重庆体育博物馆从事文物征集研究工作。

　　沿着重庆市渝中区体育路一路向前，一座恢宏的体育场矗立眼前。

　　远眺，巨大的椭圆形建筑里，充满中国元素的碉楼、红墙傲然挺立，高高的堡坎上，"发展体育运动，增强人民体质"大字遒劲有力。细看，鲜红的跑道上，奔跑者脚底生风；绿茵场上，成群的孩子在欢快地嬉戏。

　　这里是重庆大田湾体育场，是新重庆体育运动开始的地方。

源·填出重庆体育图腾

　　重庆市体育场原场长、重庆市大田湾全民健身中心原主任杜忠勇有个异常珍贵的宝贝——一个容量巨大的移动硬盘，里面珍藏着大田湾体育场以及重庆体育事业的史料。收录这些史料，耗费了他数十年的心血。

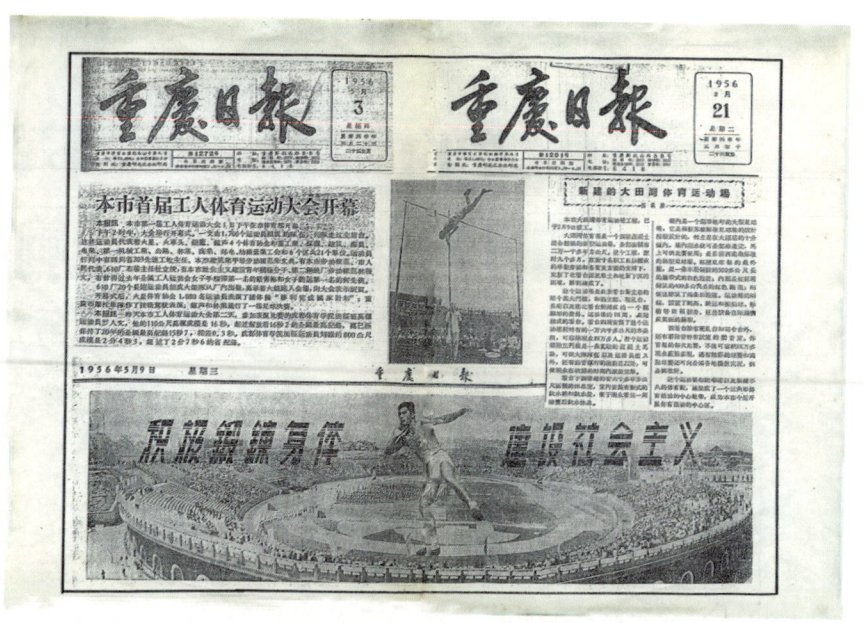

1956年《重庆日报》关于大田湾体育场的报道（重庆日报　供图）

"你看，大田湾体育场在建设过程中没用任何大型机械，完全是勤劳质朴的重庆人民在一湾湾田坝上和一垄垄土堆上，用双手一点点填出来的。"杜忠勇指着一组黑白照片动情地说。照片里，怪石遍布、崎岖不平的土石堆上站满了人，有躬身挖掘的、有肩挑背磨的、有担土搬石的……场景甚是火热。

"大田湾体育场的建设凝聚了重庆人民对新重庆的美好期盼，也承载着新中国的'体育强国'梦。"杜忠勇说。

新中国成立后，重庆成为西南地区政治文化中心，但百废待兴、百业待举。1950年2月，贺龙从成都迁往重庆办公，与邓小平、刘伯承同在中共中央西南局任职。贺龙在一次视察时说，"重庆有220万人口，没有一座像样的集会场所怎么行？"

为提振城市发展信心，造福人民群众，邓小平、刘伯承、贺龙同军政委员会的同志商议后，决定以"建设人民的生产的新重庆"为奋斗目标，在重庆修建供劳动人民集会、运动、娱乐的场所，大田湾体育场就是项目之一。

重庆是山城，要在高低起伏的山地间寻得一片开阔之地并不容易，填平大田湾成为首要大事。1950年11月到1951年4月，13余万重庆市民参与义务劳动，建成大田湾人民广场，为随后大田湾体育场的修建奠定了基础。

有了场地，新重庆的体育事业由此发端。

1956年，修建完成的大田湾体育场（杜忠勇　供图）

凭借优越的行政区位优势和地理位置优势，重庆的重点体育项目如田径、足球、篮球等率先在全国开展起来。

1952年5月4日，西南区第一届人民体育运动大会在大田湾人民广场隆重举行，来自云南、贵州、四川等西南地区的1100余名运动员代表参与。"这次规模盛大的运动大会拉开了后来全运会的序幕，历史意义重大。"杜忠勇说。

在大田湾人民广场的基础上，1955年5月30日，重庆举行大田湾体育场开工典礼。经过9个多月的修建，1956年2月9日，占地总面积9.75万平方米的大田湾体育场竣工。

这座拥有1个草地足球场、1条500米木屑跑道和1条400米煤屑跑道，看台可容纳4.5万名观众的体育场，是新中国第一座甲级体育场，也是我国第一座现代意义上的综合体育场。

"大田湾体育场的建成，为后来各项重大赛事的举办提供了绝佳场地，极大地推动了新中国体育运动的发展。"杜忠勇说。

事实的确如此。

1965年10月24日，大田湾体育场百米跑道上，重庆短跑运动员陈家全跑出10秒整（手计时）的成绩，平了当时男子百米世界纪录，成为中国"第一飞人"，标志着当时中国男子百米的水平进入世界前列。同一时期，重庆短跑运动员贺祖芬也在此创造了当时中国女子百米纪录，成为我国女子短跑的领军人物。此后，排球奥运冠军朱玲、跳水奥运冠军田亮、羽毛球奥运冠军李雪芮等大批重庆体育健儿从大田湾体育场出发，走向世界，为国争光。

"大田湾体育场不仅是一座体育场，更是新重庆体育的发端、新重庆体育的图腾，留下诸多新中国体育崛起的宝贵印记。"杜忠勇说。

圆·凝练重庆精神符号

当时堪称亚洲一流的现代化体育设施，让大田湾体育场很快迎来家喻户晓的光辉岁月。

1965年9月24日，大田湾体育场举办了一场非同小可的足球友谊赛。

球场上，中国重庆足球运动员和柬埔寨足球运动员挥汗拼搏；看台上，周恩来总理陪同西哈努克亲王及其夫人以及众多柬埔寨贵宾凝神观赛，4万多名观众一片欢腾。周恩来总理专程从北京来重庆欢迎柬埔寨贵宾，大田湾体育场记录了这一外交历史时刻，也见证了重庆体育的国际友谊。

1998年，杜忠勇任大田湾体育场场长，率先提出"开门、点灯、健身、休闲"八字方针。也就是从这一年开始，大田湾体育场成为重庆乃至全国火爆的户外大型演出举办地，"钢琴王子"理查德·克莱德曼在此举办露天钢琴演奏会，蔡琴、王菲、黎明、张学友、齐秦等一众歌星纷纷在此俘获歌迷的心。

"1998年至2000年，大田湾体育场的演出市场异常红火，摇滚乐、流行音乐、音乐剧等各种表现形式轮番上演，为重庆人民送上一场场文化娱乐饕餮盛宴。"杜忠勇回忆道。当时的年轻人都以能在大田湾体育场看一场演出为荣。

在重庆足球迷心中，大田湾体育场的地位更是无可撼动。

1994年，中国足球甲级A组联赛开始职业化，大田湾体育场开始了它专业足球场的使命。1998年，临危受命的足球教练员李章洙，率领队员们在甲A联赛的"重庆保卫战"中以2∶0击败深圳队后，拉开了"大田湾不败"的传奇序幕。而后，在一个大雨滂沱的日子，足球教练陈亦明带领重庆红岩队漂亮地以2∶0击败劲旅江苏加佳队，构筑起独属重庆人的精神高地。2000年，杀入足协杯决赛的重庆隆鑫队在大田湾体育场以4∶1痛击北京国安队，勇夺足协杯冠军——这是重庆历史上第一个足球冠军。

1998年至2003年是大田湾体育场最辉煌的时期，也是西南足球最激情澎湃的岁月。"那时，大田湾体育场成为许多球队的'魔鬼'客场，在震天的'雄起'声里，大田湾体育场成为深深铭刻在重庆足球迷心中的精神符号。"杜忠勇说。

一场场重大活动的举办，让大田湾体育场无人不晓。

2000年，杜忠勇以重庆市体育场场长的身份前往北京开会。这趟平平无奇的差旅，在临近结束时，却发生了一件让杜忠勇哭笑不得的事：在得知重庆市体育场其实就是大田湾体育场时，与杜忠勇同住一个宿舍的与会者们握住杜忠勇的手，激动地说："原来是大田湾体育场，早说嘛！"

提起重庆市体育场反应平平，提起大田湾体育场却激动万分，足见当时大田湾体育场的知名程度。

愿·书写重庆体育新故事

"舞榭歌台，风流总被雨打风吹去。"大田湾体育场也没能逃过岁月的蹉跎。

随着重庆奥林匹克体育中心投入使用，大田湾体育场不再承担大型比赛，而是作为一个区域性群众运动场使用。

50载岁月洗礼，让设计使用寿命仅30年的大田湾体育场"七老八倒"。2004年，大田湾体育场看台结构存在严重安全隐患，被重庆市勘测院鉴定为危房，禁止使用。

2012年，"新中国首座甲级体育场荒废成菜地"的新闻引发全国关注。因资金不足、改造修缮困难，大田湾体育场越显衰败：塑胶跑道破旧开裂，座椅残缺不全，看台长出一丛丛比人还高的杂草，跳远沙坑里蓬勃生长的蔬菜更是刺目。

大田湾体育场变"大田"，这让杜忠勇痛心疾首。

为排除安全隐患，完善体育设施，大田湾体育场相关修缮工程多次被列入重庆市级相关规划。2019年，大田湾体育场保护与利用工程被列入大田湾—文化宫—大礼堂片区保护提升工程。经研究，于2019年10月31日起对涉及工程的大田湾体育场内场及外场部分违章建筑进行拆除。2020年10月28日开始，大田湾体育场进行整体修缮和保护性升级，停止对外开放。

2022年12月30日，经过修缮的大田湾体育场以重庆唯一的市级全民健身中心的姿态，重新回到大众的视线。

全新的大田湾体育场，包含人造草坪足球场和标准400米跑道，室外生态体育公园新增停车位780个、乒乓球台8个、篮球场5个、网球场2个、门

2022年12月29日，航拍的渝中区大田湾体育场（视觉重庆 尹诗语 摄）

球场2个、气排球场1个、游泳池1个。不仅如此，大田湾体育场还逐步融入系统智能化建造工艺、新一代信息技术，与互联网应用、大数据、云计算等一系列高新技术融合。

"体育场地和生态公园的有机结合，约7万平方米的生态体育文化公园实现了人与环境、体育与休闲的完美融合。"杜忠勇说。

焕然一新的大田湾体育场衍生出一条前景光明的体育产业带。据介绍，大田湾体育产业带依托大田湾体育场、大田湾全民健身中心等行业资源、场地资源和楼宇载体，以"大体育"发展理念，突出体育服务功能，重点打造体育与相关产业融合发展新业态。"我们积极支持科技、互联网、文化、旅游等与体育融合发展，加快形成以科技创新、孵化发展新业态为主要引领和支撑的体育产业发展模式。"杜忠勇说。

今天，被重庆人视作体育丰碑的大田湾体育场又提笔书写起重庆体育的新故事。

"儿科拓荒者"的燃情岁月

许幼飞　胡晨愉　唐余方

> 1956年6月1日，重庆医学院附属儿科医院（今重庆医科大学附属儿童医院）开诊。这是重庆历史上首家儿童医院，结束了重庆无儿科专科医院的历史。

讲述人

郑惠连，女，儿童保健专家，重庆医科大学附属儿童医院筹建人之一、儿保科原主任，我国儿童保健事业的开拓者，2020年度"感动重庆十大人物"。

今年98岁的郑惠连老人有一个习惯，站在自家阳台上凭栏远眺那个承载着自己奋斗记忆的地方——重庆医科大学附属儿童医院。

古朴庄重的红色主建筑，连同几棵黄葛树，在5月湛蓝天空的映衬下显得格外耀眼；楼宇依山而建，错落有致；院区人来人往，一派繁忙景象……

"1956年2月，我从上海来到重庆，参与筹建重庆首家儿科医院。"谈及那段距今已68年的建院历史，老人记忆犹新。在郑惠连的讲述中，上个世纪那段热血沸腾、艰苦卓绝的西迁岁月，跨越时空，向我们奔涌而来。

告别黄浦江　拓荒大西南

1955年，根据党中央指示，上海第一医学院（今复旦大学上海医学院）分迁至重庆，筹建重庆医学院及其附属医院。

1956年2月，已是上海第一医学院附属儿科医院（今复旦大学附属儿科医院）儿科主治医师的郑惠连接受上级委派，来到重庆参与筹建儿科医院。

那一年，郑惠连29岁，刚结婚，没有孩子，爱人还在读大学，父母由弟弟和嫂嫂照顾，没有后顾之忧。同时，她既是医疗秘书，又是主治医师，既熟悉管理，又了解业务。

"党叫我去哪里，我就去哪里。支援西部，我义不容辞。"郑惠连说。1956年2月14日，正月初三，

1956年2月，郑惠连接受上级委派，来到重庆筹建重庆医学院附属儿科医院（郑惠连 供图）

阖家欢乐的新春氛围还弥漫在空气中，郑惠连已登上飞机，与时任上医总务长的刘海旺一道，从黄浦江畔来到嘉陵江畔。

远赴他乡经历练，一腔热血映苍穹。

"那是我第一次乘坐飞机。飞机很小，人跟货物都挤在一起。"对于郑惠连而言，到重庆建设一所儿科医院，既充满未知又饱含期待。但当她真正抵达重庆后，才发现实际情况远比想象中更为复杂艰难。彼时的重庆，有楼房，但更多的是农田；有马路，但尘土飞扬……从繁华的大上海来到山城重庆，站在陌生的街头，郑惠连的心中五味杂陈。

不过，郑惠连并未萌生退意，一落脚，她就充当起"总规划师"的角色。儿科医院的建院地址，是位于枇杷山下缓坡地带的原重庆市政府办公大楼。"虽然只有几栋空空的老房子，稍显荒凉，但占地面积大，发展前景广阔。"郑惠连乐观地认为。选址既定，建设当顺势而为。一张白纸好作画，郑惠连干劲十足，决心要在这张"白纸"上勾勒出最新最美的图画。

筚路蓝缕　艰苦创业

"当年从零开始筹建一所医院，面临的困难是你们今天想象不到的。"采访过程中，郑惠连忍不住感叹，在漫长的人生旅途中，1956年是她最为难忘、成长最快的一年。为更好地推动医院建设，上海和重庆两地共同组建了一个

筹备组。郑惠连是组内唯一的儿科主治医师。这意味着，许多涉及儿科医院的建设工作都需要她来统筹，包括将以前的政府办公大楼改建成符合医疗标准的儿科医院。按计划，儿科医院定于1956年6月1日开诊，留给郑惠连和同事们的筹备时间仅剩不到4个月。对于初来乍到的她而言，困难如狂风呼啸席卷旷野，无处不在，避无可避。

建院初期的重医附属儿科医院（重庆医科大学 供图）

"首先是沟通困难，我听不懂重庆话，跟当地人说普通话也很难交流。再者，上海平地多，基本不用爬坡，但在重庆经常需要爬坡上坎，从医院到观音岩有200多级台阶，我经常走到脚上磨起血泡，有时只能脱下鞋子，光脚爬楼梯。"记忆的闸门一打开，老人的语速变得飞快，"但我既不能打退堂鼓也不能哭，只能扛！"那是一个激情燃烧的时代，再难再苦再累也抵挡不过坚定的信念和如火般的热情。

为充分利用时间，郑惠连搬进了办公大楼的一间空置房内，每天睁开眼，洗漱完毕后，就投入繁忙的工作中。儿科医院缺少建设标准，她就遍访重庆范围内开设儿科的医院，收集相关资料，夜以继日地整理、思考，如海绵吸水般汲取知识，积累经验。为确保医院如期开诊，大到门诊设计、改造病房、添置设备，小到印刷医生所需的处方笺、化验单、检查单，护士所需的体温单、医嘱单，所有细碎且繁杂的工作，她都坚持亲力亲为……

就这样，各项事务得以稳步推进。忙碌之余，郑惠连也有自己的放松方式。"那时每逢周末，办公大楼的小礼堂就会举办舞会。我从小就喜欢跳舞，空闲时便去跳跳舞。"对于郑惠连而言，这是她在繁忙工作中寻到的片刻休憩与自由。

1956年5月，郑惠连返回上海汇报儿科医院筹建情况。随后，她与新一批支援西部的30余名医生、护士、化验员及后勤人员来到重庆，全面开展建院工作。这一次，他们乘坐轮船，跋涉1700多公里水路，经过7天7夜才抵达重庆。

扎根西南　行医一生

1956年6月1日，国际儿童节。重庆市渝中区两路口的一道缓坡之上，重庆首家儿科医院——重庆医学院附属儿科医院（今重庆医科大学附属儿童医院）顺利开诊。郑惠连还记得，医院的开诊仪式隆重且热烈。看着涌动的人群，她难掩心潮澎湃，"这不仅仅是我个人心愿的达成，更是整个团队的胜利"。

作为专科医院，儿科医院承担着繁重的医疗任务。"病种繁多、病情各异，急诊多、危重病人多。"建院初期，受限于当时的医疗水平，儿科医院仅能处理呼吸道、消化道等常见的儿科疾病，对于遗传病、癌症等复杂病症，往往力不从心，郑惠连坦言，"当时我才毕业五六年，就要独当一面，压力很大。但保证儿童健康成长是我的初心，不能违背。因此，我只能抓紧一切时间学习"。怀揣着强烈的责任感，郑惠连勤耕不辍，不仅掌握了先进的医疗技术，还积累了丰富的临床经验，先后主管儿科医院新生儿科和血液科。

1978年，在国内尚处于起步阶段的儿童保健学，成为郑惠连新的研究课题。她开始专业转向，牵头儿科医院儿童保健科的发展，率先在全国探索编辑儿童保健学相关教材，抓紧培养教学人才，构建教学体系，优化课程设置，用实际行动诠释着"保证儿童健康成长"的铿锵誓言。"我本来可以回到上海的，但这家医院让我爱上了这座城市，舍不得离开，还申请把爱人也调到了重庆。"讲到这里，郑惠连有些动容，"重庆有我牵挂的儿科事业，有好多孩子和家长都和我建立了深厚的感情。"

从1956年开始，郑惠连一直扎根山城，几十年如一日地开展教学、科研和临床工作，耄耋之年仍坚持到医院坐诊，为西南地区医学事业的发展和人才培养奉献了青春和智慧。经过几十年的发展，儿科医院从当年只有30张床位的小医院，发展为如今拥有两个院区，

| 1955年9月4日，《文汇报》头版头条报道上海第一医学院将迁到重庆（重庆医科大学　供图）

郑惠连在参观西迁精神主题展览（重庆医科大学附属儿童医院　供图）

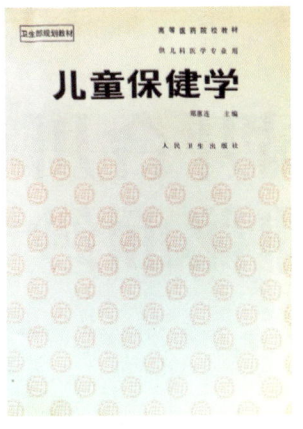

郑惠连主编的教材《儿童保健学》第一版（重庆医科大学　供图）

教职员工近4000名、编制床位2480张、临床和医技科室42个的国家三级甲等综合性儿童医院，是国家儿童区域医疗中心、国家一流本科专业建设单位、国家儿童健康与疾病临床医学研究中心。

每次出门、回家，郑惠连都要经过重医附属儿童医院渝中院区。看着日益发展壮大的医院，她的心中满是欣慰。其实，不仅仅是郑惠连，1955年4月至1960年7月，上医共向重医调派教师、医师等各类人才400多名。他们一直扎根重庆，分布在重医及其附属儿童医院、附属第一医院和附属第二医院，把最美的岁月留在了祖国最需要的地方。

西迁前辈、国家一级教授、著名传染病学家钱悳曾说："当初，我们是为了支援大西南的建设而来。而今，可以说我们经受了锻炼，付出了辛苦，也看到了成果——学校、医院的发展，有我们的一份辛劳在内，这几十年没有白过。"郑惠连觉得，钱老这段话也是对她自己这60多年扎根西南、行医一生最好的总结。

"听党召唤，以国为先，告别黄浦江，拓荒大西南，你把最美的岁月留在祖国最需要的地方……"2021年1月，郑惠连荣获2020年度"感动重庆十大人物"称号。

揭开合川马门溪龙的神秘面纱

罗 欣

> 1957年4月，四川石油管理局地质调查处在今重庆市合川区太和镇古楼山偶然发现一具巨大的恐龙化石，"中国恐龙之父"杨钟健将它定名为"合川马门溪龙"。合川马门溪龙是当时亚洲最大、保存最完整的蜥脚类恐龙化石，有"东方巨龙"的美誉，在科学研究和古生物历史研究上具有重要意义。

讲述人

欧阳辉，男，古生物学与地层学博士。20世纪80年代初开始致力于古脊椎动物化石研究，调查发现并主持发掘较多完整的恐龙骨架化石，研究破解马门溪龙的头骨之谜等，也是中国首座恐龙博物馆——自贡恐龙博物馆的筹建者之一。

重庆不仅有"山城""桥都"之称，还被誉为"恐龙脊背上的城市"。亿万年前的重庆，湖泽遍布、森林繁茂葱郁，自然而然地成为恐龙家族繁衍生息的乐园。

1957年，在合川太和古楼山山腰深处，一具沉睡了1.6亿年的恐龙化石"苏醒"过来，以其超长的脖颈成为世界已知恐龙中最具特色的成员，这便是赫赫有名的"合川马门溪龙"。

这具恐龙化石保存极好，从第一节颈椎到第三十五节尾椎的脊椎骨完整无缺，每个脊椎彼此紧密相连，全世界像这样的发现凤毛麟角，弥足珍贵。然而遗憾的是，在发掘过程中并未能找到头骨、肩带和前肢骨骼。直到20世纪90年代，欧阳辉两次发现包含头骨的完整马门溪龙化石，终于确认了合川马门溪龙原标本缺失骨骼的真实形态。

1957年4月，合川太和乡古山村（今重庆市合川区太和镇石岭村），合川马门溪龙挖掘现场（成都自然博物馆 供图）

邂逅意外惊喜

"大家快来看啊，这里有动物化石！"四川石油管理局地质调查处2分队4联队一名年轻的地质工人侯腾云情不自禁地大声喊起来，惊醒了这条在睡梦中早已与大地化为一体的巨龙。

新中国成立后，百废待兴，石油短缺成为制约国民经济发展的重要瓶颈，国家投入大量的人力物力，积极寻找油气田。1957年4月，侯腾云随队来到合川太和古楼山开展地质调查，旨在寻找到更多的油气资源。

古楼山山势陡峭，荆棘丛生。侯腾云在队伍中担任领路先锋，当他爬到半山腰准备休息时，一块镶嵌在紫红色泥岩中的浅色石头吸引了他的注意。他走上前去，用地质锤敲了一下，火星四溅，说明这石块相当坚硬。凭借一定的古生物学知识，侯腾云觉得这块石头异乎寻常。

这到底是什么？他蹲下来仔细观察，觉得这石块很像动物骨骼，顿时意识到这可能是化石，于是向同行的队伍大喊："大家快来看啊，这里有动物化石！"

听到侯腾云的叫喊声后，组长余家仁和队员们马上围了过来，对暴露出来的化石进行了初步清理。队长徐和生也闻讯赶来，了解情况后，便安排民工试掘。只见骨骼越来越多，于是将这一重要发现上报给四川省文物管理委员会（简称"省文管会"）。

省文管会在得到消息后，立即派出考古队员朱大康来到重庆，经过现场鉴定，确定是恐龙化石。鉴于工作量庞大，重庆市博物馆指派李宣民、龚廷万两位青年专业技术人员前往现场协助发掘工作。

揭开合川马门溪龙的神秘面纱 | 047

古楼山上发现完整动物化石的消息很快在当地传开，从方圆十多里内赶来围观的人络绎不绝，有的来看稀奇，有的想碰运气看能否拿到龙骨碾成粉末作刀口药止血。李宣民、龚廷万、朱大康3人只好请政府帮助，派人维持秩序。前来维持秩序的人员牵绳搭线，严格把守，把整个发掘现场围了起来。

他们招募了十多位民工，在4米高的坡坎上经过一个多月的逐层揭露和清理，恐龙的轮廓逐渐显露出来。令所有人感到惊讶的是，这头恐龙十分庞大，长脖子伸向山体中，却没有连接头骨。于是发掘队员组织民工，向颈部延伸方向在山体石层中打了一个深达两米的洞，但依然未能找到头骨的踪迹。

它为何尸首分离？头骨究竟去了哪里？至今还是一个谜。

回溯国宝"安家记"

欧阳辉说："好在鼓楼山位于涪江边上，化石点离水运码头并不算远。"

装载这只巨大的恐龙化石用了约40个木箱。工人们将这些木箱从山上抬下，送到附近的涪江码头，用2艘机动船从水路经涪江运入嘉陵江，在重庆牛角沱码头上岸，改由汽车转运至重庆市博物馆。

合川马门溪龙化石自送至重庆市博物馆后，由于缺乏古生物研究人员，一直未作开箱整理。最初，被暂存于博物馆的食堂里，后因木箱遭白蚁蛀蚀，不得不搬至馆外通风较好的连廊处。

1959年，馆方决定将这批化石送往省文管会。但彼时的省文管会并无独立的办公场所，仅借用四川省博物馆的场地办公，标本在省博物馆大院又存放了两年多，恰逢省博物馆陈列改造，需要腾挪空间。此时，成都地质学院抓住机会，以充实校陈列馆的展藏品为名，将这件珍贵的标本纳入麾下。

1961年，省文管会决定，为支持成都地质学院建设，将合川马门溪龙化石无偿捐赠给该校作为教学标本。

化石运到学校后，陈列馆馆长李之常教授与地质系古生物教研室的老师商定组建专班对这具恐龙化石进行初步整理、拼接和研究，并指定该项工作由在中国科学院古脊椎动物与古人类研究所进修的何信禄老师负责。当工作组完成标本的初步修理和整理后，发现头骨缺失，导致难以确定分类位置。何信禄为了慎重起见，建议将标本送往北京，由中国科学院古脊椎动物与古

1965年，郭沫若在北京为马门溪龙题字（成都自然博物馆　供图）

人类研究所所长杨钟健院士亲自进行研究。

1964年，这具恐龙化石被运抵北京。杨钟健院士高度重视，亲自率领科研小组，对化石进行研究和修复工作。当时的青年学者赵喜进先生也加入了科研小组。

研究所组织技术工人对化石进行了细致的修复与装架，修复耗时近半年，装架过程则用了一个多月。在装架时，面对头骨的缺失，杨钟健和赵喜进也遇到了困扰。经过标本的多方比对，他们最终决定为这具骨架装了一个仿梁龙的头骨模型。

1965年5月19日，中国科学院领导郭沫若、竺可桢等人及相关专家出席了在标本装架现场召开的成果报告会。应杨钟健之邀，郭沫若欣然为这具大恐龙化石题写了"合川马门溪龙"的名字。

后来，经过一段曲折的"旅程"，合川马门溪龙最终在成都"安了家"。

破解头骨之谜

1983年，欧阳辉考取成都地质学院的古生物学专业研究生，他被自贡恐龙博物馆筹建办看上，却没能在曾经熟识的边兆祥教授门下学习，而是成了何信禄教授的学生，何教授当时正在主持自贡大山铺恐龙动物群的研究工作。

"作为校博物馆馆长，边教授为培养我们几位古生物学研究生对化石标本的兴趣，同时兼顾博物馆的夜间值班，动员我们住进博物馆里。这便是我与博物馆结缘的开始。"

就这样，欧阳辉从那时起便得到了两位导师的悉心指导和关怀。他白天在课堂上认真听课，去图书馆查阅文献资料，晚上在博物馆里与恐龙标本"亲密接触"，逐渐熟悉了马门溪龙的每一个细节。

经过长时间与马门溪龙标本"打交道"，他深知合川马门溪龙正型标本存在的缺陷，特别是在化石缺失部分的复原工作上。尽管这种复原在科学上有一定依据，但也包含了一些推测成分。于是，欧阳辉带着这个疑惑深入恐龙挖掘前线，想要解开合川马门溪龙的头骨之谜。

1988年，欧阳辉在自贡恐龙博物馆工作期间，参与了自贡新民乡一具蜥脚类恐龙化石的发掘。

令人振奋的是，这是一具近乎完整的马门溪龙化石。欧阳辉反复观察，在岩石中隐约看见了一排牙齿。他立即采取措施，先将那块可能含有头骨的岩石取走，送回馆里进行细致修理。

经过两个月的小心修理，一个精美的头骨终于呈现在大家眼前。这具恐龙全长约16米，仅合川马门溪龙正型标本三分之二大小，但二者骨骼形态极其相似。欧阳辉在他的研究论文中将这具化石归入马门溪龙属，并命名为"杨氏马门溪龙"。

杨氏马门溪龙的发现证明，马门溪龙拥有一副高长适中、结构轻巧的头骨，头骨上的开孔很大，口中具有排列紧密的勺状牙齿。因此，可以肯定地说，合川马门溪龙以前使用的仿梁龙头骨是错误的。

然而，由于杨氏马门溪龙个头较小，它只能算作间接证据，还不足以完全说服所有人。

1995年岁末，四川省自贡市汇东新区的一个工地上发现了恐龙化石。欧阳辉第一时间赶赴现场，虽然最初仅见到6块尾椎骨，但它们连在一起，有可能发现完整个体。欧阳辉果断要求工地停工："明天我就带队来挖掘。"

在挖掘过程中，欧阳辉竟然发现了一具完整的大型蜥脚类恐龙骨架。它不仅大小与重庆合川出土的合川马门溪龙正型标本接近，骨骼的形态也完全相同，因此被认为是同一种恐龙。更令人惊喜的是，这具新标本也有头骨保存，经修复后与杨氏马门溪龙的头骨形态一致，进一步证明了之前装配的梁龙头骨是不准确的。

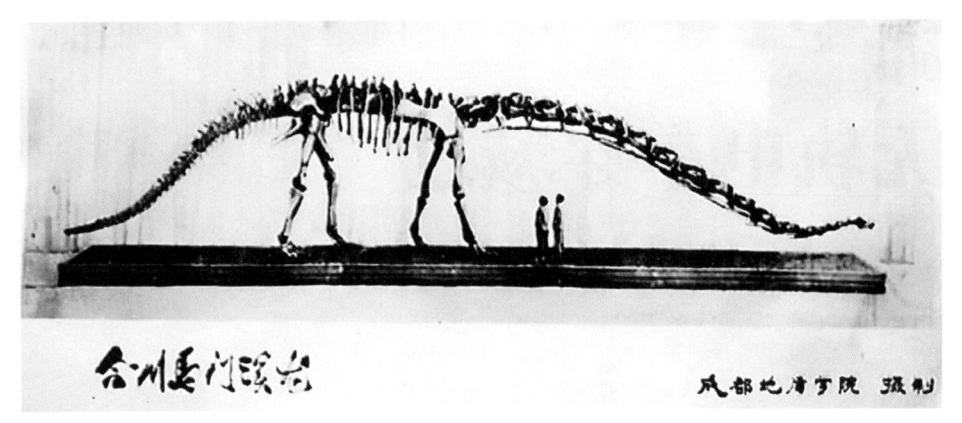

20世纪70年代由成都地质学院拍摄的合川马门溪龙骨架（成都理工大学 供图）

2003年，欧阳辉基于杨氏马门溪龙的模式标本完成了博士论文《杨氏马门溪龙的骨骼特征与马门溪龙类系统关系分类》。2010年，在与成都理工大学博物馆前馆长李奎教授沟通协调后，该馆展出的合川马门溪龙模式标本被更换上了正确的头骨。

至此，马门溪龙头骨之谜得以彻底揭开，全国各地博物馆也纷纷为其展出的合川马门溪龙复制品更换了正确的头骨。

2009年，科普杂志《环球科学》将"发现合川马门溪龙"评为新中国成立60周年以来60项杰出成就，赞其科学价值突出，科学意义重大，科普教育作用举世瞩目。

每一块化石都记录了地球历史的一部分，它们不是冷冰冰的石头，而是我们与过去连接的一条条纽带。未来，我们有理由相信，在众多默默无闻、甘于奉献的科学工作者的共同努力下，地球历史的更多谜团将被一一揭开，持续照亮人类文明进步的道路，为后世留下宝贵的知识财富与深刻启迪。

1958
无轨电车穿城过

李杜鹃

> 1958年7月1日，重庆两路口至杨家坪的3路电车线路建成开通，这是重庆建成的第二条电车线路。1986年，重庆公交公司一分为四，3路电车至此更名为403路，由电车公司运营。

讲述人

邓晓琴，女，重庆西部公交小龙坎分公司党支部书记，原电车公司403路售票员。

"小妹，没事儿，别着急，我身上没多大事，你千万别着急。"

1997年夏日的一个夜晚，重庆两路口大田湾体育场的足球赛结束时，人们熙熙攘攘地走出体育场，乘坐403路电车回家。

由于电车车身较长且夜间行驶视线受限，售票员负责操作后车厢门的开关。那天，16岁的邓晓琴执行关门操作时，不慎夹到了一位乘客的手臂，乘客身上留下了一道红印。面对这一突发状况，初入职场的邓晓琴顿时手足无措。然而，那位乘客却敏锐地察觉到她的不安，不仅没有生气，反而主动安慰她，缓解她的紧张情绪。

"这对我今后的工作产生了很大的影响，也教会我怎样更好地服务乘客。"虽已时隔27年，当年乘客的理解和包容给了刚参加工作的邓晓琴莫大的鼓励，这份温暖她一直铭记于心。在微笑中，她向记者讲述了当年在403路电车工作的点点滴滴。

电车记忆

1956年，上清寺到小什字的重庆首条无轨电车线路1路（后为401路）开通。同年，重庆市人大作出"由市民集资兴建第二条（两路口至杨家坪）电车线"的决议。1958年，重庆3路（今403路）电车建成开通，该线路自两路口出发至终点站杨家坪，全程8公里。此后，1962年、1965年、1975年，重庆又陆续建成2路、4路和5路电车。

403路电车是一辆拥有两节车厢的铰接车，圆形的铰接盘将两节车厢连接起来，车厢间用绿色的防布遮挡，不仅防雨、防尘、防灰，还为电车的外观增添了一抹亮色。

"那时候，我们把电车当成自己的宝贝一样，特别珍爱。"邓晓琴拿出一张拍摄于20世纪的黑白照片介绍道。

照片上，几位衣着朴素的工作人员在维护电车清洁，有的身体半探出窗外，细心擦拭车顶；有的则站立于车头，认真擦洗车窗；还有的贴着车侧，擦着车身……

当时电车售票员的工作是半班制，上午班从凌晨5点半开始，由于租住地离单位较近，邓晓琴一般凌晨5点起床，洗漱完毕后便赶往两路口汽电站。在首批乘客上车之前，她要做好电车清洁，整理好价值约500元的车票，同时还要把零钱备好，方便找零。

给电车做清洁是售票员的一项重要工作。刚参加工作时，电车业务员便告诉邓晓琴，一定要把电车的清洁做好，整个车子打理得干净整洁，乘客乘坐才会感觉舒适。

邓晓琴起初还不太理解业务员的话。从事清洁工作时，在擦玻璃这件事上，她便犯了难。原来，电车的窗户玻璃十分透明，即使是微小的污迹也格外显眼。刚开始，她用湿毛巾擦拭玻璃，

| 工作人员擦洗电车玻璃（邓晓琴 供图）

无轨电车穿城过

湿毛巾在玻璃上留下的水渍干了后，车窗变得斑驳，成了一个"大花脸"。

碰到这种情况，邓晓琴就请教老售票员，老售票员耐心向她传授秘诀："窗户要先用有一点湿润的旧T恤擦，擦干后再用废报纸抛光。因为T恤衫不掉毛屑，报纸有油铅墨，这些都可以让玻璃擦出来干净透亮。"

邓晓琴按照老售票员的建议操作后，玻璃果然变得明亮洁净。此外，电车的地板也被她拖得一尘不染。看到乘客步入车厢时对电车干净整洁的环境露出满意的神色，邓晓琴心里不由自主涌上一股自豪感。

403路电车在两路口与杨家坪之间穿梭了近半个世纪，承载着几代重庆人的记忆，沿途的景致充满了生活气息。

邓晓琴常常见到乘客从两路口上车，前往鹅岭公园赏花观景，中老年人则偏爱在鹅岭公园旁的佛图关公园喝茶休息；大坪站，作为该线路换乘最为繁忙的站点之一，因当时电信局大楼位于此，许多有条件的市民前来办理电话装机业务和寻呼机服务；午间时分，谢家湾建设厂的工人们结束了一上午的忙碌，纷纷搭乘电车回家休息……

403路电车，还牵起了一段姻缘。一对来自建设厂的老夫妻，经常乘坐同一位售票员负责的电车。夫妻俩在与这位售票员一来一往的交流中，得知小姑娘还没谈恋爱，于是便把他们的儿子介绍给对方。没想到两个年轻人一见面就被对方所吸引，经过认识和接触，后来结为了夫妻。

"我们售票员的言行举止代表着整个路队的形象，老夫妻在乘车时悄悄'考察'这个售票员，也从侧面证明他们对我们工作的满意。其实，不管是售票员的工作，还是驾驶员的工作，都很平凡、很细微，但这些细微之处却给乘客带来了不一样的感觉。"邓晓琴说。

服务至上

"在重庆城区的马路上，往天上看就是成网的电线。"邓晓琴这样描述那个年代重庆的上空。

当时，电车顶部有两根长长的电鞭，主要起通电作用，在连接天空中的电线时，两根电鞭扬起，像是女孩们梳的两条麻花辫。因此，电车在重庆人口中也被叫作"辫子车"。

驾驶电车绝非易事，如果驾驶员在转弯时稍有不慎，两根电鞭就很容易从空中的电线网中脱落下来，导致电车停运。这时，驾驶员或者售票员只能爬上车顶，将电鞭的磁扣搭上电线，重新接入电网。最让他们头疼的是碰到下雨天"搭辫子"，电鞭上积蓄的雨水会溅得售票员或司机满脸都是。

2002年，重庆市政府第62次市长办公会决定改建长江路，不再架设新的电车线。重庆市交通运输委员会与市公交集团研究认为，需要尽快拆除全市电车。2003年8月10日，403路4152号车最后一次从杨家坪出发，到达终点站两路口，乘客们下车后，驾驶员放下车鞭，403路电车结束了它的使命。2004年5月23日，最后一辆电车——405路车也正式离岗。

在403路电车线路实行"电改气"后，许多售票员转岗学习驾驶，通过两年的学习和严格的考核，转为客运汽车驾驶员。原来的电车驾驶员，也可以通过电车转汽车驾驶的培训，成为客运汽车驾驶员。

在"电改气"之后，居民的生活更加方便。运行过程中，车辆不会再因为"脱鞭"而停止，驾驶员也不用每次在车辆下坡、转弯时提心吊胆。同时，车辆在运行过程中无须再像电车那样严格受限于固定轨道，行驶更加顺畅。403路的运营区间也从过去的杨家坪到两路口延伸到了广厦城到两路口，拉近了滩子口片区与轨道站的距离。

2005年5月26日，为进一步提升服务质量，403路转型成为重庆首条无人售票标准化示范线，并在车站悬挂横幅，向乘客承诺准点运行，驾驶员统一着装、驾龄3年以上且普通话水平达到三级甲等，提供向乘客报告去向、站名、换乘线路等优质服务内容。

如今的403路公交车已变身为新能源汽车，车上，一级踏步高度的入口，老幼病残孕优先座位，无障碍设施，便民箱……这些无一不是社会文明进步的生动注脚。

"从最早的电车变成汽车，如今变成新能源汽车。变的是车，不变的是我们服务群众的真情。"邓晓琴感叹道。

智能惠民

"我们以前一直提倡的目标是方便、快捷、准点、舒适，不过在当时，我觉得准点不太可能。"采访中，邓晓琴最常提到的四个字是："不敢想象"。

"现在我们可以做到精准发车，通过手机地图，它就会告诉你，你等的车距离你还有多远，还有多久到，换乘需要多久……"邓晓琴感叹道，现在公交服务的智能化，是她当年参加工作时不敢想象的。

重庆公共交通服务还在不断革新。现在，不仅可量身定制企业研学、公司培训、旅游观光等多样化路线，还创新推出了红岩巴士，让乘客在乘车的同时，也能沉浸在丰富的历史文化中。

重庆这座山城地形复杂多样，一条条小巷就在一栋栋错落有致的建筑当中蜿蜒穿梭，作为脉络连接城市的各个角落。2020年6月18日，重庆首批开行试点的"小巷公交"线路——重庆公交3200、3208路开通，打通市民出行的"最后一公里"。

如今，在西部公交小龙坎分公司的调度室里，电子大屏上正显示着公交车外的路况和公交车内的情况，工作人员坐在电脑前，紧盯着屏幕上错综复杂的线路图，精确无误地进行着全程监控与调度。

"去年是重庆公交创建90周年，如今我们正在经历下一个90周年，我希望以后的公交越来越智能。"邓晓琴表示。

西部公交小龙坎分公司的调度室（李杜鹃 摄）

少年英雄感动中国

郑友　周云

> 1959年11月18日晚，为捍卫集体利益，年仅14岁的刘文学被地主分子残忍杀害。2009年9月，在中华人民共和国成立60周年之际，由中央十一部委联合组织开展的"100位为新中国成立作出突出贡献的英雄模范人物和100位新中国成立以来感动中国人物"评选活动中，新中国首位少年英雄刘文学入选"100位新中国成立以来感动中国人物"。

讲述人

李天益，男，重庆市合川区云门街道双江村原党支部书记。

聆听英雄事迹、合唱《歌唱刘文学》、瞻仰英雄墓碑并献上鲜花……

2023年11月18日，来自重庆市合川区及四川省武胜县、岳池县的300余名师生代表齐聚刘文学烈士墓园，参加合川区开展的"学习少年英雄刘文学 争当新时代好队员"纪念少年英雄刘文学牺牲64周年活动。

刘文学是新中国成立后为保卫集体财产而牺牲的首位少年英雄，1983年被民政部批准为革命烈士。

出夜工教唱《社会主义好》

刘文学的英勇故事，尽管已过去半个多世纪，至今仍清晰烙印在合川区云门街道双江村原党支部书记李天益的脑海中。每每忆及此事，年近八旬的他便泪眼婆娑。

时间倒回至1959年11月18日。那天上午，四川省合川县渠嘉乡（今重庆市合川区云门街道）双江小学，当班主任告知刘文学，他的妈妈余太珍从玉河沟水库建设工地回来的消息后，刘文学恨不得马上回到家里。

原来，刘文学的妈妈余太珍报名加入水利建设突击队，已在渠嘉乡玉河沟水库建设工地奋战了一个多月。突击队员吃住都

少年英雄刘文学之墓（周云 摄）

在工地上，一个月只放一天假。11月18日，突击队放假一天，余太珍回到了双江村。

自从父亲刘银山去世后，刘文学便与妈妈相依为命。当妈妈的想尽快见到自己的儿子，于是就托人把自己放假回家的消息告诉给班主任，希望能让儿子放学后早点回家。

刘文学回家后，还没来得及给妈妈唱自己刚在学校学会的歌曲《社会主义好》，得知公社供销社最近要到双江村收购海椒，要求各家各户当晚至少出一个人后，刘文学不假思索地答应下来。他深知，妈妈腰杆酸痛，不能让她受累。

晚上8时，吃过晚饭的刘文学，背了一个空背篼，走出家门出夜工。刚出院子，他就遇上了双江村妇女大队长张成英。此时的张成英，也背着一个空背篼，朝土地菩萨庙走去。

"你妈妈腰杆痛，回家陪你妈妈去吧，你们母子俩难得在一起。"张成英劝刘文学回家陪妈妈。而刘文学却说，他是一名少先队员，应该主动参加集体劳动，妈妈也是这样要求他，不要拖集体后腿，要他今晚出来出夜工。

见刘文学如此积极、诚心，张成英也不再劝，带着他一起去到种满海椒的目的地。

数十名社员背着空背篼，也陆续来到这里。其间，随着刘文学放声歌唱《社会主义好》，其他社员也跟着学唱起来。歌声夹杂着社员的欢笑声，在夜空中飞扬，大家的劳动兴致瞬间高涨。

058　那年·那事·那人　重庆1949—2024

为避免把红领巾弄脏，刘文学把它取下来，叠好，小心翼翼地放进衣袋里。在摘满两背篼海椒后，考虑到次日刘文学还要上学，张成英反复催促，刘文学才背着背篼独自一人回家。

捍卫集体利益英勇牺牲

回家途中，刘文学路过另一块名叫蓝树清大土的集体海椒地。在微弱月光下，他隐约发现海椒地里有一个人影在晃动。

刘文学悄悄走上前去。仔细一看，这个人影原来是几天前因偷摘集体海椒而受到惩罚的被管制地主分子王荣学。鬼鬼祟祟的他，正提着篮子偷摘集体海椒，怒不可遏的刘文学当即大声呼喊。王荣学先是惊恐，继而镇定下来，原因是发现他偷海椒的，只有刘文学一人。

老奸巨猾的王荣学，装出一副低三下四的样子，不停地央求刘文学不要声张，并掏出一元钱来，企图收买刘文学，让他拿钱到场镇上去买糖吃。

而令王荣学意想不到的是，他的收买在这位少年面前居然不管用。刘文学厉声怒斥的同时，死死拖住王荣学，坚持要拉他到大队干部那里接受处理。王荣学见状赶紧又拿出一元钱来，并死皮赖脸地央求刘文学不要声张。

拒绝收买的同时，刘文学仍坚持要拉王荣学到大队干部那里去接受处理。王荣学见用钱收买不成，于是便露出凶残的嘴脸，恼羞成怒的他，顿时起了杀心。

就在刘文学用力拖拽时，王荣学一拳打在他的头上，继而又拳打脚踢。力量悬殊，14岁的刘文学身体瘦小，哪里是王荣学的对手。情急之下，他猛地一口咬住王荣学的右手腕。

为了让刘文学松口，王荣学伸出左手，在刘文学头上猛击了几拳。遭受重击的刘文学，尽管松开了嘴巴，双手却仍把王荣学死死拖住。

气急败坏的王荣学，左手死死卡住刘文学的脖子，右手捂住刘文学的嘴巴。刘文学因背着背篼，再加上年幼体弱，在奋战中渐渐失去了反抗的能力，瘦小的身体倒在了地上。而此时的王荣学，已经杀红了眼，他解下背篼肩索，凶残地勒住刘文学的脖子。

就这样，年仅14岁的刘文学为捍卫集体利益而献出了年轻的生命。

刘文学牺牲后，合川举行了万人参加的追悼会，共青团合川县委员会追认刘文学为"模范少先队员"。1960年初，共青团江津地委追认刘文学为"模范少先队员"，中共江津地委和行署决定拨专款修建刘文学墓园。

作为新中国首位少年英雄，刘文学的事迹和名字传遍大江南北，并入选中小学课本。1982年4月、1983年10月，合川县人民政府、民政部先后批准刘文学为革命烈士。

公而忘私精神永不过时

李天益和刘文学是同班同学，比刘文学小3岁。在他看来，作为他们那一代人，出生在旧社会，成长在新中国，当时都觉得翻身日子来之不易，认为集体利益更是神圣不可侵犯，甚至比自己的生命还重要。

"刘文学为保护集体利益而牺牲，不仅是发自内心的，而且是自然而然的。"李天益斩钉截铁地说。

"没感受过翻身解放的人，不晓得集体的重要；没经历过饥荒年头的人，不知道海椒的珍贵。"张成英生前接受媒体采访时表示，刘文学为保护集体财产献出自己宝贵的生命，死得其所，"集体主义精神永远不会过时，刘文学精神更不会过时"。

半个多世纪以来，少年英雄刘文学公而忘私的精神，教育和影响着一代又一代合川人。

近年来，合川区大力推动刘文学烈士精神弘扬传承工作，深入挖掘提

刘文学汉白玉雕塑（周云 摄）

全国各地少先队员致刘文学妈妈的来信（周云 摄）

2023年11月17日，川渝两地少先队员纪念刘文学牺牲64周年（周云　摄）

炼刘文学精神的新时代内涵，充分发挥文化熏陶和环境育人的作用，把刘文学烈士的英雄主义精神融入日常、化作经常，让学校成为"学英雄、爱英雄、敬英雄、做英雄"的沃土。

持续推动刘文学英雄文化"进校园"，2023年11月18日，合川区开展纪念少年英雄刘文学牺牲64周年系列活动，学习刘文学烈士英雄事迹，传承刘文学烈士的精神。

"渠江水，弯又长，有颗红星闪光芒。"《歌唱刘文学》的旋律响彻合川区南津街小学校园。在纪念少年英雄刘文学合唱比赛现场，南津街小学的同学们用饱满的热情、嘹亮的歌声，纪念少年英雄刘文学。

同时，合川区内40余所中小学校分别通过组织现场书画赛、故事宣讲会、国旗下讲话、诗歌征文大赛、主题班会等系列活动，追忆英雄故事、感悟英雄精神、传承红色基因。

不仅如此，合阳城街道、钓鱼城街道、铜溪镇等10余个镇街以"缅怀少年英雄，弘扬奉献精神"为主题，开展了少年英雄刘文学牺牲64周年纪念祭扫、刘文学故事宣讲、主题电影展演等纪念活动，表达对英雄的崇高敬意与深切缅怀。

目前，合川区正在积极筹建刘文学革命烈士陈列馆，打造以刘文学革命烈士事迹为核心的展陈中心和研学实践基地。

难以忘怀的"宽银幕"记忆

郑 友

> 1960年3月15日，采用圆筒形薄壳结构、能容纳1500多名观众的重庆山城宽银幕电影院建成。该项目是重庆市庆祝新中国成立10周年的重要献礼工程，也是重庆最早的标志性建筑之一，被评为"重庆解放四十年十大优秀设计工程"案例。

讲述人

张川耀，男，曾任中共重庆市委财办秘书、重庆市总工会办公室副主任、现代工人报社社长，参与过山城宽银幕电影院建设。

银幕长18米、高7米，座位有1514个……

1960年3月15日，山城宽银幕电影院以独具特色、恢宏前卫的建筑造型，屹立在重庆的陆上交通枢纽和商贸集中地两路口。从此，这座时尚、艺术的地标，就深深扎根在重庆市民心里。南来北往的旅人，抬眼看见这幢高雅传神的建筑，无不被其折服。

每每回忆起山城宽银幕电影院，原现代工人报社党组副书记、社长张川

山城宽银幕电影院远景（重庆日报 供图）

耀等老一辈重庆人便引以为傲。

岁月变迁，曾像大田湾体育场、解放碑和人民大礼堂一样拿得出手、提得起劲的优秀建筑代表——山城宽银幕电影院，如今早已不复存在。但它犹如一个难以磨灭的地标，镌刻在许多重庆人心中。

设计方案源自一名大学生

张川耀出生和成长在南岸区下浩葡萄院，是一名土生土长的重庆人。尽管已82岁高龄，但他的思维依旧敏捷。作为重庆近现代地方文史专家，山城宽银幕电影院曾经的恢宏大气，仍然清晰地烙印在其脑海。

山城宽银幕电影院，曾位于渝中区两路口中山三路与两杨公路起点丁字交叉处，在商贸、交通、文体繁荣的交通干线上。

左边是山城副食品商场，右边是两路口百货公司，周边特色小吃、餐饮店铺鳞次栉比……山城宽银幕电影院的建成，给两路口带来人气，让两路口一带成为文化、娱乐、体育、交通、购物、美食中心。

山城宽银幕电影院是在重庆建筑工程学院1959级毕业生梁鼎森等人的毕业设计基础上，由时任建筑系主任黄忠恕和周仁中、吴德基等教授，以及土木工程系主任秦文钺教授领衔，大胆瞄准世界建筑前沿设计理念，再度优化完善，进而中标承建。

谈及此，张川耀挥了挥手，山城宽银幕电影院不是某一个人所为，"它是重庆建筑工程学院1959级毕业生和众多教师群策群力、反复推敲、修改论证的结果，是集体智慧的结晶"。

电影院开工于1959年3月，是国民经济和人民生活十分艰难时刻上马的市级重点文化工程。"电影院总投资高达180余万元，在当时的背景下，无异于一笔巨款。"张川耀说。

此时正值困难时期，政府决定在十分紧张的财政中，挤出钱来为人民修建高质量、高水准的文化设施。

张川耀回忆道，按捺不住欢欣和喜悦，各行各业数以万计的人们轮流参加开山运石、夯基平地和传输建材等义务劳动，设计施工人员则吃住在工地，建筑工人昼夜轮班，大家建设热情高涨。

1962年重庆建筑工程学院建筑系出版的《建筑设计彩色透视图集（1958—1961）》中山城宽银幕影院设计图（重庆大学建筑城规学院 供图）

当时的四川省和重庆市主要负责同志多次亲临现场劳动、调研，解决问题。电影院的主体建筑离人行道路沿将近24米，14米高的观景平台，就来自时任省市主要领导李井泉、任白戈视察工地时提出的建言。

往返10多公里看"宽银幕"电影

在渝中区交通要道、闹市中心、寸土寸金之地，专门辟出一块土地，建一座全新高规格电影院实属不易。当年省市领导要求："山城宽银幕电影院"建筑50年不落后，装备必须全国一流、西部领先。

高标准建设山城宽银幕电影院的消息不胫而走。当时，人们从城乡蜂拥到两路口建设工地，观看悬挂在篾席棚上恢宏壮观、高雅新颖的建筑示意图，无不欢欣鼓舞。

"我就读的下浩中学位于南岸区。"张川耀回忆说，"经过不懈努力，1959年6月初，学校终于争取到100人半天的义务劳动指标，每班选10人，8男2女，同学们谑言'八搭二'。我有幸被选中，像打了鸡血似的激动万分，几乎一夜无眠。"

只用了短短一年时间，1960年3月15日，山城宽银幕电影院以其独具特色、恢宏前卫的建筑造型、优雅宽松的环境布局，屹立在两路口。

电影院开张首演的宽银幕彩色故事片名为《风从东方来》。这部电影于1957年由莫斯科电影制片厂、中国长春电影制片厂联合摄制，是新中国成立10周年和中苏建交10周年的献礼片。

为"尝新"宽银幕、观赏新建筑，当年，人们以到山城宽银幕电影院看电影为荣。张川耀记得，当班主任刘文碧提出到电影院观看《风从东方来》作为初中毕业纪念时，同学们无不欢呼雀跃。

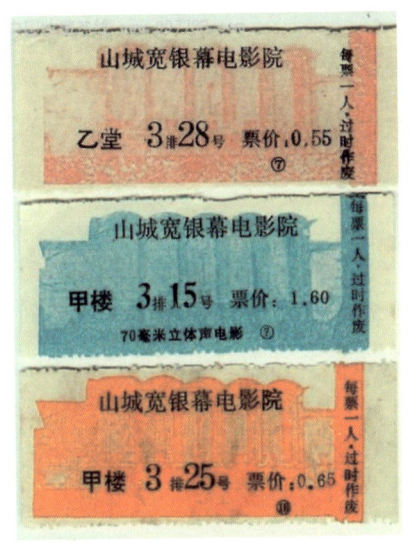

山城宽银幕电影院电影票和入场券（张川耀 供图）

"当年，重庆城区还没有一座过江大桥，我们读书的地方，离两路口老远，还要经过水路。"张川耀回忆。

同学们家庭条件普遍不宽裕，为节省开销，选的是学生专场。除乘过江轮渡的钱省不了，大家连坐望龙门、菜园坝缆车的钱都省下，从下半城步行往返。大家去时一路兴奋，返回时被电影院的新颖造型，舒适宽敞、别具一格的环境条件，宏大的影片场景和精彩内容所震撼。

"同学们一路上七嘴八舌讨论、感慨不休，往返10多公里路，丝毫不觉得累，大家都说这个'格'玩得值。"兴奋感不经意掠过张川耀的脸颊。

几代重庆人难以磨灭的记忆

回想起山城宽银幕电影院诱人的霓虹和落地玻璃窗里温润明媚的灯光，张川耀的思绪再次回到20世纪60年代初。

一个多甲子前，两路口鲜见5层楼以上的建筑。

当人们站在山城宽银幕电影院前的观景平台上，可远眺鹅岭、佛图关、七孔桥、南岸，近观罗斯福图书馆、跳伞塔、大田湾体育场馆、宋庆龄故居……

诚然，山城宽银幕电影院确实对得起当初的万众翘首以盼，其一度在国内创下多个纪录：它是全国单体电影院占地面积第一、建筑面积第一的电影院；是全国第一座，也是唯一一座不与其他建筑混搭，专门为放映宽银幕电影而修建的电影院。

前面5拱、后面3拱的蛋壳形屋顶，当时全球领先，被誉为"建筑结构纪念碑"。与全国同类型建筑相比，其建筑造价最低、建造周期最短。与此同时，它那6根高达20米的红色花岗岩圆柱和玻璃幕墙，当时也是全国电影院壮观之最。

电影院的银幕长18米、高7米，堂座楼厢一共有1514个座位，用当年国内最先进、少有的70毫米放映机放映宽银幕电影。电影放映前，打开罩住银幕的枣红色金丝绒布，动人心旌的3声宏阔浑厚钟声，至今让人记忆犹新。

在张川耀印象中，山城宽银幕电影院曾经是新朋老友高雅聚会地、逢年过节单位工会娱乐福利处、家人打"文化牙祭"首选地。"集这么多优点于一身的山城地标，深深镌刻在几代重庆人心间。"张川耀打趣道，"这里不知成全了多少对情侣牵手走向婚姻殿堂。"

然而，让张川耀等一众老重庆人遗憾的是，1996年1月，因为旧城改造，位于两路口繁华区域的山城宽银幕电影院一并被纳入拆迁范围，从开张首演到被拆除仅仅存活了短暂的36载，便消失在了社会发展的历史洪流中。

在张川耀的内心深处，山城宽银幕电影院的消失，拆掉的不仅仅是一座建筑，而是一段让人磨灭不去的记忆。

作为见证、参与建设和享受了山城宽银幕电影院的一代人，在张川耀眼中，它是重庆人的骄傲，是难以忘怀的青春记忆。

"诗与史俱在"的《红岩》

曾 媛

> 1961年12月，罗广斌、杨益言创作的长篇小说《红岩》由中国青年出版社出版。《红岩》出版以来，印刷170余次，迄今发行量超过1000万册，并被翻译成英、法、德、日等多种语言文字，堪称中国当代发行量最大的革命历史小说。

讲述人

周晓风，男，重庆师范大学文学院二级教授，享受国务院政府特殊津贴专家，研究小说《红岩》30余年。

"作家罗广斌、杨益言的长篇小说《红岩》的创作过程，在某种意义上可以看作是中国当代国家文学构建的一个代表和缩影，并为新中国文学提供了创作范式，创造了成功经验。"讲台上，重庆师范大学文学院教授周晓风正在给学生讲授中国当代文学课程，其中，对长篇小说《红岩》的讲解已持续30余年。

从小学时的课外阅读、大学的专业性阅读到工作后的专业性研究与传播，周晓风与《红岩》有一种特别的缘分。

结缘《红岩》

周晓风与《红岩》结缘，始于小学时代。一日，周晓风的老师在课堂上讲述了《红岩》所写的革命英烈的故事，小萝卜头、江姐的故事让他的心中涌起一股前所未有的震撼。20世纪60年代，课外读物是一种"稀缺资源"，首次接触《红岩》，那抹红色便成为周晓风记忆中最深刻的颜色。"老师不仅

1963年新日本出版社出版罗广斌、杨益言著日文铅印本《红岩》（上中下册）（重庆红岩革命历史文化中心 供图）

在课上给我们讲述《红岩》书中所写的革命英烈的故事，还带我们一起阅读《红岩》，参观渣滓洞。"周晓风说。

再度与《红岩》相遇，已是1979年，全国恢复高考后，周晓风考入西南师范学院中文系（今西南大学文学院），因为学习中国当代文学课程，儿时的课外读物《红岩》成为了他研究性学习的书。

再度阅读《红岩》，除了书中那读来仍旧让人血脉偾张的革命故事，更吸引他的是书的写作思路、人物形象以及情节处理。

"我在那时阅读和学习《红岩》，才算由浅入深。"周晓风说。就在周晓风逐步沉醉于《红岩》之时，一场特殊的当代文学课在西南师范学院开讲，在这堂课上，他见到了让他一生都难以忘怀的一个人。

在当代文学课老师的引荐下，《红岩》的作者之一杨益言先生受邀到西南师范学院中文系授课，分享他与《红岩》的故事。讲台之上，杨益言先生深入浅出地向同学们分享了《红岩》的创作故事，那是周晓风第一次如此近距离地接触到、触摸到《红岩》。

"那是我第一次见到杨益言先生，杨益言先生的亲述使我对《红岩》多了一份亲切。"周晓风说。

就在杨益言先生和大家分享书中的人物时，一位同学的提问让这堂平静的分享课产生阵阵波澜。"杨先生，按照《红岩》书中所写，敌人的看守如此严密，若不能安全逃离，后果便是殒命当场，您当时是如何从敌人的魔爪中逃脱的呢？"一位同学提问。

听到同学的提问，讲台上，杨益言先生略微停顿，然后继续讲课。"当时，那位同学的提问，也是我心中所想，如此艰苦的环境，如此严密的看守，到底需要多大的勇气、多大的决心、多周密的安排，才能脱险。"周晓风回忆。近距离聆听了《红岩》作者的讲述，让周晓风对《红岩》有了更深的理解，也有了更浓厚的兴趣。在后来的学习中，周晓风时常将自己代入其中，去体验、去感受那些至暗时刻和感动人心的情节。

"后来，通过深入学习，我猜想杨先生当时没有直接回答同学的提问，一方面是因为当时那种环境下，他可能很难做出准确回答；另一方面，没有深入研究《红岩》，即便杨先生回答了同学的问题，我们也很难真正理解。"周晓风说。

重庆解放前夕，重庆白公馆、渣滓洞看守所里，身陷囹圄的共产党人、革命志士以"为了免除下一代的苦难，我们愿把牢底坐穿"的豪迈气概，从容面对酷刑的折磨、死亡的威胁，与穷途末路的敌人展开斗争。《红岩》小说作者杨益言先生于1948年被国民党反动派逮捕，关押在重庆渣滓洞看守所里，与小说中的英雄人物一起经历了那段惊心动魄的斗争岁月。

越是深入，周晓风越是有疑问：逃离集中营后，到底需要多坚定的意志和多大的信仰，才能在摆脱苦难后，还要一次次回忆痛苦的过往，并把它们记录下来，铸就一本影响一代又一代人的革命著作呢？

看似小说，其实是历史

带着疑问，周晓风查阅了大量《红岩》的背景资料，《红岩》的问世远比想象中复杂——

《红岩》的写作，最初源于一封信。

1957年4月，四川省长寿县（今重庆市长寿区）一位名叫赵山林的读者向中国青年出版社写了一封信，信中表示，他们听了罗广斌同志介绍新中国成立前"中美特种技术合作所"的故事，受到很大教育，希望中国青年出版社收集材料，"通过小说的形式出版发行"，以便收到更好的效果。

正是这封读者来信，促成了中国青年出版社向《红岩》作者之一的罗广斌的第一次

罗广斌（重庆红岩革命历史文化中心　供图）

脱险志士杨益言1987年在渣滓洞介绍情况（重庆红岩革命历史文化中心　供图）

约稿。半年之后，中国青年出版社收到由罗广斌、刘德彬、杨益言三位作者整理而成的回忆录——《在烈火中得到永生》，并于1958年2月发表于《红旗飘飘》，这也是红岩故事第一次以回忆录的方式与全国读者见面。1959年2月，中国青年出版社将修改后的《在烈火中得到永生》作为重点图书出版了单行本《在烈火中永生》，红岩故事由此在全国广为传播。

回忆单行本的出版推动了红岩故事从回忆录向长篇小说发展，红岩故事的写作由此进入长篇小说创作阶段。在此阶段，《红岩》从"个人记忆"和"私人写作"转化为"革命历史题材写作"和"集体创作"。"通过查阅各种资料，可以发现，在这个阶段，中共重庆市委以及中国青年出版社、四川省文联、重庆作协、重庆美协等部门和文艺界的专家学者从不同方面为《红岩》的创作和出版做了大量工作。"周晓风表示。

1959年秋，在各方面的支持帮助下，《红岩》完成初稿，但有关方面读后反响并不好，提出包括"低沉压抑""满纸血腥""缺乏革命的时代精神"等很多意见，作者一时陷入迷茫之中。

促使思想变化的契机源于1960年6月，罗广斌、杨益言带着创作过程中的问题，赴北京参观了即将开馆的军事博物馆和革命历史博物馆。在博物馆里，他们从毛泽东同志在解放战争时期写的文件、手稿、电报、文章中，对解放战争的全局有了进一步了解，找到了重庆集中营在整个战局中的位置。"这使作者意识到，《红岩》的创作必须站在中国共产党和新中国革命正史的立场和高度去反映红岩英烈的故事，而不仅仅只是写个人记忆或者惊心动魄的历史真实。"周晓风说。

1961年12月，五易其稿的长篇小说《红岩》正式出版。各大城市新华书店门前，人们排着长队争买《红岩》，成为那个时代的一大文化景观。

《红岩》小说历久弥新

"为什么说《红岩》为新中国国家文学提供了值得重视的新鲜经验？"

"《红岩》的传播对重庆在全国文学界中的地位意味着什么？"

……

课堂上，周晓风组织班内的研究生同学围绕《红岩》进行学术研讨。

从西南师范学院毕业数年后，周晓风成为重庆师范学院中文系（今重庆师范大学文学院）的一名教师，承担中国当代文学的教学任务，自此钻研、讲授《红岩》30余年。"第一次见到杨益言先生后，我与他在之后的作协活动上又有过两次简单的交流，使我对《红岩》的理解一次比一次深入。以前是自己研究，现在是带着学生一起研究，虽然讲了30多年，但是可讲内容却越来越多了。"周晓风说。

出版60多年来，《红岩》作为一部以中国共产党人为争取中国人民解放而进行壮烈斗争为题材的优秀长篇小说，雄踞我国红色经典小说作品高峰数十载，成为长盛不衰的红色经典，影响着一代又一代的中国人。"'《红岩》热'不仅表现在小说本身，而且还引发了小说在文化传播链条中的改编热潮。"周晓风说。

近年来，重庆红岩革命历史博物馆创新开展了"让烈士回家"、"小萝卜头"进校园、《歌乐忠魂》实景演出等系列宣传教育活动200多场，走进上海、武汉、成都等城市，受众达10万余人，而作为《红岩》英雄故事发生地的渣滓洞、白公馆，平均每年都要迎来600多万名的游客。此外，电视剧《红岩》、大型现代舞剧《红梅赞》、京剧《华子良》、现代越剧《红色浪漫》、原创红色舞剧《小萝卜头》等种类繁多、精品迭出的文艺作品，让小说《红岩》成为一代代中国人萦绕于心的集体文化记忆，也成为一个时代挥之不去的时代印记。

2019年，《红岩》入选"新中国70年70部长篇小说典藏"。它对于传播红岩精神起到了不可取代的作用，其对革命信仰的描写及所蕴含的浪漫、激情，在新时代新征程上依然散发着巨大的思想魅力。

"西西公园"入梦来

别　致

> 1962年4月，具有江南园林庭院风格的重庆动物园金鱼馆建成并开放。

讲述人

刘一富，男，曾任重庆动物园副主任。

"西西公园"，是过去人们对重庆动物园的昵称。它承载着"60后""70后""80后"的重庆人儿时的记忆，它常常出现在孩子们的梦中，烙下深深的印记。

每个周末或节假日，清晨8时，重庆动物园外的小广场上就会排起长龙，游客们说说笑笑等待检票进园。鸟语林、猛兽区、金鱼馆、熊猫馆……从外地专程赶来"打卡"熊猫馆的游客、在金鱼馆里美美"出片"的情侣、"遛娃"的年轻父母……人声鼎沸，热闹非凡。

重庆动物园是重庆第一座大型主题类公园，截至目前，园内展出野生动物230余种4000余只。2023年，重庆动物园游览人次突破700万。

"这个公园要建设好"

1953年8月，为丰富人民群众的物质文化生活，重庆市城市建设委员会第十九次会议决定筹建一座大型公园。

流水潺潺，垂柳依依，九龙坡杨家坪桃花溪怡人的风景吸引了"公园"落地。以桃花溪为中心，沿着溪流，用青砖铺出小路，占地10公顷的公园建起了六角茅草亭、竹亭、兽笼等，供游人嬉戏。

1954年底，这座公园已初具规模，并定名为"西区公园"。"当时的想法是打造综合性公园，既能饲养动物，又能满足市民健身、散步、游玩等需求。"重庆动物园相关负责人介绍。

1955年1月，西区公园正式开放。一时间，去西区公园游玩在重庆成为热潮。

"你去'西西公园'玩了吗？"由于方言发音的原因，在市民中，"西西公园"这个可爱亲切的名字流传开来，知名度极高，风头盖过"西区公园"。直到今天，许多老一辈的重庆人仍然习惯将重庆动物园称为"西西公园"。

"那时候的公园只有60余只动物，老虎、狮子、狼大都是从市中区（今渝中区）的文化宫、夫子池大众游艺园等地集中过去的。"今年93岁高龄的重庆动物园原副主任刘一富回忆。

1958年3月28日，对"西西公园"而言是分外光荣而重要的一天。这日，毛泽东同志视察重庆钢铁公司返回市区，在途经西区公园大门时，在桥头下车停留，欣赏了桃花溪的美景，对公园提出表扬，并作出这个公园要建设好，要为钢铁工人服务、为重庆人民服务的指示。

毛泽东同志的肯定激发了重庆将西区公园建设好、为重庆人民服务好的强劲动力。同年，重庆决定将西区公园扩建为全市性动物园。"当时市里面说，重庆这么大一座城市，这么多市民，怎么能没有一个动物园呢？"刘一富说，彼时的西区公园动物较少，为推动动物园的建设，原本在市委工作的他被调到动物园，肩负起引进动物的重任。

就这样，动物园的建设工作紧锣密鼓地展开了。根据工作安排，刘一富和饲养员王永庆一头扎进贵州、四川等地的大山中，在当地寻找动物。"以前我们从来没有做过这种工作，第一次去贵州引进动物就花了半年时间，在贵州的整个过程都只

1958年3月28日，毛泽东主席在视察重庆钢铁公司后专程来到西区公园参观（重庆日报 供图）

"西西公园"入梦来 | 073

能靠步行，两个人身上都长了虱子，但功夫不负有心人，我们最后带回来了狗獾、黑麂等20余只动物。"回忆起这份"新鲜"工作，刘一富感慨万千。

一方面动物种类和数量在不断增加，另一方面动物园本身也在抓紧设计改造。1960年，西区公园被正式更名为重庆动物园，园内展出的动物达100余种500余只，面积增至44.47公顷。

美轮美奂惊喜不断

"来，再帮我拍一张！"2024年8月2日，在位于动物园中部的金鱼馆，圆柱状的鹦鹉鱼缸旁，来自四川遂宁的唐小严正请朋友帮她拍出流行的"复古风"照片；来自新几内亚的彩虹鱼、巴西的珍珠缸身姿灵动、悠然其间，令围观小朋友们惊叹不已。

重庆动物园的金鱼馆，在国内众多动物园中都享有盛名。这座颇具苏州园林风韵的园中之园，占地1.5公顷，花木丛生、修竹万竿，亭台水榭、曲廊回环，相映成趣，是动物场馆将使用功能、游览观赏、园林景观有机结合的典型范例，还在2017年被评为"重庆公园最美景点"。

为了让动物园可看性更强、内容更丰富，1962年，重庆动物园打造推出金鱼馆。"现在金鱼很常见了，但当年市民们很少能欣赏到这样千姿百态的金鱼，金鱼馆开放后，吸引了很多游客，大家都说太好看了。"刘一富说。

▎西区公园大门（重庆日报 供图） ▎重庆动物园金鱼馆门口（别致 摄）

从规划、建设到投用，美轮美奂的金鱼馆建设耗时近4年。像刘一富等动物园职工，都参与了修建，下班没事就一起来挖水池，对他们来说，金鱼馆不仅美，更饱含每个人付出的汗水。

金鱼馆进行基建的同时，园里也派出王运全等技术人员前往杭州学习金鱼的繁殖、饲养、管理，并引进一批金鱼。有的热带鱼需要保温，但那时候的设备不够先进，饲养员们便在室内架起炉子，用"土办法"为鱼儿们保温。

一直到今天，为了给游客更好的体验，金鱼馆仍在不断改造中。

游客在金鱼馆内驻足参观（杨怡 摄）

2023年的最新升级改造，进一步扩大了动物园的科普功能，在鱼缸一侧写上鱼类古诗词，在长廊外增设鱼类科普互动栏，还新增3D打卡墙、金鱼灯、金鱼壁画等，能够更好寓教于乐。

如今的金鱼馆里，有金鱼廊、小型水族馆、两栖爬行馆，采用室内外展示相结合，常年展出名贵金鱼、热带观赏鱼50余种900余尾。

事实上，不只是金鱼馆，为进一步满足游客观光游览需求，近年来，园区一直在统筹推进改造，例如对新大门广场、熊猫大道、滨河路等的提档升级，让自然山水之美，与精雕细琢的人文景观相融，让游客感受重庆动物园的人文之韵。

天南海北的游客纷至沓来

"我在电视上看到了，很多人专门来重庆动物园看大熊猫'渝可''渝爱'，我非常高兴，既是因为看到动物园现在人气这么火爆，更因为重庆现在能够自己繁育熊猫。"谈到近两年重庆动物园的走红，刘一富激动不已，"以前只有春节在动物园举行灯会表演的时候，有那么多人，像赶场一样，人山人海。"

"'四喜丸子'喝下午茶""'二馆长'渝爱""25元能看23只熊猫"……一个个热搜标签为重庆动物园攒足了人气，吸引天南海北的游客纷至沓来。近年来，还有很多年轻人将重庆动物园爱称为"虫动"。

将"泼天"的流量转化为"留量"，将"虫动"IP做响做亮，重庆动物园也在加足马力探索。

2023年，重庆动物园开展了"乐动五一"的公益科普活动，让游客不仅能近距离看到大熊猫、矮马幼崽和袋鼠幼崽等，还能参加有趣的科普活动；2024年，"渝可渝爱"受聘成为第二届"一带一路"国际技能大赛迎宾大使，不仅吸引了更多人们关注这一盛事，也让世界的目光注意到重庆动物园；在熊猫馆旁的"虫动市集"，游客排队选购，希望买到心仪的周边文创产品，场面热闹火爆……

事实上，拥有23只大熊猫的重庆动物园，是全国拥有大熊猫数量最多的城市动物园，其熊猫馆占地已近2万平方米，是全国最早的大熊猫繁殖基地之一。

近年来，重庆动物园紧抓"熊猫热"这一契机，及时打造出独具特色的IP品牌，让"老重庆"印象中的"西西公园"焕然一新。2024年"五一"期间，重庆动物园共接待游客43.7万人次，创下历史新高。

重庆动物园也是"国家重点公园""国家4A级旅游景区"，重庆动物园不仅丰富了群众生活，还在保护野生动物及自然资源等方面都发挥了积极作用。

"下一步，我们将坚持推动重庆动物园建设积极融入新重庆发展战略，将重庆动物园建设成'既有老园子传承又具备新时代现代动物园特征'的有辨识度的现代城市动物园。"重庆市城市管理局相关负责人表示。

生生不息的红岩魂

范圣卿

重庆解放前夕，众多共产党员、革命志士在白公馆、渣滓洞监狱被国民党反动派屠杀。为铭记这段历史，传承红色基因，1963年，白公馆、渣滓洞监狱旧址上建成重庆中美合作所集中营美蒋罪行展览馆。随着展览馆影响不断扩大，1999年更名为红岩魂陈列馆，2023年再度更名为歌乐山革命纪念馆。纪念馆集中展示了国民党反动派在溃逃前夕，对关押在白公馆、渣滓洞等处的共产党人和革命志士实施的系列大屠杀，生动翔实地介绍了叶挺、江竹筠、王朴、陈然、刘国鋕等革命先烈为争取民族独立和人民解放前仆后继，英勇不屈的斗争事迹。

讲述人

王晓园，女，重庆红岩革命历史博物馆协同研究中心副研究馆员，2016年入职重庆红岩革命历史博物馆从事南方局历史、歌乐英烈历史研究。

参观歌乐山革命纪念馆的游客来自五湖四海，但他们却总是被同一种精神所感染。革命先烈们的故事，幻化成了文字和图片，安静地"伫立"在纪念馆里，变成了历史。来来往往的人凝视着这些故事，或肃然起敬或默然流泪。红岩精神，也以这小小纪念馆的一方天体为载体，影响了一代又一代的人。

1921年，王朴出生于四川省江北县（今重庆市渝北区）的一个富有家庭，从小生活优越、衣食不愁。那个年代，国家受辱，人民蒙难，在漫漫求索追求真理的过程中，王朴毅然选择加入中国共产党，成为坚定的共产主义战士。

在波澜壮阔的革命历程中，为了党和人民的事业，他放弃去解放区的梦想，回到家乡动员母亲金永华变卖家产捐资办学，毁家纾难助革命。

被捕后的王朴,在暗无天日的铁窗黑牢里,面对国民党特务的威逼利诱和残酷刑罚,百折不挠,宁死不泄露党的任何机密。

在充满血腥的大坪刑场上,面对国民党特务的枪弹,他没有卑躬屈膝、贪生怕死,而是不卑不亢、慷慨赴死,用生命和热血生动诠释了坚如磐石的理想信念,和衷共济的爱国情怀,不折不挠的凛然斗争和坚贞不屈的浩然正气。

在众多革命先烈中,王朴的故事,曾让王晓园感动落泪。作为重庆红岩革命历史博物馆协同研究中心副研究馆员,王晓园对革命先烈的事迹以及纪念馆的历史可谓了然于心。她曾一遍遍查找、翻阅文献,将这些故事看了一遍又一遍,有时候还会驻足在先烈的

▌1949年,"11·27"死难烈士之墓落成仪式
（重庆红岩革命历史文化中心　供图）

▌1950年举办的"11·27"烈士英勇斗争事迹展
（重庆红岩革命历史文化中心　供图）

照片面前发呆。每当这时,那些历史就会像放电影一般,在王晓园眼前一幕幕上演……

前世：1963年正式对外开放

"据史料、文献记载,1963年以前,白公馆、渣滓洞、烈士墓是进行阶级斗争教育的主要场所,负责管理和接待的单位是民政部门和团市委。"王晓园表示,重庆解放后,西南公安部的学校和部分机关设在旧址内,所以这个范

围内的大部分管理工作由公安机关实行，没有完全对外开放。

特别是重庆解放以后，有一部分战犯、特务如徐远举、周养浩等就被关押在此间的白公馆。当时，一些参观群众发现了这些战犯、特务，常按捺不住愤怒的心情，想要痛打他们。

随着小说《红岩》影响的扩大，以及国家对革命烈士事迹的大量宣传，全国各地前往重庆渣滓洞、白公馆参观的群众越来越多，到重庆烈士墓举行活动的各界人士也越来越广。在这种情况下，1962年，《红岩》的作者罗广斌、杨益言向中央和四川省委建议：保护遗址，修建纪念馆。

他们的建议得到中央和四川省委的支持，重庆市委决定立即开始筹备，并成立筹备领导小组负责此项工作。后来，四川省委、省政府决定在原军统集中营和"中美合作所"旧址修建纪念馆。周恩来同志作出"迁出工厂、修复道路、对外开放"的重要指示。就这样，1963年11月27日，重庆"中美合作所"集中营美蒋罪行展览馆正式对外开放。

今生：几经变迁但"精魂"依旧

随着时光的流逝，重庆"中美合作所"集中营美蒋罪行展览馆几经辗转，多次易名后，现更名为歌乐山革命纪念馆。

在此期间，1988年，国务院将其确定为全国重点文物保护单位；1996年，国家教委（今教育部）、文化部（今文化和旅游部）、解放军总政治部（今中央军委政治工作部）等将其确定为全国100个中小学爱国主义教育基地之一；1997年，中共中央宣传部将其确定为全国100个青少年爱国主义教育示范基地之一。

2007年，展览馆与红岩革命纪念馆合并，成立重庆红岩联线文化发展管理中心（重庆红岩革命历史博物馆）；2016年，26岁的王晓园来馆工作，那一年，这里被确定为国家级烈士纪念设施；2023年，歌乐山革命纪念馆、红岩魂广场及陈列馆被文化和旅游部列入10条长江主题国家级旅游线路之一、长江红色基因传承之旅组成部分；同年，"歌乐忠魂——白公馆、渣滓洞革命先烈斗争事迹展"荣获重庆市十大陈列展览精品，并被中国侨联列入第十一批中国华侨国际文化交流基地名单……

"毕业后我便来到纪念馆工作，8年的时间让初出茅庐的我有了极大的进步。这8年来，我见证了这里的很多变化，也见证了无数荣誉背后的艰辛。但不管怎样，展览馆的'精魂'依旧。"回忆往事，王晓园感慨万千。

传承：再现历史 让文物说话

作为纪念馆研究人员的王晓园正值青年时期，她的努力，是对前几代人致力保护、发扬红岩精神的延续和传承。

2019年，在新中国成立70周年之际，歌乐山革命纪念馆启动基本陈列改陈，改陈工作持续了4年左右，工作的方方面面，都饱含着文本创作团队对于烈士精神传承的敬畏之心和崇敬之情。

作为创作团队成员之一，王晓园翻阅了大量档案、史料，对烈士生卒年、出生地等细节一一进行对照及订正。在这个过程中，因部分地区行政区划发生变化，烈士的籍贯地也有相应调整更名，查阅地方志是必不可少的。于是，王晓园通过一点点线索反复查证，最后才找到正确信息。

"而在为烈士写个人简介的过程中，为把烈士的精神精准展现出来，我经常一遍遍翻阅烈士的档案、前人的研究成果，一字一句阅读烈士留下的遗作。秉承着'见物见人见精神'的理念，我在这些笔墨中，感受烈士的心境，对文字反复打磨，多次修改……"王晓园回忆道，自己在无数革命先烈的英勇斗争事迹中学到了很多，也被他们勇于斗争、敢于斗争、善于斗争的精神折服。

2023年，歌乐山革命纪念馆改陈工作圆满收官，推出了"歌乐忠魂——白公馆、渣滓洞革命先烈斗争事迹展"，并正式对外开放。该展览面积达2260平方米，展线长465米，内容以"斗争"为主线，分为狱外斗争、狱中斗争、精神传承三大板块八个部分，全面反映了以叶挺、杨虎城、江竹筠、王朴、陈然、刘国鋕等为代表的310位歌乐英烈波澜壮阔的革命斗争历程，共计展出文物420件（套）、珍贵历史照片840余张。

展览立足红岩革命历史、文物资源、展陈条件，做到了以物证史、以物叙事，让文物说话，让历史说话。其展览注重参与性、互动性相结合，利用声光电等科技手段使一件件革命文物更加生动立体，进一步提升观者的体验感、获得感。

除此之外，王晓园还参与了2019年红岩博物馆推出的"送烈士回家"系列活动，负责该活动展览文本的编辑工作，其间，活动相继走进上海、四川、江苏、陕西等地，将歌乐英烈的光辉事迹和革命精神送到烈士家乡和他们曾经生活、学习、战斗过的地方。同年，她还参与了"红岩精神永放光芒"专题展，是展览的文本编辑人员之一。

"我很荣幸自己能参与这份工作。红岩精神永流传，我将把先烈们坚贞不屈、百折不挠的精神，延续到自己的研究工作中，让红岩精神生生不息，影响一代又一代中华儿女！"王晓园说。

"红岩神炮"改写我国"缺重少轻""有炮无车"历史

汪茂盛

> 1964年8月,党中央、国务院决定在四川建设重型汽车基地。宜宾重型汽车制造厂(四川汽车制造厂前身)迁址四川大足(今重庆市大足区),作为主力军打造中国第一辆重型军用越野车,由此改变了我国"缺重少轻""有炮无车"局面。

讲述人

邱斌,男,原重庆市双桥区(今重庆市双桥经济技术开发区)人大常委会主任、党组书记,重庆红岩重型汽车博物馆总顾问;

石培平,男,原四川汽车制造厂(上汽红岩汽车有限公司前身)车身分厂厂长。

2024年7月4日,骄阳似火,重庆市双桥经济技术开发区重庆红岩重型汽车博物馆户外展区,一辆红岩CQ261重型军用越野车在阳光下熠熠生辉。

这辆车号称"红岩神炮",不仅在各类战役中立下赫赫战功,更实现了我国自主打造重型军用越野车零的突破。它见证了重庆汽车制造业的蓬勃发展,更承载着三线建设者们跌宕起伏的无悔青春。

闻令而动,为的是建设祖国

2024年7月4日,听闻有记者前来采访四川汽车制造厂落户大足的故事,原重庆市双桥区人大常委会主任、党组书记,重庆红岩重型汽车博物馆总顾问邱斌和原四川汽车制造厂车身分厂厂长石培平早早就到达博物馆。

"说到落户大足，就不得不谈到迁址背后的原因。"邱斌说，这得从1960年说起。当年的11月5日，我国的第一颗导弹"东风一号"发射成功。导弹和原子弹是造出来了，但没有运载工具。拥有自主生产的重型军用越野车成为当务之急。

"那时候我们只能自主生产'解放'牌汽车，自主生产重型军用越野车那是根本不敢想的。"邱斌说，周恩来总理了解情况后，在访问阿尔及利亚和摩洛哥时，看到法国贝利埃公司生产的贝利埃军车，有了引进国内生产的想法。

1964年，中国跟法国建交，为在西南地区建立重型汽车基地带来了机会。

"周总理亲自牵线搭桥，准备从法国引进四款车型到四川选址建厂生产，还配套了包括重庆汽车发动机厂、綦江齿轮厂、重庆红岩汽车钢板弹簧厂、重庆汽车配件制造厂、重庆油泵油嘴厂、重庆汽车研究所在内的'五厂一所'。"邱斌说，牵头的重任就交给了宜宾重型汽车制造厂（四川汽车制造厂前身）。

1964年8月，党中央、国务院决定引进法国贝利埃重型汽车技术在四川建设重型汽车基地。至此，拉开了济南、长春、南京、北京等全国各地汽车制造业精英来支援三线建设的帷幕。石培平和邱斌就这样从济南汽车制造厂来到了宜宾重型汽车制造厂。

"我永远忘不了那段时光。"石培平虽然在重庆待了几十年，但一口济南乡音仍未改。他回忆，1964年10月开始，济南汽车制造厂第一批技术工人前往宜宾。

"我是第二批，也是最主要的一批。"石培平忆及当时

竹席上手写的"开工典礼"（重庆红岩重型汽车博物馆 供图）

川汽厂建设画面（重庆红岩重型汽车博物馆 供图）

"红岩神炮"改写我国"缺重少轻""有炮无车"历史 | 083

的情景难掩激动，"1965年4月15日14时，火车要从济南站准时发车，现场是哭天喊地，有父母送子女、子女送父母的，老师送徒弟、徒弟送老师的，大家都扒着车窗，依依不舍。"那时西南地区的艰苦是众所周知的，"也有个别同志打退堂鼓，但是党的号召来了，所有人都闻令而动，总共分了3批人，赶赴大西南。"

到了宜宾不久，因宜宾重型汽车制造厂的原址资源条件和地理环境非常适合发展核工业，为满足国家发展核工业的需求，宜宾厂唯有迁址。

迁址去哪里，又成为难题。

"当时考虑有三，一是要隐蔽，二是要有水源保障，三是要有交通。"邱斌解释，这样综合考虑，厂址最终选定在四川省大足县（今重庆市大足区）邮亭区双路乡彭家院子一带。

"彭家院子背靠巴岳山，有战略隐蔽条件，旁边就是龙水湖，有充足水源保障，而且距离成渝铁路线不远，交通便利。"邱斌说。就这样，他们一群人浩浩荡荡来到当时一穷二白的邮亭，开启了我国重型军用越野车的新时代。

艰苦创业，靠的是对党忠诚

在党中央的号令下，来自全国28个省区市的1.3万人云集大足，在荆棘丛生、荒芜贫瘠的巴岳山下开启了建厂大会战。

1965年10月1日，彭家院子接连响起"轰隆隆"的开山炮声，宜宾重型汽车制造厂更名为四川汽车制造厂，正式开建。

"当时的条件有多艰苦，'开工典礼'四个大字是粘在竹席上的，现场指挥部是临时搭建的竹棚。"石培平说，为了节约经费，现场不搭桁架、不拉横幅，没有礼花、没有挖掘机，但是大家斗志昂扬，势必要打赢这场硬仗。

因当时保密需要，当地人都不清楚这群外乡客是干什么的，便给他们取了一个名字，"建设者"。像邱斌父母一样，拖家带口来大足的不在少数，他们亦工亦农，一边建设厂区，一边建设生活区。

"修桥铺路、开山放炮，喝的是稻田水、走的是泥巴路。"石培平说，越是艰苦的地方，越是需要党员发挥先锋模范作用。让邱斌和石培平印象深刻的是，当时厂里的领导和当地的居民，一起建出了如今仍在运行的双桥经开区工农大桥。

该桥单跨54米，高19米，共两跨，全靠人肩挑背磨，用条石、石灰、山沙建成。"那里是一条要道，高低差有将近20米，不架桥，运输就没办法，只能靠我们自己。"石培平说。

这种自力更生、艰苦创业的精神，是刻在四川汽车制造厂人骨子里的。

1966年6月，四川汽车制造厂以法国贝利埃GBU15为原型，试制出第一辆8吨级6x6军用重型越野车红岩CQ260（重庆红岩重型汽车博物馆 供图）

"我们当时是一边建厂、一边生产。"邱斌解释。因为一日没能自主生产重型军用越野车，他们就一日难安。负责重型军用越野车设计的团队——重庆重型汽车研究所的设计人员，为了赶工期，全员手工绘制出近1.3万张图纸，终于将重型军用越野车生产推进到了试制阶段。

为了保证任务的顺利进行，厂里从大足厂区抽调了包括石培平在内的80余名精锐前往綦江的分厂，进行车辆试制。

由于当时汽车大梁还没有大型工装压制技术，石培平和同事只能用手工敲打、拼接出车头。终于在1966年6月15日，中国第一辆重型军用越野车红岩CQ260诞生。

与此同时，厂里也意识到，如果不攻克汽车大梁的大型工装压制技术，仅靠手工打造，将严重制约汽车量产，质量也不够稳定。围绕这一任务，厂里调集精兵强将，组织技术攻关，顺利攻克了汽车大梁辊压机的设计、制造技术，实现了汽车大梁的批量生产。

声名远扬，依旧初心不改

CQ260试制的成功，坚定了川汽人的信心。

1970年，在引进车型GBU15基础上，四川汽车制造厂自主研发出红岩

CQ261车型。这辆车的问世，向全世界宣告："中国有了自己生产的重型军用越野汽车！"

"CQ260我们用的还是法国贝利埃汽车公司技术，所以量产不多。"邱斌说，但是CQ261是由我们自主研发，彻底改变了我国"缺重少轻""有炮无车"局面。

20世纪80年代，红岩CQ261在战场上发挥了重要作用，因其功能多样，载人运货，爬坡穿林都不在话下，成为部队官兵可靠的"伙伴"。为了感谢它提供的帮助，部队官兵赞誉它为"红岩神炮"，并自发为它立下了"红岩神炮"的石碑，足见四川汽车制造厂的重型军用越野车的含金量。

时光荏苒，红岩CQ261已成为过去式，但"红岩神炮"却成为四川汽车制造厂生产的重型军用越野车响当当的名号：1984年国庆阅兵，20辆"红岩神炮"搭载着东风5型核导弹亮相天安门；2003年，"红岩神炮"被指定为"神舟"5号返回舱运输专用车，"红岩神炮"有了新昵称："神舟之舟"……如今，四川汽车制造厂已改革并入上汽红岩汽车有限公司，推动"红岩神炮"不断从胜利走向胜利。

2007年，已在大足扎根了42年的四川汽车制造厂整体搬迁至两江新区，老厂区大部分被闲置。"老川汽厂承载的这段光辉岁月不能遗忘。"石培平说，当年从济南汽车制造厂跟他同来的700多名同事，还在世的仅剩下十几名，但川汽人身上吃苦耐劳、坚韧不拔的精神却延续了下来。

红岩CQ261重型军用越野车（重庆红岩重型汽车博物馆　供图）

红岩重型汽车博物馆外景（重庆红岩重型汽车博物馆　供图）

2018年，大足区委、区政府决定，由政府全额投资建设红岩重汽博物馆。

谁来建？父母都是川汽人，自己也曾是川汽厂的工人，后又在政府机关工作的邱斌被委任筹建负责人，负责博物馆规划、建设推进等工作。

"川汽人的精神是和红岩精神一脉相承的，我希望它能够传承下来，虽然我已经退休，但是筹建博物馆责无旁贷。"邱斌说。

2021年底，重庆红岩重型汽车博物馆正式开馆，成为重庆首个三线建设历史博物馆，共收集文物、文献资料、工业遗产等8000余件（套）、图片1.2万余张，好评如潮。截至2024年，博物馆已免费接待超过50万人次游客，并被国家文物局评定为国家二级博物馆。

如今已76岁高龄的邱斌，仍担任着博物馆的总顾问。每每提到这段光荣历史，邱斌仍激动不已。他清晰地记得，当时无畏的"建设者"们踌躇满志、义无反顾、目光坚毅地扛着大包小包来到邮亭火车站，来到大足这片陌生的土地，谱写了一曲时代壮歌。

"钢铁之城"美丽蝶变

罗成友

> 1965年,为更好地服务重庆钢铁公司发展,保障大局,大渡口得以正式设区,成为重庆最早的八个市辖区之一,成就了一座"钢铁之城"。

讲述人

朱卓明,男,1949年6月加入中国人民解放军西南服务团,1952年加入中国共产党,曾任重庆市大渡口区区长。

2024年7月5日,天空飘着细雨,已92岁高龄的离休干部、重庆市大渡口区原区长朱卓明,专程从渝北区的家里回到他工作了几十年的大渡口区。站在大渡口区区政府办公楼前面的广场上,朱卓明望着前方的公园、车流不息的大街,不禁感叹道:"大渡口区又变了样!"

"在这片土地上结下的情缘,是我这辈子最深的情缘。"朱卓明说,每隔一段时间,他都要回到这里看一看,感受在这片土地上发生的变化。

"上无片瓦,下无寸土"的工业区

"我永远忘不了与大渡口区结缘的那一天。"朱卓明说。1965年10月23日,时任九龙坡区委宣传部副部长的朱卓明,打好背包,来到尚未正式成立的大渡口工业区委报到,准备上任区委宣传部主持工作的副部长。

对于大渡口这片土地,年轻的朱卓明并不陌生。1949年6月,当时在上海乐群中学读高二的他,报名参加了西南服务团。经过几个月的短暂培训后,

20世纪70年代的大渡口区新山村街道（重庆市大渡口区档案馆 供图）

他于1949年12月28日来到刚解放的重庆八区（今九龙坡区城区、大渡口区范围），参与发动群众工作。在九龙坡区委宣传部工作期间，朱卓明也常到当时属九龙坡区管辖的九宫庙、新山村、跃进村等地开展宣传工作。

"报到后，我就投入大渡口工业区人民代表大会的筹备工作中。"朱卓明回忆，大渡口建区，是遵照全国第二次城市工作会议精神，把重庆钢铁公司承担的社会事务分离出来，交由地方管理，进而让企业集中精力抓生产。

朱卓明介绍，自解放以来，重钢陆续发展了一系列为生产和职工家属生活服务的附属事业。到1963年底，重钢有子弟小学12所、子弟中学1所、医院1所，还有幼儿园、电影院等，企业社会事业负担较重。

为减轻重钢社会事业负担，1964年5月，重庆市委批准，在大渡口地区暂设重庆市人民委员会大渡口办事处筹备处，行政领导关系直属市人民委员会。那时，该办事处筹备处在大渡口地区行使政府工作职权，负责领导原九龙坡区所属的九宫庙、新山村、跃进村3个街道办事处和该地区的财贸、工业交通、文教卫生、城建等单位及重钢交给政府管理的教育、卫生等工作。1965年4月2日，四川省人民委员会批准，将九龙坡区管辖的九宫庙、新山村、跃进村3个街道办事处的区域划出，设置重庆市大渡口工业区，成立重庆市大渡口工业区人民委员会。

"钢铁之城"美丽蝶变 | 089

"从1965年6月开始,大渡口就在全区普选人民代表。"朱卓明介绍,"当年的12月14日至17日,大渡口召开了区第一届人民代表大会第一次会议,选举产生了区人民委员会委员,正、副区长及法院院长。"

"刚建区时,大渡口工业区的面积虽然有4.9平方公里,人口有8万余人,但区政府可以说是'上无片瓦,下无寸土'。"朱卓明说,当时,全区唯一的一条街道钢花路,是属于重庆市交通局管辖的袁茄路中的一段。钢花路只是一条土路,东边是重钢的厂区,西边是九龙坡区的蔬菜地,基本没有形成商业市面。

20世纪90年代位于大渡口区的钢花百货商场
(重庆市大渡口区档案馆 供图)

大渡口工业区的区委、区政府没有办公地,是临时借用的重钢一幢职工宿舍楼的三、四层楼。26名区委干部、71名区政府干部,都挤在这两层职工宿舍里办公。

朱卓明说,当时的区委只有区委办公室、宣传部、组织部三个部门;区政府只设了政府办、民政科、人事科、财贸科等几个科室,而且干部极少,有的科室就只有一位科长、一位办事员;区里财政实行报账制,所有的开支都得到市财政报账。

1968年10月14日,大渡口工业区正式改称大渡口区。

"钢铁之城"的纯工贸区

"大渡口区真正全面行使行政区职能、正常运转和发展,是从1980年开始的。"朱卓明说,"但在随后的十多年里,大渡口区也还只是一个纯工贸区。"

1980年,大渡口区召开了人民代表大会,区政府的各个职能局才真正建立起来并行使职能。在那次人代会上,朱卓明被选为副区长,分管计委、科委等部门。1984年,他又被选为大渡口区的第三任区长,直至1990年,才从区长的位置上退下来。

"20世纪70年代末80年代初,大量青年等待就业,城市就业压力大,但这也为大渡口区的工贸产业发展带来了机遇。"朱卓明说。

当时,大渡口区需要就业的基本上都是重钢、中国第十八冶金建设公司第一工程公司(今中国第十八冶金建设有限公司,简称"十八冶")这两家大企业的职工子女。因此,不仅区政府着急,这两家企业也甚为忧虑。朱卓明说,区里给企业出主意,希望由企业拿出一些资源来,通过创办大集体企业,安置待业青年。重钢和十八冶觉得这是一个好办法,因此从企业抽出一批干部和技术人员、技术工人,调出部分资金,利用企业闲置的厂房,筹建集体企业。1980年后的两三年内,大渡口区就创办起60余家"厂中厂""大集体""劳动服务公司",共安置待业青年14000余人。

与此同时,大渡口区政府为推动原有的商业贸易和街道工业发展,开始采取措施。到1989年,全区的商业销售额从1980年的不足1000万元增加到6200多万元,区属集体工业总产值从数百万元增加到2300多万元。

随着集体工业和商贸业的发展,大渡口区有了自己的财政收入。1984年,区级财政收入达到了415万元,自给有余,大渡口区摘掉了长期靠市财政拨款过日子的"帽子"。1985年,大渡口区的财政收入实现成倍增长,不仅自给有余,还上交市财政950万元。从1985年到1989年的5年间,大渡口区共计上交市财政5700万元。

随着区域经济的发展,大渡口区的面积和人口也得到增加。1988年,大渡口区的面积已从当初建工业区时的4.9平方公里增加到7.46平方公里。其中,重钢的厂区和生活区面积占了全区总面积的62.2%,东西长约5公里,故大渡口区又被称作"钢铁之城"。1994年,全区总人口从曾经的8万余人增至11万余人。但是,由于产业仅有工业和商贸业,大渡口区当时还只是一个"钢铁之城"的纯工贸区。

大渡口区建桥工业园C区(钟戈 供图)

走上发展"快车道"的行政区

"大渡口真正成为一个快速发展的行政区，是在1995年区划调整后。"朱卓明说。

1995年3月，在重庆市行政区划调整中，大渡口区从九龙坡区划入茄子溪街道办事处和八桥、建胜两个镇，从巴南划入跳磴镇，从而辖区面积增至102.83平方公里，人口增至21.43万。经过区划调整，大渡口区有了包括农村在内的发展空间。

2006年，重钢启动了环保搬迁工程，到2012年全面完成整体搬迁和拆除工作。重钢的搬迁，虽然让大渡口区不再是"钢铁之城"，但也给大渡口区带来了城市建设和产业转型发展的机遇和空间。

近些年来，在城市建设方面，大渡口区人均公园绿地面积已达到近25平方米，居重庆中心城区前列，"公园大渡口"基本建成。在新兴产业发展方面，大数据智能化、大健康生物医药、生态环保、新材料、重庆小面等五大百亿级产业已基本形成。

"大渡口走上了发展'快车道'，它的每一点变化都让我这个'老大渡口人'感到万分高兴。"朱卓明说。

大渡口区城市风景（解国清 摄）

一桥飞架嘉陵江

杨涛　周莉

> 1966年1月20日，重庆牛角沱嘉陵江大桥建成通车。该桥于1958年12月动工兴建，位于今渝中区上清寺和江北区华新街之间，是重庆城区首座跨江大桥。大桥的建成通车，结束了两岸居民只能靠轮渡过江的历史，改善了城区交通，揭开了重庆桥梁发展史的新篇章。

讲述人

林君宴，男，原重庆市城建局局长，重庆牛角沱嘉陵江大桥首批技术员之一。

2024年7月3日，重庆牛角沱嘉陵江大桥，桥下一江清波荡漾，桥上车辆川流不息。作为重庆中心城区最繁忙的桥梁之一，每天有数以万计的车辆经此由江北区驶往渝中区。

站在位于牛角沱的家中，原重庆市城建局局长、年逾九旬的林君宴望着这道飞虹，陷入回忆之中。58年前，正是在他和众多建设者的共同努力下，牛角沱嘉陵江大桥竣工通车，成为重庆首座城市公路桥，也是重庆城区首座跨江大桥。从窗外收回目光，林君宴理了理思绪，与我们聊起那段难以忘怀的奋斗岁月。

定址牛角沱

重庆山高坡陡，两江环绕。身为长江流域面积最大的支流，嘉陵江滋养了山城的土地，养育了无数山城儿女，但也导致交通不便，限制了城市发展。以嘉陵江畔的江北区为例，在抗战时期，这片区域就已发展成为繁华地

2024年7月3日，重庆牛角沱嘉陵江大桥（周莉　摄）

带。在林君宴的记忆中，直到20世纪50年代，嘉陵江上还没有大桥，要想过江，得乘坐轮渡。彼时，嘉陵江畔设有大溪沟、千厮门、朝天门等渡口，最繁忙的当属牛角沱渡口，平均每半小时就要发送一班轮渡。但轮渡不是想坐就能坐得上，要是遇上大雾天气或者夏季涨洪水，就要封渡。"市民迫切想要修建一座跨江大桥，方便两岸往来。"林君宴说。

事实上，在抗战时期，重庆人就有了在长江和嘉陵江上修建大桥的想法。中国近代桥梁工程大师茅以升就曾完成了两江大桥的初步设计。但由于经费缺乏等原因，两江大桥迟迟未能动工。

新中国成立后，重庆发展步伐加快，"母城"渝中区已显局促，城市急需向外扩展。而江北地区发展迅速，钢铁、机械、化工、轻工业等工厂拔地而起，大量物资需要过江，仅靠轮渡难以满足运输需求，修桥一事便再度被提上议程。

大桥该选址何处？1957年制定的《重庆市嘉陵江公路桥设计意见书》给出了答案：有两个选择，一个在牛角沱，另一个在高家花园。

不过，彼时的高家花园位于市区上游，属于郊区，而牛角沱却在市区范围内，在此修建大桥更便于市民出行。综合考虑多种因素后，牛角沱成了最佳选择。

跟师"国家队"

大桥的选址虽然定下来了，技术人员从哪里来？

"在此之前，我参与修建过一些石拱桥、吊桥，但都是小型桥梁，长不过几十米。"林君宴表示，要在宽阔的嘉陵江面修建一座"庞然大物"，大家心里都没有底。

转机出现在1958年。1957年，被誉为"万里长江第一桥"的武汉长江大桥通车。次年，参与修建此桥的铁道部大桥工程局第四桥梁工程处（今中铁大桥局集团第四工程有限公司）来渝修建白沙沱长江大桥。

对于这支队伍的到来，重庆市委、市政府给予了大力支持，但也提出了一个请求，希望他们能为嘉陵江设计一座跨江公路大桥，并帮助重庆施工建设。对方很快应允。

就这样，重庆市城建局市政工程处派出一批技术人员前往白沙沱长江大桥工地学习，时年20多岁的林君宴便是其中之一。用他的话来说，作为"地方队"，能有机会跟着"国家队"学习当时世界上最先进的建设技术，大家都很珍惜，也学得认真。

1958年12月，牛角沱嘉陵江大桥正式动工，大桥总长度600余米，宽20余米。

"开工后，大家一刻也不敢耽误。"林君宴说，尽管他家就住在牛角沱，

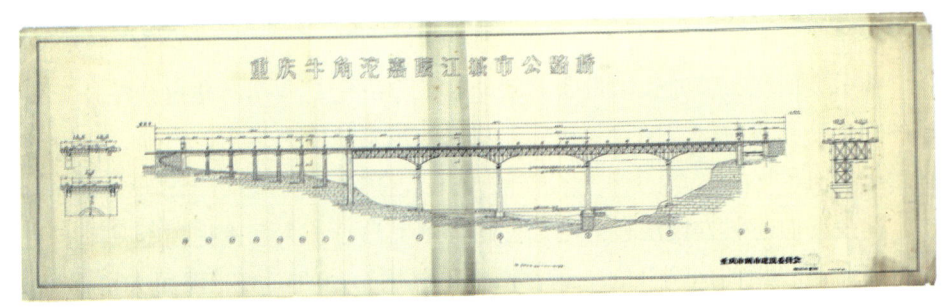

重庆牛角沱嘉陵江大桥图纸（重庆市城市建设档案馆 供图）

但身为技术人员，肩上担着沉甸甸的责任，不敢随意离岗，有一个月他干脆住在趸船上，方便随时解决技术问题。

不仅是林君宴，包括技术人员在内的很多建设者都住在江边，争分夺秒搞建设。正是他们勤学肯干，使得本土技术队伍的培育和工程建设得以同步推进。

林君宴回忆，这支在牛角沱嘉陵江大桥工地上摸爬滚打起来的队伍，组成了全市首支桥梁专业建设队伍，之后还成立了重庆市市政建设开发公司。公司成员成为重庆桥梁建设的技术主力军，在许多区县的桥梁建设工地，都能见到他们忙碌的身影。

而林君宴自己也迅速成为技术骨干，不仅参与了重庆多座桥梁的建设，还曾作为援外技术人员，在伊拉克工作了两年，帮助当地人民修建、养护大桥。

| 建设中的重庆牛角沱嘉陵江大桥（重庆市城市建设档案馆　供图）

"逼"出创新路

技术人员的问题解决了，但在牛角沱嘉陵江大桥的修建过程中，还面临着若干难题。

林君宴回忆，彼时大型设备紧缺，施工方决定，利用修建白沙沱长江大桥的间隙，将暂时闲置的设备用拖船从白沙沱工地拖到牛角沱工地，使用完毕后再拖回。

建设者们还想方设法自力更生。缺少水上吊机，大家就把原本在岸上使用的履带吊，用船运到江心，当作水上吊机用；吊机不够，就用大型钢管、滑轮制成"土吊机"，利用卷扬机来起吊……

1966年1月20日，重庆牛角沱嘉陵江大桥建成通车（重庆日报 供图）

整个工期中，桥墩建设是最紧张的环节，因为这涉及水下施工，得赶在枯水期进行。

林君宴表示，在修建靠近江北的桥墩时，建设者们用到了"气压沉箱法"，将一只有顶无底的沉箱沉入江中，冲入高压空气排出江水，供工人下到江底施工。在修建靠近牛角沱的桥墩时，则参照了武汉长江大桥的做法，采用了管柱钻孔施工法，先打混凝土管柱到江底，再在江底钻孔浇筑混凝土建桥墩，实现水上施工。

除了借鉴外地技术，建设者们还十分注重自主创新。大桥建设要用到16锰钢，彼时只有鞍山钢铁公司能生产。市里决定由重庆钢铁公司负责钢材冶炼，再由山海关桥梁厂加工，最后运到施工现场。建设需要高标号水泥，南岸水泥厂就派出技术人员前往武汉学习技术，最终研制成功，保证了建设如期进行。

在建设者们挥汗如雨的同时，很多市民也加入大桥建设中。

林君宴回忆，在修建桥墩时，出于特殊工艺需要，得将鹅卵石锤碎后，混在混凝土中。市里便动员各个单位出人出力，筹集碎石。到了周末，常常可以看到一群人在珊瑚坝的江边锤石子。为保证市民出行安全，施工方还特地找到水泥厂，让厂里提供一部分水泥，修建了一条下河引道。

焕发新活力

经过8年修建，1966年1月20日，牛角沱嘉陵江大桥正式竣工通车，一时全城轰动。

"我们搞了一个通车典礼，非常隆重。"时隔58年，再次回忆起大桥通车当天的情景，林君宴的眼中神采跃动，不禁提了提声调。他说，施工方在桥头召开了一个群众大会，此后是举办通车典礼，各个单位都派了代表参加。

通车典礼结束后，许多市民涌上大桥"踩桥"，人行道、车行道上挤满了人，直到入夜仍有人陆续前来。林君宴解释称，这是市民第一次见到能供人通行的跨江大桥，因此十分新鲜。而市民"踩桥"的习惯，也一直被延续下来，成为重庆诸多大桥竣工通车的"固定节目"。

牛角沱嘉陵江大桥的通车，不仅方便了两岸居民往来，还进一步带动了江北区的发展。此后，重庆有了第一条由渝中区开往江北区的公交线路，人们可以由上清寺出发，乘车前往江北区五里店，最后抵达江北嘴。

从靠乘坐轮渡过江到建起钢铁大桥，从"江上唯一"到架起数条飞虹，牛角沱嘉陵江大桥屹立于滔滔嘉陵江畔，见证了重庆交通的变迁，也见证了这座城市的飞速发展。

2009年，牛角沱嘉陵江大桥被列为市级文物保护单位。2018年，大桥迎来大修。大修采用修旧如旧的方式进行，还加装了交通监控系统、防雷接地系统、桥梁健康检测系统，景观照明系统也得到提档升级，让整座大桥焕发出新活力。

这些年，林君宴一直住在牛角沱，默默陪伴着牛角沱嘉陵江大桥这位"老友"。在他看来，没有交通作支撑，就难以带动地方经济社会发展。如今，重庆的桥梁数量不断增多，类型愈加丰富，投融资模式更加多元。如何组织好城市交通网络，让交通更加快速通畅，从而打通城市发展新动脉，值得建设者深思。他期待着，年轻的建设者们能打好基本功，为这座城市带来更多惊喜。

"816"，我亲历的神秘核工程

陈怀文（讲述）　　王雪　陈万鑫（整理）

> 20世纪60年代中期，为应对紧张而复杂的国际局势，党中央作出进行三线建设的重大决策。1967年，中央批复修建我国第二个核原料工业基地，代号"816"。10余年里，6万余名士兵、工人、专家在此隐姓埋名，挖出了一个"世界最大人工洞体"。后来，随着国际形势缓和以及国民经济战略调整的需要，即将建成的核工程宣布停建，"816"成为共和国永远铭记的历史印迹。

讲述人

陈怀文，男，山西晋中人，参与过"816"工程洞体建设的老兵，现为工程兵五十四师战友联谊会会长、五十四师光辉历程纪念馆常务副馆长、中国三线建设研究会常务理事。

2010年，"816"工程作为旅游景点正式对外开放，我不禁欣喜若狂。

"816"，一个令我永远无法忘却的数字。

"816"是个工厂，位于重庆市涪陵区的小镇白涛；"816"是项工程，在乌江之畔的金子山内，"挖"出了一个"世界最大人工洞体"。这个代号"816"的进洞原子能反应堆及化学后处理工程，有惊天动地之举，无惊天动地之声，当年为绝密核工程。

作为曾秘密参与该项工程洞体建设的老兵，我守口如瓶30余年，现在终于可以讲讲"816"的故事了。

一心向北当兵，不料入伍南下

1969年冬天，我从山西省平遥县应征入伍。当时听说有一个番号为"8342"的特种兵部队也在征兵，我想起与之排序接近的中央警卫团8341部队，怀着"当兵就要上北京"的想法，立马向8342部队接兵首长提出入伍请求，最终如愿以偿。

我清楚地记得那天是12月18日，天气格外暖和，戴着大红花的我，光荣地代表全县的入伍新兵在欢送大会上表态发言，接着又在欢送的锣鼓声中告别家乡，坐上了运送新兵的火车。

看到火车一路北上，我非常高兴，心想到北京当兵的愿望终于实现了，可不承想，当火车到了河北石家庄后，稍作停息就向南行驶了。我急忙问身旁的接兵班长："我们这是去哪儿？"接兵班长笑着说："当然是去部队了。"我知道部队有部队的纪律，再问也是白问，也就不再吭声了。

一路上，我们过黄河、跨长江，在重庆换乘轮船顺长江东下，在榨菜之乡涪陵转了个弯，又顺着清澈的乌江水南上，直到一个叫白涛镇的小码头才停下来。

"我们的部队驻地到了。"接兵首长大声宣布。

准备随时参战，不料秘密挖洞10余年

白涛镇，一个在当时地图上失去坐标、无法找到的小镇，在重庆未直辖前，属四川省涪陵地区（今重庆市涪陵区）管辖。这里山高林密、人烟稀少，山坡上除了新盖的一排排以竹片为墙、油毡遮顶的工棚营房外，再也看不到其他建筑。

我入伍时，珍宝岛自卫反击战刚结束不久，中苏关系十分紧张，我应征当兵是为随时参战，不料却来到这

"816"工程专家选址照片（重庆日报　供图）

深山老林。所有人进山的第一课就是保密课，彼此之间不准串岗，也不准互相打听，大家都很纳闷："来这里到底是要做什么？"

经过3个月紧张的新兵训练，我们逐渐揣摩出，我们将要参与一项大工程建设。

"816"工程施工者正在进行坑道掘进（重庆日报 供图）

为适应战备施工需要，部队全部实行"四四建制"，即1个团4个营，1个营4个连，1个连4个排，1个排4个班，每个班均有十多人，全师4个团再加2个独立营共有2万多名工程兵。

新兵训练结束后，我被分到7983部队六连。这个连队是全师的"四好标兵连队"，也是全团坑道掘进的主攻连队，后来还被工程兵司令部和政治部联合表彰为"硬骨头六连式连队"。

由于我身强体壮，下连队后便被分到了四排15班。这个班是风钻班，主要任务是在坑道掘进中打炮眼。其他班的分工也很明确：16班负责在打成的炮眼中装炸药，进行爆破；13班、14班则负责出渣并将石渣运出洞外。施工实行"三班制""四班倒"，每个班必须在8小时内完成自己的任务，才能保证工程紧张有序地进行。

艰苦程度远超想象。

洞内有的地段地质很差，随时都有塌方的危险，"五面石头夹一块肉"是对当时施工环境的形象概括（"肉"指战士的身体，"五面"指洞内上下左右和作业面都是岩石）。施工时，危险系数更是"爆表"，就拿风钻班来说，当时风钻班打炮眼用的凿岩机（俗称风钻）重50多公斤，单是手持风钻就筋疲力尽；风钻手施工时必须头戴安全帽，面戴防尘口罩，身穿工作服，工作服外再套防水衣，脚上还需穿上高筒水靴，一个班下来，衣内一身臭汗，衣外满身泥浆；手托风钻打眼时，钻头与岩石急剧碰撞，发出巨大的"锵锵"声，震耳欲聋，钻机和钻杆一起猛烈震动，震得人全身发麻；施工时硝烟、石粉等呛人的气体和粉尘难以全部排出，连续几年在洞内作业，患上尘肺病、关节炎的战士比比皆是，加之必须完成规定任务后才能出洞吃饭，否则影响后续部队作业，炊事班送来的饭菜往往凉透了我们才能吃上，所以战士们普遍患有胃病……

当地气候也十分恶劣，夏季温度常达40摄氏度以上，营房床铺上的凉席都在发烫，起风时刮的热风酷似蒸笼，使人头昏脑涨，我们在凌晨1点以前很难入睡；秋季开始，这里又是"天无三日晴"，阴雨不断，整天湿漉漉的，洗了的衣服好多天都不得干；冬天，山里温度低、湿度大，冷得刺骨，我们在洞里打炮眼打得大汗淋漓，出洞热汗瞬间又变为寒冰，一冷一热让人难以忍受。

因地处偏僻，我们与家人书信联系，两个星期后才能收到回信；由于交通不便，物资供应跟不上，我们每天吃的都是土豆、战备菜、陈米饭。即便如此，为了打破超级大国的核垄断、核讹诈，为了祖国的安宁和人民的幸福，战士们不怕吃苦、不怕牺牲，无私奉献在这里，在"816"工程工地烈士陵园内，就长眠着76位战友。

密洞10余年，艰苦岁月成为终生财富

2002年，"816"工程解密，我们才知道当年为之流血流汗的是什么。

20世纪60年代中期，为应对紧张而复杂的国际局势，党中央作出进行三线建设的重大决策。1967年，中央批准修建我国第二个核原料工业基地，代号"816"。

为修建该工程，6万余名建设者昼夜施工，在深山中挖出了大小洞室若干个，道路、导洞、支洞、隧道及竖井130多条，整座大山都被挖空了。有人测算，如果将开挖出来的石渣筑成1米见方的石墙，有1500公里长。

后来，随着国际形势缓和以及国民经济战略调整的需要，1984年6月，国务院、中央军委正式批准"816"工程停建，从此该工程被尘封了起来。此时，土建工程已完成85%，安装工程量已完成60%。

"上不告父母，下不告妻子儿女"，这段艰苦岁月，除了我们自己，没人知晓。这项熔铸了6万多名建设者的忠诚与心血的工程，始终没有正式投入过生产。后来，"816"工程中的极小一部分洞体被中国核工业建峰化工总厂作为物资仓库加以利用。再后来，建峰厂逐渐转型为以生产化肥为主的化工

鸟瞰"816"工程（816工程遗址景区 供图）

厂并成功上市，成为重庆的一个大型化工支柱产业，也成为企业改制、三线工程转型的成功典型。

2010年，"816"工程作为旅游景点正式开放，以"世界上已知最大的人工洞体、全球解密的最大核军事工程"而著称，前来参观的游客络绎不绝。2023年，文化和旅游部推出69家国家工业旅游示范基地，重庆市"816"工业旅游景区上榜。

几经周转，"816"已成为我们无法抹去的生命代号，也成为中华人民共和国永远铭记的历史印迹。

铸得"铁龙"蜀道宽

李琅　刘泳舍

> 1968年起，四川、湖北、陕西境内相继开展施工建设襄渝铁路。1979年12月，襄渝铁路全线建成，成为继宝成线、川黔线、成昆线后第4条出入四川省及重庆市的交通要道。

讲述人

胡孝谦，男，原四川省合川市（今重庆市合川区）水泥总厂办公室主任、工会主席，参与见证了襄渝铁路三汇坝站建设。

东起湖北襄阳，西至重庆，一条钢铁长龙气势如虹，横穿武当山、大巴山无数崇山峻岭，飞跨汉江、嘉陵江滚滚浪涛，一路上巉岩悬壁、流水莫测、山高谷深，而它只自顾自地腾跃起伏于无限苍莽之中。

这条长龙名为"襄渝铁路"，因三线建设而起，耗费数十万人之功，横贯东西，全长837公里，桥梁716座，其中最长的有1600米，最高的有70米；隧道405座，其中12座长3000米以上，2座长5000米以上；桥、隧长度占线路总长的45%，有35个车站建在桥上或隧道里。

襄渝铁路成功打破了山川阻隔，串联起了华北、华中和华南地区，是继宝成线、川黔线、成昆线后第4条出入四川省及重庆市的交通要道，也是我国铁路建设史上的伟大壮举。

合川人绝壁凿路，支持襄渝铁路建设（重庆日报　供图）

这段建设史的亲历者、见证者手拉肩扛，背负着历史的厚重开辟道路，一步步从那个年代走来。

"当年参与建设期间，我对这条铁路其实了解并不深。但后来我一直关注它的发展，在搜集相关资料时，我多次被它的建设意义所震撼。"合川市水泥总厂办公室主任、工会主席胡孝谦是重庆市合川区狮滩镇人，今年72岁，他带着我们又徐徐走进当年的故事。

开山平地建伟业

20世纪60年代初，国际局势动荡不安，加强国防安全建设刻不容缓。1964年，党中央作出三线建设重大战略决策，在中西部地区推进以战备为指导思想的大规模国防、科技、工业和交通基本设施建设。

1969年召开的全国计划座谈会通过《1969年国民经济计划纲要（草案）》，要求大力加强国防工业、基础工业和大、小三线建设；1970年开始编制的"四五"计划，要求集中力量加快大三线建设。

"多少人离开故土，奔赴高山峡谷、大漠荒野，投入三线建设中，只为响应毛主席'好人好马上三线，备战备荒为人民'的号召。"胡孝谦说，"而襄渝铁路就是三线建设的一项重要铁路工程，我有幸为它贡献了青春力量。"

1968年，合川境内广招民工修建襄渝铁路。参与国家重大交通建设是无上光荣，引得合川无数年轻人争先恐后报名。当时胡孝谦年仅17岁，个子并不突出，但他挺拔地站在民工选拔队伍中，双眼满是自信与渴望，接连通过铁道兵部队考官目测选拔面试，成为铁路建设的一员。

入选的民工们有老有少，年轻的胡子都还没冒头，年老的都有白须了，个个都激动不已——他们要参与的，是三线建设的重点战备工程。

1968年底，胡孝谦扛着铺盖卷，戴着草帽，跟随大部队走了几十公里路，抵达合川三汇镇，投身襄渝铁路三汇坝站建设。此地距离襄阳站800余公里，距离重庆城区站点80余公里，就在这茫茫荒原之中，民工们就要开启开山平地的伟业。

不畏巉岩勇登攀

凿个洞有什么难的？年少的胡孝谦踌躇满志，不知艰难为何物，直到他真正开始施工。"手上就两把工具，钢钎和二锤。"胡孝谦回忆道，"早上6点起床，7点半到工地开始干，中午12点午休1个小时，然后干到傍晚收工。"民工们整天灰头土脸、汗流浃背，不过很快就习以为常了。

"建设襄渝铁路，靠的是人海战术啊。"胡孝谦说，那时交通闭塞、物资短缺，数百公里长的铁路沿线没有公路和电力，成千上万吨的工程建材和生活物资主要靠肩挑背扛，手推车、扁担就是主要的运输工具。"哪里缺人，哪里就有人顶，工地上的每个人基本都做过多项工种。"

地震、泥石流、山体滑坡等自然灾害时有发生，山火、爆破、翻车事故也是常事。整条铁路地势险峻，地质复杂，隧道与桥梁交替出现、连绵不绝。"当时没有电子雷管，点炮放炮都靠人工。"胡孝谦现在想起来都还后怕，"我们凿好了洞，就把炸药放进去点着，等炸开后再一拥而上，把土石碎块铲进箩筐，一筐筐背出去。"靠着传统人力方式，兵民们意志不屈、视死如归，硬是在悬崖峭壁之上生生凿出一条路来。

有一件事让胡孝谦印象深刻：参与襄渝铁路工程建设的民工，一律无条件遵守铁道部队的军事化训练和管理。"我们民工和铁道兵的施工生活都一样，可以说是军民一家。"强大的合力既补足了襄渝铁路建设的兵力，也为日日夜夜的辛劳增添了活力。

民工们晚上在临时搭的篱笆屋里打地铺，大锅饭吃的是窝窝头和咸菜，偶尔吃上一顿回锅肉那真是满足至极。有时，他们还跟铁道兵一起拜访老百姓家，帮着收庄稼。"不管是我们民工，还是连长、指导员，都不分你我，一同劳动，一起团结奋进。"胡孝谦说。

在建设大军的不懈奋斗下，1970年8月，襄渝铁路铺通至四川达县；1975年11月，襄渝铁路临时运营；1979年12月，襄渝铁路全线建成。

"临时运营期间，民工就地解散，我下乡成为一名乡村教师，后来进入合川市水泥总厂工作。"胡孝谦说，"工地上多年奋战的严谨作风让我一生受益。"

新竹高于旧竹枝

襄渝铁路全线建成距今已45年，这条铁路上洒有胡孝谦的青春血汗，他也一直在关注这条铁路的动态。

50余年来，科技发展爬坡上坎，让襄渝铁路通行愈加畅快；襄渝铁路在天地间腾挪舒展，亦舞出了科技发展的日新月异。这项技术密集的工程干得苦，却又甜如蜜，无数工程师、技术人员等精英蜂拥而至、甘之如饴，迎难而上解决诸多技术难题，推动我国工程技术水平步步登高。

2005年8月，西部大开发十大重点工程之一的襄渝铁路二线工程动工，全长507公里，于2009年9月20日正式通车，重庆上北京朝发夕至。"我乘这条线去过两次北京。"胡孝谦感慨道，"坐在火车上，望向窗外山川起伏，心情如何不言而喻。"

2024年4月26日19时48分，9000余人奋战52个日夜，随着达州站Ⅱ场3道最后一根轨枕更换完成，襄渝、达成铁路2024年第一阶段大修集中修圆满收官，完成了更换钢轨、大修清筛、线路捣固、机械化换枕换岔等工作，在现代科技的加持下，襄渝、达成铁路全面提升线路通行能力，途经线路的旅

襄渝铁路全线接轨庆祝大会（重庆日报　供图）

襄渝铁路（达州市档案馆 供图）

客列车运行平稳度、乘坐舒适度大幅提升。第二阶段大修集中修预计10月底启动。

襄渝铁路沿线地形复杂、环境多变，在陡峭边坡处岩石裸露问题较为突出，威胁列车安全运行，扫山检查费时费力。但如今的基层铁路人能凭借无人机3D建模、奥维地图等科技手段，更直观、高效地研判风险、发现隐患，为列车安全运行保驾护航。

除却在科技发展上好戏连台，襄渝铁路在文化精神上也浓墨重彩。这条大动脉中搏动着的红色鲜艳至今，吸引多少人重走襄渝铁路，追寻过往艰苦奋斗、开天辟地的燃情岁月；这条长铁龙亦搭起了文化交流的走廊，各地人们便捷出行、互相往来，沿线城市文化碰撞融合，多少民风民俗得以传承发扬。

50多年前的铁路建设者背井离乡、栉风沐雨，手拉肩扛铸就一条钢铁长龙，任他山高水远，从此天堑变通途。后继无数养路人耐得寂寞、默默奉献，排除无数安全隐患、保证线路优良运行。

动车组在茫茫山水间畅行，载着鄂、陕、川、渝千万百姓奔往神州各地，"蜀道"不再"难"。

设计建造"亚洲第一吊桥"

李凰言　高万红

1969年9月25日，重庆市第一座大型钢索吊桥朝阳桥在北碚建成。朝阳桥全长233.2米，宽8.5米，主孔跨径186米，是我国第一座双链加劲钢箱梁悬索桥，也是亚洲第一座悬索桥，有"亚洲第一吊桥"的美誉。

讲述人

顾安邦，男，朝阳桥设计师，桥梁建造专家，原重庆交通学院副院长，中国桥梁工程界最高学术成就奖——茅以升科学技术奖"桥梁大奖"获得者。

顾安邦教授曾这样评价自己："我比较单纯，在桥梁研究之外，就看看书、看看报，没有什么其他的娱乐。我对自己、对孩子都是这样要求的：踏踏实实工作，认认真真学习，平平凡凡生活。"然而，正是他的这份踏实、认真、平凡，让中国桥梁屡创世界纪录，在平凡中成就了非凡。

一心赴渝，只为化虹成桥

时间的指针拨回到60多年前。1957年，毕业于上海同济大学土木系的顾安邦，离开家乡江苏无锡到四川省成都工学院（现四川大学）任教。年轻的他，喜欢牵着同在一所学校任教的新婚妻子徐君兰的手，一边散步，一边给她描绘心中的大桥："那一定是像彩虹一样美丽的桥，更为重要的是要建在高山、峡谷等贫穷地方，把天堑变为通途……"

对造桥踌躇满志的顾安邦，却生不逢时。当时，一些地方穷得连吃饭都成问题，哪还有实力去造桥。空有鸿鹄之志的顾安邦，只能将那些兼具交通功能和艺术价值的桥，默默地架在心中。

一次，顾安邦在上课时发现一个学生在偷偷看小说。下课后，他把学生留了下来询问原因。学生说："这么枯燥的理论，即使学会了，我毕业后也没有桥可以修呀。"

愣了好半天，顾安邦坚定地说："总有需要的那一天！"这话，是说给学生听的，更多的是说给自己听的。

年轻的顾安邦，常常在日记中抒发豪情：古代神话说，彩虹是架在天地之间的桥。心中的彩虹啊，什么时候才能变成手中的桥？

一些学友开始弃学经商或者出国谋生，顾安邦却坚持了下来。1960年，成都工学院土木系等迁入重庆公路工程学校，共同组建重庆交通学院（今重庆交通大学）。当其他同事在考虑成渝两地哪边生活更为便利时，顾安邦却义无反顾地带着妻子，从平原成都来到山城重庆。理由只有一个：重庆山多、水多，要修的桥多。

一桥兴盛，铺开江上坦途

20世纪60年代，地处重庆西北部的北碚，地域内分布的中梁山脉经嘉陵江冲刷侵蚀形成的峡谷成为阻隔城区南北通行的天堑。作家常克在散文《一座桥和它不会走失的岁月》中提到："那个年代，父亲有几次从九龙坡区到北碚区来出差，顺便把我也带上，说出去见见世面。当时到北碚要翻山越岭，要过河过水，单程需要将近一天，北碚对于我这个十二三岁的小男孩来说，是遥远的，也是神奇的。"

"当时重庆的领导感觉到，不修一座桥不行了。北碚到重庆主城区太不方便，轮渡经常因洪水、枯水不能正常运行。"顾安邦感叹。

于是，彼时的交通部重庆公路研究所、重庆市城建局和顾安邦所属的重庆交通学院共同承接了位于北碚观音峡口、跨越嘉陵江的公路桥——朝阳桥的设计任务，他的一腔热血和满肚子学问，终于有了用武之地。自受命之日起，几家单位的设计人员，开始搬到一间专门的办公室里，共同设计。顾安邦多次到北碚进行实地考察，在家中、图书馆广阅资料，熬过无数个不眠之夜。最后，根据当地的地形地质、河流水文特征，专家组一致决定建造双链加劲钢箱梁悬索桥。

但是，当时国内并没有悬索桥的工程先例，仅在国外资料上存在理论上的可行性。顾安邦便与同事们一起，手绘图纸，制作桥梁模型，用手摇计算机测算数据……

1967年2月，朝阳桥开始动工。工程动工后，顾安邦无数次披星戴月，到现场监督施工，检测桥梁的承载能力。随后，在实践中遇到的一个个难题，都被成功攻破。此桥也创造了无数个首次：采用单位焊接，高强螺栓拼接，现场制作钢箱梁……

1969年9月25日，横跨嘉陵江，长233.2米，宽8.5米，主孔跨径186米的双链加劲钢箱梁悬索桥——嘉陵江朝阳桥建成。该桥是重庆市修建的第一座大型公路吊桥，其跨径居国内20世纪70年代同类吊桥首位。

朝阳桥建成通车后，桥上每日车水马龙，北碚老城与水土、东阳的过往车辆鱼贯而行，成为重庆北上至川北、陕西、甘肃等地的交通要道。之后几十年间，朝阳桥一直承担着重庆北碚南北唯一的交通大动脉作用。正如朝阳桥两侧的桥头堡写着的两行红色大字那般："一桥飞架南北，天堑变通途"。

见此盛景，顾安邦的内心充满欣慰：这是中国第一座自主设计建造的双链加劲钢箱梁悬索桥，也是亚洲第一座悬索桥，心中的彩虹终于变成了手中的桥。

北碚朝阳桥（孙道进 摄）

设计建造"亚洲第一吊桥"

一生耕耘，培育建桥英才

2005年12月的一个夜晚，顾安邦的女儿给家里打电话，家里的电话一个多小时都处于占线状态。女儿担心家里发生了什么事，急匆匆地往家里赶。

到家后，女儿发现母亲早已入睡，父亲正在书房里打电话。父亲打电话从来都是长话短说，什么事让他说这么久？

原来，顾安邦教授的一名研究生毕业后留校任教，正在进行桥梁与隧道工程科研，那几天，课题一直没有进展。顾安邦从另一位学生处了解到，那名研究生的妻子下岗了，家里上有老下有小，他不得不成天为生活担忧、奔波。

了解情况后，顾安邦连夜打电话与学院就业办公室联系，找了这个找那个，一直到学生家属的工作单位落实为止。

女儿放心走后，顾安邦那夜睡得很安稳。一个人与一批人的辩证关系，早已扎根于他的心中。他认为，修桥是集体智慧的结晶，他只是众多同行中的一分子，能培养一批学生，让他们成为桥梁界的脊梁，比自己建桥更有价值。

在学生和桥梁之间，顾安邦就是一座桥。在这座桥上，流淌的不仅仅是知识的洪流，更是爱的暖流。

顾安邦珍藏着一个笔记本，里面记录着几十位硕士研究生和青年教师的电话号码、生日、原毕业学校、留学经历甚至配偶的名字。学生生活出现了困难，他把自己的工资取出来交给学生；每年的特殊津贴，有一半他都贴补给了青年教师和学生……

在生活上，他对学生的关怀无微不至；在学术上，他对学生却十分严格。一次，一个研究生急着在暑假与朋友外出旅游，写论文时因测算不精，导致数据出现误差。顾安邦在指导他重新修改的同时，语重心长地给他讲解修桥和做人的道理：桥上行走的是生命，修桥靠

顾安邦教授（左一）与学生讨论问题（顾安邦 供图）

远眺巫山长江大桥（肖艺九 摄）

的是责任心，稍有不慎，桥毁人亡啊！

从教60多年，顾安邦有将近一半的教学生涯都是在指导学生进行课题研究。他一贯主张学习不能读死书，一定要与实践相结合：在物资相对匮乏的年代里，他积极引导学生参与重庆地区中小桥建设的科研计算工作；随着全国基础建设进入高速发展阶段，他又带领科研团队主持和参加了20多项特大桥的国家及省（部）级科技项目，为重庆巫山长江大桥、重庆黄花园嘉陵江大桥、重庆大佛寺长江大桥等提供科研支撑，并荣获国家科技进步奖一等奖1项，国家科技进步奖二等奖2项，国家科技进步奖三等奖1项，省部级科技进步奖一、二等奖10项。

2017年，顾安邦被交通运输部主管的中国交通教育研究会授予"中国交通教育终身成就奖"。

桥梁成就了顾安邦的梦想，他也为桥梁建设谱写了新的华章。

难忘山城手表"嘀嗒"声

龙宣辰　刘泳含　李云霄

> 1970年，重庆钟表厂造出第一批6只"山城"牌手表，一度轰动全重庆。从此，"山城"牌手表在重庆家喻户晓。20世纪80年代中期，"山城"牌手表与"上海"牌手表、天津"海鸥"牌手表并驾齐驱，驰名全国。

讲述人

马少弟，男，原重庆钟表厂车工、原重庆钟表工业公司工会副主席。现任重庆美达实业有限公司董事长，为重庆引进了劳力士、欧米茄等高端钟表品牌。

"难忘山城手表的'嘀嗒'声，没有山城手表就没有现在的马少弟。"在4个小时的采访时间里，74岁的马少弟用或激昂或哀愁的语调，反复提起这句话。

近50年来，马少弟亲历了山城手表的兴起、失落与回归。如今他已不再是山城手表的职工，他的外贸业务辐射22个国家，涉及100多个世界知名品牌。

但当浑厚的钟表报鸣声在他公司的大楼响起时，马少弟的"山城心"仍会与之共鸣："山城手表，是我们重庆人的品牌，是我们中国人的品牌。终有一天它会走向更大的舞台。"

结缘——"在钟表厂工作的我，是全家人的骄傲"

"我到钟表厂时，人们还不知道山城手表。"

1970年，马少弟从重庆市轻工业学校计时机械专业毕业后，被分配到重庆钟表厂，成为一名生产手表表壳模具的车工。

当时，重庆钟表厂主要生产和销售闹钟。"手表要在年底通过检测后才能上市。为此，大家争先恐后加班加点干，恨不得一天工作24小时。"马少弟还记得，那年钟表厂会专门登记要加班的工人并发放专用饭票，那张票被大家称为"光荣票"。

马少弟被这样的氛围深深感染，满腔热血投入工作，迅速掌握车工技能，并在短短3个月内就从普通员工先后被提拔为车间生产计划调度员、党委办公室文字秘书。

1970年底，天气极冷，但在重庆钟表厂，一切都是热烈的——6块山城手表通过国家检测！

一时之间，山城手表供不应求。"山城手表，家喻户晓"的广告语传遍大街小巷。山城手表不但成为当时时髦的代名词，还被列入西南地区的"结婚标配"，成为"三转一响"之一。

这样的高光，也照耀在每一位山城手表人身上。

手表通过检测后，接待来宾成为马少弟每日必不可少的工作，"最高纪录，一天内先后有200多辆小轿车停在办公楼下"。就连彼时的国务院领导来视察时也说："我戴的就是山城手表。"

"在钟表厂工作的我，是全家人的骄傲。"马少弟很自豪，在许多人还舍不得坐汽车的时候，数千名重庆钟表厂的员工却每天有班车接送，工厂车间甚至配备了空调。

山城手表迎来了自己的

重庆钟表厂，马少弟（右二）与工友们的合照（马少弟 供图）

"黄金时代"。

1980年，以重庆钟表厂为基础组建的重庆钟表工业公司联合贵州、云南等地的8家同行业工厂，形成西南钟表生产联合体。20世纪80年代中期，山城手表年产量突破百万只，年利税达5000多万元，成为重庆的利税首户。

困守——"转变观念，迎接市场，换一个方向"

1983年，马少弟完成了在四川财经学院（今西南财经大学）的进修。当他回到重庆时，却嗅到了危险的气息。

"设计更好、功能更多的海外机械手表产品开始进入中国市场，石英表和电子表也异军突起。"马少弟决定，"转变观念，迎接市场，换一个方向。"

1984年3月，马少弟在渝中区解放碑八一路开设了"丽达商行"，山城手表只是他销售的商品之一。此时，山城手表已经囤货严重。为及时消化部分囤货，马少弟开着租来的吉普车，从重庆到四川，再到云南、贵州、湖北，沿着地图一个县一个县地兜售，每只手表只赚一元钱。他也将自己的销售品类逐渐扩大，引进英格纳、梅花等海外知名钟表品牌。

渐渐地，马少弟在短短几年内成长为中国西南地区最大的手表批发商之一。

1989年4月，马少弟注册成立"重庆美达实业有限公司"，这是重庆第一批私营企业。他在市中区买下了一栋楼，作为美达实业的地址。在这里，他召开过西南钟表展销会，数以百计的客商纷至沓来，10层高的大楼里，摆满了来自世界各地的各式钟表。可此时，已累计生产1000多万只的山城手表，款式却仅有8款，且公司依然没有设置直营点，困守在原有的商业模式之下。

1997年，重庆钟表工业公司全面停产，2002年正式破产。

美达实业公司老照片（马少弟 供图）

得知破产消息后，马少弟开车前往重庆钟表工业公司位于今天的九龙坡区二郎街道科创路。公司大门无人看守，门上的标语已经褪色。他绕着厂区开了一圈又一圈，却无人相识。马少弟遗憾地回到办公楼里，久久凝望不远处的长江。

但马少弟与山城手表的缘分并未就此终止。曾经的重庆钟表工业公司副总经理、总工程师和多位维修骨干先后来到他的企业任职。在老领导与老同事的支持下，马少弟如虎添翼——入驻解放碑大都会，开设重庆首家劳力士手表专卖店。他的公司成为世界各大顶级手表的品牌代理商，他还创立了自己的手表品牌。但马少弟最喜爱的，仍是山城手表。

2007年，山城手表商标被正式注销。

历史的舞台就是这样，也许只是一步，便错身而过。

复苏——"我尽最大努力"

"十二五"期间，重庆提出打造"高端装备制造基地"，并大刀阔斧发展电子信息产业，其中很大一部分外延，恰恰需要像钟表制造这样的精密仪器仪表产业支撑。

但当时，重庆钟表产业已近消失。

2012年，重庆市经济和信息化委员会的干部找到马少弟，希望他能够为复苏重庆钟表业支招。马少弟建议，重庆如果能拥有自己的机芯研发技术，再加上山城手表时期积累的人才，"很有希望"将重庆钟表产业重新发展起来。

时代的发展为沉寂已久的山城手表带来了复苏之机。而马少弟毫无意外地成为这趟复苏之旅的"导游"。

恰在此时，香港精密钟表有限公司有一个机械手表机芯自主研发项目，而马少

山城手表安静躺在马少弟的公司橱窗之中
（马少弟 供图）

难忘山城手表"嘀嗒"声

弟与香港钟表业合作频繁。

得知消息后的市经济信息委的干部喜出望外："能否将此项目引进重庆？"

"我尽最大努力。"这是马少弟给重庆的承诺，也是他给自己的承诺。一年内，他多次往返重庆、香港，陪同香港代表敲定一个又一个细节，为重庆钟表业争取一分又一分未来。

2013年，香港精密钟表有限公司、重庆市国有资产监督管理委员会、垫江县三方携手，重庆市钟表有限公司正式成立。

值得一提的是，当时山城手表的商标已被他人注册持有，市经济信息委特将其买下后，赠予重庆市钟表有限公司。

2014年，为了迎接山城手表的回归，马少弟在解放碑商圈策划举行了中国·重庆香港钟表展示会。在为期10天的展销中，新山城手表售出700多只。

守护——"我的山城心，永远跳动"

对手表技术核心——机芯的研发，仍未止步。

2012年以来，重庆市钟表有限公司先后投入研发经费3亿多元，投资购置了最先进的生产和检测设备，邀请了全国知名的机芯技术人才投入研发。

"为了提高某个自动上条零部件的工作效率和可靠性，我们会进行上千次的工艺和材料改进。最忙碌的时候，一个月大概有一半时间工作到凌晨。"曾任重庆钟表工业公司机芯试制车间技术骨干的郑荣贤说。他便是市经济信息委在马少弟建议下寻找到的山城手表"血脉"。

"我要为我们老'山城'人争一口气。"工作再累，年事已高的郑荣贤都从未言弃。

在这期间，马少弟无数次到垫江。站在车间外，他像一名可亲的长辈，目不转睛地看着那个正在脱胎换骨的"孩子"。

2018年1月19日，由重庆市钟表有限公司自主研发的山城手表机芯，经过严苛的检测，通过了德国国家天文台手表认证检测中心的检测认证。

新闻发布会在北京人民大会堂重庆厅举行，受邀亲临现场的马少弟激动不已："这是我们重庆造的呀，是真正的'山城芯'。"

中国钟表协会理事长张宏光感慨道："这是中国第一只得到国际权威认证

的自主研发的手表机芯，标志着中国就此打破了国外长期的技术垄断。"

沉寂20多年后，山城手表再度"转动"起来，而且更稳、更准。但市场瞬息万变，山城手表的市场开拓困难重重。70多岁的马少弟奔波四方，一方面继续经营自有产业，一方面也在为如何继续守护新山城手表找寻方向。

近些年，马少弟在重庆海关、渝中区政府等多方支持下，打造出"一带一路"（重庆）经贸文化交流中心，汇集来自"一带一路"共建国家中的数百种名优特色产品。而他的下一步，就是要把新山城手表送上"一带一路"的舞台。

"我的山城心，永远跳动，永远年轻。"江风微抚着马少弟略显花白的头发，因为精瘦而突显的皱纹丝毫不能掩盖他眼中灼热的期盼，他铿锵有力地说道："那句广告语，一定能再次响起——'山城手表，家喻户晓'。"

"越洋电话"变"形"记

孙 茜

> 1971年7月,重庆市电信局正式开办国际电话业务(通信事业)。

讲述人

汤玉珍,女,原重庆市电信局长途电话科话务员、长营分局局长。

"婆婆,家里一切都好吗?"

"好,今天姨婆们都在家里玩……"

手机这端,连接的是居住在山城重庆80岁的汤玉珍;手机另一端,连接的是汤玉珍远在英国的亲戚。

"现在方便太多了,联系国外的亲朋好友,一个微信视频,既能通话,又能看到对方。不像以前,打个电话需要话务员转接几次。"每次越洋通信时,作为原重庆市电信局长营分局局长的汤玉珍,总会想起1971年7月,重庆市电信局正式开办国际电话业务(通信事业)的往事。

长途电话
从国内业务到国际业务

"您好,请问要拨往哪里?"20世纪六七十年代,位于渝中区上清寺的重庆市电信局,100多平方米的机房内,整齐摆放着一排排像盒子一样的设备,电话铃声响个不停。

在那时,电话还是件稀罕物。当时安装一部电话需要花费上千元,还要单位开介绍信，就算以上这些都准备好了，还要等好几个月，甚至一年。因此，能装得起电话的家庭可谓是凤毛麟角。老百姓偶有急事要打电话，需要跑到市电信局营业厅，先挂号再排队，由人工通过交换机帮忙叫通进行转接才可实现通话。

1960年，承担着四川钢铁煤运等重点中心工作的重庆，长话业务急速增加，当年长话交换量达到329.5万张。为了适应业务发展需要，急需扩招长途电话科（简称"长话科"）话务人员。1962年，经过层层筛选和考核，汤玉珍被调入重庆市电信局长话科。

作为长话科话务员的汤玉珍与同事们被分成几个小组，每个人划分了不同区域，24小时轮流值班，负责全重庆市长途电话来话、去话、转话的接续工作。

"市民将电话打到话务台，我们根据对方需要，把指定的插头插向被叫方的圆孔里，双方才能通上话。"汤玉珍回忆。

长话科的工作并不轻松，汤玉珍每天上班耳机一戴就是几个小时，面对的是安装着电键和电路插孔的机台，必须做到"眼观六路、耳听八方"。汤玉珍说："耳朵要能听辨出电话接通的开始和结束话语；眼睛除了要看连接哪个插孔，还要看电话拨打进来的时间；右手拨号、左手按键，还要腾出时间来记录来电市民告知的信息，比如要拨去哪个地方、找谁……"

有时候电话太多，七八个电话同时打进来，前面已经将线路接到了指定位置，后面又要马上查出下一个电话要接往哪里。"如果业务不熟练，或是不专注，就容易出错。"汤玉珍说，机台有上百个插孔，有些精通业务的话务员能背百家姓、能记市里所有单位的电话，还能记熟这些插孔连接哪个地区。

渐渐地，随着全球经济一体化初期阶段的到来，个人和企业对于通信的需求不断增长，特别是对于能够实现远距离通信的国际电话业务需求量增多。与此同时，我国通信技术也在不断发

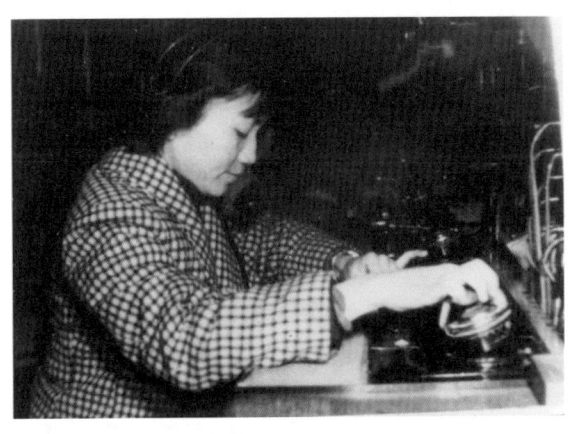

话务员的活儿并不轻松（中国电信重庆公司 供图）

"越洋电话"变"形"记

展，电话通信的效率和质量得到提高，为国际电话业务的开展提供了技术支持。

全国各地陆续增设国际电话业务。在发展浪潮中，1971年7月，重庆市电信局正式开办国际电话业务（通信事业）。

国际长途
从话务员转接到直通直达

重庆市电信局国际电话业务开办初期，并未开通国际长途直拨业务。这导致国际长途通话存在一定的局限性：一是耗时长，二是要到指定的地点接打才行。

"当时开通的是连接上海国际台和香港国际台的线路，两个线路台分别对应着能接通的国家。要转接几次才能接通。"电话线路会先转到汤玉珍所在的长话科，再由话务员按照需要转播到上海国际台或香港国际台，那边接到信息后，再一层层地转接到国外相应线路。手续繁琐，联系不到对方是常有的事，有时一个电话从拨到接，要持续一两天时间。

除了转接耗时长，国际长途电话也不是在哪都能接打。"市民想要拨打电话到国外，只能到市电信局营业厅，或是到重庆几家涉外宾馆。"汤玉珍说。

家住重庆市渝中区的50多岁市民黄佳新对此印象深刻："我那时还小，家里有非常要紧的事情，父亲需与远在国外的叔叔联系时，就会跑到营业厅，顺利的话半天时间就能回来，不顺利的话一两天才能联系上人。"

此外，电话费用也很昂贵。"打一个国际长途电话，没有几元钱是不行的，这在每月只有几十元工资的过去，可不算一件小事。"在汤玉珍印象中，一年接到打进打出

话务员正在转接长途电话业务（中国电信重庆公司 供图）

的国际长途电话少之又少。

直到1978年改革开放以后，国内国际经济往来愈加频繁，对长途电话业务的需求不断攀升，国际电话业务才有所好转。

1985年，重庆机务站、长途台移设大坪长途枢纽楼，一大批老旧设备得到更新，新添置了115席"JT02"型长途共电式电话交换机。"我们明显感觉到通话效果好了太多。"汤玉珍说。

4年后，让汤玉珍他们感到更为振奋的事情来了——重庆至美国、日本、中国香港3个方向的电路，正式开通国际直拨业务。这也意味着，接通这几个地方的国际长途电话线路再也不用转来转去，可直通直达，国际长途电话线路终于实现真正意义上的直拨。"这是个很好的开始！"汤玉珍还记得业务开通当天，同事们在机房里欢呼雀跃。

全球联通
从固定电话到智能手机

同样感到兴奋的，还有黄佳新他们一家。

20世纪90年代初，万千条电缆"飞"入寻常百姓家，固定电话开始慢慢普及。黄佳新家中迎来了第一部固定电话，"我现在都记得第一部座机是红色的，圆形按键盘，电话线可以牵很长。父亲还专门拿了一个笔记本，上面工整记满了亲朋好友的电话号码"。

1993年9月，重庆市电信局市话各程控局开放108国际电话受话人付费业务，即中国直拨国外话务员受付电话业务。同月，开放国外用户直拨中国话务员受付电话业务，并率先开通美国、日本的来话业务。

黄佳新与家人在家通过座机，就能向远在国外的亲戚拨打国际长途电话。"电话直通，中间也不需要转接，在家就能接拨国际长途电话。"至此，曾经繁忙的重庆市电信局长话科渐渐退出了历史舞台。

也是在同一年，渝达光缆建成投产，重庆长途电话开始步入光通信时代，传输速率不断跃升，形成以光缆传输网络为主，微波和卫星为辅的融语音、数据、图像为一体的公共信息网络。

1995年初，重庆公众模拟移动电话进入全国自动漫游，手机最初原型"大哥大"成为人们的新宠。

"'腰别大哥大，走遍天下都不怕'，谁家要是有个'大哥大'，那是相当洋气的一件事儿。"黄佳新购买的又重又厚的"大哥大"，现在还留存在家中的抽屉里舍不得扔，"虽然不能用来拨打国际长途电话，但这可是代表了一个时代的记忆"。

由于受当时网络基础设施和技术限制，"大哥大"无法直接接打国际电话，如需进行跨境通话，要在电信运营商等机构办理相关手续，支付一定费用来完成呼叫转接或者使用其他专门提供跨境通讯服务的方式。直到我国通信基础设施的不断完善、网络建设的加快推进，智能手机的兴起普及，国际长途电话才逐步实现走到哪拨到哪。

汤玉珍在这时也有了自己的专属手机："第一个手机显示屏虽小，但是用起来很方便，随时随地都可接打电话。"从按键手机到全屏手机，带照相功能、可双卡双待；从3G网络到5G网络，在线"冲浪"、视频通话，手机不断迭代更新，功能越来越强大。

"不得不让人感慨技术的日新月异。"黄佳新的手机早已换了好几个。

"现在方便太多了，随时随地能联系上远方的亲朋好友。"汤玉珍也学会了使用智能手机给在国外的亲戚发信息、打视频。

从前车马慢，疆域广，鸿雁传书时日久；当下光纤密，网络飞，一部手机通全球。全民共享信息通信技术发展成果，走天涯、遍海角，漂洋过海的距离分秒可"通"。

重庆有个"地下都江堰"

黄艳春

> 1972年,重庆市江北县水利局在海底沟设计施工了一座水坝,形成地下水库,配套工程到1975年完工,总投资达35万元。

讲述人

饶贵华,女,海底沟地下水库管理所职工。

重庆市北碚区有一座庞大的地下水库,水域面积比两个渝中区还大,有人把它叫作"地下都江堰"。水库不占一分土地,也不用搬迁移民,却灌溉了数万亩土地;库容量大,服务也久,却深埋地下难以探寻。而它50多年前只不过是个不起眼的山沟。

挖煤挖出水库

1966年8月27日凌晨,江北煤矿4号井口传来"轰"的一声巨响,将附近的居民从梦中惊醒。

人们赶紧出门往煤矿方向赶去,所见景象令其傻眼:巨大水柱将矿洞口生生填满,喷射而出数十米之远,水花翻起约有10米之高;巨石块在激流中打着转,有数吨重的机械、条石、铁轨被冲了出来,很快就不见了踪影;还有无数良田被水淹没。

江北煤矿位于四川省江津地区江北县龙王乡海底沟(今重庆市北碚区复兴街道歇马村),8月26日晚,工人们正按部就班开采煤矿,手持小型钻机在

依托海底沟水库为补水水源建成投用的北碚区江东水厂应急补水工程（向金城　摄）

岩石上钻探。在钻探过程中，一位工人忽然被钻出的一股泥浆糊了一脸，一声惊呼，把周围的人吓了一跳。

"里边有水，可能是个塘子。"为了将水放出，保障下一步掘进工作顺利实施，施工方集体开会讨论后，按照以往经验作出决定：在1050米的巷道内设置4道石头防水墙，对前方岩壁实施炸药引爆，撤离全部开采人员。

于是，一声惊天巨响，洪水猛兽苏醒过来，撞塌防水墙，掀翻矿车，裹挟着滔天浊浪冲出矿洞，咆哮数月不止……

"那次水势实在太大，变成了一场事故。"饶贵华说。她是海底沟地下水库管理所的职工，其父亲是水库管理所的老职工，曾修过灌溉水渠，后来负责看护水库。她向记者转述了父亲当时的所见所闻："水流猛得很，一连泄了好几天不见少，煤矿赶忙向上级汇报，之后就来了一批专家。"

南江水文地质工程地质队和208水文地质工程地质队专家经勘查后惊讶地发现，爆破出来的洞穴储水量出奇的大，地下水流了两个多月，水位仍不见降低，而且穿水事件发生当天喷涌出的水量足有216万立方米。

海底沟地区以喀斯特地貌为主，缺水是个长期的问题。当时的江北县复兴区龙王乡党委提出，能不能把这个地下洞穴建成水库，用以解决农田灌溉问题？地质队专家得出结论：这个溶洞位于嘉陵江水系黑水滩河中游东侧，华蓥山东山山脉的腹部，地下水源含水层面积为62.4平方公里，年平均补水量为441.5万立方米，可以利用地形条件，在矿井里堵炮眼安闸阀，建一座地下水库，总库容能达到1340万立方米。

随后，四川省财政、水利、煤炭三部门会商，补偿煤炭部门因打洞、冲走物资和放弃在该处开采造成的损失，将矿井移交水利部门。1972年，江北县水利局在海底沟设计施工了一座水坝，形成地下水库，配套修建了密如蛛网的主渠和支渠与地下水库相连，配套工程到1975年完工，滋润着周遭乡镇2万余亩农田。

深处令人着迷

"海底沟地下水库和海底沟隧道，对很多重庆本地人来说也很神秘。"饶贵华说着，带领记者体验起她的例行巡查工作。隧道口位于海拔364米的地方，进入隧道口的铁栅栏门后，只听得轰隆作响的流水声，水库的泄洪口就在深处。

"隧道内大部分区域都是恒温18℃。"饶贵华说，"阀门升降、流速、流量可以在洞外面的控制室里实施远程监控，但泄洪智能阀等设备在隧道最里边，是后来安装的，位于水库水下的中间位置，每次进去都得挨个检查。仪器设备后面是混凝土墙体，有12米厚，头顶上就蓄着水，有70多米深。"

专家勘查地下洞穴一事，在往后多年里吸引着人们，让人不禁想涉足其中，一探究竟。饶贵华的父亲告诉她，当年地质队专家勘查之后，先后有3批人员访问水库，进入海底沟的出水口。此处也叫龙王洞，位于人工开口数百米外的华蓥山东山山脉大断层处。

1968年左右，江合煤矿子弟学校一位女教师的丈夫在水库尚未建成时，就曾手持火把、手电筒前去探秘，他是当时贵州省地质学校的教授，最后赶在光源耗尽前返回洞口，在里面待了快一

海底沟地下水库大门（杨可 摄）

重庆有个"地下都江堰" 127

整天。

20世纪80年代，水库建成后，有检修人员维护泄洪管道，通过400毫米管径的水管，拉着绳子进去了几十米，结果怕出意外，未见水库真容便返回了。

2001年，地下水库更换闸阀，泄洪导致水位降低。一家打算做旅游开发生意的公司知情后，与管理所商议签订免责协议，在专业人士的指导下，包括公司总经理在内的12人由管道进过深处。饶贵华听向导说，里边弯弯绕绕，能遇见大群的蝙蝠，往地心深处多走一会儿还能看见钟乳石和沙滩，令人浮想联翩。

至今仍滋养万亩良田

据资料记载，受当时各种条件限制，海底沟地下水库水坝建设施工时没有做固结灌浆，也未使用抗腐蚀水泥，因此堵塞体背水面一直有轻微渗水的情况，而且岩壁也有裂隙。再加上江北煤矿逐步开采，水坝附近已经出现大量采空区，巷道出现变形、垮塌、掉渣情形。

2008年汶川地震后，水库经水利部大坝安全管理中心评定为不安全三类坝，必须除险整治加固；2009年腾空库容时，放水放了足有100天；同年7月20日，地下水库除险加固工程正式启动，北碚区水利局多次邀请专家论证方案，最终敲定实施方案，具体整治措施包括回填采空区，拆除、衬砌堵体损坏严重部分，加固原有坝体、增加坝体厚度，改造防水通风照明设施，更换闸阀管道等。新设施都使用抗腐蚀性材料，工程总投资近1400万元，工期近一年。

2010年，国土资源部批准了全国第二批国家矿山公园的资格，重庆江合煤矿国家矿山公园名列其中。江合煤矿就是解放后更名的江北煤矿，也是四川最早的中外合资企业之一。海底沟地下水库是其三个核心功能区（窄轨功能区、采矿遗址和陈列区、水功能区）之一。然而可惜的是，由于没有实施单位，这个矿山公园迄今未见动工。

"城市在变大，农田在缩小。"饶贵华说，"现在海底沟地下水库的农田灌溉面积只剩1万余亩了，其中复兴街道不到2000亩。"2021年7月下旬以来，北碚区连续出现最高超过37℃的高温天气，海底沟水库附近的三圣镇亮石村的农田因连日高温出现缺水开裂。为缓解旱情，防止农作物因持续干旱而大量减产，海底沟水库管理所积极组织工作人员和当地村民清理周边灌溉渠道，及时放水，为农田"解渴"，确保农民收成。该次开闸放水持续72小时，放水量达10万立方米，惠及400余家农户，灌溉农田800余亩。

如今，"地下都江堰"依然神秘，了解它的重庆人仍然不多，不过，当地人时不时会呼朋唤友前来探访。人流量多了，商机也就来了，水库外面现在修了农家乐，三文鱼、雅鱼等是其特色菜。"有了农家乐以后，山沟里慢慢有了人气，也带来了山外的见闻，我和同事们天天陪着水库的日子变得鲜活起来。"饶贵华说。

海底沟地下水库附近的三文鱼养殖基地（北碚发布　供图）

把重庆火锅做到"天下第一"

李微希　周芷琦

> 1973年，"重庆第一大锅"创始人李德建，被推荐上了西南师范学院地理系，德庄火锅能走向全国，跟李德建学地理、教地理不无关系，各地的风土人情都已经储存在他脑子里，让他推动重庆火锅走向五湖四海得心应手。

讲述人

李德建，男，德庄火锅创始人，重庆德庄实业（集团）有限公司董事长，重庆火锅协会名誉会长。

2023年10月29日，第十五届中国（重庆）火锅美食节上，56位来自五湖四海的朋友，围坐在这口直径10米，高度1.06米的"天下第一大锅"边，涮毛肚，烫鸭肠，大快朵颐。

"能在'天下第一大锅'旁吃火锅，太巴适了！"外地游客周洁被眼前这口"天下第一大锅"所震撼，赞叹不已。

这个引得众人惊叹连连的"天下第一大锅"不仅是重庆火锅的象征，也是重庆联通世界的桥梁。2015年，这口大锅的微缩版在意大利米兰世界博览会上展出。2019年，这口大锅代表重庆火锅参加第二届中国国际进口博览会，向全世界展示重庆火锅文化。

"天下第一大锅"从名满山城，到走出国门，这口大锅的传奇故事离不开将"麻辣"人生进行到底的德庄火锅创始人李德建。

开启"滚烫人生"

1973年，20岁的重庆青年李德建被推荐上了西南师范学院地理系。1977年大学毕业后，李德建先后在四川省安岳县，重庆34中、35中担任地理教师，一教就是16年。

1992年邓小平南方谈话后，学校的墙上挂上了和人一样高的大幅标语"胆子更大一点，步子更快一点"。李德建骨子里敢闯的劲儿上来了。他激情澎湃，想走出校园，干一番自己的事业。

带着浓烈的创业豪情，李德建放弃了在别人眼中稳定的"铁饭碗"，一手创办起德建机械厂，卖建筑用的射钉枪。就在李德建的公司发展得如火如荼的时候，危机也渐渐显露，德建机械厂因不断扩大生产规模，受"三角债"的拖累，资金链出现严重问题，陷入困境之中。

对于李德建来说，这是他经商以来遇到的最大难关，前面的岔路摆在眼前——退一步及时放手，留些家财；进一步面对困难，转换赛道。不愿放弃跟随多年员工的李建德，毫不犹豫地承担起责任。

"做生意的时候，外地来考察的客户就多。来了就得请吃饭，他们吃饭就想打卡重庆火锅。客请多了，倒不如自己开一家火锅店，说不定还有翻盘的可能。"李建德萌发了开火锅店的念头。1995年12月底，李德建借着朋友的招牌跨界开起了火锅店。

德庄火锅诞生

那个年代，也是重庆火锅行业迅猛发展的时代，想要一战成名，不仅要闯进去，更要有自己的特色。

最开始，李德建的火锅店并没有什么特色，生意平平。但李德建不甘于平庸，他希望能找到一个成本不高，但与竞争对手拉开差距的办法。经过一番思索后，他选择了装修。

重庆火锅历史悠久，火锅店早就遍布大街小巷。但当时的火锅店还属于街头饮食，普遍是"苍蝇馆子"的样子。李德建认为，如果从装修上下功夫，把现代简约风带入火锅店的装修，至少可以在包装上领先同行一截。

李德建的装修战略果然收到了成效，重庆的年轻人以及外地人迅速被李德建火锅店的新颖装修所吸引。自此之后，李德建就将时尚、新潮定为自己火锅店的主基调，力求在服务和外观上与年轻人靠拢，正是这一举措，为后来他的火锅店走向全国，打下坚实的基础。1999年，靠着打时尚牌，李德建的火锅店已经摆脱曾经的路边摊印象，成为重庆最早的高端火锅品牌之一。这一年，他创立了自己的品牌——德庄火锅。

关于德庄这个名字，当时李德建在取名之初考虑很多。"德"取自李德建家族的字辈，也包含着以德治企，即"以德待客，以德经商，以德兴庄"的意味；而"庄"字，通俗来讲就是饭庄，吃饭的地方。李德建说："重庆依山傍水，景美人美，也是一座充满人文魅力的城市，作为名片之一的重庆火锅，也应该有一个儒雅的名字。"

当时的李德建并不知道，从那以后，火锅在他生命中的影响和意义会如此之大。

拿下"天下第一"

2000年，重庆举办了一场影响重大的活动。组委会在重庆市沙坪坝公园向大家展示了一口大锅。活动现场，这口直径10米，高度1.06米，净重13吨的大锅，获得吉尼斯世界纪录"天下第一大锅"的美誉，各大新闻媒体纷纷报道其盛况。

活动结束后的一天，正在看新闻的李德建看到了"天下第一大锅"即将出售的信息。这让李德建坐不住了，"这不就是我一直寻找来提高德庄知名度的东西吗？"

看完新闻的第二天，李德建就迫不及待地来到"天下第一大锅"的放置地——重庆市沙坪坝公园。找到组委会，李德建态度坚决地表示想买下这口大锅。这让组委会的负责人非常惊讶，因为他们发布了许久的广告，重庆本地火锅企业反响并不热烈，反而是武汉、郑州、成都等外地企业纷纷前来洽谈。

负责人给出一个报价后，李德建欣然同意，但组委会并未马上与他签约，而是让他回家等消息。这一举动让李德建惴惴不安，他隐隐觉得"天下第一大锅"有被外地商家买走的可能。这可不行！在李德建看来，"天下第一大锅"是重庆火锅的象征，必须把它留在重庆。带着这股拼劲，李德建天天往组委会跑，希望他们能把"天下第一大锅"卖给他，但对方一直态度不明。后来，李德建在偶然中听说，其实负责人早就想把"天下第一大锅"卖给武汉的一家策划公司，因为他们的报价实在太有吸引力了。

知道问题所在后，李德建当即奔到组委会负责人面前，据理力争："重庆火锅源于重庆嘉陵江畔，已有百余年历史，积淀了厚重的巴渝文化，火锅之根、火锅之源、火锅之魂都在重庆，重庆火锅是山城重庆的一张名副其实的名片，'天下第一大锅'是属于重庆的，这个锅如果真到武汉去了，重庆火锅的象征物就丢掉了！"在一番真诚恳谈后，组委会负责人被他对重庆火锅的热爱与坚定打动，第二天一早就告知李德建，决定把"天下第一大锅"卖给他。

李德建说："'天下第一大锅'不仅是重庆一道美丽的风景，营造了一种令人惊奇的旅游观赏价值，还是火锅文化、山城精神的象征符号。"

一夜之间，名不见经传的德庄火锅一鸣惊人，巧借"天下第一大锅"的"王冠"，成了重庆火锅中的响亮名牌。利用"天下第一大锅"的知名度，德庄打造了天下第一大火锅城的文化旅游景点，既为德庄火锅打造世界品牌造势，又为重庆的旅游资源开掘新的黄金矿脉。

"天下第一大锅"（重庆德庄火锅　供图）

守护一方滋味

重庆人喜欢创新，在李德建看来，这是重庆火锅得以扬名天下的原因，也是他刻进骨子里的基因。

毛肚在重庆火锅里的地位，几乎等同于北京涮锅里的羊肉，是吃货必点的肉食。当时重庆火锅有一个普遍的问题，那就是牛肚的保存问题。新鲜的牛肚很不耐放，放进冰箱又会影响口感，因此一些商家会使用防腐剂来使牛肚保持脆爽。但这无疑是对消费者的不负责，李德建决心解决这一难题。

随即，李德建找到西南农业大学（今西南大学）教授李洪军，向他讲了自己的想法——他希望能找到让毛肚变得健康、卫生的方法，确保食品安全，打造让食客放心、菜品标准化的样本。李洪军被李德建对食品安全的重视所打动，当即拍板一起合作研发牛肚保鲜技术。

几个月后，"重庆火锅毛肚酶法安全嫩化技术"出炉，采用高分子生物酶嫩化技术的"德庄毛肚"成功推出。之后，这项技术迭代了三四个版本，衍生出目前市面最受追捧的木瓜毛肚加工技术、冰鲜毛肚技术。

随后，李德建一鼓作气，带领公司研发部门继续从菜品上创新来提高德庄火锅的竞争力，开发自主知识产权的特色产品，推动重庆火锅行业食品安全进一步向前。

推动标准化火锅

重庆火锅要做大做强，就不能满足现状、原地踏步。要高质量发展，就需标准化操作。2001年，敢闯敢干的李德建又作了一个让同行瞠目结舌的决定：德庄火锅要搞ISO9001国际质量认证。

这一决定，来自一个朋友向李德建的反馈：德庄火锅分店的味道各不相同。李德建感到奇怪，明明是按相同配方炒的料，怎么会不一样呢？于是，李德建去各分店蹲点，在仔细尝过各家分店的味道之后，他发现一个严重的问题：不仅每家店味道不一样，就连同一个店在不同时期，味道也不一样。究竟是什么原因呢？李德建仔细观察，发现炒料师傅的个人状态，放作料的多与少，炒制时间的长与短……这些都会让味道变得不同，导致火锅口味不稳定。

经过多番考察和思索，李德建决定："只有把炒料全部标准化，并由一个师傅炒料，将成品料发给分店，才能保持全国德庄火锅口味都一样。"这个灵感推动了德庄标准化车轮的启动。同时，李德建从女儿那里了解到麦当劳中央配送制度，让李德建心生感慨：所有这一切，都是通过严格的标准化来实现的。他立即对集团旗下工厂进行改革，一连串的管理、工序、数据、岗位等均制定标准化的模式。为了进一步推动底料标准化，李德建将数千平方米的厂房全部用于德庄火锅的集中炒料，然后向各连锁店集中配送。这也是重庆火锅行业中第一个大规模的底料加工厂。

李德建推介大火锅庄园（新华网　供图）

改革的努力并没有白费，在得到重庆餐饮界第一个ISO9001认证后，李德建又不断推动德庄火锅底料生产水平不断提高。2009年，德庄火锅建成第一条万吨自动化生产线，2021年建成第一条数字化生产线，这也推动了重庆火锅行业标准化前进，加速了重庆火锅进入科学量化的数据时代。

重庆火锅是火辣辣的，重庆人是热情奔放的。2024年7月，南岸区首家非国有博物馆——德庄火锅博物馆正式揭牌。重庆火锅，正从现代工业产业转换为文化展示和传承的平台。作为德庄火锅博物馆馆长，李德建，这位儒雅、谦逊的火锅大王，带着传递火锅文化的使命，继续书写着他的"麻辣"人生。

环保局"开张"以后

周小凤　冯茵花

> 1974年11月21日，重庆市环境保护局成立，重庆生态环境保护工作进入新阶段。

讲述人

周百兴，男，重庆市原环境保护局副局长、巡视员。

"当前，环境保护事业迎来好时期，重庆的生态环境保护事业被提到前所未有的高度。"这是第一代环保人，年逾80岁的周百兴提起重庆生态环保事业时发出的感叹。

为了一江碧水向东流，从原重庆市环境保护局到如今的重庆市生态环境局，从1974年到今天，50年过去，重庆的环保事业走过哪些历程、取得了哪些成效、群众有哪些获得感？周百兴用他的经历和记忆，讲述了他眼中重庆环保的变迁。

筹建伊始　借来一个房间、抽调两名干部

1974年11月，从文化宫照相馆楼上借来一个房间，从重庆市科学技术委员会（今重庆市科学技术局，以下简称"市科委"）抽调两名干部开始筹建环保局。在这样的背景下，重庆市环境保护局成立了。

1975年初，34岁的周百兴主动申请从市科委到环保局工作，成为重庆第一代环保人。周百兴回忆说："之前我在科委工作，来到新成立的环保局当然

想要干一番事业。"但要想在环保工作中干出一番成绩，这在当时来说并不是一件容易的事。"一开始，老百姓对环境保护没有概念，这个机构到底是干什么的，他们并不清楚，甚至以为环保就是环卫，就是打扫卫生。"周百兴说。

事实上，"环境问题是什么"也是周百兴等第一代重庆环保人面临的共同问题。

"环境问题是什么都还不清楚，大气、水环境质量现状如何？主要污染源是什么？"周百兴介绍，当时的排查手段非常原始，设施设备也相对简陋。探查污水排放，就沿着河岸走，顺着排污口找污染源；调查大气污染源，就攀到高处观察哪里有烟囱冒烟，再循着烟囱找烟囱的主人。"当时，主城最严重的两个环境问题就是大气和水均受到污染，其中位于江北的重庆水泥厂是主城区主要的大气污染源，粉尘顺着风从江北飘到渝中，屋顶上都是一片灰白。"周百兴回忆，而水环境最突出的问题就是位于猫儿石的重庆造纸厂的工业废水，导致嘉陵江江面长期漂着泡沫。

环境质量的"好与坏"不能仅凭肉眼"所见"，还要去探究被污染水体、气体里到底有什么污染物，是否超标、超标了多少。如何科学判断环境质量的"好与坏"，成为周百兴和同事们面临的又一个难题。

走上正轨　发布第一份环境质量报告书

1976年，作为环境保护"耳目"的重庆市环境监测站应运而生。监测站负责对嘉陵江、长江在枯、平、丰三个水期的水质和空气环境质量进行监测，并对数据整理分析，对环境状况进行评价，提出相应的对策建议。

周百兴介绍："重庆过境水资源丰富，如何做到有效监测，这给当时尚处于起步阶段的监测站带来了难度不小的挑战。局里配备了一条载有检测

周百兴拿着1974年至2004年《重庆环保30年》画册介绍环保所取得成绩（重庆晨报　供图）

水质酸碱度的 ph 值仪器、检测重金属的原子吸收光谱以及有机物分析仪器等的监测船，可以做一些简单的实验，复杂的还是需要取样回实验室进行分析。"

大气环境监测方面，按照监测频率规定需做二氧化硫、氮氧化物等项目监测，整理数据，对当前环境状况作出评价，提出存在的问题以及解决问题的对策建议，制作环境质量报告书提交政府。

"1981年，我们向政府提交了第一份环境质量报告书。"周百兴说。这份报告获得全市科技成果二等奖，标志着重庆市环境监测站真正走上正轨。

重拳整治　倾力守护一江碧水

重庆是一个老工业城市，在生产过程中要消耗以燃煤为主的大量能源。再加之重庆丘陵山地为主的地形以及不利于污染物扩散的气象条件，很长时间里酸雨污染严重。

"20世纪七八十年代，重庆主城区家家户户用的都是含硫量高的蜂窝煤，一到饭点，城区就弥漫着呛人的烟味。"周百兴说，针对酸雨问题，环保局当时花了大力气，局里通过组织科研课题进行研究，发现需要在能源结构上下功夫。

20世纪80年代末，重庆开展了烟尘控制区、基本无煤街道建设；1991年，华能珞璜电厂引进国外大型烟气脱硫技术，随后又成功对重庆发电厂进行烟气脱硫技术改造，就这样，城市人居环境得到有效改善。

除了煤烟污染，还有对重庆水泥厂和重庆造纸厂为代表的一批污染企业的治理。

在周百兴的记忆里，原重庆水泥厂终日浓烟滚滚，产生的粉尘污染乘风过江，所到之处民房似白雪覆顶；江水也不再碧绿，满江泡沫，发出阵阵恶臭，从江边走过时，人人都要捂住口鼻——

整治刻不容缓！治理重庆水泥厂等为代表的工业粉尘污染成为当时的环保工作重点之一。20世纪80年代末，重庆水泥厂完成整改；20世纪90年代末，该厂迁出主城。此外，重庆市环保局还联合相关部门对造纸企业先后采取关停和治理措施，沿江的水质和景观得以修复，嘉陵江城区段重现了昔日美景。

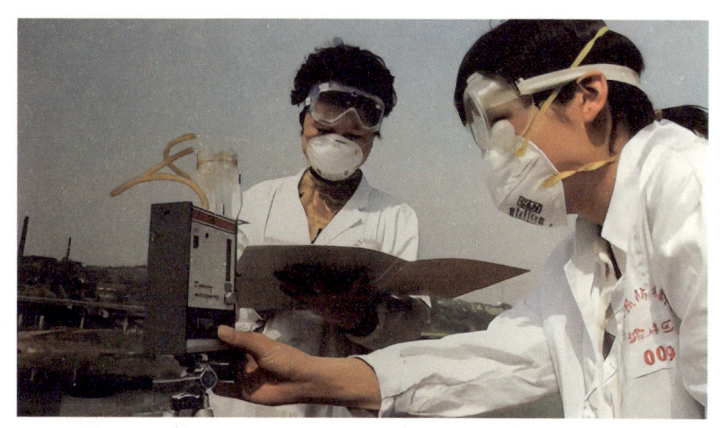

《重庆环保30年》画册中记录的环保工作老照片（重庆晨报 供图）

渐入佳境 让"重庆蓝"成为常态

重庆的环保事业渐入佳境，重庆的生态环境持续向好。

2014年10月，重庆九龙火力发电厂正式关停，每年可减少二氧化硫排放约5000吨、氮氧化物排放约6000吨、烟尘排放约600吨。"我还记得，就在九龙火力发电厂关停后不到一年的2015年7月，一张照片在朋友圈中疯传：那是一张蓝天白云下的渝中半岛，画面中的天蓝得炫目，画面中的云白得纯洁，蓝天白云下的渝中半岛仿佛就在画中。市民亲切地称这蓝天为'重庆蓝'！"周百兴说。

这一年，重庆主城区空气质量优良天数达292天，同比增加46天。主城区PM2.5浓度为57微克/立方米，比2013年下降18.6%。

到了2016年七八月份，各式各样的"重庆蓝"照片已刷遍无数重庆人的朋友圈。而现在，"重庆蓝"已从稀有变成常态。

2018年10月，按照《重庆市机构改革方案》，重庆市生态环境局成立。周百兴说："重庆的生态环境保护事业被提到了前所未有的高度。"

"生态环境保护，是一项永无止境的事业。"2001年，周百兴退休，但环保事业没有停下——从2001年到2010年，周百兴作为市专家库的专家，继续发挥着余热。

1959年，因为偶然看到著名画家董希文的插画《嘉陵江上》，18岁的周

重庆城市风光（王全超　摄）

百兴对画上那湾碧绿的嘉陵江水产生了向往。65年过去，周百兴感叹，献身祖国环保事业、立志做一名环保人，护卫祖国蓝天碧水、秀美山川，这正是他踏进环境保护大门的初心，他很高兴看到秉持着这样初心的环保人越来越多。

"超越"解放碑

周神青　袁　玲

> 1975年3月17日，一幢崭新的四楼一底的营业大楼，矗立于解放碑旁，由三八商店升级而来的重庆百货商店开业，解放碑街区的历史从这一刻翻开了新的篇章。《重庆日报》对此专门作了报道，称"这是山城400万人民的一大喜事"。

讲述人
刘嗣民，男，重庆百货大楼股份有限公司原办公室主任，三八商店改建开业及发展的经历者、见证者。

在每个重庆人心中，解放碑不仅是重庆的地标，更是重庆人的精神象征。

曾经，在一段时期内，重庆有一条不成文的规则——解放碑周边的建筑物高度，都不能超过它。后来，是谁打破了这个先例？是三八商店——也就是如今矗立在解放碑旁边的重庆百货大楼的前身。

前身

时间回到100多年前的1920年。重庆百货的传奇正始于这一年。那时，在长江边上的四川宜宾，5个青年挂起"宝元通"的牌匾，开始经营民生民用产品。后来，随着规模的扩大，宝元通逐渐在成都、泸州等地设立分公司。

20世纪30年代，宝元通将总公司从宜宾迁到重庆，并不断发展壮大，成为抗日战争时期中国民族工商业的佼佼者。重庆解放以后，宝元通成为重庆第一家公私合营的企业，即重庆百货公司的前身。作为重庆最早的国营百货商场，从20世纪50年代开始，重庆百货公司就牢牢引领着重庆人的时尚消费潮流。在很长一段时间内，重庆人说"进城"，不仅仅是指到解放碑区域，也是指到解放碑去逛重庆百货公司。

1958年，全国大办工业。重庆百货公司抽调男职工支援工业生产，全店实行"女子化"，后来更是更名为"重庆三八百货中心商店"。时至今日，"三八商店"仍是许多重庆市民心中一份厚重的记忆。"在买商品需要凭票供应的时代，三八商店的品种最丰富，质量最优质。"重庆百货大楼股份有限公司原办公室主任刘嗣民回忆。

三八商店虽然在此前几十年间生意一直红火，但从1938年2月起，日军对重庆持续轰炸，商店只能搬进临时用房并一直使用。在经营30多年后，临时用房已成危楼，必须拆除重建。"商店木结构多，好多地方都腐烂了！再不改造，肯定要出事。"刘嗣民回忆说。从1972年9月起，三八商店的负责人和主管部门重庆市第一商业局就给上级报了对商店进行彻底改建的紧急请示，"一旦出事，后果不堪设想"。但请示报上去11个月市里始终不批。"难度太大了。三八商店因地处解放碑，必须得市领导亲自批，才能动。"刘嗣民说。

为什么？因为新建商场超高了。

解放碑最初的名字叫"抗战胜利纪功碑"，于1947年10月10日竣工落成，为纪念抗日战争胜利而建。重庆解放后，更名为"人民解放纪念碑"。"解放碑是纪念全中国人民解放的纪念碑。"重庆红岩革命历史博物馆、西南大学国家革命文物协同研究中心首席专家周勇表示，"解放碑无论是对重庆还是全国来说，都具有特殊的意义。""当时市里有一条不成文的规定，即凡是解放碑周边的新建楼宇，高度不能超过它。此前解放碑附近的群林市场、市美术公司等改造，都不敢超过碑高。"刘嗣民回忆。

因此，解放碑27.5米的碑高，就成了一条"红线"。

三八商店的地基红线约2000平方米，想要扩大营业面积唯一的办法只能向上要空间，因而改造方案超过了解放碑的碑高。这也导致对商店进行彻底改建的紧急请示迟迟批不下来。

重建

1973年夏天，太阳炽烈。8月初的一个下午，三八商店的负责人通过提

20世纪70年代中期改造后的重庆百货商店，成为重庆人一个时代的记忆（重庆百货大楼股份有限公司 供图）

前联系，走进时任市委副书记钱敏的办公室。那天，钱敏审看完改建图纸后，笑着轻轻地问："是不是超高了呀？""也就超了那么一点点，商店毕竟要发展。"三八商店的负责人硬着头皮接了一句话。他知道那条不成文的规矩，但仍想试一试。

屋内沉静了一会儿，钱敏最终拿起笔，签了字。拿到批复后，三八商店随即开始改造工作。当年8月，商店整体拆除；1974年12月，新大楼主体完工，高5层，超过解放碑10余米，建筑面积达7800平方米，总投资144万元，成为当时西南地区最大的百货商场。

1975年3月17日，三八商店更名为"重庆百货商店"并正式开业。新商店的开张轰动一时，《重庆日报》对此专门作了报道，称"这是山城400万人民的一大喜事"。重建后的重庆百货商店，正式跨入发展的快车道。1978年12月，随着十一届三中全会召开，改革的春雷响彻神州大地。乘着改革的春风，重庆百货商店敢为人先，在改革开放的第一年，在全国商业系统率先启动扩大自主权试点。

70多岁的唐家麟是重庆百货商店退休职工，回忆起改革前后的工作状态，他印象深刻。改革之初，商店货品摆放在柜台内，营业员坐在柜圈里的长条凳上售货。那个年代物资紧缺，不愁卖，所以对服务质量要求不高。当时，改革试点包括扩大进货权、实行按劳分配等多个方面，并开始从政府附属机构向市场主体转变。而最重要的是当时的商店领导班子敏锐地意识到服务的重要性，并开始积极行动。不久，唐家麟第一次有了奖金和罚款概念——干得好，每月能多发几块钱；干得差被投诉，每月就可能被罚几块

改造后的重庆百货商店是山城市民购物的首选之地（重庆百货大楼股份有限公司　供图）

商场柜员响应站起来服务的号召，微笑面对顾客，受到市民的欢迎（重庆百货大楼股份有限公司　供图）

钱。"当时商场柜台的营业员迅速响应改革开放号召，开始站起来售货，都是微笑着面对顾客。"刘嗣民回忆。这一细小变化，迅速引起重庆市民的热捧。家住七星岗的刘文新老人回忆，当时他还觉得很稀罕，比起另外几家商场，重庆百货商店的营业员脸上笑容多了，拿货换货不厌其烦。因此，他逐渐形成习惯，买东西先去重庆百货，没有的话再去其他商场。

初步尝到改革甜头后，重庆百货商店加快步伐。

蝶变

1992年春天，中国大地上掀起新一轮改革浪潮。同年10月，党的十四大

明确提出经济体制改革的目标是建立社会主义市场经济体制。开阔眼界，抓住机遇。重庆百货商店，搭上新一轮改革开放的高速列车。

1993年3月18日，经重庆市批准，重庆百货商店独家发起向社会募资，正式成立重庆百货大楼股份有限公司。

重庆百货商店运用利润留存，为大楼安装了电梯（重庆百货大楼股份有限公司 供图）

"股份制改革，是重庆百货商店体制改革的巨大进步，标志着公司建立起了现代企业制度，踏上与市场接轨的发展新征程。"重庆百货大楼股份有限公司总经理何谦此前接受媒体采访时表示。股份制改革，使得重庆百货广大干部职工思想逐步解放、观念逐步转变，工作激情高涨，"拼命三郎"层出不穷，公司经营活力显著增强、经济效益快速增长。

刘嗣民记得，股份制改革后，大家上班全身心投入，下了班还舍不得回家，聚在大楼顶楼食堂，听企业管理专家和岗位能手讲课，学习现代企业制度和如何提高服务水平。

刘文新老人对这一阶段的重庆百货同样记忆犹新。"当时我去商场买了一台洗衣机，搬回家使用时闻到一股烧焦味，立即与商场联系。没想到商场马上答应更换，并很快将另一台洗衣机送来了。"刘文新说。此后，重庆百货步入飞速发展轨道。1994年12月，重庆百货走出解放碑，在北碚区开设商场；随后，江北商场、杨家坪商厦、南坪商场、沙坪坝商场相继开业；1996年7月2日，重庆百货在上交所鸣锣上市……2023年，重庆百货大楼股份有限公司实现未税销售收入272.11亿元，成为拥有重庆百货、新世纪百货、商社电器、商社汽贸等驰名商标和知名品牌的综合性公司。

"过去100多年里，重庆百货始终勇立时代潮头、敢于改革创新，这是重庆百货成功的关键所在。新时代，我们将为广大消费者提供更好的服务，让重庆百货这个百年老店企业焕发更加辉煌的青春、展现更加美好的画卷！"重庆百货大楼股份有限公司主要负责人表示。

传承中医济苍生

李春莉　陈英

> 1976年2月，原卫生部（今国家卫生健康委员会）召开全国中西医结合工作汇报会，中西医结合工作在20世纪70年代跑出了"加速度"。

讲述人

王辉武，男，重庆医科大学附属第二医院教授、主任医师、博士生导师，首届全国名中医，全国第三、四、五、六、七批中医药专家学术经验继承工作指导教师，全国名老中医传承工作室指导老师。

"禁忌是经验的总结，教训的结晶，文明的智慧。医学上从'禁忌'入手，可以减少许多医疗失误""没有禁忌的医疗行为都是危险的"……

2024年7月18日，重庆医科大学附属第二医院教授王辉武认认真真、一笔一画地在他编辑出版的《中医禁忌学》上写完赠言后，便打开了话匣子。

简单的几句开场白，既是王辉武深耕中医领域几十年的经验总结，也浓缩了这位首届全国名中医的情怀与担当。

勤学苦练成良医

王辉武出生于四川省资阳市，他幼年丧母、体弱多病，高中还未毕业，就遇上三年困难时期，粮食短缺，学校停办，不满17岁的王辉武只好辍学回家当农民，繁重的体力劳动让他苦不堪言。

体弱多病的王辉武偶尔会到公社医院去看病，医生在他心中成为一个神秘崇高的职业。那时，他就隐隐约约感觉到，学医也许是一条可供自己选择的道路。

1964年，王辉武顺利考上成都中医学院（今成都中医药大学）医疗系，他十分珍惜来之不易的读书机会，开始广览医书，第一学年的内经、诊断与中药三门考试课都得"优"。

回想当年的选择，王辉武一脸幸福地说道："饥饿方知饭香，偷读一目十行。我为自己的正确选择感到庆幸，我很幸运学了中医，并凭借一技之长既满足了我的生活需求，也帮助别人解除痛苦。"

1971年8月，王辉武大学毕业，就职于重庆医学院（今重庆医科大学）附属第二医院，实现了他的医生梦。对他而言，青年时期选择中医，也许只是当时困境中养家糊口的一种需要。而如今，这种需要早已融入他的血脉，成为他一生追索和守望的精神家园——不为良相便为良医。

良医从善，善于继承，更善于创新。参加工作伊始，王辉武便大胆创新，努力求索。通过临床实践与理论思考，他提出"湿为病毒说""郁乃心病""久病皆郁"等学术观点，为疑难病症的诊治提供了新的思路和方法，经同行反复验证，获得了广泛认可。

王辉武尤其擅长治疑难杂症，对功能性便秘、顽固性失眠、慢性咽炎等有专题研究，对疗效孜孜以求、精益求精、尊崇经方，善用时方但不囿于成方，能够别出心裁创制新方，创新出"化湿汤""头风汤""开胃饮""鹿衔止咳饮""运脾通润汤""清润通冲剂"等系列制剂，并创建了失眠特色专科，完善了睡眠障碍的中医方案。

1992年3月，王辉武晋升为副教授，1997年12月晋升为教授、主任医师，2000年3月被评为重庆市名中医，2017年获评首届全国名中医，历任中华中医药学会科普分会主任委员，重庆市中医药学会副会长兼秘书长。

自2003年以来，王辉武先后担任全国第三、四、五、六、七批中医药专家学术经验继承工作指导教师，建立了全国名老中医传承工作室，长期参与重庆医科大学不同层次

王辉武获得首届全国名中医称号
（重庆医科大学附属第二医院　供图）

学生的《中医学》教学，指导包括"中医传承博士后""全国优才"在内的高级中医药临床人才30余人，为各个医院培养了数十名中医骨干人才。

一枝一叶总关情

在临床工作中，王辉武视患者为师友，为方便患者就诊，他坚持每周至少上7个半天的门诊，对外地患者通常会额外加号。他经常深入基层进行义诊或技术指导，开展学术讲座，获得患者及同行的广泛赞誉。不少患者和他结成朋友，甚至有患者还变成了他的学生。

刘荣满是位来自大别山的女孩，2005年大学毕业后，原本学习中医的她，因为家庭困难，改行到一家外资企业工作。不料，2013年春天的一场病彻底改变了她的人生轨迹。因为工作压力大、作息不规律，刘荣满突然病倒，疾病缠身的日子里，她常常感到孤独无助、心力交瘁。后来，她找到王辉武看病，治疗效果很好。

2013年5月，刘荣满选择辞职，回归中医行业，并成为王辉武的学生。因为王辉武，她再次改变了自己的人生轨迹。

"做医生要以诚为本，把真情留给患者。患者始终是我们最好的老师，我们用药效果好不好，用多大的剂量等，都是从患者身上逐步得到经验。通过积累，我们才从以前的小医生，成为现在的老中医。"王辉武强调，"我们要关注患者、尊重患者、欣赏患者，如果没有这种职业态度，就不可能达到精湛的医术，也难成大医。"

中医禁忌填空白

随着生活水平的不断提高，人们对健康的追求越来越高，社会上掀起了一股保健热潮，滥用中药进补的现象十分普遍。王辉武认为，求健康，着急不得，"医疗保健"必须重视禁忌与不宜。

中医是一门技艺，更是一门学问。王辉武提倡治病和保健要顺势而为。中医之道在于"变"，临床用药的量化、规范，是提高疗效、保障安全的首要问题。药有偏性，中病即止，不可过偏，更不能滥用。

有一次，一位肝病患者找王辉武看病，处方时他开了7服中药，但是患者却不愿意走，坚持要开一个月30剂的药。他耐心地向患者解释："病情是变化的，不能一次开这么多，有效之方，只需一服药。一开就是几十服药，病情变了不能用，导致药材浪费；勉强用之，非但于病无益，甚至会出现毒副作用。"

王辉武在学习（重庆医科大学附属第二医院 供图）

早在20世纪70年代，王辉武就在临床中发现病人对禁忌知识的渴求。当时医学界尚缺这方面的研究，他便潜下心来着手进行中医禁忌的专题研究。

1986年，王辉武出版了《病家百忌》，首次在学术界提出了"医学禁忌"这个命题，强调禁忌理念在治未病、保证医疗安全、提高临床疗效等方面具有重要价值。王辉武构建的中医禁忌学，填补了医学禁忌的学术空白，率先在临床中广泛应用，带动了科普出版界大量医学禁忌图书的出版。

2009年，王辉武率先出版《实用中医禁忌学》，这是国内外都没有人研究过的问题，一时成为学术选题的亮点。

数十年来，王辉武举办各种禁忌学术讲座，培养临床医师的禁忌思维，大大减少了医疗失误与差错，满足了临床和民众对禁忌的需求。

2018年，王辉武出版了更加精细严谨的《中医禁忌学》，这项经历了半个世纪的研究成果，就像真金在烈火中被成功炼了出来。

中医药界知名专家温长路曾写道："禁忌是人类文明程度的标志，禁忌是维护医疗行为的圭臬，禁忌是保障医疗安全的利器，禁忌可以制衡人的自然本性，是质朴的原生态文化遗产，它是人类与大自然和谐共处，以及保持社会稳定和人人健康的有力武器。一群学者，为着一个目标，一头扎进浩瀚的古籍海洋中去搜寻，一走就是50年，这就是中医人的情怀！"

王辉武就是在浩瀚的古籍海洋中，不断搜寻、不断创新的人。

恢复高考　改变命运

刘桂池　任　重

> 1977年12月9日、10日，重庆市举行恢复高考后的首次文化考试，首批报考大学的7万余名考生在全市13个区县参加文化考试。

讲述人

鲁善坤，男，1977年高考考生，曾任重庆一中校长等职；

戴伟，男，1977年高考考生，曾任长江师范学院院长等职；

黄良，男，1977年高考考生，曾任教于重庆师范大学文学院；

陈立厚，男，1977年高考考生，曾任教于成都大学教育科学学院；

龙莉莉，女，1977年高考考生，曾任教于重庆大学城市建设与环境工程学院；

徐鸣，男，1977年时任重庆市经委教育处处长，负责高考招生录取工作；

龚其昌，男，重庆南开中学高1977级5班班主任、政治老师，所带班级这一年高考录取率为7%，高于全国平均录取率。

1977年12月9日、10日，重庆市举行恢复高考后的首次文化考试。首批报考的7万余名考生，在全市13个区县参加文化考试。考生、教师、招考工作者……对于每一位参与者来说，这两天的经历，注定成为一生难忘的记忆。

随着高考恢复，尊重知识、尊重人才的社会风气重新形成，其改变的不仅仅是个人的命运，也是整个国家的命运。

冬日"春雷"

1977年10月21日，国务院批转教育部《关于1977年高等学校招生工作的意见》，正式恢复高等学校招生统一考试的制度。这一消息，在那个无网络时代，以惊人的速度开始传播。在初冬时节，"恢复高考"的消息如春雷般振奋人心。

1977年高考考生、曾任重庆一中校长的鲁善坤，当时已是沙坪坝区新桥小学的一名英语老师。得知恢复高考的消息后，鲁善坤在激动之余也担心自己是否符合报考条件。直到看到高考须知，确定自己满足报考条件，鲁善坤一颗悬着的心才终于放下来。

1977年高考考生、当年已经27岁的戴伟，从收音机里听到"恢复高考"的消息后，受到亲友的一致鼓励，决定参加考试。和鲁善坤一样，戴伟当时也是一名老师，彼时在江津双凤完全小学任教。戴伟的妻子也是一名老师，而且已有身孕。他们的儿子于1977年11月2日出生，妻子默默承担着生活的压力，支持戴伟专心备考。

因"恢复高考"消息而振奋的不仅仅是考生。时任重庆市经委教育处处长、负责招生录取工作的徐鸣，得知消息后，和几个同事高兴得"击掌相庆"。从事招生工作多年，他们清楚地意识到，这一举措将给国家带来大量人才，是一件事关国家强盛、民族复兴的大事！

徐鸣记得，招生办公室正式接到高考招生任务后，市里分管教育的领导就开始积极布置，并开会和大家强调"任务重，时间紧"。当时大家的第一反应都是：事关国家人才培养，保证完成任务！

有备而来

常言道，机会总是垂青有准备的人。对于1977年的高考考生来说，"有准备"意味着有一定的文化基础和过人的毅力，以及些许机缘巧合。从1977年10月21日新华社正式发布"恢复高考"的消息，到12月9日开考，备考时间不满两个月，备考压力可想而知。

1977年，32岁的黄良已是一个父亲。他曾是重庆南开中学1965届毕业生。参加1977年高考前，他在大巴山度过了7年知青岁月，然后又在重庆电机厂当了5年工人。当时，他的月收入是38.5元加40斤粮票，这在当时是个不错的收入。很少有人知道，黄良其实为这场高考，已经准备了12年。高中毕业后，无论是在大巴山山野中，还是在电机厂车间昏暗的灯光下，他从未放弃过对书本、知识的追求。时隔40多年后，黄良回忆说，之所以那12年他能坚持读书充电，是因为他脑海中始终有一个清晰的概念：国家和民族复兴的希望终会回到强大的教育，以及对知识人才的足够尊重上。

与其他考生相比，重庆南开中学、重庆市一中等学校的高1977级考生算是"幸运儿"。因为学校的老师们更为关注国家在科教领域的新动向，消息也比较灵通，对"恢复高考"有一个提前预判。南开中学高1977级5班班主任、政治老师龚其昌记得，学校于当年9月就启动高考生的复习教学。重庆市一中也是在当年9月就着手学生复习备考工作。当年，龚其昌除了带自己班的学生，还为大量其他考生补习。当时，南开中学在图书馆办了一个复习班，听课的包括往届毕业生以及工人等。此外，龚其昌还被学校指派到西南医院为备考的医生、护士上课。那时，龚其昌的月工资是53元，没有任何额外报酬。"我们心中想的，都是如何帮助这些孩子完成自己的梦想。"时隔40多年后，龚其昌依然认为自己当年的付出很有价值。

众生"赶考"

失眠，是1977年高考生后来回忆那场考试时，频繁提到的一个词。

1977年高考考生、后考入重庆师范学院（今重庆师范大学）数学系的陈立厚，在高考前一晚失眠了。想到自己高中毕业11年后，还有机会踏进考场，他心情万分激动，通宵失眠。陈立厚是1966届高中毕业生。恢复高考这一年，陈立厚正在四川彭州九尺中学教书，担任数学老师和班主任。备考期间，他白天处理班级事务，夜晚批改学生作业，只有晚上10点至12点用来备考。还未完成一轮系统复习，高考的铃声已敲响。1977年12月9日清晨，陈立厚起床后，洗了一把冷水脸，他想到机会难得，即使失眠也得搏一把，精神重新亢奋起来。结果证明，他的斗志战胜了失眠的影响，各科发挥比较平稳，他的强项数学考了98分！

40多年前那个冬日，黄良从住所到考场要走一个多小时。他对高考那两天的第一印象是冷，冷得僵手僵脚，一件老棉袄根本无法抵挡寒风，最初下笔时都不太顺畅，得哈气。上午和下午都有考试，中午他用两个馒头当午餐，然后在考场外找了一个避风的地方休息看书。

1977年高考考生、重庆大学退休教授龙莉莉，因为住所离考场远，在考试前一天上午，她就背着被子，乘了3个多小时汽车赶往考场。几间废弃的教室被当作考生们的临时宿舍。晚上，考生们挤在教室里，把各自带的被子铺在稻草上"席地而卧"，不知不觉就聊到了凌晨4点。

1977年，重庆市关于高考顺利进行的报道（重庆日报 供图）

考政治时，龙莉莉"灵感爆发"，居然写了满满8页纸！挥锄头的手抓笔杆子，丝毫不马虎，写得畅快淋漓。监考老师看龙莉莉总是找她续纸，索性站到她旁边发纸。

在考生紧张赴考之际，招考工作人员也在以另一种方式"赶考"。考试前一天，徐鸣冒着雨到江北考场检查工作。检查的主要内容是，考场是否达标，路途是否安全，交通是否便利……将考场不利条件降到最低。

考试前，考卷都是重庆市公安局派出专人专车押运，医院派出医生负责应对考生健康状况可能出现的意外。重庆市招考办当时还有一条内部工作准则：对每个考生都要笑容相待，不要给予他们压力！大家最不想看到的，就是开考30分钟后考生未能到场。

同频共振

1977年参加完高考，录取结果还没出，戴伟就在日记里写下这样一段话："一定要为祖国争光，一定要为人民作贡献！考得起，就要认认真真读书，为国家做贡献；考不起，就好好教自己的学生和孩子，让他们有更好的生活。"

1977年12月30日，戴伟得到去体检的消息——这意味着考上了。那个傍

恢复高考　改变命运　| 153

通过1977年高考"上岸"的大学生，非常珍视这来之不易的学习机会。图为1978年第一批入学的大学生在上课（重庆日报 供图）

晚，他跑了20多里山路，来到在复兴公社完小任教的妻子面前，喜极而泣。1978年3月2日，戴伟拿到了西南师范学院（今西南大学）的录取通知书。

1978年3月，全国科学大会举行，"科学的春天"激荡全国人民心田。也是在这个3月，一份份录取通知书，送到了那些在1977年高考中"突围"的考生手里。一件是国家大事，一件是人生大事，在"尊重知识，尊重人才"的主旋律中同频共振。

1978年3月14日，陈立厚踏进了重庆师范学院，这一天是他31岁生日。那时的学校，缺设备、缺教师、缺教材……唯一不缺的，就是教师的敬业精神和学生的学习热情。每天下午课外活动时间，教室里座无虚席，系领导想把大家劝出教室："这样学习怎么行呢？把身体搞垮了，来日方长啊！大家要注意休息！"

即便是7月底的酷暑中，教室里既无空调也无电扇，同学们也会坚持上课。降温的办法很简单，脚泡在盆里，头顶冷毛巾，手拿书本学习。他们还要求系里给大班单独开选修课，甚至在毕业前半个月还在上选修课。同学们不遗余力地学习，只有一个念头：要珍惜这来之不易的学习机会。

尽管在1977年高考中"上岸"的是极少数人，但随着尊重知识、尊重人才的价值观和社会风气重新形成，随着科学春天来临、改革大幕开启，青年成长成才的机会越来越公平、广泛，中国式现代化建设所需的人才基础得以奠定。

我们的"东莱式派出所"

郑 友

黑龙江省哈尔滨市公安局道外分局东莱街派出所成立于1946年8月，是中国共产党最早设立的人民公安派出所之一。践行以人民为中心的发展思想，老一辈东莱人留下3件传家宝——"百家熟""拒腐蚀永不沾""警民鱼水情"。1978年12月6日，四川省公安厅在重庆举行命名授奖大会，重庆市市中区（今渝中区）公安局大阳沟派出所荣获"东莱式派出所"称号。

讲述人

谢德蓉，女，重庆市公安局原市中区分局大阳沟派出所指导员，曾荣获"全国公安系统一级英雄模范""全国三八红旗手"等称号。

"只有心中随时装着群众，群众才能把你当自家人。"

做了一辈子警察，重庆市公安局原市中区分局大阳沟派出所指导员谢德蓉，获得"全国公安系统一级英雄模范""全国三八红旗手"称号，这是其人生中的高光时刻。

谢德蓉是大阳沟派出所的一面旗帜。74年来，23任所领导班子700余名民警累计做了42万多件好事，收到3000余封感谢信。一代代民警日复一日地坚守初心，坚定执着地履行使命，从"爱民模范派出所"到"人民满意派出所""全国模范公安派出所"，220

大阳沟派出所民警继承谢德蓉为民爱民的优良传统
（重庆市公安局渝中区分局　供图）

多项沉甸甸的荣誉，见证着大阳沟派出所不变的为民爱民情怀。

承诺"决不辜负党和人民的期望"

一张张照片，串起记忆中一颗颗闪亮的珍珠。现年90岁的谢德蓉，每当翻开相册拿出一张张珍藏的老照片，总能回忆起每张照片背后的故事。彼时的她，只是重庆市公安局市中区分局七星岗派出所的一名普通民警。

坐了三天两夜火车，终于抵达目的地北京，这也是谢德蓉人生中初次到达首都，她笑称"至今都还晕乎乎的"。"紧接着，我和来自全国各地公安战线的先进工作者们一起参加了预备会。"

1980年4月25日，"全国公安战线先进集体、先进工作者表彰大会"在人民大会堂正式开幕，公安战线领导等上千人参会。会场中央警徽高悬，四周红旗招展，现场氛围热烈隆重。包括谢德蓉在内，16位被公安部授予"全国公安系统一级英雄模范"的民警被安排在第一排，"颁奖开始，大家齐刷刷地一同上台，国务院和公安部的相关领导同时为我们颁奖"。

"你为百姓做了很多好事，希望今后工作再接再厉。"谢德蓉至今依然记得当时为她颁奖的领导，一边握着她的手，一边向她嘱托，谢德蓉立刻回答："我一定好好工作，决不辜负党和人民的期望。"

谢德蓉戴上奖章，接过证书，敬了一个礼后，转身面对观众，台下掌声雷动。那一刻，谢德蓉终生难忘。事后她才得知，当天家人和同事们围坐在黑白电视机前，认真收看《新闻联播》，激动得连连鼓掌、互相道贺。那一天，大阳沟派出所也被授予"全国公安战线模范单位"荣誉。

"活字典"履新强调"为民爱民"

1955年1月，刚20岁出头的谢德蓉，通过社会公招成为一名真正与群众打交道的户籍民警，这一干就是近30年。谢德蓉回忆道，那个年代条件有限，做户籍民警，没有其他绝招，就是靠"脑勤、口勤、手勤、脚勤"。她给自己定了个小目标，每天背5户居民资料进行入户走访。仅半年时间，谢德蓉就将其管辖片区内7000多人的情况全部烂熟于胸，居民因此称她为"活字典"——"提起人小名就知道大名，有啥特征和习惯、家里几口人，住在哪里，屋里几间房，有没有后门等。"自然，谢德蓉的基本功做得扎实，与群众的心也靠得越来越近。

1978年4月，谢德蓉被调到七星岗派出所工作，主要负责公读院和风雷街片区，这个路段人员组成情况复杂，治安环境相对较为恶劣。也正因如此，她常常组织片区居民学习政策，为困难群众家庭的孩子落实工作……同年8月的一个中午，谢德蓉并未午休，而是在风雷中街37号楼下巡查，猛然听到一声闷响。她扭头一看，一个小男孩躺在地上，经了解是从3楼掉下来的，已昏迷不醒。

谢德蓉赶紧跑过去，抱起男孩就往附近的七星岗外科医院（今重庆市人民医院中山院区）跑。医生初步检查后，说情况严重，建议赶紧送其他医院，于是她又将孩子迅速送到了儿科医院，交钱办理了住院手续。万幸的是，经检查孩子没有伤到颅脑，抢救后很快脱险。那一年国庆节，男孩出院后，向谢德蓉深深地鞠了一个躬，亲热地喊了声"户籍妈妈"。

住在新华路的一位孤寡老太太，当年已年过七旬，生活不能自理，无人照料。得知情况后，谢德蓉三天两头便前去照看她，但由于工作忙不能天天都来，于是找到一位30多岁，从农村到市区打工、没处住的妇女，"我让她免费住在老人家，条件是必须照顾好老人起居"。

让谢德蓉备感欣慰的是，后来，她俩相处了8年，还成了干娘儿俩。类似的暖心故事，在谢德蓉从警生涯中，不胜枚举。

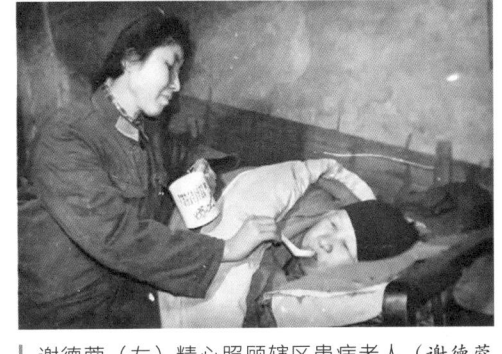

| 谢德蓉（左）精心照顾辖区患病老人（谢德蓉供图）

1979年9月的一天早上，谢德蓉上班途中看见有两个陌生人站在她所管辖的片区街口，有居民路过就跟他们打听她的相关情况，看模样应该也是警察，"居民还都替我担心，以为我是不是犯了什么错误，要被调查处理"。谢德蓉说，"调查人员"问完居民后，又来抽她"背书"：随便说一户居民姓名，让她说出其家庭情况。

事后，谢德蓉才知道他俩是公安部为表彰"全国公安战线先进工作者"

特别派来地方的考察人员,他们甚至还到她原来负责的片区挨家挨户调查走访。很快,谢德蓉便接到去北京参会的通知。

载誉归来后,她更加坚定了"为人民服务"的信念,继续回到户籍民警的工作岗位上为群众办实事、办好事。

1984年4月,谢德蓉被调入大阳沟派出所任指导员。来到大阳沟派出所后,谢德蓉做了两件"大事":把派出所历年获得的荣誉整理出来,创建"荣誉室";在重申所里全体民警严格执行《公安人员八大纪律、十项注意》的基础上,再次强调"为民爱民"并作出具体要求。

牢记"我是谁、为了谁、依靠谁"

"宁肯自己麻烦千遍,不让群众一事不便。"迄今,大阳沟派出所先后经历了23任所领导班子700余名民警,包括谢德蓉在内,一代又一代民警将这句话视为座右铭,矢志不渝地坚持着。

直至今天,但凡有新民警加入大阳沟派出所,第一站便是到"荣誉室"接受传统教育,接着再上一堂"纪律课"。

在大阳沟派出所3楼陈列室里,220多项沉甸甸的荣誉闪闪发光。然而,民警们却把一面绣着"不是亲人,胜似亲人"字样的锦旗视作最珍贵的宝贝。原来,作为一名孤寡老人,马自力婆婆记不清民警多少次背她去医院、多少次送她柴米油盐、多少次帮她料理家务……1997年1月,马婆婆因住进养老院要离开五一路225号时,连夜手绣了这面用以表达感谢的锦旗,并亲自交到了大阳沟派出所指导员胡小华手中。

据谢德蓉介绍,大阳沟派出所的为民爱民故事,最远要追溯到从建立派出所那一天。1950年建所之初,部分居民还对民警敬而远之,第一代大阳沟民警用为民爱民的实际行动争取到群众的信任与支持。捐赠爱心基金30万元,帮扶1500名孤老与2200名困难儿童,

马自力绣下"不是亲人 胜似亲人"的锦旗(谢德蓉 供图)

为民爱民的精神在大阳沟派出所代代相传（重庆市公安局渝中区分局 供图）

收到3000余封感谢信、600余面锦旗……70多年来，大阳沟派出所民警累计做了42万多件好事。在一代代民警的努力下，大阳沟派出所先后荣膺"人民满意派出所""全国五一劳动奖状""全国模范公安派出所""全国优秀公安基层单位""东莱式派出所"等220多项荣誉，荣立公安部集体一等功。

时代在变，大阳沟派出所为民护平安的决心始终没变。新时代，在谢德蓉等老一辈人的影响和鼓励下，大阳沟派出所一代代民警秉承为民爱民初心，谱写出人民警察为民爱民的和谐篇章，相继荣获全国首批"枫桥式公安派出所"、司法部"全国模范人民调解委员会"等殊荣。为民爱民精神薪火相传，历久弥新。

作为全国公安系统的一面旗帜，大阳沟派出所不止一次地被人刨根问底："你们执着前行的动力是什么？""把群众的需要当成我们奋斗的目标！"对此，谢德蓉回答得很干脆。74年如一日，在渝中半岛，在商贾云集的解放碑中央商务区，大阳沟派出所一代代民警牢记"我是谁、为了谁、依靠谁"，在"人民公安为人民"的红色旗帜下，传承"为民爱民"精神，践行着他们的初心使命。

白手起家办大学

杨 涛

> 1979年2月19日，重庆在改革开放中创办的市属第一所大学——渝州大学举行首届开学典礼。1978年10月，重庆市委、市政府报经四川省委、省政府同意，正式创办渝州大学。2002年，渝州大学和重庆商学院合并组建为重庆工商大学。

讲述人

戴宏民，男，原渝州大学校长，重庆工商大学机械工程学院原二级教授、硕士生导师，国务院政府特殊津贴专家，重庆市学术技术带头人，我国知名绿色包装专家。

山城重庆，因山环水绕、特色鲜明，吸引了众多剧组来此取景。建有苏式红砖房的原渝州大学井口校区便是热门取景地之一。对于许多重庆人来说，这方校园承载了他们闪亮的梦想和飞扬的青春。对于原渝州大学校长戴宏民而言，这里更是他醉心教育事业、倾注了大半生心血的地方。

推开尘封的记忆之门，戴宏民将那段峥嵘岁月向我们娓娓道来。

"我是渝州大学成立后到校报名的第一名教师"

"说来也巧，我是渝州大学成立后到校报名的第一名教师。"谈到和渝州大学的不解之缘，84岁的戴宏民非常兴奋。

1978年10月，即将踏入不惑之年的戴宏民怀揣兴奋之情，来到渝州大学报到。让他惊讶的是，迎接他的不是宽敞的校园，而是两间向重庆市人民小学借来的办公室，所有建校筹备工作都在这里进行。

因没有固定校址，建校之初，渝州大学确定了"依托中专，背靠老校，分散设点，统一领导"的筹建原则，即依托重庆机械制造学校、重庆市卫生学校、重庆市第一师范学校、四川外语学院附属外国语学校，背靠重庆大学、重庆医学院（今重庆医科大学）、西南师范学院（今西南大学）、四川外语学院（今四川外国语大学）的教学资源，设置工科部、医学部、师范部、外语科"三部一科"。

来到新岗位，戴宏民承担了机械制造工艺及设备专业的课程讲授。彼时全校教职员工总共不过20余人，校方决定，从背靠的几所高校聘请教师，邀对方利用课余时间来渝州大学授课。

忆及此处，戴宏民向笔者透露了一个细节：每次外校教师到渝大上课，校领导都会腾出小轿车接送对方，足以体现校方对教师的尊重。这也促成该校逐渐形成尊师重教的良好学风。

为在建校当年就实现招生办学，校方联系四川省招生办，补录了447名高考生。1979年2月19日上午，渝州大学在位于袁家岗的工科部举办了一场简约而隆重的开学典礼。这是这群平均年龄26岁的学生第一次相聚，大家深知学习机会来之不易，因此尤为振奋。

借用中专校址办学终非长久之策，"寻找新校址"成为渝大人的共同心愿。1981年5月，市里决定，将位于沙坪坝区井口镇（今沙坪坝区井口街道）先锋街的重庆第二机械工业学校并入渝州大学，依

| 渝州大学董家溪校区图书馆（重庆工商大学 供图）

| 渝州大学井口校区操场（重庆工商大学 供图）

白手起家办大学 | 161

托前者，渝州大学终于有了正式校址。1984年，市里又将位于江北区董家溪的原重庆市第十九中学校址划拨给渝州大学，两个校区都坐落在嘉陵江畔。

渝大内部也进行了管理体制改革，撤销了原"三部一科"，划分出理工、文财两个分部，并建立起规范的系。理工分部设在井口校区，文财分部设在董家溪校区，全校共设14个系、16个本科专业、20个专科专业，由此形成两点办学格局。

点面开花　校园掀起科研热

1984年4月，一则好消息让渝大人振奋不已，国家教育委员会（今教育部）正式下文，将渝州大学划入全国45所综合大学之列。这无疑提升了学校在全社会的知名度和影响力。更让戴宏民干劲满满的是，同年，他被校方任命为科研处副处长，帮助学校建立起较为完善的科研项目管理制度，并组织召开了全校首届科研成果表彰会。在四川省高校科技成果1985年秋季交易会上取得的好成绩，调动起全校教师搞科研的热情。1987年6月他被提任为教务处处长，1989年被提任为副校长，分管教学、科研与科技开发。

20世纪80年代末，全国高校掀起将科研成果转化为产品的开发热。站在"风口"，戴宏民想到，不如将本校教师研发的真空滤油机开发成产品，销往市场。学校随即成立了渝州大学科技开发公司，将学生实习车间暂作生产场地，又拨款8万元作为公司启动费。

为进一步提升品牌影响力，校方带着滤油机参加各类展销会，引来无数订单。"连东南亚的厂商都来找我们订购。"谈及此处，戴宏民的话语间满是自豪。随后的时间里，该校教师陆续研发出多款滤油机。其中，TY-2透平油专用滤油机一举荣获教育部科技进步奖一等奖、国家科技进步奖二等奖。

1991年，伴随分工调整，戴宏民将关注点投向成人教育。此前，渝州大学已成立成人教育部，但苦于没有专门的教室，夜大发展受限，专业证书班也热度下滑，停止办学。戴宏民决定，谋求新的发展思路。不久后，校方找到了发力点：乡镇企业异军突起，急需管理人才。经与市乡镇企业局合作，渝州大学办起乡镇企业高职班，学时为两年，设有文化课、专业课，多在周末上课，学生毕业后可获重庆市地方专科学历。

高职班一经推出，就受到热捧，在涪陵、万州、长寿、永川、璧山等地都设立了办学点，报名者多为乡镇企业党组织书记、厂长、会计等。要想毕业可不容易，除各门课程考核合格，学生还得进行毕业论文答辩。由戴宏民等人撰写的《举办乡镇企业高职班的改革与实践》还荣获1996年四川省政府优秀教学成果二等奖。进入1993年后，乘着成人教育的东风，渝州大学进一步完善硬件设施建设，成立了成人教育学院。截至2001年，该校共培养了3万余名成人大专学生。

以评促建　通过本科教学评价

时间来到1995年，已任渝州大学校长的戴宏民心中压着一件大事：如何通过国家教育委员会（今教育部）的普通高校本科教学工作评价。要想过关，需解决学校两点办学困局。在与重庆第二机械工业学校合并之初，后者为渝州大学提供了良好的硬件设施和优良的教师资源。但伴随时代发展，井口校区逐渐暴露出交通难、看病难、教职工子女上学难等问题。

以交通难为例，彼时的井口校区尚属郊区，学生得从沙坪坝乘坐公交车到井口镇先锋街，再步行20分钟，方能抵达校园。教师可乘坐学校提供的交通车，但由于路途太长，又遇长期修路堵车，时常出现出门时天未亮、回家时天已黑的"两头黑"情况。两点办学分散了校方的财力、物力，也增加了管理困难。井口校区的师生们盼着能早日搬离，董家溪校区又一时无法承载全体师生，校方为此多方奔走，以寻解决之道。

好在重庆市政府加大了对学校的投入，校方也决定用贷款建校的方式，对董家溪校区进行扩建。学生宿舍、教师宿舍、综合楼、运动场、筒子楼改造工程等陆续落成，不少青年教师得以搬到董家溪校区居住。1999年2月新学期开学前，体育系、数学系、三峡经济系也迁至董家溪校区行课。此后，校方又通过多种方式筹资，改建了行政办公楼，新修了校门、道路、实验室等，建成全市首个中国期刊网镜像站，校园面貌焕然一新。

硬件升级的同时，学校还花大力气抓教学。1999年，渝州大学派斯国际经济管理学院成立。也就是在那一年，渝州大学通过普通高校本科教学工作评价，办学规模扩大到6400人，本科专业增加到25个，戴宏民心上的石头终于落地。

强强联手　组建重庆工商大学

不久后，渝州大学再次迎来发展机遇，重庆市政府决定，将渝州大学和重庆商学院进行合并，并向两校征集新校名。

戴宏民说，当时经贸专业很吃香，重庆商学院便提交了一个校名——"重庆经贸大学"。但戴宏民和时任校党委书记的周希贤认为，渝州大学除有经济学专业外，工科专业也较多，重庆经贸大学的名字覆盖不了此类专业，便提议叫"重庆工商大学"。这一校名，得到主管部门的认可。

2002年，重庆工商大学正式成立，成为一所具有经济学、管理学、工学、文学、法学、理学、艺术学等学科的高水平财经类应用研究型大学。该校还成功申报了硕士学位授权点，为重庆经济社会发展输送了更多高层次人才。

两校合并后，2006年，为实现井口校区整体搬迁而修建的教职工住宅——重庆工商大学学府苑落成，井口校区大部分教职工迁入安居，至此戴宏民又放下一件心事。

2008年底，戴宏民正式退休。望着宽敞的崭新校园，青春洋溢的莘莘学子，他时常感叹学校变化太大，但唯一不变的，是他对教育事业的一片赤诚。他希望，青年教师们能搞好教学工作，不断提升自身学术水平，潜心教书，静心育人，让学生有所收获、有所成长，对得起肩上这份责任。

远眺重庆工商大学（重庆工商大学　供图）

天府可乐"重庆造"

冯驿驭

1980年，原四川省中药研究所（今重庆市中药研究院）与重庆饮料厂共同开始研制可乐型饮料天府可乐，成为我国自主可乐品牌的代表。

讲述人

钱黄，男，天府可乐（重庆）饮品有限公司副董事长，天府可乐第五代传承人。

2022年12月29日，重庆市第五中级人民法院发布了中国天府可乐集团公司（重庆）破产清算公告。"天府可乐破产"的乌龙说法不胫而走，引发各界关注。

部分网友担忧天府可乐会不会退出市场，也有部分网友在该品牌网店进行"报复式"下单，抒发自己对这款"老字号"饮料的热爱。这款重庆汽水品牌，不经意间再次走进大众视野。

天府可乐运营方回应，此次破产清算的中国天府可乐集团公司（重庆）是天府可乐早期的经营企业，此次破产清算并不会影响天府可乐的正常发展。

其实，早在20世纪80年代，天府可乐就凭借独有的中草药甜味红遍大江南北。许多80后、90后重庆人惊喜发现，儿时大街小巷都能买到的天府可乐，中途消失了十多年，近几年又出现在了商店的货架上。如今，拿起一瓶红色包装的天府可乐，人们还能从那独具特色的口味中，尝出这款重庆产饮料40多年的爬坡上坎、蜿蜒曲折的别样滋味。

用白芍开发可乐？

1978年8月31日，李培全乘车来到有200多位员工的重庆饮料厂。这一年，他被任命为这家饮料厂的厂长。

此时，重庆饮料厂已有40年历史。1938年，一位上海商人在重庆出资兴建了美华汽水厂。重庆解放后，美华汽水厂成为重庆饮食服务公司下属一家企业，专事制冰和汽水，还拥有自己的品牌产品。1977年，该汽水厂的车间搬迁至沙坪坝石坪桥，并在此基础上成立了重庆饮料厂。

李培全刚到厂里的时候，厂里一共有两个车间，一个生产汽水，一个生产饴糖。但这个名为饮料厂的企业实际上每年只能生产100万瓶汽水，每年的产值不足10万元。"饮料厂主要的利润来源是给糖果厂提供半成品饴糖，实质上是作为糖果厂的一家上游原料供应商在运营。"富有开拓精神的李培全不满足于这样的现状。

1978年，党的十一届三中全会在北京举行，改革开放的春风吹拂神州大地，也给李培全等企业家注入信心。次年夏天，李培全开始在全国考察，希望能找到让饮料厂实现突飞猛进发展的灵感。在北京，李培全在旅游景点商店里见到了可口可乐。这一带有刺激的口感、不完全适合当时中国人口味的饮料，在北京各大景点却受到游客热烈追捧。李培全也花两毛钱买了一瓶，这种口味独特的饮料给他带来全新灵感……

1980年，国家医药总局在一个报告中提出，全国积压在库的中药白芍每年报损达4亿元之巨，相关领导作出批示，要求对中药开发进行研究，更好

20世纪80年代拍摄的天府可乐系列产品（钱黄 供图）

那年·那事·那人 重庆1949—2024

地利用这些原材料。位于重庆的四川省中药研究所也在研究单位之列。李培全迅速联想到：能否用中药材白芍来开发可乐？"这个点子看上去并不疯狂，因为可口可乐不也是药剂师的配方产品吗？"李培全说。

中国人的可乐

1980年的一天，在重庆饮料厂工作的白峰来到南坪，想与当时的重庆日化研究所合作，研发这款李培全设想中的饮料。日化研究所的工作人员想了半天也想不通日化研究和饮料有什么关系，便拒绝了白峰。

白峰的尝试失败了。他转头出来，正好遇见四川省中药研究院开发研究所所长陆天健。当时，中药研究院也在犯难——四川一些地区生产的白芍卖不出去，上级要求，研究院要想办法解决白芍的食品转化问题。需求对口，白峰和陆天健一拍即合，决定一试。

就这样，重庆饮料厂和四川省中药研究所成立了重庆第一个科研生产联合体，目标是开发一款保健饮料。研究有三个目标：一是利用中药研究成果，使其具有独特的保健作用，在世界可乐型饮料中独具特色；二是在风味和口感上达到国际可乐型饮料标准；三是全部选用国产天然原料。保健饮料产品开发了一年，进行了四个阶段的毒理试验和保健功能实验。在20世纪80年代，这样的开发手法是非常少见的。

第一批样品生产出来后，厂里送给专家品尝，专家评价了三个字：像可

| 20世纪80年代，天府可乐深受重庆群众追捧（钱黄 供图）

乐。这样的评价让李培全非常高兴，立即让厂里试投产。

1982年，天府可乐上市，成为第一款国产可乐。上市之初，天府可乐口味还没有被消费者广泛接受，所以销售情况并不理想。李培全和同事去做市场调查，却被泼了冷水：一些政府机关工作人员评价说，天府可乐喝起来像难以下咽的药品。不过，后续调查中，几位高校教授评价说："这就是可乐。"这一评语又让李培全重拾信心。

20世纪80年代，重庆消费者在品尝天府可乐（钱黄 供图）

1984年，天府可乐销售情况好转。1985年，天府可乐迎来销售高峰期，从这一年开始，天府可乐开始向全国市场推广，重庆饮料厂更名为重庆饮料可乐饮料工业公司。1988年，天府可乐在全国设置了108家分厂，公司更名为中国天府可乐集团公司，成为当时重庆仅有的两家名字冠有"中"字头的企业之一。那几年里，天府可乐进入全国饮料企业产销量排名前五、可乐味饮料产销量第一。

10年时间，天府可乐已经从一个总值100多万元的小厂，跃升为具有全国影响力的大企业。

落而再起

命运的转折点不期而至——1994年，天府可乐与行业巨头、世界500强企业百事可乐"联姻"。百事可乐承诺，将让天府可乐成为世界名牌。"成立合资公司发展，本来是想让天府可乐这一红火的牌子发展更好，可没想到却成了天府可乐命运的转折点。"天府可乐（重庆）饮品有限公司副董事长钱黄说。

钱黄1984年来到重庆饮料厂工作，2024年是他在天府可乐工作的第40个年头。他回忆，1994年，百事可乐公司与天府可乐公司在重庆正式合资成立重庆百事天府饮料有限公司，合资公司未遵守生产天府可乐占50%份额的承诺（其中百事可乐公司占合资公司60%的股权，天府可乐公司拥有余下的

40%股权），逐年减少天府可乐产量。

2005年，该公司生产的天府可乐产量仅为1%，累计亏损超过7000万元，中方公司成为特困企业。这段日子里，许多曾喜爱天府可乐的重庆市民发现，天府可乐逐渐从自己的视线中消失了。

2008年起，天府可乐集团开始向百事可乐公司索回品牌，此时已年过七旬的李培全和参与研发的陆天健等四处奔走呼吁，钱黄和几百名困难职工参与了维权行动。

2009年，天府可乐公司以"长期非法占有技术秘密，侵犯商业秘密"为由，将百事可乐公司告上法庭，请求法院判令重庆百事天府饮料有限公司立即停止使用"天府可乐"配方及生产工艺的技术秘密，并立即归还"天府可乐"配方及生产工艺的技术档案，同时赔偿损失100万元。2010年，重庆市第五中级人民法院对此案作出一审宣判，判决重庆百事天府于判决生效之日起十日内返还其从原告中国天府可乐集团公司（重庆）取得的天府可乐配方，但驳回原告中国天府可乐集团公司（重庆）的其他诉讼请求。判决生效后，原告被告双方均表示同意。2010年12月30日，重庆百事天府饮料有限公司停止使用天府可乐浓缩液乙料的成分、配方及其生产工艺商业秘密，将相关配方归还中国天府可乐集团公司。此后3年里，天府可乐又拿回了商标。

2016年3月，市面上又能见到天府可乐的身影。重新亮相的天府可乐，外包装主色调为"中国红"，并且附上了天府可乐品牌大事记。淡淡的中药味混合着甜甜的可乐清香，在重庆消费者中产生了巨大的情怀效应。

回归之路也并非坦途。钱黄说，2016年复出的天府可乐，将市场运营业务外包出去，结果很不理想。在2016年至2017年天府可乐复出的头两年，天府可乐就亏损了3000多万元。2018年，通过引入新投资者，将生产配方、商标等收回，成立天府可乐（重庆）饮品有限公司，天府可乐再度焕发生机。上文提到的"天府可乐破产"，其实是将原经营企业注册破产。

2024年，天府可乐销售额有望突破1亿元，同比增长超过100%。"我们将继续立足重庆本地市场，在流通、餐饮、电商等领域深耕厚植，把这一重庆产饮料品牌发展好。"钱黄说，"重庆天府可乐品牌从成立至今有40多年历史了，我希望它能继续发扬重庆人的精神，爬坡上坎，走出有自己特色的发展道路。"

那年特大洪水，他用生命营救80多人

齐 宏

> 1981年夏，重庆地区遭遇特大洪水灾害，民警邓瑞甫驾船营救80多名受洪水围困的群众。途中，邓瑞甫不幸碰上高压电线，壮烈牺牲。

讲述人

邓雪飞，女，邓瑞甫烈士的女儿，重庆市公安局北碚区公安分局民警。
李成尧，男，邓瑞甫烈士生前同事。
李盛，男，重庆市公安局北碚区公安分局黄桷派出所所长。

2024年夏天，受强降雨天气影响，重庆部分地区遭遇山洪、塌方、水位上涨等紧急情况。面对突如其来的汛情，重庆各地公安机关迅速反应，全力投入抢险救灾和转移安置群众等工作中，一起守护这座城。而在43年前的7月15日，也有一名公安干警，在洪水来临之际用生命守护百姓平安。他就是时任北碚区公安分局黄桷派出所党支部书记、指导员的邓瑞甫。

邓瑞甫（一排左二）生前与战友们的合影（重庆市公安局北碚区分局 供图）

"记忆中父亲的面容已经有些模糊，但他一直活在我们身边"

"父亲去世的时候我还没满13岁。"邓瑞甫的女儿邓雪飞告诉记者，回忆起父亲，她一度哽咽。

那时邓雪飞在学校住读，周末才回家，很少有机会看到父亲。父亲不是在派出所加班，就是在帮助群众解决困难。

"父亲不是不关心家人，只是工作太忙了。"邓雪飞回忆道，有一次她要乘渡船回学校，因为江面雾气太重，渡船无法行驶。担心女儿一个人出门不安全，邓瑞甫步行数公里，绕行朝阳桥送女儿回学校。"那次应该是我们独处时间最长的一次。"

对于1981年7月15日的那个夜晚，邓雪飞至今记忆犹新。"那天洪水涨得很大，很多房屋和田地都被淹没了。大概下午五六点钟，父亲回家了一趟，我看到他脚后跟被钉子扎穿了，家里人赶紧拿来药膏给他处理伤口。但他一点没在意，简单地吃了两口饭就走了。"说到这里，邓雪飞再度哽咽。谁能想到，当初的匆匆一别，竟是天人永隔。

如今43年过去，邓雪飞和二姐继承了父亲的遗志，成为光荣的公安民警，为守护万家灯火贡献着自己的一份力量。"做着同样的工作，守护着同一座城市，让我们感受到，他仿佛一直活在我们身边。"邓雪飞说。

"他总是把方便留给别人，把困难留给自己"

"我和邓瑞甫在北碚区公安分局政治处共事10多年，他在工作中总是吃苦在前，从不计较个人得失。"90岁的退休干部李成尧告诉记者，自己与邓瑞甫同岁，对邓瑞甫的为人非常了解。

"老邓时间观念很强，热爱劳动，每天都提前到岗，把办公室里里外外打扫一遍。我们科室的自留地，他也经常去打理，做事从不拖泥带水。"谈起老战友、老同事，李成尧总有说不完的话。有一次邓瑞甫很晚才到单位，这位劳动标兵难得迟到，让李成尧颇为好奇，于是他缠着邓瑞甫询问原因。不久后，一封感谢信解开了他的疑惑。原来，那天早上，邓瑞甫路过辽宁路口时看到一位老婆婆摔倒在路旁，他赶紧上前询问情况。看到老婆婆摔伤了腿，身上还有血迹，邓瑞甫连忙将老人扶了起来，并送到附近的康复医院救治。

到了医院，邓瑞甫联系医生为老婆婆处理伤口，垫付了医药费。在得知相关情况后，医生退还了费用，表示会先救治伤者。看到老婆婆被医护人员送进诊疗室，邓瑞甫才松了口气，默默离开。"我们问的时候邓瑞甫不愿细说，只说都是他应该做的。"李成尧继续说道，后来老婆婆的家人赶到医院，了解情况后，手写了一封感谢信送到北碚区公安分局，向邓瑞甫表达谢意。

"老邓就是这样一个人，对工作认真负责，对群众热情友爱。"李成尧说，邓瑞甫先后5次被评为全区、全市先进工作者。因为长期不分昼夜地加班，1964年，积劳成疾的邓瑞甫罹患神经衰弱和心脏病。"虽然患病，老邓没有请过哪怕一天病假。"李成尧告诉记者。

43年前的那个夜晚也同样如此。"因为淋雨，加上身体本来就差，7月15日，老邓患了重感冒。"李成尧说。那时，黄桷派出所坐落于嘉陵江边，眼看洪水就要漫进派出所，邓瑞甫立即指挥值班人员把一楼的档案资料和装备转移到二楼，其他同志到社区把群众转移到安全地带。

大家都劝邓瑞甫留在所里指挥，但他不顾患病的身体，带领同志们奔向各个受灾社区，组织沿江群众转移。"谁能想到，意外还是发生了，他在营救群众途中被高压电击中，壮烈牺牲。"李成尧说。

"要像焦裕禄那样，心里装着全体人民，唯独没有自己。不为名、不为利，不怕苦、不怕死，一心为革命，一切为革命。"这是邓瑞甫在阅读《党的好干部——焦裕禄》后写下的心得体会，也是他人生最好的诠释。

"他是一名合格的共产党员，是我们学习的榜样"

"当年发现邓瑞甫烈士遗体时，他身上的个人财物只有一块手表。"现任黄桷派出所所长李盛告诉记者。

邓瑞甫为人简朴，平时从不乱花钱。20世纪50年代参加工作后，他用攒下来的工资给自己买了一块手表，直到牺牲时还一直戴在手上。"如今这块手表珍藏于重庆警察博物馆，表上的时间永远停留在了那个夜晚，见证着英雄

邓瑞甫生前所戴手表和被公安部追授的一级英雄模范奖章（重庆日报　供图）

牺牲的永恒时刻。"李盛说。

那是1981年7月15日，滔滔洪水猛烈上涨，洪峰淹没了大片房屋和庄稼，黄桷地区陷入一片汪洋。当晚6时，已经在岗位上坚守了一昼夜的邓瑞甫回家短暂休息后，赶到沿江一带查看水情，维持秩序，组织群众转移。晚7时，邓瑞甫在尖嘴地区蹚着水挨家挨户上门查看灾情、动员群众转移，先后7次转移老弱妇孺30余人。晚11时，洪水继续暴涨，邓瑞甫发现，尖嘴地区有80多名未来得及转移的群众被洪水围困。有的群众站在水塔的石堤上，有的爬到树杈上，有的蹲在屋脊上，呼救声不断传来，情况十分紧急。当时现场仅有4艘橡皮船，无法满足救援需求，邓瑞甫果断带队去附近的农户家借用木船。午夜12时左右，邓瑞甫等人沿着郑家溪至东阳公社先锋大队、帅家坝江面划去，他们找到一艘停在江边的小船，便调整船头，奋力向群众划去。

16日凌晨1时10分，正当邓瑞甫等人即将到达被困群众处时，只见江面上电弧光一闪，邓瑞甫不幸碰上高压电线，壮烈牺牲。

"现在是党和人民最需要我们的关键时刻，每一个共产党员、共青团员都要接受考验、带好头，为抗洪抢险作出贡献！"——这是邓瑞甫出发前留给干警们最后的指示，而他也用自己的生命践行了这句誓言。邓瑞甫牺牲后，被四川省人民政府追认为革命烈士，1981年10月，被公安部追授为一级英雄模范。

"向和平岁月的忠诚守护者致敬"

2021年清明节期间，北碚区公安分局联合北碚区融媒体中心在"重庆嘉陵之声"推出的全新广播节目《警察日志》中，播出了《聂畅讲述烈士邓瑞甫的故事》。

聂畅是黄桷派出所一位普通民警，他在节目中回忆起一次值班中，一位退休民警给他讲起邓瑞甫烈士的事迹。聂畅说："听老前辈讲完烈士的故事，我下定决心，要立足岗位，耐心细致地接待每一位到访群众，脚踏实地，把小事做好，把大事做细，把烈士邓瑞甫爱岗敬业、心系群众的精神传承下去！"

这是北碚区公安分局继承烈士遗志，传承革命精神的一个缩影。李盛告诉记者："每一位老同志都会给新参加工作的同志讲述邓瑞甫烈士的事迹，让英烈伟绩代代相传，让英烈精神生生不息。"

在邓瑞甫烈士离开的43年里，每年清明节，北碚区公安分局都会组织新进青年民警开展纪念邓瑞甫烈士的活动，还会制作各种宣传作品，在媒体和网络上讲述他的故事，以此纪念英灵。

今年4月3日，北碚区公安分局就通过真人结合MG动画（运动图形动画）的方式，制作视频《洪水中的英雄》，重回1981年夏天，邓瑞甫在洪水中救人的瞬间，激发广大公安干警的奋进力量。在北碚区公安分局，邓瑞甫的事迹传颂至今，英雄的精神正激励着一代代公安干警不忘初心、奋勇前进。

清明祭扫（重庆市公安局北碚区分局　供图）

重庆水轮机"转"出中国质量

陈 骅 穆仕刚

1982年7月17日，由重庆水轮机厂、重庆电机厂等企业参与制造的水轮发电机组首次销往秘鲁，让"重庆造"在国际上赢得声誉。

讲述人

王建明，男，重庆水轮机厂有限责任公司原副总经理、总工程师。

20世纪80年代初，一张由秘鲁国家电力局发出的水轮机组订货单，送到了当时的四川省电站设备公司。根据客户的订货需求，四川省电站设备公司将4台机组的试制任务，交给了当时的重庆水轮机厂（今重庆水轮机厂有限责任公司，以下简称"重水公司"）。

为使机组性能、质量赢得国际声誉，重水公司研发团队精心设计、制造，仅用半年时间便完成了两台HL110-WJ-60型混流式水轮发电机组（额定输出功率211千瓦）、两台XJ02-W-50/1×12.5型斜击式水轮发电机组（额定输出功率122.6千瓦）的试制任务。"其实，这对当时的重水公司来说，并不算大单，也不是特别难完成的任务，但公司上下十分重视。"重水公司原总工程师王建明坦言，那张订单，是重水公司水电产品继出口美国后的又一次出海，"我们希望以此拓宽国际市场的销路"。

1982年7月17日，这4台性能优良、结构简单、经久耐用、安装维修方便且造型美观的水轮发电机组，与另外17台机组一道，从重庆装箱启运秘鲁，再次打响了"重庆造"在国际上的声誉。

探路与成功

沐浴着新中国水电开发的春风，重水公司以水轮机为主打产品，让丰沛的水资源优势得以发挥。

前身为"恒顺机器厂"的重水公司，创建于1895年，1938年由湖北汉阳迁至重庆。1957年，由第一机械工业部命名为"重庆水轮机厂"，定点专业生产水轮发电机组。1988年，王建明进入重水公司。30多年来，王建明经历了云南澜沧江漫湾水电站（安装1×125兆瓦混流式机组）、四川涪江华能东西关电站（安装4×64兆瓦轴流转桨式机组）及涪江铜梁安居电站（安装2×15兆瓦灯泡贯流式机组）和重庆仁河巴山电站（安装2×70兆瓦混流式机组）等大、中型水电站工程的机组设计、安装、试验等工作，见证了从20世纪八九十年代到21世纪初，重水公司为缓解国内电力紧缺，保障工业、农业生产用电所需所作出的杰出贡献。

谈起1982年那张送往秘鲁的订单，王建明一边用右手比画出"5"的手势，一边说："探路和成功。"

那个时候，王建明虽还未加入重水公司，但在后续的产品研发中，他总能听到一些以那张订单为案例的鼓励，"任何一个产品都代表着重水的技术，甚至代表着重庆造的水平，一定要精益求精"。

新中国成立后，重庆确立了"建设人民的生产的新重庆"发展目标，工业生产突飞猛进。1957年，重庆工业总产值占四川省的三分之一以上，其中，发电量份额占据了四川省的73%，构筑起重庆作为新中国工业基地的基础。

"秘鲁的订单交给重庆，交给我们重水，是意料之中，也是责任所在。"王建明说，早在古代，中国就有使用水车提供生产动力的场景，"所以选择水电，便是将生产力与绿色能源结合的可持续发展，是对环境的爱护与尊重"。

由重庆水轮机厂生产的双挑水轮机冲击式机组被出口至意大利（重庆水轮机厂有限责任公司 供图）

水电作为全球公认并为世界各国大力发展使用的清洁能源，目前是我国非化石能源的绝对主力。王建明解释，水力发电的核心装备是水轮机，而水轮发电机组则是将水能转化为电能的发电设备。当水流经过水轮机将水能转换成机械能，水轮机转轴又带动发电机的转子，便可以实现将机械能转换成电能从而输出到变电站。

"从那张订单可看出，重庆的水电工业产品早在20世纪七八十年代就已享誉全球。"作为重水公司曾经的总工程师，王建明有些自豪，"水轮发电机组是水电站生产电能的核心动力设备，那次出海，再次印证了重庆工业产品的实力。"

保护与发展

随着我国生态文明建设步伐的加快，保护和发展同频共振成为时代主题。

2017年，为响应重庆市环保搬迁政策要求，重水公司整体迁至重庆江津珞璜工业园区，开启了公司新的篇章和使命。随后，重水公司主营设计、开发、制造各式成套水轮发电机组及电站控制设备，大中型泵组及控制设备，大中型同、异步电动机，轻轨支座等产品，拥有支持海外工程总承包、国内安装工程和工业服务的系统集成能力。然而，作为水轮发电机组的核心部件，水轮机转轮的研制曾一度为"卡脖子"技术，需靠国外进口，且进口费用曾高达每吨110万元。

2015年，随着云南省迪庆藏族自治州南极洛河水电站的建成投用，重水公司研制的转轮也一并投入使用到该项目中，实现水轮机转轮的国产化。

"我们的转轮，物美价廉。"王建明说，借由重水公司研制的水轮机转轮投用，不仅实现了国内水轮机转轮市场的自产自销，成本费用还能较之前进口便宜一半，更好助力"绿色转型"。不仅如此，在重庆大力支持工业发展的背景下，重水公司目前已拥有专利技术340余项，其中发明专利50余项；拥有大型高精尖装备150余台，电机试验站、绝缘实验室、理化分析试验室、测试计量中心等试验检测设备齐全，且通过了中国质量认证中心和英国劳氏质量体系认证。

以高水头冲击式和高水头混流式水力发电机组为例，在国内同行业中，

重庆水轮机厂为越南DongNai2水电站提供机电总包服务（重庆水轮机厂有限责任公司　供图）

重水公司的"两高"产品已处于领先水平。同时，为着力成为中国中小型水电行业成套设备集成及工程服务的第一品牌服务商，重水公司已经具备冲击式水轮机转轮坯件整锻、转轮水斗整体数控加工技术，是国家批准的高水头冲击式水轮发电机组产业化基地。

成果只是表象，过程才是核心。"就像当初去往秘鲁的那张订单一样，一切好的结果都是取决于不断追求进步，追求可持续发展的决心。"王建明说。2015年8月，重水公司一举中标老挝南椰两个水电站EPC总承包合同，合同总额约为2.45亿元。

这不仅标志着重水公司走出了一条由单一销售水电站主机产品、机电总包集成，向工程EPC总承包转变之路，更是开创了中国水电设备制造厂家转型的先例，成为我国水电行业第一家实现EPC总承包的制造企业。

责任与使命

一百多年前，在云南石龙坝水电站参与建设工作的德国工程师冯·卡尔夫妇曾在《西门子》杂志上写道："从这个电站的建设，我们可以预言，再过一百年，中国将是水电大国！"

弹指之间，预言已成现实。2024年5月，由重水公司研发制造的大型灯泡贯流式水轮发电机组，在嘉陵江利泽航运枢纽工程中投产运营发电。该工程全面投产后，年平均发电量将达3.17亿度，可满足超16万户的家庭一年的用电量。"该机组与同类型机组相比，模型最优效率达93.09%，达到了国际先进水平。"在王建明看来，优良的产品质量会吸引越来越多的海外客户抛来橄榄枝，截至2024年7月，重水公司的海外订单值已达2.55亿元左右。

"这些出海订单与当年的那张秘鲁订单一样，都是责任与使命。"王建明感慨道。2020年，嘉陵江梯级渠化利泽航运枢纽工程4×18.5兆瓦水轮发电机组及其附属设备成套采购招标公告发布。"这对于我们来说，既是一个千载难逢的机会，也是一个巨大的挑战！"王建明说，转轮直径7米及以上的贯流式水轮发电机组在

由重庆水轮机厂生产的贯流式机组被用于重庆嘉陵江利泽水电站（视觉重庆罗斌　摄）

水电行业中可称为巨型机。长期以来，此类大型机组主要由哈尔滨电气集团有限公司、中国东方电气集团有限公司及外资企业承揽，中小型水轮发电机组制造商因缺乏相关设计基础和制造经验，很难获得该类合同项目。

从2013年开始，重水公司分别在水力模型、电磁通风、机组结构设计、工艺加工制造、大型薄壁件焊接控形5个方面投入10名主要研发人员，同时联合重庆大学等高校进行难点攻关，不断积累研发制造低水头贯流式水轮机组的实力。

功夫不负有心人。凭借多年积累的研发制造实力，重水公司在众多竞标企业中脱颖而出，拿下了订单。"此项目机组的成功发电，开创了中小型水轮发电设备厂家设计、制造巨型水轮发电机组的先河。"王建民自豪地说，重水公司通过利泽项目实现了低水头大尺寸贯流式水轮发电机组成套技术的自主可控，显著推动行业技术进步。

事实上，除了应用在此次项目工程中，重水公司还将利用此技术在更多水利工程建设中大展身手。根据"十四五"规划和市场调研，低水头水力资源开发是大势所趋，而贯流式水电站是开发低水头水力资源的重要方式，且效率高、投资低，近年来发展较快，功率也越来越大。

"展望未来，希望重水公司的水轮机能继续'转'向世界，为国内外的水利工程提供关键发电装备。"退休后的王建明以技术顾问的身份，仍在重水公司贡献力量。正如他所说，重庆也在持续加大先进制造业的研发投入力度，布局前瞻性技术创新，不断创造世界领先的科技成果。

为解决全国人民的
穿衣问题贡献力量

陈一豪

> 1983年7月，中国第一家以天然气为原料，设计年生产能力4.5万吨维尼纶纤维及副产品甲醇、醋酸乙烯和聚乙烯醇的化工化纤联合企业四川维尼纶厂正式投产。

讲述人

严红，男，中国石化集团重庆川维化工有限公司党委书记、执行董事，曾任原四川维尼纶厂技术处处长、副厂长、党委书记。

1973年6月21日，为解决全国人民的穿衣问题，原国家计划委员会（今国家发展和改革委员会）下达《关于四川维尼厂计划任务书的批复意见》，同意在四川长寿建设我国第一个现代化天然气化工、化纤大型联合企业，投资10亿引进国外技术和设备建设。

一年多后的1974年8月30日，在四川省长寿县朱家坝（今重庆市长寿区晏家街道辖区内），工人操作机器打下第一根桩，四川维尼纶厂就此兴起。

如今，在重庆市长寿城区西郊，鳞次栉比的厂房连绵十里，一座现代化的大型化工企业巍然屹立于长江北岸——中国石化集团重庆川维化工有限公司，而它的前身，就是当年的四川维尼纶厂。

走过半个世纪，如今的川维化工已成长为国内最大的天然气精细化工和新材料公司、中国天然气化工行业领军企业，是2项国际标准、26项国家标准、16项行业标准的起草单位，攻克多个化工新材料"卡脖子"难题，8大类160多个产品畅销全球60多个国家和地区。

筚路蓝缕的拓荒之路

时间回溯到20世纪70年代，原长寿县晏家公社石盘大队周家湾生产队（今长寿区晏家街道辖区内），还是一片荒芜的乡村——这里没有楼房，更没有公路，只有一片贫瘠的土地。而在当时的全国范围内，化纤产业还未起步，粮棉争地矛盾突出，"新三年旧三年，缝缝补补又三年"是当时国人穿衣的真实写照。

"最大的问题是土地有限，是种粮食还是种棉花在很长一段时间困扰着老百姓。"中国石化集团重庆川维化工有限公司党委书记、执行董事严红回忆，"我都还记得，在我很小的时候，买衣服还需要用布票。"

而就在这时，波澜壮阔的三线建设画卷徐徐展开。我国为解决粮棉争地矛盾和老百姓的穿衣问题，重点引进四大化纤项目。其中，川维化工的前身——四川维尼纶厂，就是全国唯一以天然气为原料生产化工、化纤产品的企业。

1975年7月，长寿朱家坝的施工现场，红旗招展、人头攒动，建设指挥部就在此地召开了万人誓师大会。

历时多年，一座工厂在长江之滨、重庆远郊的山野里拔地而起。也是从那时起，川维医院、川维小学、川维中学也纷纷建成，当地因为一座工厂崛起了一座小镇。

严红回忆，建厂初期，从大洋彼岸来了外国专家，带着天然气乙炔技术加入了建设大军；200多名化工专业的高校毕业生来了，还有城市里的3000多位青年也来了，他们肩背行囊、拖家带口，在这里扎根落户。

"老一辈员工远渡重洋虚心求学、挑灯夜战，终于把日本技术人员的PVA开车技

20世纪70年代，建厂初期，职工在冒雨清理厂区杂物（中国石化集团重庆川维化工有限公司 供图）

为解决全国人民的穿衣问题贡献力量 181

20世纪80年代，川维厂投产后生产出的合格产品（中国石化集团重庆川维化工有限公司 供图）

术和管理经验学到了手，带回了国，承担起世界上聚乙烯醇生产能力最大的装置开车重任。"严红说。

1979年12月，四川维尼纶厂开始试生产——这里"年产维尼纶丝四万五千吨，织成布，全国平均每人一尺"。

1983年7月1日，四川维尼纶厂宣告正式建成。同年，中国石油化工总公司成立，四川维尼纶厂整体并入中国石化。一座天然气化工之城从无到有，跃然在祖国的大西南。同年，中国布票彻底退出历史舞台，老一辈领导人解决全国人民穿衣问题的夙愿得到了圆满的结局。

上下求索的创新之路

天然气部分氧化制乙炔技术，就是用氧气的一部分来燃烧天然气，产生热量使天然气中的甲烷发生裂解反应，生成乙炔和合成气。20世纪70年代，天然气部分氧化法制乙炔技术在国内还是一片空白，关键核心技术、设备也要依靠国外引进。

"2005年，虽然川维已经拥有了年产7500吨乙炔炉，但国内国际经济的快速增长促使川维必须扩能和发展，新区建设迫在眉睫，天然气制乙炔产能需大幅提升。为了打破发展瓶颈，川维提出在原年产7500吨乙炔炉基础上开发建设年产1万吨乙炔炉。"严红介绍，装置更大以后，制备的难度陡然提升，"对化合物混合和燃烧条件提出更严苛的要求，就以反应时间为例，需要在千分之三秒内完成反应。"

于是，川维技术团队潜心技术的创新和升级研究，查阅文献资料、化学专业书籍，经过项目团队技术调研，反复讨论核心设备设计、加工制造等技术问题，耗时几年攻克了天然气化工技术难题。

2006年，川维建成万吨乙炔炉工业化生产线并成功投运，成为国内独家拥有天然气乙炔核心技术并达到世界先进水平的技术专利商。在2011年投资50多亿元建成的川维新厂区中，核心装置乙炔装置就采用了川维自主开发的工艺包进行建设，实现了技术全国产化。

随后，公司进行年产1.5万吨等多个规模的乙炔技术工艺包开发，并在2012年完成了年产1.5万吨乙炔炉工业化试验成功，这也是目前世界单台套产能最大的天然气乙炔炉，川维天然气制乙炔技术水平不断突破和创新发展。

截至目前，川维在天然气制乙炔技术方面获得的授权专利共计80余项，也使中国成为继德国、乌克兰之后第三个拥有天然气制乙炔技术自主知识产权的国家。

有了核心技术，川维化工成套技术和装备也走出国门，迈入更高质量发展之路。2015年1月，乌兹别克斯坦乙炔技术专家考察团到川维化工研发机构、分析检验部门和乙炔装置生产现场等地进行实地考察、交流。这次考察成为乌兹别克斯坦PVC项目选择川维化工天然气制乙炔技术的关键环节。

川维天然气部分氧化制乙炔成套技术许可乌兹别克斯坦项目，是中国石化成套技术和装备走出国门的重要项目，也是川维化工技术首次走出国门。

严红自豪地表示："川维化工是第一个吃螃蟹的人，整个装置实现了完全国产化，这个成套技术还可以出口，这在当时是很大的进步，是'中国制造'的骄傲！"目前，川维天然气部分氧化制乙炔成套技术已成功应用到西部大开发中国石化援疆项目，成渝地区双城经济圈万华眉山项目，积极服务国家重大战略。

2019年，川维化工核心技术许可共建"一带一路"国家乌兹别克斯坦项目建成投产，标志着川维化工成功实现从"引进来"到"走出去"的华丽转身，完成了从"学生"到"老师"的成功蜕变，走出了从"跟跑"到"领跑"的创新之路。

转型升级的绿色之路

"工厂建立之初，厂里引进的装置由于技术不成熟，设备生产时会排放炭黑，这种黑色小颗粒飘浮在空中，四处飘散，当时厂里家属区每户的窗台上

鸟瞰川维化工生产厂区和装置（中国石化集团重庆川维化工有限公司　供图）

都有一层黑色灰尘，这一带都被大家叫作'炭黑村'。"在川维化工家属区，一位在此居住了近20年的老居民如此回忆曾经的周边环境。

而如今，这里外观整洁、绿树成荫，居民楼下散步的老人和嬉戏玩耍的孩童欢声笑语不断。严红与川维化工的职工将这一变化看在眼里。

严红说："炭黑的消失，与川维化工多年来不断对设备进行技术改革息息相关。"严红介绍，为解决炭黑问题，川维化工建立了炭黑回用装置，该装置让设备生产过程中产生的炭黑粉尘被回收起来，放在煤炭中掺烧，实现循环化利用。炭黑被中途"截和"，"炭黑村"这个外号也就自然摘帽了。

自2010年以来，川维化工安全环保投入累计近25亿元，推进企业清洁生产，实施了一般工业固废处置场建设、污水处理场升级改造、锅炉烟气脱硫除尘脱硝、环境安全综合治理等一系列污染治理项目。

在川维化工办公楼一楼大厅显示屏上，滚动播放着当天工厂的生产排放指标，而这只是公司强化环境信息公开的其中一种方式。川维化工还通过公司网站、政府环保部门公共信息平台公开环境信息，实时向社会公众公开企业保护生态环境、污染防治等环境信息，在中控室等醒目位置实时展示废水废气在线监测主要污染物排放浓度等数据，提高企业绿色发展透明度。

2024年7月25日，重庆市生态环境局组织召开重庆市2024年"无废城市"建设推进会。川维化工在会上获得重庆市"危险废物规范化环境管理行业标杆企业"称号，成为重庆市首批5家获此殊荣的企业之一。

几十载春秋，一家企业与一座城市荣辱与共、共同成长。如今，每到夜晚，川维化工与长寿城区的万家灯火遥相呼应，形成一道亮丽的景观。这背后，是一代又一代人的付出和坚守，是一个又一个时代的脚印。

《春夏秋冬》勇立潮头

陈一豪　石俊豪

1984年9月26日，《春夏秋冬》雕塑在重庆长江大桥南北桥头落成。在当年，关于雕塑尺度是否过大、人物是否该穿衣服等问题，社会上引起了一场关于思想解放的大讨论。

讲述人

龙德辉，男，四川美术学院雕塑系教授。作品《叶挺将军像》《江竹筠烈士像》入选全国城市雕塑设计方案展；《春夏秋冬》（合作）、《三·三一惨案纪念碑》入选全国城市雕塑作品展。

尽管已经92岁高龄，但初见龙德辉的第一印象，却让人不禁感叹"时光垂怜这位老人"。一开门，一双宽厚、粗糙却又温暖的手便握了上来，一袭白衣的老人满头银须梳理得整整齐齐，目光如炬。龙德辉的家里摆满了各种材质的雕塑，这些都是他的得意之作，周恩来、宋庆龄、杨闇公……每一尊雕塑的形象都庄重传神、浑然一体。谈笑间，咖啡被端了上来，在氤氲的香气中，龙德辉靠在木椅上，从容地回忆起了他的人生。

《秋》屹立于重庆长江大桥桥头（四川美术学院　供图）

"祖国的需要就是我的志愿"

1952年8月，第一次全国统一高考举行，全国高校只招5万人。那一年，来自四川达州、时年20岁的龙德辉被他向往的西南人民艺术学院美术系录取，主攻雕塑艺术。1953年，全国高等学校进行院系调整。西南人民艺术学院经调整后成为西南美术专科学校（今四川美术学院），校址在重庆黄桷坪。

1955年，龙德辉在毕业分配时，在毕业志愿一栏写下："祖国的需要就是我的志愿。""当时我就填了这么笼统的一句话，觉得分配到哪里都可以。后来学校老师说不行，要填具体的，我就填了'新、西、兰'，就是新疆、西藏、兰州。"龙德辉说完笑了笑，"事与愿违，后来我竟然留校任教了，这一教就是40多年。"

1959年，为庆祝新中国成立10周年，由当时的文化部（今文化和旅游部）组织，中国美术家协会邀请各大美术院校艺术家到北京为首都"十大建筑"创作雕塑，龙德辉也被学校派去参加了这项工作。"'十大建筑'包括人民大会堂、中国革命博物馆、中国历史博物馆等等，当时我被安排为中国历史博物馆（今中国国家博物馆）创作一尊历史人物雕塑。"

任务发下来，龙德辉却犯了难。他要创作的人物是方腊，一位北宋末年的浙江农民起义领袖。想到方腊是南方人，龙德辉便借鉴大足石刻的一些表现手法，想象和创造方腊的人物形象。"宋代人穿什么衣服？"创作到人物服饰时，龙德辉再次遭遇瓶颈。不久后，在他人引荐下，龙德辉来到故宫博物院，拜访当时从事文物研究工作的沈从文。

建造中的《春夏秋冬》雕塑（四川美术学院 供图）

时至今日，龙德辉还记得，那天沈从文穿了一件对襟短褂，面容和蔼可亲，"沈从文先生跟我讲，宋代的服饰是什么样的，头巾是怎么扎的，脚上穿的又是什么鞋履。"龙德辉回忆道。

经沈老点拨，方腊的形象在龙德辉心中逐渐丰满起来。最终，他将方腊设计成头扎葛巾、身着短衫长裤、脚蹬草履的形象。"为了增强造型的动势，我还给他设计了一件斗篷，动作则设计成左脚朝前一跨、右手抓着斗篷向胸前一提。"说这话时，龙德辉不自觉地再现了这个动作，脸上流露出自豪的神情。

历时3个半月创作完《方腊》后，一众艺术家前来参观和指导创作，见到方腊的雕塑，仔细打量一番，对龙德辉说："你雕的这个像，像古人。"如今提起这个评价，龙德辉仍然颇感自豪。"《方腊》是我最满意的作品之一，它的创作离不开沈从文先生的指点。"

激发创造力的一次集体创作

历史的车轮滚滚向前，时代的脚步踏入春天。1978年，党的十一届三中全会拉开了中国改革开放的时代大幕，亿万人民的创造力被激发。1980年7月1日，长江上游第一座大型公路桥重庆长江大桥竣工通车。大桥尚在建设时，重庆市政府就提出要在桥头竖立四座能展现重庆风貌的艺术雕塑，这项任务被交给了四川美术学院雕塑系。

"1978年，得知要在桥头立雕塑，艺术家们激动万分，热火朝天地准备了10多套设计方案。"龙德辉说，为创作这组雕塑，当时几乎整个雕塑系的力量都参与了进来，组建了11人的创作团队，"起初考虑过江河湖海、工农兵等元素，但都觉得不尽如人意。"一次讨论时，龙德辉提出"能否往季节变化这个方向去想想"。结果第二天，由时任四川美术学院副院长、著名雕塑家叶毓山设计的《春夏秋冬》方案出炉了。最终，凭借传统的飞天构图、人体自然健美的动态、四季拟人的巧思和突破性的人体艺术运用，这一方案脱颖而出。

这一设计方案将"春夏秋冬"四季拟人化，并突破性地将人体艺术运用在城市雕塑的设计中。《春》是一名拿花的少女，象征春暖花开、万物复苏；《夏》是一名与浪花搏击的青年，象征朝气蓬勃、激流勇进；《秋》是一名扛着麦穗的妇女，象征勤奋劳作、喜获丰收；《冬》是一名健壮的中年男子，象征志在千里、永不停息。

方案通过后，创作团队又分为4个小组，分别负责一座雕塑。龙德辉当时主持《秋》的定稿及泥塑放大创作，"做好泥塑定稿后，我们在学校的雕塑工场进行等比例放大，然后将其翻制成石膏雕塑，4尊雕塑中，最高的为8.2米，最低的也有6.8米。当时人手不够，就叫系里的老师和学生来帮忙。"龙德辉说，经过全系师生的共同努力，这组雕塑终于在1981年完成了放大和翻模，被送往西南铝加工厂进行铸造。

解放思想的标志性坐标

1979年12月6日，一篇题为《从文代会说到长江大桥的雕塑》的文章被刊发于《重庆日报》，同时还配发了雕塑中《春》和《秋》两名女性的设计稿，作者正是雕塑的设计者之一——王官乙。

文中写道："如果认为雕塑设计稿是创新的，是解放思想的，是有所突破的，是有思想性和艺术性的，是健康的，是美丽的，就大胆地、勇敢地把它立出来。"这篇报道一经刊发，立即在社会上引起轩然大波。几百封信件如雪花片一样飞到报社、学校、重庆长江大桥建设指挥部及艺术家们家中。"社会上的意见各不相同，有人认为塑像设计能够彰显山城重庆的朝气与创新精神，是给全国城市雕像做了榜样，有人提出想参与雕塑制作；反对方则认为设计太过前卫，质问为何做女性裸体雕塑，拿女同志开心，还有人担心女性裸体雕塑会让司机在开车时分神，从而把车开进江里去。"龙德辉说，由于此事在社会上引起了较大争议，后来，相关领导对此事进行了批示，认为"裸体雕像不妥"。

设计方案遭到否决，令艺术家们十分沮丧。重庆市政府随即专程从北京请来了著名漫画家华君武、雕塑界泰斗刘开渠、著名文艺批评家王朝闻商讨对策。"当时几位专家劝我们妥协，给雕塑加一些衣服，否则，这组雕塑就做不成了。"龙德辉说，"于是，我们就在雕塑的袖口、衣领和其他地方加了一点衣纹和飘带，同时保留原有的线条美感。后来，修改后的方案通过了。"

1981年8月2日，《重庆日报》刊登了"穿衣"后的4座雕塑图片，并配发了叶毓山撰写的《谈谈重庆长江大桥雕塑》一文，对修改进行了阐释。文中写道："裸体作品在美术理论和中外美术史中，本是早已解决的问题，但是考虑到目前我国群众的欣赏习惯，我们在不影响主题构思、人物动态以及人体美的情况下，适当地增加了一些薄的衣服和飘带……"

方案通过后，有关雕塑材质的问题再一次困扰了艺术家们。当时工程费共30万元，起初，考虑用环氧树脂加石籽仿花岗岩效果制作雕像，但考虑到树脂材质老化的问题，又想过换成青铜，可又太重。最终，创作小组商定，用铝合金整体浇铸，既展现人物轻灵美感，又可让雕塑尽可能地抵御岁月的侵蚀。

因为铝材料制作工艺的繁琐，1981年9月到1984年9月，西南铝加工厂的技术人员和工人们用了整整3年的时间，将4座雕塑用铝合金整体浇铸而成。1984年9月26日，这组历时5年设计、制造的雕塑作品，终于出现在人们的视野中。不少市民从北桥头一直走到南桥头，一个个挨着看完，感叹道："太稀奇了，从没有看过这么大的雕塑！"1987年，《春夏秋冬》被评为全国优秀城市雕塑作品。2019年，《春夏秋冬》雕塑入选第三批重庆市文物保护单位名单。

雕塑《春夏秋冬》建成验收（四川美术学院 供图）

今天，这一组雕塑依然矗立在桥头，成为重庆改革开放历史的一段无声证言。在那个思想激荡的年代，《春夏秋冬》为重庆改革开放承担起清扫思想障碍的重任，是这座城市思想解放的代名词。如今，其作为山城不可分割的一部分，成为人们回望和品味那段历史的精神坐标。

1985
一张演出节目单背后的渴望

郑　友

>　　1985年4月19日至25日，"中国音协赴重庆五一慰问演出团"分别在重庆市劳动人民文化宫、重庆人民大礼堂、重庆钢铁公司、重庆重型铸锻厂、重庆特殊钢厂、四川仪器仪表总厂和重庆大学等地开展14场慰问演出。

讲述人

　　卢进，男，曾任原重庆工人报社摄影部主任、原现代工人报社美术摄影部主任。其全程参与"中国音协赴重庆五一慰问演出团"接待工作并负责摄影及采访报道。

　　"想过会引发轰动，没想过轰动效果竟如此强烈，可以说是盛况空前，场场爆满。"2024年8月7日，在位于重庆市渝中区新华路万吉广场的住处，虽然已过去39年时光，但回忆起1985年的"中国音协赴重庆五一慰问演出团"来渝，自豪感仍旧写在原重庆工人报社摄影部主任卢进的脸上。

　　靠着4万元经费，主办方精打细算，接待了来自北京的32名顶级艺术家，圆满完成此次高规格的慰问演出活动。

邀约·32位顶级艺术家来渝

　　时间回到20世纪80年代初。改革开放初期，国门刚刚打开，流行音乐和港台歌曲不分良莠铺天盖地涌入，甚至不乏靡靡之音充斥乐坛。"提着'收录放'的青年招摇过市，各种'高分贝'歌曲响彻大街小巷。"卢进清楚地记得。

1984年7月1日，重庆市总工会主办的《重庆工人报》（后更名《现代工人报》）复刊。尽管已过去40年光景，但时任重庆工人报社总编辑舒文云的魄力，让74岁的卢进至今都很佩服，"报社拟进京邀请一批德高望重、声名响亮，中国音乐界的领军人物前来重庆，开展庆祝'五一'国际劳动节系列慰问演出活动"。

舒文云当时的想法很简单：一方面，提高报纸知名度、扩大影响面，另一方面，净化文艺舞台，引导民众正确吸纳和鉴赏音乐，弘扬民族文化，培养大家对民族、民间音乐的感情。舒文云利用熟络中国音乐家协会时任副秘书长冯卉这一有利资源，派出时任报社通联部主任的罗安贵赴京协调，拟邀请中国音协组团，以民族、民间音乐为主，到重庆"五一"慰问演出的消息很快便得以通报。

"彼时，我们可以说是寂寂无名。"卢进回忆道，让一众报社人喜出望外的是，消息得到大批音乐家、艺术家的热烈响应，他们争先恐后踊跃报名。与重庆渊源颇深的中国音协副主席时乐濛自告奋勇带队并任团长。时乐濛当时是中国人民解放军艺术学院副院长、《歌唱二郎山》的曲作者，重庆解放后他曾任重庆军管会文艺处长、川东军区文化部部长。

接着，时乐濛又以个人名义，邀请世界著名钢琴演奏家刘诗昆出任副团长，著名女高音歌唱家孟于（歌剧《白毛女》喜儿扮演者）为顾问。

团员挑选工作，也在紧锣密鼓地进行。时乐濛又先后邀请著名女高音歌唱家王玉珍（歌剧《洪湖赤卫队》韩英扮演者），著名女高音歌唱家李丹丹，世界著名小提琴演奏家盛中国，著名男高音歌唱家郭颂、王宝璋、姜嘉锵，以及民乐独奏、伴奏人员等共计32人。"这批当时的国内顶尖艺术家，对于来重庆演出热情高涨，他们没向组委会提任何条件。"对于这一点，卢进直呼没想到。

为切实做好组织接待工作，报社主管单位重庆市总工会牵头成立以市总工会副主席韦绍新为组长，报社总编辑舒文云、副总编辑蒋旭中，以及市总工会办公室主任张川耀等为成员的接待领导小组。

盛况·短短7天演出达14场

万事俱备，只欠东风。1985年4月18日下午3时，在万众翘首以盼中，"中国音协赴重庆五一慰问演出团"一行从北京飞抵重庆白市驿机场。

卢进坦陈，接待如此庞大的演出团，报社没有经验可循，只得求助刚成立的重庆中北出租汽车公司支持，"当时，重庆街头的出租车还不多见，中北出租汽车公司慷慨伸出援手，一下派出16辆轿车前往白市驿机场接机"。豪华气派的车队，把演出团拉到当时连空调都没有、设施简陋的袁家岗重庆兵工招待所，上至团长下至演员，大家一视同仁，通通入住两人标准间。

接下来，从4月19日至25日，"中国音协赴重庆五一慰问演出团"在重庆待了7天，分别在重庆市劳动人民文化宫、重庆人民大礼堂、重庆钢铁公司、重庆重型铸锻厂、重庆特殊钢厂、四川仪器仪表总厂和重庆大学等地慰问演出14场。其间，有时一天甚至要安排3场演出，只为满足众多山城群众的观演需求。高质量、高规格、高档次的演出场场爆满，引发全城轰动，当时一票难求，观众总计多达6万余人。

让卢进感动的是，艺术家们不怕劳累，争相奉献自己的成名曲目。直至今天，卢进都还保存着当时的演出节目单：孟于演唱《白毛女》选段、王玉

重庆大学演出时盛况空前（卢进　供图）

珍演唱《洪湖赤卫队》选段、李丹丹演唱《打起手鼓唱起歌》、刘诗昆钢琴独奏《黄河》、盛中国小提琴独奏《梁祝》、郭颂演唱《乌苏里船歌》、王宝璋演唱《在那遥远的地方》、姜嘉锵演唱《黄杨扁担》。与此同时，器乐合奏《金色狂舞》《丰收锣鼓》，琵琶独奏《十面埋伏》，二胡独奏《彩云追月》，唢呐独奏《百鸟朝凤》等一曲曲耳熟能详的歌声和乐曲，拉近了观众与艺术家的距离，现场产生强烈共鸣，演出受到群众空前的欢迎和广泛赞誉。

刘诗昆倾情演绎（卢进 供图）

时乐濛为乐迷签名（卢进 供图）

演出过程高潮迭起，艺术家在台上演唱或演奏结束后，热情的观众呼声四起，艺术家们只得一次又一次返场。自发献花的观众也络绎不绝，原定每场演出控制在两个半小时，可是几乎场场都会超过3个小时。

空前的盛况，在卢进的意料之中，也在意料之外，"演员们为赶时间，午场下来无法卸妆，赶紧草草扒几口饭，又抢上晚场"。不仅如此，为让更多一线工人欣赏到艺术家们的精彩演出，时乐濛团长临时决定，把演出团分成两个小队，分别深入到矿山、车间、码头、学校和商场等地，把歌声和欢乐送到人们身边和心坎上。在重庆大学演出时，只能容纳8000人的风雨操场，一下涌进附近几所高校上万名师生。

圆满·精打细算完成高规格演出

著名钢琴演奏家刘诗昆是演出团的重量级人物，重庆观众对他的演出满

一张演出节目单背后的渴望

心期待。

"刘诗昆钢琴独奏需要一台卧式钢琴。"卢进清楚地记得，但让重庆人汗颜的是，从民间找到机关、从演艺团体找到大专院校，偌大一个重庆当时竟然找不出一台可供演出使用的卧式钢琴。不得已，主办方只好征求刘诗昆意见，从重庆群众艺术馆借来一架20世纪40年代初英国生产的立式老钢琴，权当演出之用。

首场演出在重庆市劳动人民文化宫影剧院举行，当刘诗昆上台演奏《黄河》时意外发生：由于刘诗昆太过专注和投入，这台历经漫长岁月的立式老钢琴，哪里架得住他的铿锵激情。

"当雄浑昂扬的《黄河》乐曲刚刚奏响，钢琴右前腿突然断裂，琴身顿时倾斜。"卢进负责全程照相，演出戛然而止，台上台下一片茫然。突如其来的状况，大家一时竟不知所措。后台工作人员赶紧找来几块砖头，手忙脚乱把钢琴垫平，演出才得以继续进行。"经过这一变故，刘诗昆变得小心翼翼，再也不敢太用力弹奏了。"卢进笑言。

演出活动的成功，也让临别欢送会的级别一再升格，先由重庆工人报社改为重庆市总工会，最后时任重庆市市长肖秧亲自拍板，以市委、市政府名义宴请演出团，他和时乐濛在欢送会上还分别发表热情洋溢的讲话。

此次慰问演出，得到重庆钢铁公司、重庆特殊钢厂、重庆重型铸锻厂、四川仪器仪表总厂4家企业的慷慨解囊，每家出1万元赞助费。"因为经费紧张，演出团在渝期间去哪个单位演出，交通和就餐就只能由该单位负责安排，靠着这筹集而来的4万元经费，我们精打细算，圆满完成这次高规格的慰问演出活动。"谈及此事，卢进仍满脸自豪。

为感谢艺术家们的不辞辛劳，张川耀代表主办方与团长时乐濛、副团长刘诗昆和顾问孟于沟通，决定给予他们微薄津贴。"几位领导最初一再推辞婉拒，后见我们一再坚持表明诚意和感激，方才应允。"卢进说，当时的场景，至今仍烙印在他的脑海。

赶赴200万年前的"约会"

张桂林　周闻韬

1986年11月29日，在重庆举行的新闻发布会上，长江三峡科学考察队正式向世界公布考察结果：在长江三峡的巫山龙骨坡发现了距今约204万年的"巫山猿人"化石。据这些重要发现及后续研究成果，研究员黄万波提出"在200万年前龙骨坡有古人类存在""巫山猿人是目前亚洲发现的最早的古人类""亚洲最早的古人类生活在三峡地区"等学术论断，挑战了考古界认为直立人起源于非洲的观点，在全球考古学术界掀起有关人类起源的大讨论，将中国的史前文化向前推进了100万年。

讲述人

黄万波，男，中国科学院古脊椎动物与古人类研究所研究员，重庆自然博物馆特约研究员，重庆龙骨坡巫山古人类研究所所长，曾主持和参与"巫山人""蓝田人""和县人"等古人类化石发掘工作，在古人类研究领域成绩斐然。其中，"巫山人"被认为是目前已知的东亚最古老的人类。黄万波曾获中国科学院首届竺可桢科学奖、国家自然科学三等奖、裴文中科学奖、振兴重庆争光贡献奖特别奖等。

晨光漫过庙宇平坝边缘的山林，透过一处钢棚屋顶，打在坑坑洼洼的坡地里。几位年轻的考古队员半蹲在探方坑内，手拿铲子小心翼翼地掘起土石，一块块大小不一、凹凸不平的石块，被他们拿在手里摩挲着、观察着。一旦感觉到不解或异样，他们就会拿着石块，走向站在方坑边缘的一位老者。

老人个头略矮，头戴鸭舌帽，脚蹬解放鞋，瘦削的身体穿着工装，肩挎着工具包，显得整洁而有型。"黄老师，您看看这个！"听到队员的喊声，他健步迎上去，接过石块在手中端详，很快就清晰地说出了自己的判断。

长江三峡腹地的重庆巫山县，绵延群山环抱下，一个数平方公里的小盆

考古发掘队队员在龙骨坡遗址工作（唐奕　摄）

地内，坐落着一个叫庙宇的小镇。在这个全国重点文物保护单位——重庆巫山龙骨坡遗址新一轮考古发掘现场，92岁的中科院古脊椎动物与古人类研究所研究员黄万波，再赴与两百万前的古人类的"约会"。

探寻东亚古人类

人从哪里来？

国际学术界普遍认为，人类的祖先源自非洲，亚洲直立人是从非洲扩散而来，中国的早期人类历史最早也只能上溯到距今约170万年的元谋人。

黄万波并不认可这一观点。"因为从中华大地的地质背景看，这里有适合早期人类生存与发展的生态环境。同时，云南、川东、鄂西和陕南等地也多次发现古猿化石及直立人化石。"在黄万波看来，中华大地的直立人祖先不一定在非洲，其年代也不只限定在100万年。

中华大地的版图上，何处能寻找到最早的古人类？广袤大地上，留下黄万波奔波寻觅的串串足迹——黄万波先后考察过全国各地数以千计的洞穴，还曾前往东非大裂谷等许多国家和地区考察。

重庆市巫山县庙宇镇拍摄的龙骨坡遗址考古发掘区（唐奕 摄）

早年，他长期在黄土高原考察。1963年，他和团队先后在陕西发现了80万年前的蓝田猿人下颌骨，后又发现了115万年前的蓝田猿人头骨；1972年又在陕西长武县，发现了4万年前的长武智人化石。1979年起，黄万波把工作重点转移到华南。1981年，在安徽省和县陶店镇龙潭洞，他和同事们首次在长江流域发现了完整的直立人头盖骨。紧接着，黄万波又把目光瞄向了家乡所在的长江三峡地区。

"200万年前，长江大三峡地区还是盆地，有森林、草地和小河，具备猿人生存的自然条件。三峡地区可能会揭开早期人类活动的奥秘。"经过长期研究，黄万波提出了这一猜想。

验证猜想的第一站是万县（今万州区）盐井沟。"盐井沟本是个不起眼的山村，却在20世纪20年代被写入西方经典古生物学史册。因为1921年至1926年，美国考古学家葛兰阶只身进入三峡腹地考察，在此发掘大批龙骨。龙骨被认为是一味中药材，其实就是哺乳动物化石。"黄万波说，"既然1926年葛兰阶能挖到那么多化石，我们也能有收获。"

他们在盐井沟平坝老屋苞找到一处石灰岩裂隙，并发掘出多种哺乳动物化石，其中最令人兴奋的是一副完整的巴氏大熊猫骨架。"但是，这距我们的初衷——寻找人类化石，还很远。"

黄万波曾在一篇文章中了解到，湖北建始高坪有个龙骨洞，洞里发现过巨猿和猿人的牙齿化石。建始和巫山分别位于一座山的南坡和北坡。北坡的巫山会不会同样能够找到远古人类的踪迹呢？

1984年那个炎热的夏天，巫山县庙宇镇龙坪村

黄万波（左一）与考古发掘队队员沟通发掘情况（唐奕 摄）

迎来了一群特殊的人，黄万波担任领队。当地人带领他们到了山民们大量抢挖"土龙骨"的一处坡地上，当随处可见的灰白色化石骨渣出现在考古队员眼前时，大家被震住了。这正是大家四处寻觅的"龙骨"，有乳齿象、剑齿虎、爪蹄兽、最后祖鹿等，它们都是早已灭绝的物种。黄万波凝视着它们，认为"这个坡地具有重要的科学研究价值"，随即给它起了个名字——龙骨坡。

赶赴200万年前的"约会"

经过准备，1985年10月，由中科院古脊椎动物与古人类研究所、重庆自然博物馆和万县地区、巫山县文物管理所组成的长江三峡考古队，展开了对龙骨坡的发掘。10月13日上午，趁发掘队员们工间休息时，黄万波对化石进行初步鉴定和分类。一颗比蚕豆粒稍大的动物牙齿，引起了他的注意。粗看，它像猪的牙齿，但齿冠外壁较直，从咀嚼面上的齿尖圆钝、釉质层厚等性状来看，与猪牙不同，它是一颗巨猿的牙齿。这个发现令考古队员们激动不已。

巨猿，大型灵长类动物，半直立，在动物演化谱系上，归属于人科，它的生存年代几乎与猿人处于同一时期。在随后的发掘中，考古队又发现了一段带有两颗臼齿的灵长类下颌骨化石；继而，又在发掘地发掘出了两件石制品，一件为砸击石锤，一件为砍砸器，同一层位还出土了116种哺乳动物化石和有明显加工或使用痕迹的骨器。经中科院地质研究所、北京大学考古系和美国及加拿大等国的专家测定，龙骨坡遗址距今约248万—180万年。

1986年11月29日，在重庆举行的新闻发布会上，长江三峡科学考古队正式向世界公布考察结果：在长江三峡的巫山龙骨坡发现了距今约204万年的"巫山猿人"化石。

　　黄万波推测，这种被称为"巫山猿人"的早期直立人，当时生活在温暖潮湿、森林密布的巫峡高地，他们用简单的石器狩猎和采集，与巨猿和其他百余种动物共同生存。

　　龙骨坡化石和石制品的发现，对认识东亚地区古人类的起源和发展具有重要的学术意义，在国际上引起强烈反响。美国《科学》杂志评论称，这一发现改变了人类演化史。因为此前，国外学术界公认人类均起源于非洲，直立人来到亚洲的历史仅几十万年。由此，不但东亚直立人演化历史得以向前推进100多万年，非洲单一起源说也面临挑战。

重返龙骨坡

　　"由于发现的'巫山人'左下颌骨残段化石的形态学特征有一定程度原始性，对于巫山人'是人是猿'，学术界一直存在争议。"黄万波坦言，为了获取更多证据，在接下来的30来年里，考察队几次重返龙骨坡。"不同的学术观点是推动科学发展的动力，激励着自己再一次叩开龙骨坡的大门。"黄万波说。

　　经国家文物局批准，2023年8月16日，龙骨坡遗址正式启动第五阶段发掘工作。92岁高龄的黄万波再次回到了这片熟悉的土地。

　　从1984年到2012年，龙骨坡遗址前4个阶段的系统发掘中，据不完全统计，共发掘出哺乳动物化石116种，石器超过1000件，为探索三峡地区早期人类的技术模式和行为模式提供了重要的研究材料。从酷暑到初冬，黄万波和队员们一道住在庙宇镇上的一家旅馆，每天上午8点"开工"，每周工作6天，为青年学者提供技术支持。发掘期间的每周五晚，他还会在镇上的办公室内给队员们上一堂课，同大家分享自己对龙骨坡遗址和古人类研究的思考。

　　"考古工作者在学习理论知识的同时一定要多走进田野，加强野外调查，对于史前文化遗址尤其如此。龙骨坡遗址中的动植物化石是我们了解200万年前生态环境情况的最直接证据，一点信息都不能漏掉。"黄万波说。透过黄万波的目光，记者看到了古人类学的永恒力量与秘密。他始终精力旺盛，说起不断涌现出的新发现，常带有一种压抑不住的兴奋。

"龙骨坡遗址灵长类动物的思维能力达到了什么程度？对于揭示人类发展进程有何重要意义？许多谜团等待着我们继续破解。"黄万波说，人类能在进化中脱颖而出，从和动物一般生活到如今高度发达的文明和智力，很大程度是因为好奇心和创造力，了解人类源起的意义也在于此。

2023年11月2日，龙骨坡遗址考古发掘中期评估会召开，对本轮考古发掘项目阶段性成果进行评估。多位参会的考古界专家们认为，此次发掘获取了数量可观的石制品材料，并留下了清晰的遗物地层、三维坐标、产状等信息，为人类起源与演化、环境演变等问题提供了重要印证，对今后的保护和利用具有重要意义。会场内的黄万波认真倾听，对下阶段研究方向又提出了新的思考。

结束龙骨坡阶段性考古的黄万波，回到位于重庆北碚的家中后，一刻也没有闲下来，"我们正抓紧对新发现材料进行深入研究，同时也在考虑申报新一轮发掘任务"。从青藏高原到东海之滨，从南海岛屿到黄土高原，如此剧烈的环境变化，更加深了黄万波对幅员辽阔的故土自800万年前就有人类活动的信念：在有生之年，他要力争有更多发现，以求填补600万至300万年前的人类化石空白。

"之所以这般执着，是因为我坚信：这一切很有价值，很值得我去做。"黄万波说。

37年守护"万里长江第一索"

蒋炀

1987年10月24日，长江索道作为重庆城市公交设施正式投入运营，以缓解市民"出行难"问题。这是我国自行设计、制造的第一条大型跨越长江的客运索道，是山城重庆独有的城市交通工具。

讲述人

张建，男，重庆市客运索道有限公司安全技术部党支部书记、高级技术经理。

在重庆这座立体的山城，长江索道穿梭于天际，以其独特的方式连接着两岸的风景与人文。自1987年10月24日建成通车以来，长江索道作为这座城市的标志性交通工具，不仅承载着重庆人的日常出行记忆，更见证了这座城市从工业重镇到旅游胜地的华丽转变，成为这座城市不可或缺的文化符号。

张建，这位被誉为"索道医生"的机务技术人员，37年如一日守护着这条过江生命线，用他的半生牵挂和不懈努力，见证了索道的每一次变迁和飞跃。他的故事，是长江索道从诞生到繁荣，再到转型发展的生动缩影。

独特索道结下不解之缘

1987年7月，21岁的张建从重庆机器制造学校机器制造专业毕业后，被分配到长江索道担任见习技术员。此时，这条国内最长的跨江索道正处于调试阶段。第一次站在检修平台前遥望对岸，张建感觉有点兴奋，他没有想到，未来的几十年职业生涯，他将与长江索道紧密相连，在江上工作会成为家常便饭。

国内索道专家石奉强是长江索道的总设计师，张建至今还清晰地记得，自己站在石奉强的旁边，认真学习如何操控和检修的场景。"老一辈对待工作的细致和严苛，让我终身受益。"回忆起当时在石奉强的指导下参与索道调试工作，张建至今获益匪浅，"石老带着设计团队反复摸索，研究出了安全简易轻便的支索器，为长江索道设计了一系列创新设备，使这条全长1166米的索道成为我国第一条自行设计、制造、安装、调试的双承载双牵引索道，安全系数极高。"张建说，在设置索道运行速度时，从每秒运行1米到10米都测试过，反复试验了上百次，最后得出结论，每秒6米的速度是最安全、最舒适的，对设备的震动和磨损也最小。这个速度一直沿用至今。

每次身处检修平台，张建都会专注地观察轿厢的运行轨迹，检查它们前后左右的摆动角度是否正常。对于普通人来说，导向轮衬与钢丝绳摩擦的声音有点刺耳，张建却能从中听出索道运行的异常，这是他多年经验的体现。他解释说，就像有经验的司机能从汽车的响声判断问题一样，他也能通过听和看来判断索道机械存在什么问题。

1987年10月24日，长江索道通车典礼（重庆市客运索道有限公司　供图）

1994年11月14日，这一天对于张建来说至今难忘。在对索道的例行检查中，发现索道的滚子链出现故障，若不及时修理，将会存在安全隐患。张建果断决定立即抢修。他和团队通过分段拉链节的方式，经过三天三夜的抢修，终于排除了故障。"当时累得已经顾不上天气阴冷，直接躺在地上就睡着了。"张建说，如今，长江索道都是进行预防性修理，37年来无一起安全事故。

曾被市民亲切称为"土飞机"

也就是在张建踏上工作岗位的那一年，长江索道开启了崭新篇章。

1987年10月24日，长江索道通车。那天，张建穿上西装，打上领带，与同事们共同庆祝这一历史性时刻。市领导剪彩，气球升空，轿厢上挂着象征喜庆的红绸，如同过节一样热闹。

重庆的长江索道被国内媒体誉为"万里长江第一条空中走廊"，成为全国瞩目的焦点，其极大地改善了渝中与南岸之间的交通状况。过去，两地间的交通工具主要是公共汽车和轮渡，速度慢且受天气影响。索道的建成，让市民能够快速、便捷地穿梭于两岸。尽管当时8角钱的票价高于公共汽车票价，但人们对这种新奇的交通方式充满好奇，纷纷选择乘坐。

"特别是遇到大雾、涨水等情况，长江封航、市民无法乘坐轮渡时，渝中的乘客队伍能从新华路排到小什字，而南岸也排到了上新街，两

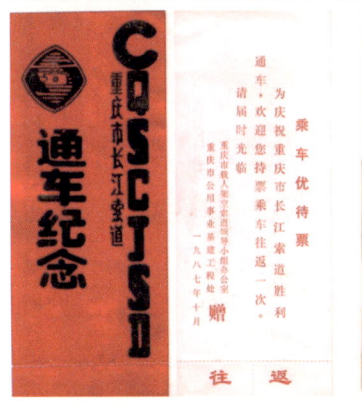

长江索道通车和通车纪念车票（重庆市客运索道有限公司　供图）

37年守护"万里长江第一索"　203

三百米的长龙时常可见。"张建说，人们还给长江索道取了一个昵称——"土飞机"，因其在江面上空运行，给人带来了一丝刺激。

长江索道不仅是重庆的交通标志，更是城市发展和人们生活方式变迁的见证者。张建感慨地说，37年来，他亲眼目睹了这一切的变化：上新街周边的老厂工人们，家在渝中区的，每天早晨，提着豆浆、油条，夹着报纸匆匆乘索道去上班，成为一道独特的风景。新华路一度成为热闹的批发市场，商贩们带着商品乘坐索道，虽然忙碌，却也享受着空中走廊带来的便利。年轻的恋人们则选择在索道门口约会，共同欣赏美丽的江景。

20世纪八九十年代，索道站房曾是周边最高的建筑。然而，随着城市的发展，索道站房不再"一楼独高"，逐渐被高楼大厦所包围。但长江索道依然矗立在那里，连接着两岸，见证着重庆的过去与未来。

交通工具变4A景区

20世纪90年代末，随着企业破产、出租车和私家车的增多，以及菜园坝长江大桥的修建，重庆长江索道的客运功能开始逐渐弱化。面对新形势，2005年，长江索道逐渐从传统的交通功能向旅游功能发展。公司组织人员前往泰山、黄山等知名景区考察，学习旅游索道的管理经验，对长江索道按照景区标准进行改造。随着长江两岸城市建设的提档升级，索道的地理优势逐渐凸显。多部电影如《周渔的火车》《疯狂的石头》《好奇害死猫》等在重庆拍摄，长江索道都成为影片中的重要元素，提高了知名度。

2013年，长江索道开始按照3A景区的标准进行打造，并在2014年1月1日以全新的面貌重新开门迎客。与此同时，其安全设施、购票方式等都进行了现代化升级。2018年初，长江索道景区升级为国家4A级景区，标志着其从交通工具到旅游景区的华丽转变。此后，其客流量不断创下历史新高。

长江索道的发展历程，不仅是重庆城市变迁的缩影，也是城市文化与精神的象征。37年来，索道经历了多次外观的变换，每一次的"变装"都与城市的重大事件紧密相连。最初，长江索道的轿厢颜色是米黄色，1995年7月，轿厢首次换装为蓝色。2005年9月，为了迎接亚太城市市长峰会，轿厢再次被更换为喜庆的红色。2011年，轿厢回归米黄色，同时对LED灯饰和厢内地板胶等设施进行了全面更新，营造出怀旧的氛围。2016 年 7 月，为迎接 2016 世界旅游城市联合会重庆香山旅游峰会，轿厢涂装与东水门大桥的主色调相得益彰。2018 年 8 月，为迎接中国国际智能产业博览会，轿厢涂装融入了中国传统水墨元素和重庆地标元素，展现了重庆的文化底蕴。同年 10 月，长江索道的"秋冬装"以橙黄为主色调，涂装图形由"重庆"二字演变而来，凸显了"山、城"的风貌。长江索道的轿厢设计也经历了变化，从最初的容纳"80+1"人，到现在为了提升乘坐体验，调整为"65+1"人。这一变化，不仅提升了游客的舒适度，也体现了长江索道在重庆旅游发展中走出的一条独特之路。

通过"老带新"，张建（中）对年轻一代的技术人员进行业务指导（重庆市客运索道有限公司　供图）

长江索道在变化中向前，张建也迎来一次次成长。从青涩的技术员成长为重庆市客运索道有限公司安全技术部党支部书记、高级技术经理。作为长江索道的守护人，他将半生牵挂都系于江上悬挂的绳索和来来往往的人流之间。37 个春秋，13000 多个日夜，他就像长江索道上的一颗螺丝钉，默默保障着索道正常运转。

如今，长江索道不再是重庆市民过江的首选，而是成为城市的独特景观，吸引了大批慕名而来的外地游客。他们手持相机，满怀好奇和期待，将长江索道视为重庆的城市符号，记录在自己的镜头里。张建说："索道火了，看索道的人越来越多，它被许多人记在心底。"随着衍生产品和观光巴士的推出，长江索道将继续在城市发展中扮演重要角色。张建和他的同事们也将陪着长江索道继续守护母城记忆，孕育新的生机。

版画映乡愁

姜 峰

> 1988年，原文化部命名原四川省綦江县（今重庆市綦江区）为"中国现代民间绘画画乡"。

讲述人

李成芝，女，重庆市宣传文化"五个一批"人才，重庆市第三批非物质文化遗产项目綦江农民版画代表性传承人，共青团中央办公厅、中国民间文艺家协会联合授予的"全国青年民间工艺能手"。

"碧水沿綦市，扁舟过几城。全家荷安稳，树色隔江迎。"这是清代诗人李天英吟诵的綦江美景。

一方水土孕育一方文化，地处"渝南门户"的綦江，山川秀美，景观众多，历史文化积淀尤为丰厚。在这片土地上，版画艺术如同一条流淌的河流，滋养着这里的文化土壤。

李成芝，这位綦江农民版画的代表人物，以其独特的艺术视角和执着的创作精神，成为这条艺术河流中的璀璨明珠。

用画笔和刻刀，绘制乡村生活动人画卷

在重庆市綦江区农民版画院，李成芝正在专注地创作一幅作品，她先用铅笔在画纸上勾出草稿，再用涂料给草稿上色，然后根据草稿在木板上雕刻出图案，涂上颜料，最后把纸压在木板上，拓印成画。一笔笔、一步步，专注而细致。

李成芝是重庆市第三批非物质文化遗产项目綦江农民版画代表性传承人。她在直接绘画技法的基础上，大量应用了本地民间美术技法，具有浓郁的本土民间风情和生活气息。

"我小时候跟着奶奶学习纳鞋底、刺绣，渐渐喜欢上了绘制各种图案，我的刺绣在村里小有名气。

1988年綦江被原文化部命名为"中国现代民间绘画画乡"（綦江农民版画院 供图）

17岁那年，四川美术学院的老师到村里招收版画学徒，我就报名了。当时条件很艰苦，很多人不理解，被家里人说不务正业，但我就是喜欢这些色彩、线条，一直坚持到现在。"李成芝说，农忙时节，她扛起锄头在田间地头劳作；农闲时，便拿起刻刀木板，把生活的场景刻在木板上，拓印在纸上，再挂在墙上。

从生动描绘赶场、秋收，到温馨描绘养鸡、斗牛，再到细腻捕捉挽线、纳凉等日常生活中的"小场景"，李成芝的作品逐渐拓展到展现民间十大传统节日和孝文化等"大主题"的"大场景"。

在这些作品中，人们不仅能看到綦江农民版画在创作主题和表现形式上的大胆创新，更能感受到李成芝对传统文化的深刻理解和独到见解。作为綦江"版画五杰"中唯一的女性，李成芝投身版画创作40年，她用手中的画笔、刻刀，为乡村生活绘制出一幅幅动人画卷。

创造性转化、创新性发展

21世纪初，一批民间农民版画家在坚持"原始感"的同时，开始尝试"大主题""大场景"创作，李成芝先后完成了《民间十大节日》《家乡的歌》等组画。从过去呈现个体亲历的乡土生活片段，到有意识地从更宏观的视角对巴渝地区特色农耕文化加以归纳、总结、再现，綦江农民版画的艺术层次再上一个台阶。

近些年，綦江农民版画的创作主题和表现形式得到进一步拓展。

李成芝作品《民间十大节日》（綦江农民版画院 供图）

李成芝作品《绿水青山》（綦江农民版画院 供图）

桂焕勇作品《苗家姑娘》（綦江农民版画院 供图）

徜徉于綦江农民版画院精品陈列室，一些标新立异的"枝头春红"引人瞩目：孟传平的《荷》，黑白色调、质朴典雅，一改人们对于农民画"大红大绿"的传统印象，而内容又是巴渝农村常见之景，源于乡土，高于生活；桂焕勇的《远古的巴人》，将创作主题延伸至民间文化的渊薮；黄袁媛的《天长地久》更是"野心十足"，作品原型是基于当地考古发现的"綦江龙"化石，雕刻的时光尺度已逾亿万年。

"过去表现农村丰收的题材，可能画一位农民挑着竹筐沿街叫卖脆李，如今随着城镇化进程加快，描绘的场景就得变成农民在手机前直播带货了。"山东大学工业设计系主任、教授刘燕打了一个形象的比方。她关注、研究现代民间绘画多年，曾多次到綦江实地调研，"随着时代的发展，綦江农民版画创作需要不断聚焦新生活、新风尚，在扎根民间艺术沃土的基础上，真正体现时代变迁和当代精神"。

不仅是綦江农民版画，在刘燕看来，现代民间绘画既要避免题材守旧、过度重复过去的生活场景，也不能失去自身特色，变成"无根之木"，"必须坚持创造性转化、创新性发展，培育澎湃的内生动力"。

以李成芝为代表的版画艺术家们，正有意识地从更宏观的视角审视和再现巴渝地区独特的农耕文化。这些艺术家在艺术创作上不断探索和突破，为綦江农民版画注入了更加旺盛的生命力。

在李成芝看来，创作应该避免题材的守旧和过度重复，既要保持自身的独特魅力，也要坚持创造性转化和创新性发展，这样才能在艺术的道路上走得更远。而创新，是为了更好地传承。

古老的民间艺术焕发新的生命力

李成芝至今难以忘怀，20世纪80年代初，民间绘画在各地蓬勃兴起，美术专业出身、时任綦江文化馆干部的李毅力等人，与四川省美术家协会、四川美术学院等单位的专家一道，在綦江东溪、赶水等10来个乡镇办起农民版画创作班。短短两年，便培训了300余名农民版画创作者，为繁荣綦江农民版画积蓄了人才力量。如今，綦江已拥有上千名农民版画创作者，其中，骨干创作者100余人；成立6个创作团队及产业研发团队，一批优秀作品远赴重洋，在40多个国家和地区展出……

年轻的受众呼唤新作品，年轻化的创作者恰好回应了新需求。如今，新任綦江农民版画院院长，就是毕业于四川美术学院版画系的"80后"——刘月。

"上学时，我就多次跟随老师到綦江写生，对农民版画有着很深的感情和共鸣。"刘月说，研究生毕业后，她毅然决定扎根綦江，从基层干起，面向全区21个街镇综合文化服务中心和近百所中小学进行农民版画的普及推广，每年培训的中小学生达数万人次。

多年来，在"刘月们"的努力下，綦江农民版画薪火相传。綦江区小学、初中、高中均开设了版画课，每年辅导创作版画作品3万余件，以农民版画为主题的公共文化服务活动每年惠及10余万人次。走在綦江街头，广告招贴、施工围挡，处处可见农民版画元素；走进路边店铺，聊起农民版画的技艺和历史，男女老少大都略知一二，一刻一拓间的乡愁，已流淌进綦江人的血脉。

说来也巧，李成芝和爱人当年也是因农民版画创作班而相识、相知、相守。如今，两人的女儿接过前辈手中的接力棒，一边从事农民版画创作、创新，一边参与打造东溪版画艺术街。

綦江蜿蜒流过的东溪古镇，一座座版画创作基地、体验馆等如雨后春笋般在这里拔地而起。

李成芝正在创作版画（綦江农民版画院 供图）

李成芝向前来学习版画的学生讲解版画创作技巧（綦江农民版画院 供图）

当年在东溪书院街小学读五年级的邓巧灵，在学校版画社里第一次接触到农民版画，"刻画、上色、拓印的快乐，让我十分着迷"。后来，到綦江城区上中学的她，每年寒暑假都会回到东溪，在版画馆里重温美好。

"许多城里的老师来这里传授技艺，镇上的艺术氛围越来越浓，我还带同学们来体验过版画制作，大家都觉得很有意思。"邓巧灵说，不仅是东溪古镇，还有古剑山版画艺术村、上厂村农民画室……乡村文化振兴的画卷，在綦江愈发亮丽。

看着女儿在东溪老街传承技艺，看着"邓巧灵们"在一刻一拓间陶醉其中，李成芝仿佛遇到了40年前的自己。

刘月介绍，綦江目前还有十几位像李成芝这样的农民版画艺人。綦江农民版画院自2001年成立以来，不断帮助这些艺人整理、展出作品，像李成芝这样被綦江农民版画院聘请担任专业技师的艺人，在从事日常创作的同时，也教授少儿版画。

"版画院的一个重要使命，是让綦江农民版画这个艺术形式不断传承发扬，我们既要收集和保护老一辈农民艺人的作品，更要推动綦江农民版画艺术的传承。"刘月说，除了在綦江农民版画院开设少儿版画培训班，綦江农民版画还进入綦江区中小学校本课程体系，版画院经常组织艺人走进校园讲授农民版画艺术课程。

"现在，綦江农民版画老一辈艺人和新一代的农民版画作者一同成长，为农民版画的传承发扬保驾护航，使这个古老的民间艺术焕发出新的生命力。从个体农民版画工作室到綦江农民版画院，从田间地头的画作到重庆市对外文化交流名片，在两代人的共同努力下，綦江农民版画正在蓬勃发展。"刘月说。

"川剧之花"梅开三度

别致 刘露

>1989年1月21日，中国戏剧家协会发来喜报，沈铁梅凭借《三祭江》《凤仪亭》《阖宫欢庆》荣获第六届中国戏剧梅花奖，这也是重庆首次获得这一中国戏剧表演最高奖项。

讲述人

沈铁梅，女，中国戏剧家协会副主席、重庆市文联主席、重庆市川剧院院长，第二批国家级非物质文化遗产项目川剧代表性传承人，国家一级演员，曾三次获得中国戏剧梅花奖，两次获文华大奖，代表作品有川剧《金子》《李亚仙》《江姐》等。

"这简直是给我们川剧从业者吃了一颗'定心丸'！"近段时间，尽管行程密集，工作繁忙，但中国戏剧家协会副主席、重庆市文联主席、重庆市川剧院院长沈铁梅脸上未见倦容，反而振奋不已。

原来，川渝人大携手，开展协同立法，推进川剧保护传承，重庆市六届人大常委会第十次会议表决通过了《重庆市川剧保护传承条例》，而四川省十四届人大常委会第十四次会议表决通过了《四川省川剧保护传承条例》，共同对川渝两地建立合作机制、人才培养、文化交流等方面作出规定。

自幼学戏的沈铁梅，眼神格外灵动，谈到川剧立法时，她的眼里更是闪烁起期盼的光。"入行以来，我一直在保护传承川剧中坚守，带领团队耕耘探索、不断前行。"沈铁梅动情地说。

作为传统川剧艺术的继承者和现代川剧艺术的开拓者，沈铁梅一以贯之用自己的方式守护着川剧这枚巴蜀大地璀璨的非遗明珠。

摘梅之路

沈铁梅的名字里有一个"梅"字，似乎生来就和中国戏剧梅花奖有着不解之缘。

1988年，沈铁梅与父母一起坐上重庆驶往北京的火车，汽笛声悠长，列车满载希望，也载着她的期待与忐忑。

彼时，年仅22岁的沈铁梅，虽然已在川渝地区收获各个奖项，但眼看就要参加首届中国戏剧节，站到首都的舞台上进行专场演出，难免感到压力巨大。

压力，不仅来源于对自己资历尚浅的忧虑，也来自各位老师慧眼识珠寄予的厚望。

1985年10月，重庆举办了首届雾季艺术节，曹禺、刘厚生、张瑞芳等文化艺术界名家都出席观看。这次艺术节上，沈铁梅作为青年演员带来了川剧折子戏《凤仪亭》的表演。

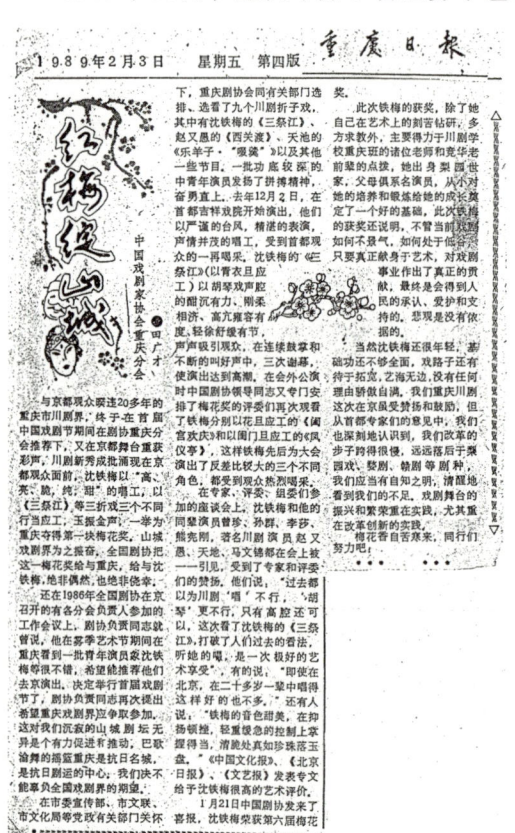

第二天，沈铁梅如往常一般在川剧院内练功，突然有人喊："铁梅！快到对面艺术馆去，老艺术家们想要看看你！"

沈铁梅马上放下行头，一路小跑去艺术馆。"老艺术家们给了我高度的肯定。"沈铁梅自豪地说，"刘厚生老师还建议我去参加梅花奖的评选。"

这是刚从戏校毕业不久的沈铁梅第一次听说梅花奖，她暗暗将其记在了心头。

这一年，川剧院成立了青年集训队，沈铁梅成为集训队员之一。

1989年《重庆日报》关于沈铁梅获得第六届梅花奖的报道（重庆市川剧院 供图）

时间一晃到了1988年，恰逢中国首届戏剧节在北京召开，梅花奖评选在即。整个四川省团名额有限，原本只计划让沈铁梅带一部作品加入省团的演出。但是，要用折子戏参评梅花奖，就必须至少连演三出形成专场。"我能闯出去，真心感谢重庆剧协、四川剧协老师的爱才之心。"一方面，沈铁梅努力多方争取，另一方面各位前辈倾力相助，宝贵的参演名额终于落到了重庆川剧院，这是重庆时隔多年后再一次独立参赛。

"院里将我的恩师竞华先生以及其他老师请来专门再次打磨这几出戏，我们则紧锣密鼓地学习排练。"沈铁梅说，师父竞华是一位对自己有着深远影响的川剧名家，既会编曲，又能作曲。她请师父竞华到家中住下，每日探讨川剧伴奏音乐的提升、声腔练习等。

沈铁梅表演《三祭江》剧照（重庆市川剧院　供图）

秣马厉兵，数月后，带着一声声嘱托和烂熟于心的《三祭江》《凤仪亭》《阖宫欢庆》三出折子戏，沈铁梅就这样第一次坐上了去北京的火车。

"铁梅，你要放松，自己要有把握，放松了演，你绝对会很优秀。"沈铁梅的父亲、著名京剧表演艺术家沈福存在车上安抚她。

"为了备演，我们都没有在北京游览。"沈铁梅说，"那时条件也很艰苦，一家三口住在北京灯市口一家宾馆的地下室，每天房费15元。"

演出当天，再多艰辛压力，在沈铁梅站上舞台时，都烟消云散，川剧在这个年轻女孩的身上释放出巨大能量，打动了现场所有人。她也凭此在1989年1月摘得第六届中国戏剧梅花奖，这也是重庆首次获得这一中国戏剧表演最高奖项。

大部分戏剧表演者毕生难得一次梅花奖，但沈铁梅捧回"一度梅"后，2000年，其改编自曹禺作品的川剧现代戏《金子》，让她二度摘"梅"；2011

年，被誉为川剧版"茶花女"的《李亚仙》，又让沈铁梅"梅开三度"。

川剧革新

在今天所有人都在为"川剧女皇"沈铁梅精湛的表演叫绝时，很难想象她也曾完全不喜欢川剧。

"从小，我在重庆京剧团长大，父亲用京剧的'摇篮曲'培养我，我从三岁就开始唱戏了。"京剧的优美声腔、严谨程式深深吸引了沈铁梅。

"一开始，我是拒绝学习川剧的。我的母亲当时是群众川剧团挑大梁的旦角主演，我经常去看她们的戏。当时，我觉得川剧和京剧的区别就在于川剧太随意了，帮腔、打击乐震耳欲聋，帮唱基本以吼为主。"沈铁梅说。

沈铁梅报考戏校时，正逢当时戏校不招收京剧专业，为了继续在艺术的道路上前行，在父亲的鼓励下，沈铁梅万般无奈只得转考川剧。天资聪颖的沈铁梅，临时跟母亲学了一段川剧《双拜月》，就一举考上了四川省川剧学校的重庆班。

尽管不喜欢粗犷的川剧，但父亲告诉她，只要选择了川剧就要定心学习，不能三心二意。沈铁梅便在学校勤学苦练，每天清晨六点半起床练功，练身段、练舞蹈、练唱腔、练圆场……"一天没有练功，便会觉得自己在退步。"沈铁梅说。

父亲是京剧大家，也是"戏迷"，"他三句话不离戏，几乎随时都在琢磨戏"，父亲这种执着磨戏的精神影响了沈铁梅。早在学习阶段，沈铁梅就展现了守正创新的能力。"我觉得川剧以前的唱腔发声不好听，我告诉自己要把川剧唱美，让观众入耳，但是又保留川剧唱法本身的味道。"沈铁梅说，学校老师们对她的唱法予以认可，她也成为班里第一个登台演出的学生。

在沈铁梅40余年的演艺生涯中，方向至关重要，有了明确的目标，才能创造更好的机遇。

在选择川剧这条道路后，沈铁梅就全身心投入进去，变不喜欢为热爱，在全新的领域掌握最专业的技术、博出最亮眼的风采。问及沈铁梅第一次冲击梅花奖在北京演出紧不紧张时，她答："我打的不是没准备的仗，掌握了这个戏各方面表现的能力，在技术上就不会紧张。"

如今，成为重庆川剧事业的"掌舵人"后，沈铁梅仍然秉持着"把握好方向和坐标，在川剧的正道上行稳致远"的理念，带领团队对川剧进一步的发展不懈探索。

现代川剧如何发展，这是沈铁梅近年来一直探索的课题。川剧是昆曲、高腔、胡琴、弹戏、灯调"五腔共和"形成的艺术，但其中乐器伴奏方式的问题并没有完全解决，所以沈铁梅一直带着团队研究，希望寻找最契合的乐器，优化弹戏、胡琴的伴奏方式，提升音乐性和剧场效果。而在现代戏的创作上，让沈铁梅第二次获得梅花奖的《金子》，则是他们对现代戏"戏曲化"创作的探索。在《金子》中，变脸、藏刀、踢袍等川剧绝活的加入，是为了进一步表达人物状态，让演出更具生命力；手绢的使用，则是替代传统舞台的水袖，形成戏曲节奏。

2000年，沈铁梅获得第十七届中国戏剧梅花奖（重庆市川剧院　供图）

美美与共

1988年，当《凤仪亭》在北京被唱响时，悦耳的唱腔博得满堂彩。

2004年，《凤仪亭》的唱词"汉室王业岂偏安……"在荷兰阿姆斯特丹皇家音乐厅响起，沈铁梅带着川剧与西方交响乐融合的《凤仪亭》征服了海外观众。这不仅是川剧的跨界融合实践，也是推动中华优秀传统文化走向世界的重要一步。

"我就是要抓住一切机会，把川剧通过不同方式推广到世界去，让大家了解川剧的魅力。"把川剧推向世界，让海外观众走近中国的传统文化是沈铁梅毕生所求。

2012年7月，美国林肯艺术中心，沈铁梅在《凤仪亭》歌剧交响乐中饰演貂蝉（重庆市川剧院 供图）

德国、美国、英国……一场场演出接连不停，沈铁梅更加理解了"越是民族的越是世界的"这句话。"我们需要建立文化自信，不要去担心别人听不懂、不接受。"沈铁梅说，"你能从他们的眼睛里看到他们对中国文化的热情。"

长期以来，沈铁梅都在深耕川剧的创造性转化和创新性发展，赋予传统川剧在现代背景下新的生命和意义，让其得到更好的保护、传承、发展、壮大。

对沈铁梅而言，川剧事业承载了父亲的启迪、恩师的教诲，更承载了中华民族的基因和血脉，一代代戏剧人的传承坚守、推陈出新，才让川剧这一巴渝文化的符号为重庆文化史写下浓墨重彩的注解，让传统文化得以焕发新生。

已故著名剧作家魏明伦曾对重庆川剧良好的发展势头点赞："重庆的川剧现在是发展壮大了，而且越来越好，一部《金子》就囊括了那么多大奖，了不起！我认为重庆川剧真的崛起了……"

"飞"向世界的重庆

陈之惠（讲述）　汪茂盛（整理）

1990年1月22日，重庆江北机场建成通航，邓小平同志题写"重庆机场"名。

讲述人

陈之惠，男，重庆市人大常委会原副主任，曾任原重庆市计划委员会党组书记、主任，原重庆江北机场建设领导小组副组长。

重庆江北国际机场（简称"江北机场"）位于重庆市渝北区两路街道。江北机场是西南地区三大航空枢纽之一，是中国十大机场之一，也是世界百强机场之一。

重庆民航起始于1928年。当广阳坝、珊瑚坝、九龙坡等机场陆续停飞后，作为本埠历史上最重要的机场——1939年6月建成的重庆白市驿机场一直都是重庆对外的空中桥梁，也是国内当时仅有的4个国际民航机场之一。但是白市驿机场的泥结石跑道，长度只有1150米，宽100米，1966年7月，

20世纪80年代，正在紧张建设中的重庆江北机场（重庆日报　供图）

进行了一次扩建，扩建成混凝土跑道，有2200米长，45米宽。白市驿机场的缺点是净空条件太差，每到冬春两季大雾弥漫，机场经常关闭，严重影响重庆对外交通。当时有这样一个故事：20世纪60年代，化工局杨宗祥副局长带领考察团到法国考察，团员坐火车到北京后坐飞机走了，团长想从重庆坐飞机到北京，由于延误，团员们都到了法国了，团长还在重庆。

避免天气影响　　立志打造全天候机场

1982年，我陪同于汉卿市长赴法国图卢兹签订《重庆—图卢兹建立友好城市关系议定书》，这是重庆市和国外城市达成的第一个友好城市协议。博迪市长很热情，第二年冬天就到中国来，到了上海后，就跟于汉卿市长通电话，想到重庆看看。由于白市驿机场浓雾弥漫，机场关闭，他在上海等了3天，最后只好非常遗憾地回法国去了。这事引起了市领导的高度重视，觉得应该修一个全天候的机场。

1983年，副市长兼市计委主任刘隆华也觉得白市驿机场制约了重庆的对外开放，应该搞一个全天候的机场。但是，那个时候重庆没有经费。怎么办？我就跟刘隆华商量："能不能想法到国外借款呢？"她说："我这次参加计划会，他们给我通报了个消息，厦门机场就是用科威特贷款修建的，我们通过外经贸部一起争取国外政府的贷款来修新机场。"我说这是个好事情。我在计委工作这么多年，我也知道，新修机场必须要开展认真扎实的前期工作。所以我马上把重庆国际机场前期工作的筹备小组成立起来，调办公室主任任筹

20世纪90年代，新建成的重庆江北机场T1航站楼全景（重庆日报　供图）

备组组长，从事调查研究、论证、收集有关资料等工作。

新机场为什么要选址江北县（今重庆市渝北区）呢？当时我们找市建委搞规划的同志，询问他们对新机场选址的看法。他们说，过去曾有过一个设想，在江北县台地上修建一个机场。刘隆华副市长亲自带领市计委、市规划局、市经贸局、四川民航局和江北县的领导同志冒着飞飘的雨雪，查看了江北县两路镇机场建设场地。

1990年1月22日，重庆江北机场正式通航（重庆日报 供图）

打牢建设基础 修机场前先扩建水厂

由于前期工作做得比较好，1984年1月16日至19日，于汉卿市长带领市计委、市规划局、市经贸局、四川民航局的负责同志到北京向中央有关部委汇报新建重庆江北机场的有关问题，这次赴京汇报得到国家有关部门的大力支持。

按照市领导的指示，1984年3月初，我起草了《关于新建重庆江北民航飞机场的项目建议书》。经过各方面的努力，1984年12月24日，国务院、中央军委正式批准重庆江北机场建设立项。1985年1月23日，原国家计委（今国家发展和改革委员会）下达重庆机场设计任务书。

拿到设计任务书后，我们迅速成立了机场建设领导小组和办公室。于汉卿市长任机场建设领导小组组长，任命我担任机场建设领导小组副组长兼办公室主任，市建委詹述权主任和四川民航局周顺福副局长任副主任。我负责总协调、资金筹措、国家统配材料的筹措，詹述权负责施工的总指挥，周顺福负责和民航局及新老机场衔接协调。

把机场放在江北县，最困难的是开展基础设施。我们当时的第一个任务是把江北县的水厂扩建好，把施工用的电站赶快建起来，还要把通向施工现场的道路修好。

修建机场最困难的事情是征地。在征地时，我就想，我们要建大机场，应该把第一跑道、第二跑道的地都征了。当时征地拆迁一亩地只有一万多元，要做好1000多户人家的拆迁安置谈何容易。于汉卿市长亲临现场解决了一些事情，其他市领导也夜以继日地做拆迁安置工作。经过深入细致的工作，终于完成了征地任务。

当时机场选在江北县台地上时，有许多沟壑，最深的地方有30多米，所以土石方工程量很大，有1420万立方米。此外，各类建筑物达8.8万平方米，各类构筑物达31.4万立方米，各类管线达350公里，主要设备安装多达5320台。工程量大，时间要求又急，我们决定面向全国公开招标。最后，中标单位用最新型的设备快速推进项目建设。

坚持自力更生 "顺便"建起全市首条高速公路

各项准备工作完成后，1985年11月30日凌晨，国家民航总局（今中国民航局）曹汝价司长赶到重庆江北机场施工现场，宣布重庆江北机场开工建设的批文。在"轰隆隆"的爆破声中，机场正式动工建设了。

我们要建现代化的国际机场，需要借鉴外国经验，解决跑道基础建设中密实度的难题。跑道既不能打得很硬，否则容易发生断裂和脆裂，也不能打得很松，否则将来容易下陷，所以要不松不紧。道面拉毛需要使用进口设备，结果用土办法解决了。另外，机场建设还需要现代化的通信设备、导航设备、气象设备、消防器材和跑道边灯等，我们下决心从国外引进，以保证机场安全运行。当时，我们决定到世界上民航最发达的美国去看看。

重庆江北机场的建设项目获国家批准后，有不少国外工程公司愿意承建。美国最大的建筑公司柏克特公司曾来重庆找过我，表示想要承建江北机场，报价是5亿美元（时值人民币50亿元），建设时间为5年。我们的经费远远不够，怎么办？于是，经国家计委和国家民航总局研究决定，由我国自行建设，但我们缺乏建设现代化机场的技术和经验。

经市领导和国家民航总局同意，1986年3月，由我带队，四川民航局副局长周顺福、国家民航设计院江北机场总设计师布正伟、重庆机场建设总公司刘晖明和市外事办公室翻译苏小愿一行5人，应美国柏克特公司邀请赴美国考察。通过参观和考察学习，我们对怎样建设和管理未来现代化的江北机场心中有数了。回来后，我就正式向柏克特公司表态，决定自己干。最后，机场用了4年零2个月建成，花了3.79亿元，仅相当于柏克特公司报价的7%。而且我们自己干，还培养了一批人才。

重庆江北机场建设过程中，机场建设领导小组组长于汉卿市长始终和我及领导小组办公室其他同志，致力精心解决好机场建设中遇到的所有重大问题。国家民航总局有关负责人多次到重庆机场建设现场帮助工作。江北县有关负责同志全力支持机场建设工作。市领导也多次到国家计委申请机场建设资金的拨款工作。

我和于汉卿市长到法国图卢兹的时候，发现他们的高速公路确实好。我就想，我们修机场，还需要修建一条高速公路与之相配套。市中区到江北机场有26公里，交通局奋战3年，在机场建成的前一个月，机场高速公路正式通车，这是重庆第一条高速公路。

1989年初，我向肖秧书记报告，请他请邓小平同志为机场题字。4月12日，邓小平同志书写了"重庆机场"四个大字，用保密信函寄到市委办公厅。我们把它放大，制作成金光闪闪的大字，悬挂在重庆江北机场的大门口上面。我们尊重邓小平同志的意愿，题字下面没有落款他的名字。

1990年1月22日，重庆江北机场正式开航，全国人大常委会廖汉生副委员长亲临江北机场，参加了开航的剪彩仪式。

续写全国首个
双拥模范县的故事

范圣卿

> 1991年1月，新中国成立后第一次全国拥军优属、拥政爱民工作会议在福建省福州市召开，国家民政部和解放军总政治部授予10个单位"双拥模范城（县）"荣誉称号，而江津是全国第一个"双拥模范县"。

讲述人

王忠德，男，原江津县委常委、宣传部部长，江津县副县长；原江津市委常委、常务副市长；重庆市江津区政协原党组书记、主席。

重庆市江津区是聂荣臻元帅的故乡。

聂帅十分眷念家乡，关怀着家乡的建设，晚年回忆起故乡江津，欣然题词："江津是个好地方！"

作为元帅故乡，江津人民对拥军优属充满感情，新中国成立75年来，一个个"军民鱼水情"的故事，在江津大地传唱。

炎炎夏日，重庆市江津区滨江路，江水在晚霞的辉映下显得五彩斑斓。江中的航船，江上的大桥，江岸的树木，江边的广场舞，公路上车水马龙，街边人来人往，构成了江边城市特有的风景。

江津区退役军人事务局的办公室，就在交通便利的滨江路上。

在办公楼二楼的陈列室里，72岁的王忠德认真参观着双拥展品。当他看到金色的"双拥模范县"奖牌时，脚步就此停顿，凝神注视了起来。

当年，他见证了江津获得此荣誉的全过程。忽然，记忆涌上心头，感慨万千之余，他的眼眶也不知不觉湿润了……

为参加全国双拥晚会 专程去双流定制花灯

1991年1月，全国第一次"双拥工作会议"在福建省福州市隆重召开。大会命名表彰了全国10个"双拥模范城（县）"，邓小平亲自为"双拥模范城""双拥模范县"题写牌匾。10个获表彰的地方，其他9个都是市，唯有江津一个县。九市一县，江津是全国首个"双拥模范县"，这一殊荣，全国独一份，含金量非常高。

时任江津县（今江津区）委副书记的唐昌放代表江津去福州参加会议，并领回了奖牌。事后，唐昌放告诉王忠德，那个年代快递不发达，他担心运输会损坏奖牌，于是回程时便将奖牌包好后又用绳子绑好，上飞机、坐汽车都不离身，一路把奖牌背回了江津。

同年1月中旬，"心连心"双拥晚会在北京举行。时任江津县县长的康纲有代表江津，去北京参加这一盛会。双拥晚会舞台前，悬挂着10盏标有城市名和县名的具有地方特色的大花灯，其中一盏花灯上，醒目地标识着——江津。

"这盏标明江津的花灯，是在晚会举行的前10天左右，我和管昌海（时任县文化局局长）、林桂春（时任县文化馆馆长）一道，按舞台布置的要求，专程联系定做的。"王忠德回忆道。由于时间紧，要求高，还要及时送到舞台现场，因此他们选定去当时成都的双流县定做。

双流有做花灯的民间工艺，又有机场，做完后可以及时托运。于是，王忠德一行人来到双流，按照飞机货舱入口的大小尺寸，找到工匠师傅商谈，加班加点做好了花灯。

随后，几人在双流机场把花灯办理好托运，并和北京方面负责舞台装饰的同志作了衔接，保

| 为双拥晚会做的花灯（王忠德　供图）

续写全国首个双拥模范县的故事

证提前将花灯送到演出现场。康纲有从北京回来后谈及此事，说现场的10盏花灯各有特色，江津这盏虽然体量要小一点，但地方味道特别浓。

赴京参加双拥工作座谈会　成为西南地区唯一参会代表

1994年2月，全国双拥工作座谈会在北京召开，全国推选了10个地方，由军地各派一名代表参加会议。江津作为西南地区唯一的一个"双拥模范县"，也将派代表参会。时任中共江津市委常委、常务副市长，江津军地共同成立的双拥工作领导小组副组长的王忠德被选为代表，和当时的驻津部队首长邹云华一起，肩负着江津军地双方的共同重托，前往北京，参加座谈会以及相关活动。

"座谈会上，我们对江津开展双拥工作的情况和体会作了汇报，并对继续做好双拥工作谈了努力方向和工作目标，突出了在双拥工作中务实全面、创新发展的作法和成效。"王忠德回忆道，"除了会议，2月5日晚上的双拥晚会（即1994年军民迎新春文艺晚会），同样令人难以忘怀。"

"那天下午5点半，我们按照安排从宾馆出发，准时到达中国剧院。"王忠德说，"演出开始前，中央领导亲切接见了与会代表，表达关怀，并强调要继承和发扬双拥的光荣传统。"晚会正式开始后，演出内容精彩纷呈，全场的掌声，一浪高过一浪……

时光匆匆，岁月如歌，青山不老，江水奔流。在此后的33年中，江津始终如一地抓好双拥工作，在双拥实践中，不断提升认识，不断丰富内容，不断创新工作，双拥工作与时俱进，连续获得国家表彰。

年年岁岁，双拥工作实实在在，有声有色。

在2021年底举行的江津区第十五次党代会上，时任江津区委书记李应兰在工作报告中强调"推进军民融合深度发展，巩固和发展军政军民团结良好局面，争创新一轮全国双拥模范城"，体现着一届届区委、区政府高度重视双拥工作，扎实提升工作质效，争创一流成绩的决心和信心。

着力延续双拥传统　绘就军民"同心圆"

2019年，江津区建成双拥主题公园，每年植树节前后，市民便会来到这里植树，在为城市添一抹绿意的同时，也为双拥文化林注入新的生机。

"公园里有座高19.91米的雕像，旨在纪念1991年江津被首次命名为'全国双拥模范县'。雕像上，火红的'双拥'字样熠熠生辉。"王忠德介绍道，该主题公园依长江而建，园内还设有双拥模范纪念柱、双拥文化浮雕墙，以及普及双拥文化和国防教育知识的国防教育宣传展板。

节假日，许多家长会带着孩子来公园游览玩耍，参观双拥雕塑等。每逢重大纪念日，一些学校还会组织学生在这里开展国防教育主题写生、红色故事演讲等活动。这里还是江津区欢送新兵仪式的举办地，近年来，许多胸怀报国之志的江津子弟就是从这里出发，踏入军营。

"每次来这座公园游玩、散步，就会想到当年的场景。江津区有双拥的传统，军地双方关系鱼水情深。在拥军优属和拥政爱民方面做了大量实实在在的工作，促进了部队建设和地方发展。"王忠德称，当年评选双拥的条件涉及军地关系、双拥事迹、共建共创、长期坚持等各个方面，可谓非常严格。

作为聂荣臻元帅的故乡，近年来，江津区着力构建新时代双拥"一体化"工作格局，努力绘就军民"同心圆"，书写双拥"新答卷"。全区建立了以"一把手"为组长，军地单位为成员的区双拥工作领导小组，深入推进国防教育、双拥地标建设、社会化拥军，建成332家退役军人服务中心（站），248家基层服务中心（站）通过全国示范型退役军人服务中心（站）创建验收。

同时，江津区大力支持部队基础设施建设、配合部队遂行军事任务、帮助官兵解除后顾之忧、增强军人军属荣誉感，健全退役士官"四公开两监督一公证"阳光安置机制。全区常态化开展"情系边海防官兵"拥军优属活动，走访慰问江津籍边海防一线官兵和驻海外维和部队官兵。

江津区还创新推出校园军衔评价体系，让国防教育从"书本"走进孩子"心里"，得到全国双拥办肯定，鼎山小学、江津中学被评为中小学国防教育示范学校。

"他在烈火中永生！"

冯驿驭

> 1992年10月12日，四川省铜梁县（今重庆市铜梁区）各界人士集会，纪念抗美援朝战士邱少云牺牲40周年，重修的邱少云烈士纪念碑和邱少云青铜塑像同时落成。

讲述人

王成金，男，邱少云烈士纪念馆第九任馆长，重庆市铜梁区文联副主席。

"儿子，你知道吗，这条小河对岸，有一位顶天立地的大英雄！"

20世纪60年代，还是孩童的王成金从父亲口中得知，革命烈士、伟大的志愿军战斗英雄——邱少云的故居，就在河对岸。从那时起，英雄精神的种子，在王成金心中生根发芽。

从幼年时听说邱少云的事迹，到1987年到邱少云烈士纪念馆工作，再到如今退休后继续弘扬邱少云的革命精神，"与英雄有缘"的王成金，一生都在守护、传承邱少云的精神力量。

不朽英雄

1926年，旧中国风雨飘摇。

这年，邱少云出生在四川省铜梁县关溅乡（今重庆市铜梁区少云镇）的一个贫苦农民家庭。他9岁时，父亲被船老板杀害；11岁时，母亲病逝。此后一直到23岁，邱少云都在放牛、当帮工、在饭馆跑堂等，生活十分艰苦。

后来，邱少云被国民党反动派抓壮丁，先后当过马夫、伙夫。在这期间，只要饭做得慢了一点，他就得吃几鞭子；长官心情不佳，他就得挨顿揍。旧社会、旧军队，让邱少云受尽折磨。

1949年10月1日，新中国成立。1949年12月，刘邓大军取得了成都战役的全面胜利，邱少云喜迎解放，随后参加了人民解放军。这时候，邱少云在铜梁的家人分到了田地，翻

《邱少云》油画（孙国歧　作品）

身做了主人，他也在军队里一边参加训练，一边接受教育。解放军大家庭的温暖，与旧军队的野蛮残酷形成了极为鲜明的对比。

1950年，朝鲜战场的烽烟飘到了祖国边境。为了保卫新生的共和国，毛泽东同志发出"抗美援朝，保家卫国"的伟大号召，志愿军战士高唱着"雄赳赳、气昂昂"，跨过鸭绿江。

邱少云响应号召，成为一名志愿军战士赴朝作战。

1952年10月，志愿军与美军为首的"联合国军"在上甘岭展开激烈争夺，邱少云所在部队奉命攻击敌军盘踞的391高地。10月11日，为了缩短攻击距离，邱少云与加强营500多名志愿军战士潜伏在距敌前沿阵地60多米的草丛中，只待次日发起突袭，夺取高地控制权，完成战斗任务。

10月12日中午，几名敌人突然下山巡逻。

为了掩护潜伏部队，我军炮兵向这几个敌人开了一炮，打得他们仓皇地跑回指挥所。片刻后，敌军战机袭来，向周围盲目投下几枚烟幕弹，其中一枚落在了距邱少云潜伏的草丛约5米处，滚滚火舌立即点燃茅草。为了避免暴露目标，确保500多位战友的安全、完成组织交办的任务，邱少云凭借自己的钢铁意志，承受着难以想象的痛苦，任凭烈火烧焦全身也一动不动，直至壮烈牺牲，时年26岁。

"2005年，我曾到湖北建始拜访邱少云的战友郑世聪老人。老人回忆，邱少云潜伏的草丛10米左右的坡下，有一条小河沟，邱少云只要翻滚进河沟扑灭身上的火焰，就能幸存。"王成金说，"可邱少云没有这么做。郑世聪与其他战友，看着邱少云被烈火吞没，眼里噙着泪水，却也不敢说一句话，更不

"他在烈火中永生！"　227

敢离开潜伏地前去营救。他们强忍悲痛，眼看着战友牺牲。战士们化悲痛为力量，完成了后续战斗任务，将红旗插上了391高地。"

邱少云牺牲后，为了表彰他崇高的集体主义精神和顽强的革命意志，邱少云所在军党委根据他生前意愿，追认他为中国共产党党员，并追授他模范青年团员称号。1952年11月6日，中国人民志愿军领导机关给他追记特等功，次年6月追授他"中国人民志愿军一级英雄"称号。

1953年6月25日，朝鲜民主主义人民共和国授予邱少云"朝鲜民主主义人民共和国英雄"称号，同时授予金星勋章、一级国旗勋章，并在391高地石壁上刻下："为整体、为胜利而牺牲的伟大的战士邱少云同志永垂不朽。"

群众真情

邱少云的英雄事迹传到四川，立即在烈士的家乡引发强烈反响。

在四川省委的支持下，铜梁县（今重庆市铜梁区）开始修建邱少云烈士纪念馆。其中，四川美术学院教授赵树同带领学生，创作了水泥材质的邱少云烈士雕像。

1962年10月12日，邱少云牺牲10周年之际，纪念馆正式对外开放。朱德、彭德怀、杨尚昆等党和国家领导人以及众多书画名家先后为邱少云纪念馆题词赠画。

邱少云烈士纪念碑（王成金　供图）

开馆后，各地群众纷纷前来参观、纪念。"许多铜梁群众从距离较远的乡镇步行过来参观，有的单程就要步行20多公里。"王成金回忆。

在王成金小学五年级时，他就和几位同学，天不亮就从村小学出发，步行25公里、5小时，来到位于铜梁城区的邱少云烈士纪念馆。"当时，我们几个小孩脚上都磨出了大水泡，也忍着疼痛继续走。来到纪念馆，了解到先辈的故事，我情不自禁地说：'邱少云真了不起！'"

"当时，5分钱一张门票，每年都要卖出去几十万张。"王成金说，人民群众对英雄的感情是热烈而真挚的。

到了1991年，纪念馆开馆已近30年。馆内许多设施老化，特别是邱少云纪念碑和烈士雕像经过几十年来风吹日晒，部分结构发生破损。当时，各界群众纷纷向纪念馆提出请求，希望修缮纪念馆有关设施，维护烈士形象。

为此，时任纪念馆馆长杨建国多方奔走，呼吁各方支持修缮雕像、重修纪念馆。铜梁干部群众立即行动起来，工厂经营者、农村老人、在校学生等纷纷前往纪念馆捐款，纪念馆共收到来自各界的捐款6万元，同时还得到了当地政府拨款的25万元。

"在重修雕像的工艺方面，一开始我们面临锻铜、铸铜两种选择。"杨建国介绍，"后续经过比较，我们选择了铸铜工艺。这种工艺虽然成本更高，但能更好地复原雕像细节，更好地保护文物。"

为了将雕像修缮工作做到极致，纪念馆工作人员向雕像原作者赵树同请教，同时咨询了铜像病害领域的专家。当时，重庆具备人物塑像翻模工艺的厂家较少，纪念馆工作人员又赶往四川成都寻找当地厂家合作。

1992年3月，邱少云烈士雕像的铸造工作开始。1992年10月12日，邱少云牺牲40周年之际，铜梁各界人士在邱少云烈士纪念馆集会，纪念这位烈火中不朽的英雄。同时，重修的邱少云雕像和邱少云纪念碑落成。

全程参与整修工作的王成金说，看到重修的铜像和纪念碑，他备感欣慰："这些珍贵的文物保护好了，有利于我们把英雄的故事继续讲给后人听。"

不负烈士期望

"来到纪念馆工作前，我在西藏服役。当时，战友们问我从哪儿来，我说我从重庆铜梁来，他们都摇摇头，说没听过这个地方。"王成金说，"我说，那儿是邱少云的故乡，我从邱少云的故乡来，战友们肃然起敬。"

1987年，王成金转业来到邱少云烈士纪念馆工作，儿时的愿望成了真。此后，王成金在纪念馆干过保卫、会计、讲解员等各种岗位，后担任纪念馆第九任馆长。在任期间，他曾与纪念馆工作人员一道，抬着邱少云事迹的展板，跋山涉水，在重庆20多个区县进行巡展，希望把英雄的故事传遍四方。

一次，一位穿着军装，胸前挂满军功章的抗美援朝老兵来到纪念馆参观，王成金接待了他。"老人来到纪念碑广场上，突然跪地大哭起来。他望着天空，喊着：'邱少云同志，党和国家没有忘记你，党和国家没有忘记你呐！'"王成金说，那时的情景，让现场的人们纷纷流下眼泪。

2023年，王成金从纪念馆退休。"担任纪念馆馆长期间，我还担任了四川美术学院客座书法教授。退休后，到学校上课时，只要遇上学校在开展学生思政教育活动，我就带着学生们写与邱少云烈士有关的诗词，让大家感悟英雄精神，凝聚信仰力量。"王成金说。

朝鲜战场的硝烟，已散去70余年。这些年来，邱少云的精神始终激励着铜梁干部群众奋勇向前：

邱光忠追随二伯邱少云的足迹，加入中国人民解放军，在改善西北荒漠等国家工程中作出贡献，荣立二等功一次、三等功两次。从军队退伍后，邱光忠还积极参与推动少云镇建设"红色美丽村庄"，为故乡发展继续贡献力量。

关溅小学是位于邱少云家乡——少云镇的一所乡村小学。学校教师刘明静于2007年开始，每天都护送家住河对岸的农村学生乘渡船上学、放学，风雨无阻。她坚持护送学生14年，被学生亲切地称为"渡娘"老师。每每被问及是什么支撑她坚持这么多年时，她都说是邱少云的英雄精神激励着她。

铜梁区少云镇少云村村民欧祖兵曾在上海从事服装行业，于2022年回到家乡，发展家庭农场，带动周边10余户20多位村民就近务工，还长期帮助村里的低保户、残疾户，得到当地群众一致好评。

今天，走进邱少云烈士纪念馆，只见于1992年重修的青铜材质邱少云雕像手持钢枪，坚毅地望向远方。2024年是新中国成立75周年，与邱少云童年时凄风苦雨的旧社会相比，75年天翻地覆，如今的铜梁早已发生可喜的巨变。铜梁干部群众，在英雄精神的激励下，正在满怀希望的新时代砥砺前行。今朝盛景，足以告慰烈士英灵。

为了三峡移民安稳致富

龙宣辰　文程生

> 1993年，为了支援三峡工程建设，世界最大的移民工程——三峡工程库区移民计划正式实施，计划涉及长江两岸20多个县、277个乡镇、1680个村，将近130万库区人民，挥泪作别故土，移居全国各地。

讲述人

冉绍之，男，奉节县原安坪乡（今安坪镇）党委书记、乡长，奉节县原移民局副局长、副调研员，曾获得"全国十佳人民满意的公务员""全国先进工作者"等荣誉称号；在改革开放40周年之际，以"三峡移民安置实践探索者"的身份被党中央、国务院授予"改革先锋"称号，颁授改革先锋奖章。

三峡工程，百万移民，是人类历史上一次艰辛而动人的命运大迁徙。

面对这场被称为"世界级难题"的移民行动，一位名叫冉绍之的基层干部，潜心埋首，苦干实干，毅然用智慧与汗水向它发起挑战。

作为一名在三峡库区长大、在三峡移民工作中坚守20余年的基层干部，冉绍之先后摸索出了"三不准""四监督""五公开""五支笔"联审等成功经验，率先在三峡库区创造了"就地后靠安置"模式，为三峡移民搬迁安置树立了样板。

突出的工作贡献，让冉绍之获得了"全国先进工作者""全国优秀共产党员""改革先锋"等称号。如今，冉绍之虽已年逾古稀，可提起三峡移民工作，他依然满腔热血："能参与到这项伟大工作中，我感到非常自豪。"

库区移民第一社

1993年，时任奉节县安坪乡党委书记、乡长的冉绍之接到安坪乡作为首批三峡移民试点乡的任务。

安坪乡是一个移民大乡，全乡沿长江岸线达30公里，受淹1101户，需搬迁安置5000余人，淹没房屋近11万平方米、耕地5880亩。

在迁建中，冉绍之不顾严重的关节炎和哮喘病，跋涉在安坪乡的崇山峻岭中，带队勘察5次，步行300多里，10天走烂一双鞋。经过反复研究论证，他决定以全乡最穷、移民任务最重的大堡三社为突破口，进行试点移民。

可在移民搬迁刚启动那阵子，工作开展困难重重。

大堡三社祖祖辈辈在这里繁衍生息，村民习惯了这里的一切，即使有移民补偿也不肯离开。动迁画线，村民不许牵绳丈量土地，有的还砍断绳子，毁坏丈量工具；开荒改土，他们不让破土动工，甚至有人躺在炮眼边威胁："要炸就把我炸死算了！"

"农民不想走，除了故土难离，还说明他们对国家的政策不够了解，我们的工作还没有做到家，必须耐心细致地给农民讲明道理。"时任安坪乡党委书记的冉绍之决定让乡里的干部分头进驻社员家，包村包户宣传国家政策，讲明"早搬迁就能早受益、早致富"的道理，想方设法帮助移民解决实际问题。

有的老人安土重迁，表示"死也要死在老屋里"，冉绍之反复登门做工作，与老人畅想和儿孙一起住在宽敞明亮的大瓦房里的幸福生活，老人终于愉快地搬了家。

有的村民不恰当使用补偿款，不建房屋却用来投资。冉绍之派人用他余下的钱买回建筑材料，并劝说村民的女儿与父亲共建房屋。

冉绍之耐心地给村民们讲道理，帮他们谋划以后的好日子，仅在大堡三社就开了30多次村民大会。他的努力终于打动了大堡三社村民。1994年，全社43户移民全部同意搬迁，住进了宽敞明亮的新居。

大堡三社的成功试点，不仅为全乡移民工作攻破难关，还为全县农村移民树立了样板，被誉为"库区第一社"。

"要让村民搬得出，安得稳，逐步能致富"

"村民们同意搬迁只是第一步。"冉绍之说，只有解决了移民搬迁后的发展致富问题，移民工作才算得上成功。

但在"上坡撑膝盖，下坡摔陡坎"的安坪乡，不要说开山种地、修建房屋，就连走路也困难。许多干部与村民，都觉得前路无望。但冉绍之鼓励大家拿出信心，拿出劲头，"我们不但要搬得出，还要安得稳，能致富！"

想致富，先修路。安坪乡山高路险，仅靠在悬崖峭壁上凿出来的一条小路通行。为此冉绍之亲自带队实地勘测线路，炸山修路，6年时间在群峰间凿开大堡公路、三藕公路等6条公路，打通了13个村的道路。

在安坪乡最为险要的老关嘴，村民世代蹚水过河，年年都有人跌入长江。冉绍之铺盖一卷，住到了工地，一身水一身泥，和民工们泡在一起。当大桥在雨夜中胜利合龙时，冉绍之开怀大笑瘫坐在雨中。

而这，只是他带动当地群众发展致富的缩影。冉绍之还是三峡库区最早提出"就地后靠安置"移民思路的人。

所谓"就地后靠安置"，就是将三峡工程蓄水以后淹不到的荒山坡改造成良田，让移民不必搬迁到完全陌生的环境，而是就近重建新家园。

1995年，安坪乡三沱村成为三峡库区最早实现"就地后靠安置"的试点村。这种最新的安置方法在安坪乡推广后，冉绍之鼓励全乡种植脐橙，发展特色农业，还利用30多公里的长江岸线，以及修建完毕的移民公路，鼓励移民发展私营运输业务。到1997年底，安坪乡人均收入比移民前翻了两番。

如今，行走在安坪乡，一层层梯田上脐橙果实累累，一排排砖房依山傍水，一条条村社公路交错纵横。"就地后靠安置"安置法，为重庆农村移民

冉绍之（右）在帮助移民干活的同时了解移民的生活状况
（周衡义 供图）

为了三峡移民安稳致富 233

安置树立了样板，成为三峡库区主要的移民安置方式之一。

"冉书记管钱，我们最放心！"

开展移民工作期间，冉绍之手里握着近3000万元移民建设项目资金。如何才能让移民资金"物尽其用"？

对此，冉绍之提出全新的移民资金管理制度——"五支笔"联审制度，即工程承包人提交拨款申请书后，需经工程指挥人员、移民专干、乡镇财税会计、移民工作站站长及乡长审核签字，才能拨款。

同时，冉绍之还严格执行移民资金管理"五公开"，即工程指标公开、移民人头公开、移民补偿资金公开、移民建设房屋面积公开、房屋造价公开。并执行"三不准"和"四监督"，即不准将移民资金用于与移民安置无关的项目，不准任意调整移民工程项目，不准挪用移民资金作行政开支；主动接受人大、纪检监察机关、移民群众和新闻舆论的监督。

1997年，冉绍之被国务院三峡工程建设委员会评为三峡移民资金管理先进个人，他任职的安坪乡人民政府也被评为三峡移民资金管理先进单位。

冉绍之还宣布自己的亲戚一律不能沾移民工程。他做泥瓦匠的外甥、女

重庆市奉节县安坪镇新貌（重庆市奉节县安坪镇人民政府　供图）

如今的安坪镇三沱村（中共奉节县委组织部　供图）

婿和做钢筋工的外甥找他承包工程，都被他严词拒绝了。建筑公司负责人、包工头也曾找上门来，还有人故意将装钱的包"遗忘"在他家中，他发现后立即追到江边，当着乘船的群众对那人说："老板，你的包忘了带走。"

"冉书记管钱，我们最放心！"这是当地群众对冉绍之的评价，但他们也都知道，冉绍之家的经济状况并不好。

当时，冉绍之每月工资只有几百元，他的妻子给人打零工，大儿子从部队复员后还没有安置，二儿子正在上中学。但冉绍之一直都对自己的亲人说，不干净的钱不能要。他的为民情怀，激励着一代又一代三峡移民人。

2022年，安坪镇三沱村建起了三峡移民精神传承馆，这是三峡库区第一个以移民为主题的村史馆。

走进馆内，斗笠、风车、铁犁……一样样老物件，一张张老照片，都留存着当年三沱村移民前的困苦模样，但馆外的三沱村，脐橙种植面积6000余亩，5G智慧果园脐橙挂满枝头，"三峡橙庄·水驿三沱"景区游客络绎不绝……这模样，比冉绍之当年的想象更为美满。

为了三峡移民安稳致富

在史迪威博物馆聆听历史的回响

胡晨愉

> 1994年，史迪威将军旧居陈列馆（今重庆史迪威博物馆）正式对外开放，《史迪威与陪都时期在华美国人展览》改陈推出，时任美国国防部长威廉·佩里、时任中国国防部长迟浩田将军、史迪威将军的女儿南希·史迪威·伊斯特布鲁克共同为展览揭幕。

讲述人

陶燕，女，史迪威研究中心主任、重庆史迪威博物馆馆长。

嘉陵江畔，缓坡之上，郁郁葱葱的草木中掩映着一道红门。重庆市渝中区李子坝嘉陵新路63号，坐落着一座以外国军人名字命名的博物馆——重庆史迪威博物馆。

在这座承载着厚重历史与不朽友谊的博物馆背后，有一群人，坚定地守护着这份跨越时空的珍贵记忆。2024年8月2日，走进史迪威博物馆，我见到了该博物馆的守护者之一——史迪威研究中心主任、重庆史迪威博物馆馆长陶燕。

从对史迪威将军充满好奇与敬仰的过路人，到史迪威博物馆的守护者，如今，陶燕对史迪威将军的认识、与史迪威博物馆的不解之缘还在不断加深。

跨越时空的"重逢"

跨越12000多公里，时隔20年，来自美国的苏珊·科尔和南希·米尔沃德又一次踏上了重庆的土地。此次重访，是为了纪念姐妹俩外曾祖父的140周年诞辰。

2023年8月8日，约瑟夫·史迪威将军诞辰140周年纪念活动在重庆史迪威博物馆举行，这座博物馆也迎来了久违的"故人"。

陶燕，这位对史迪威将军生平及中美关系史有着极

| 在约瑟夫·史迪威将军诞辰140周年纪念活动上，嘉宾参观史迪威将军生平图片展（王全超　摄）

大研究热情的博物馆馆长，早已为此次相聚做了准备。她深知，此次活动不仅是史迪威家族成员跨越时空的"重逢"，更是中美两国人民友谊与合作的又一次见证。

为真实、客观地还原历史，陶燕带领团队，如同考古学家般，挖掘着那些被岁月尘封的故事。组织专家撰写展览内容，邀请专业公司策划布展，多次与史迪威将军外孙约翰·伊斯特布鲁克就展览内容进行沟通……力求每一个细节都能精准触达人心。

"约翰·伊斯特布鲁克不仅向我们提供了近200张珍贵照片，为《伟大的朋友——史迪威将军生平图片展》的成功筹办奠定了扎实基础，还协助我们审核了本次展览的英文稿件。"陶燕的感激之情溢于言表。

散落的史料被细心拾起，化作穿越时空的信使，诉说着史迪威将军波澜壮阔的一生。

史迪威家族成员抵达重庆的第一站，便是史迪威博物馆。当天，阳光透过云层，洒在展厅外墙上，为这场跨越时空的"重逢"增添了几分明媚与庄重。当苏珊·科尔和南希·米尔沃德一行步入博物馆时，陶燕的心跳不禁加速了几分。

"我们一行工作人员引导他们参观了史迪威将军当年工作、生活过的旧址，通过历史照片、实物资料、生动讲解，把他们带回到那段激荡人心的烽火岁月。"陶燕感慨道，"这里的每一个老物件，都像是连接过去与现在的桥梁。"

在史迪威博物馆聆听历史的回响

随着博物馆讲解员的娓娓道来，静默的展品仿佛被注入灵魂。从史迪威将军精心挑选的中文学习书籍，到他与中国士兵并肩作战的珍贵照片，历史跃然纸上，每一幕都让人动容。

《伟大的朋友——史迪威将军生平图片展》现场（王全超 摄）

特别是那张定格了史迪威将军在缅甸战场度过61岁生日的照片，更是让家族成员们久久驻足。画面中，苏珊·科尔与南希·米尔沃德的外公欧内斯特·伊斯特布鲁克站立在史迪威将军身旁，二人嘴角微微上扬，笑容温暖且真挚。那笑容仿佛穿越硝烟弥漫的战场，与在场的每一位家族成员心灵相通。

"史迪威将军是中美人民友谊的桥梁。史迪威博物馆不仅是一座建筑，更是一座承载着历史、文化与友谊的宝库。"陶燕说，"考虑到史迪威将军在中国期间与朱德同志结下了不解之缘，我们不仅策划了《伟大的朋友——史迪威将军生平图片展》，还邀请朱德同志与史迪威将军两人的后代同种一棵桂花树，寓意两家情谊长久延续，中美两国人民的友谊万古长青。"

活动结束，苏珊·科尔和南希·米尔沃德的眼中满是对中国、对重庆的深深眷恋。她们表示，中国人民对史迪威将军的深厚情谊让她们深受感动。作为史迪威将军的后代，她们将带着这份情谊，继续为中美友好交流贡献力量。

"我相信，史迪威将军的后代与中国、重庆的这段特殊渊源会一直延续下去。"望着一年前种下的桂花树，如今繁花挂满枝头、花香四溢，陶燕感慨万千。

聆听历史的回响

时光回溯至1994年，史迪威将军旧居陈列馆正式对外开放，在山城重庆的怀抱中静静伫立。那时的陶燕，还是一名对史迪威将军充满好奇与敬仰的过路人，她怎么也没有想到，自己后来会成为这座博物馆的守护者。

"史迪威博物馆，原是史迪威将军的旧居。"陶燕娓娓道来，轻轻旋开时光之门，让那段被岁月尘封的历史逐渐变得生动而具体。

1942年3月，史迪威将军来华后，原宋子文住所成为他在重庆的官邸，居住时间长达2年8个月。在这两年多的时间里，重庆官邸不仅见证了史迪威将军的运筹帷幄，更汇聚了中外军政精英的智慧碰撞。时任东南亚战区盟军总司令路易斯·蒙巴顿勋爵、美国陆军后勤部部长布里恩·伯克·萨默维尔将军，都曾在这里与史迪威将军共商抗战大计。

1991年，时值史迪威逝世45周年，重庆市人民政府收回已作他用的原史迪威将军旧居，成立"史迪威将军旧居陈列馆"和"史迪威研究中心"。

1994年，史迪威将军旧居陈列馆正式对外开放。同年10月19日，重庆市人民政府外事办公室在旧居陈列馆举办《史迪威与陪都时期在华美国人展览》，由时任中国国防部长迟浩田、时任美国国防部长威廉·佩里和史迪威将军的女儿南希·史迪威·伊斯特布鲁克共同为展览揭幕。

观展结束后，威廉·佩里庄重地向伫立在展厅中央的史迪威将军铜像敬献了花篮，并题词："博物馆展示了中美合作历史上极为重要的篇章，它可以看作是未来更多合作的象征。"字里行间，流露出他对史迪威将军的敬重、对未来中美进一步深化合作的期许。

"史迪威将军是中国人民的真诚朋友。"迟浩田部长的题词简短而深情。

南希·史迪威·伊斯特布鲁克提笔写下："对我和整个史迪威家族，这都是美好的一天。"

"自建馆以来，南希·史迪威·伊斯特布鲁克及其家人不遗余力搜集史迪威将军的遗物和二战期间的文物，并捐赠给博物馆。"陶燕说，"正是他们的大力支持，才让史迪威家族五代人与中国人民结下了不解之缘。"

"尽管距离博物馆开放已经过去了整整30年，但我们对史迪威将军生平的探索与研究从未停歇。"陶燕深情地表示，"我们一如既往地珍视并搜集着与史迪威将军息息相关的各类实物——他昔日使用过的器具、亲手书写的手稿、承载着军旅记忆的军装，以及他收藏、批注的中文图书，每一件旧物都承载着历史的重量，是我们理解史迪威将军生平及其内心世界的宝贵财富。"

搭建交流的桥梁

"史迪威博物馆不仅记录了中美共同抗战的岁月，还凝聚着中美两国人民的真挚情感，是两国交往的重要桥梁和纽带。"漫步博物馆，陶燕的目光温柔而坚定。

近年来，陶燕所在的史迪威研究中心精心策划了系列活动，致力于将史迪威博物馆打造成一个跨越国界、促进历史认知与文化传播的国际交流平台。

举办史迪威将军研讨会、史迪威与中美关系研讨会、中美建交40周年暨史迪威将军与中国研讨会等，为中美关系注入正能量；积极发挥重庆市爱国主义教育基地作用，通过"5·18国际博物馆日"巡展活动、社教活动等多种形式，宣传史迪威将军和中美战时友谊的故事；邀请美国青少年走进博物馆、举行中美青年交流座谈会，促进两国青年相知相近……

一系列丰富多彩的活动，不仅加深了受众对史迪威将军传奇一生及其在中美合作抗战中不可磨灭贡献的认识，也搭建起了一座连接中美两国人民心灵的桥梁。多元化的展览与教育项目，让历史的厚重与温度触达更广泛的受众。如今，史迪威博物馆不仅是各国游客了解历史、缅怀先辈的重要场所，更成为中美学术交流、爱国主义教育的场地。

陶燕对于她所牵头负责的每一场活动、每一个展览，都倾尽心力。其中，最令她难忘的，莫过于那些与史迪威家族成员共同参与的研讨活动。在纪念史迪威将军诞辰140周年研讨会上，史迪威家族成员带着新的史料、新的视角来到重庆，与中国的学者们围坐一堂，共同探讨史迪威将军的生平及其对中美两国关系的深远影响，不仅加深了中美两国学者之间的交流与合作，也为史迪威博物馆的学术研究注入了新的活力。

陶燕深知，作为史迪威研究中心主任、重庆史迪威博物馆馆长，她不仅要做好博物馆的日常管理、活动策划工作，更要以敏锐的学术洞察力和开阔的国际视野，深入挖掘史迪威将军与中国的动人故事，以及他在二战期间对中国抗日战争所作出的不可磨灭的贡献。

为此，陶燕积极推动相关文献档案与藏品实物的搜集、整理、研究工作，深入挖掘相关历史文化资源，力求全方位、多角度地展现史迪威将军对中国人民的深情厚谊、对中华文化的深厚热爱，以及史迪威家族在促进中美民间交往中作出的积极贡献。

重庆史迪威博物馆（史迪威将军故居）全貌（重庆史迪威博物馆 供图）

如今，史迪威博物馆已经"走"过30年风雨。在博物馆工作人员的精心呵护与大力推动下，它正不断拓宽着影响力的边界，深化着生命力的内涵，让人们在回望历史的同时，深刻感受到跨越时空的文化共鸣。

"去年（2023年）8月29日，习近平总书记复信史迪威将军外孙约翰·伊斯特布鲁克，特别提到了在重庆举行的史迪威将军诞辰140周年纪念活动。"陶燕说，"习近平总书记强调，中美关系的基础在民间，力量源泉在人民友好。两国人民应该加强交流、增进理解、扩大合作，为两国关系发展不断注入新动力。这为我们做好下一步工作指明了方向，也为我们开展工作增添了动力。"

"闲云潭影日悠悠，物换星移几度秋。"如今，史迪威博物馆仍静静矗立在时光洪流中，聆听时代变迁的足音、见证中美友谊的存续。

再续百年航运传奇

张　祎　刘政宁　刘　祎　冯文彦

> 1995年10月1日，民生公司成立70周年。在纪念大会上，时任民生公司董事长的卢国纪，赓续父亲——我国著名爱国实业家卢作孚的实业情怀，强调"民生公司的最后意义绝不是帮助自己，而是帮助社会"。在近百年的光阴里，卢作孚、卢国纪、卢晓钟祖孙三代，始终把企业发展同国家繁荣、民族兴盛、人民幸福紧密结合在一起，百年"民生"精神熠熠闪光。

讲述人

卢晓钟，男，爱国实业家卢作孚之孙，民生实业（集团）有限公司总裁，重庆市人大常委会原副主任，民建中央原委员、重庆市委原主委。

1995年10月1日，在纪念民生公司成立70周年大会上，时任民生公司董事长的卢国纪语重心长地说："民生公司创办至今70年了，在纪念民生公司创办70周年的时候，唯一必须牢记的是：我们所做的一切工作的目的，都是为了国家、社会和人民，是奉献而不是索取；牢记卢作孚先生所说的：'民生公司的最后意义绝不是帮助自己，而是帮助社会！'"

如卢国纪所言。从1925年卢国纪之父、爱国企业家卢作孚创办民生公司，到1949年民生公司将航线从长江延伸到中国沿海、东南亚各国，成为当时国内最大的民营企业集团，然后到1952年民生公司率先公私合营、上交国家，再到1984年重建新生，逐步发展成今天的大型现代综合物流

卢作孚先生［民生实业（集团）有限公司　供图］

企业，在近百年的历史长河中，民生公司始终把企业发展同国家繁荣、民族兴盛、人民幸福紧密结合在一起。

改革开放中迎重生
只为长江之水不再白白向东流

20世纪20年代，长江上游航运几乎全被外国轮船公司垄断，这让卢作孚极为气愤。1925年秋，一艘70吨的"民生"号小客轮从嘉陵江上驶出，宣告了民生公司的成立。

这艘船的掌舵者，正是卢作孚。据卢作孚之孙、民生实业（集团）有限公司总裁卢晓钟介绍，以此为起点，卢作孚通过联合长江上游的中国轮船公司，与外国轮船公司展开激烈的斗争，最终迫使外国轮船公司退出了长江上游，统一了川江航运。

全民族抗战爆发后，民生公司全员积极参与，将上海、南京、武汉等地的一大批机器设备、撤退群众运抵四川，也将大量武器、弹药、粮食运至前线。到1949年，民生公司拥有江、海船舶148艘，航线从长江延伸到中国沿海、东南亚各国，成为当时国内最大的民营企业集团。1952年，民生公司率先公私合营，交给了国家。

民生公司"民生"号轮船［民生实业（集团）有限公司　供图］

此后，在计划经济体制下，国营航运企业为经济复苏和社会发展作出了不可磨灭的贡献。但随着改革开放大幕的徐徐拉开，弊端也逐渐显现。

1983年的冬天，时任中共中央总书记的胡耀邦乘船从武汉到重庆视察，一路上看见江面上过往的船只寥寥可数。"一条横贯祖国东西的黄金水道——长江没有得到充分利用，必须打破国营企业一统天下的局面，允许集体、民营企业一齐上，不要让长江之水白白向东流。"胡耀邦说这番话时，特意提到了卢作孚和民生公司。

"要重建民生公司，没有卢先生的后代参与肯定是不行的。"在几天后重庆市委召开的专题研究会上，大家的意见出奇一致。此时，卢晓钟的父亲卢国纪已有61岁，此前在重庆煤炭工业公司任副总工程师。

卢晓钟回忆，得知要重建民生公司，父亲卢国纪既欣喜又忧虑。年岁已高、专业不对口、对航运也一无所知，自己能否担此重任？踌躇之际，卢国纪行至朝天门码头，望着奔腾不息的长江水，沉思良久，暗自决定：放手一搏！

怎么做？这是摆在卢国纪面前的首要问题。他随即约请了在渝的原民生公司6名骨干商讨细节，并向重庆市委递交了重建民生公司的报告，报告很快获批。几天后，一个民办的"民生轮船公司"被重庆市政府相关部门正式确认，该公司实行独立经营、独立核算、自负盈亏，具有人、财、物和内部经营管理的完全自主权。

1984年2月20日，民生轮船公司筹备处在重庆市工商联一间面积约20平方米的屋子里正式成立，民生公司的"重生"之路由此开启。房间不大，家具也简陋，担任筹备处主任的卢国纪，内心已在摩拳擦掌、跃跃欲试。

爬坡上坎攻坚克难
成为交通运输管理体制改革样板

一家水路运输企业，最不能缺的是什么？在筹备处来回踱步的卢国纪，反复问自己这个问题，很快他就想明白了：船、人、货、燃油缺一不可。可此时的民生公司，什么都没有。

"要运货，先得有船。"卢国纪决定将难题逐个破解。在向四川兵器局寻求帮助后，对方很快回应愿意支持。经过十余天的磋商，双方签订合作协议。四川兵器局提供两艘闲置船只给民生轮船公司经营，运力共1400吨，并附加条款：盈利分成，亏损由民生轮船公司承担。

船有了，接下来的问题却让筹备处始料不及。卢晓钟表示，原民生公司的船长、大副，已经从国营航运企业退休，他们愿意到民生轮船公司为发展长江航运贡献余热，但原单位坚决不同意；柴油是计划供应的，筹备处没有计划，只能用比国营企业高4倍的价格购买柴油；货物全是按计划分配给国营航运企业运输的，筹备处尽管有了船队，但却无用武之地。

百般尝试未果后，卢国纪只能给重庆市委领导写信，寻求帮助。收到来信后，时任重庆市市长的于汉卿立即召集有关部门和公司商讨对策。会议决定从有关轮船公司借7名退休船长、大副给民生公司，市计委筹100吨平价柴油给民生轮船公司。

然而，在当时的体制下，要求任何一家国营航运企业从计划指标中拿出1400吨货物给民生轮船公司，都不现实。于是，卢国纪向自己曾工作过的重庆煤炭工业公司求援，经争取，筹备处得到1400吨计划外煤炭，运到长江下游。

为保障民生轮船公司船队能顺利航行、靠泊、装卸、作业，1984年3月，交通部给长江全线各个港口管理局，专门下发了《关于做好民生轮船公司船

民生集团商品汽车滚装船"民强"号 ［民生实业（集团）有限公司　供图］

再续百年航运传奇

队有关工作的通知》。1984年3月31日清晨,朝天门码头,伴着一声汽笛,满载着煤炭的民生轮船公司船队,从码头徐徐驶出。

打通航运全流程后,制定章程和管理制度、筹集资金建造自有船舶、开办集训班培训船员……在卢国纪的带领下,筹备处一系列工作紧锣密鼓地开展着。1984年10月1日下午,民生轮船公司在重庆市港务局礼堂举行成立大会,卢国纪被确定出任公司总经理,民生轮船公司新建的"生振""生兴"两支船队,也在朝天门码头正式起航。

在成立大会上,于汉卿说,民生轮船公司的诞生是我国交通运输管理体制改革的一个有益的尝试,并将在实践中为我国交通运输管理体制改革提供宝贵经验,其意义不可低估。

事实正是如此。继民生重建之后,长江上的航运企业如雨后春笋般涌现出来,对促进长江航运业的发展,充分发挥长江"黄金水道"的作用作出了积极贡献。

父子接力续写传奇
百年"民生"精神熠熠闪光

伴随着改革开放的春风,民生轮船公司也加紧了自己的前进步伐。从1985年起,民生轮船公司相继在上海、广州、武汉、成都、天津等地成立分公司,"生中""生哲""生华"等轮船也纷纷完工投入使用,业务也逐步延伸至国际船舶代理、集装箱运输、商品车滚装运输、公路运输、供应链物流等领域。

"40年来,民生公司创造了许多航运史上的新纪录。"

卢晓钟举例说,在1986年,公司率先开辟了江海联运、海铁联运,创造了日本到重庆江海联运19天和重庆到日本15天的最快纪录;1993年,公司率先开辟重庆至上海集装箱班轮运输,结束了长江上游没有集装箱班轮的历史;2003年,在三峡断航期间,公司组织集装箱和商品车翻坝运输,创造了三峡断流不断航的壮举……

在卢国纪带领全体民生人的共同努力下,时至今日,民生公司已经发展成为一个包括江运、海运、公路运输、货运代理、船舶代理、汽车物流、仓储物流、金融物流、航空物流、铁路物流、综合关务为一体的现代大型综合物流企业。

2018年8月14日上午,一艘满载商品车的滚装船从下游抵达重庆唐家沱滚装码头后,船员们立刻开展卸货工作。这样的场景,对于已从事长江运输工作31年的"民振"号船长陈蓬勃来说,早就习以为常。多年来,民生公司长江集装箱与长江商品车滚装业务的市场份额,在西部地区的排名一直保持首位,下水商品车运输的市场份额一度占据整个长江的70%。

在实现自身发展的同时,民生公司也积极投身国家重点项目建设。为助力重庆建设"Y"字形国际物流大通道,民生公司充分发挥长江黄金水道的航运优势,开设重庆至上海的外贸集装箱"五定"班轮。时至今日,通过"五定"班轮运输的货物,占重庆外贸进出口货源的30%。

向西则依托企业在欧洲的资源,积极为中欧班列(重庆)组织回程货物,以实现班列双向对开。

作为发起方之一,民生公司还积极参与对接西部陆海新通道建设。2017年6月,由民生公司组织的重庆经广西北部湾首趟外贸试运行班列成功开行。3个月后,班列实现常态化开行。

"以'民'为本,这是民生公司发展的根本。"卢晓钟说。2009年,卢国纪把民生公司70%的股份捐给了国家,并与上海港合资,成立了民生轮船股份有限公司;另外30%的股权收益,成立了重庆市卢作孚教育基金会,用来帮助贫困地区的教育发展,帮助贫困儿童上学。截至目前,基金会已在酉阳、城口、彭水多地小学捐助修建教学楼,数千名贫困学生获得了卢作孚奖学金。

正因如此,民生公司成为重庆国有控股重点企业。为何会这样做?"能在有生之年,将爱国主义、集体主义、艰苦创业、拼搏献身的民生精神再次付诸实际,相信爷爷也会为我们感到欣慰。"卢晓钟说。

"狱中八条"的来龙去脉

冯驿驭

> 1996年，重庆市委发出《关于在全市开展"弘扬'红岩精神'、塑造当代重庆人"活动的通知》。同年，重庆歌乐山革命纪念馆在北京举办"红岩魂"展览，"狱中八条"首次在全国披露。

讲述人

王浩，男，重庆红岩革命历史文化中心研究部副部长、副研究馆员。

1996年，重庆歌乐山革命纪念馆在北京举办"红岩魂"展览，尘封数十年的"狱中八条"首次面向公众，引发各界强烈反响。

"狱中八条"是重庆解放前夕关押、牺牲在渣滓洞、白公馆等处的共产党员通过脱险同志向党组织提出的意见和建议。这些意见和建议，是他们大义凛然、不折不挠、艰苦斗争的经验总结，是他们结合正反两方面经验教训进行的深刻思考，也是他们给党留下的血泪嘱托。这不仅是一份珍贵的档案文献，更是一份厚重的党史、党性教材，蕴含着重要的历史价值和现实意义。

2007年，刚刚参加工作，在重庆渣滓洞纪念馆任馆员的王浩对"狱中八条"产生了浓厚的兴趣，开始了十余年的深入探寻和研究。为进一步了解"狱中八条"，我们来到红岩革命纪念馆拜访王浩，听他讲述"狱中八条"的前世今生。

"《挺进报》事件"

1947年，距离全国解放还有两年。此时的山城重庆，笼罩在白色恐怖的阴云中。

3月5日，中国共产党在国民党统治区唯一公开发行的机关报《新华日报》因形势所迫，不得不撤离重庆。广大进步群众无法了解解放战争最新动向，每天只能面对国民党反动派铺天盖地的谣言和恫吓，一时倍感苦闷失望。

为了夺回在舆论战场的主动权，1947年7月，重庆市委开始发行主要刊登新华社电讯稿的《挺进报》。这犹如一盏明灯，照亮了黑暗中的巴渝大地。

好景不长。王浩介绍，1948年初春以后，《挺进报》引起敌人警觉。敌人派特务接近进步人士和进步社团，随之抓捕了中共川东临委委员、重庆市工委书记刘国定和市工委副书记冉益智。二人被捕后迅速叛变，将所知情况全部出卖与国民党特务。

"《挺进报》事件"致使川东地区党组织遭到大破坏，导致135人（另有宁沪杭地区8人）被捕，其中县级以上干部40人。损失十分惨重，教训十分沉痛。

1948年9月，共产党员罗广斌被叛徒出卖，于成都家中被捕，随后被押解到重庆渣滓洞监狱，关押在"楼七室"。"楼七室"是一间隔离牢房，专门关押"态度顽固、不守监规"的犯人，管理严苛，平时不准犯人放风。"楼七室"里还关押着一名与罗广斌相识的囚犯张国维。张国维被捕前任重庆沙磁区学运特支委员，直接领导过罗广斌的工作。

在狱中，张国维十分冷静地分析了罗广斌的情况：罗广斌出生于一个有特殊背景的家庭，其哥哥罗广文是国民党高级将领，时任第七编练区司令官，手握重兵，是当时四川境内最大的武装集团首领，并与西南地区军统特务头子徐远举有交情。

基于此，张国维判断，罗广斌最有可能活着离开渣滓洞监狱。于是，他叮嘱罗

| 白公馆（重庆红岩革命历史文化中心 供图）

"狱中八条"的来龙去脉 | 249

广斌,"你要注意搜集情况,向同志们征求意见,总结经验,有朝一日向党报告"。

起初,自称"文笔不佳"的罗广斌不敢轻易答应。后续,在与张国维等党员同志深入交流后,他深感责任重大,决定肩负起这项特殊的任务。

不过,基于罗广斌的背景,许多党员同志起初并不信任他;狱中情形纷乱复杂,极少数被捕者可能已经叛变,罗广斌也需要仔细甄别。最终,在罗广斌的不懈努力下,坚持在狱中斗争的党员同志江竹筠、刘国鋕、王朴、陈然等为"狱中八条"的诞生贡献出宝贵的素材和意见。

"狱中八条"的诞生

1949年11月27日,距离重庆解放还有3天。

过去一个多月以来,国民党反动派对渣滓洞、白公馆监狱进行了公开或秘密的大屠杀。绝大多数被关押于此的革命志士高唱《国际歌》,在枪林弹雨与火海中壮烈牺牲。

27日之夜,大屠杀的火焰燃烧之际,罗广斌和10多位难友冒死突围,冲出牢笼,逃向乡间躲避。3天之后,重庆迎来解放。

12月1日,"脱险同志联络处"成立,负责接待从各个监狱脱险的和其他遭受迫害的同志。罗广斌前往报到,并参加筹备杨虎城将军和"11·27"殉难烈士追悼会的工作。

在这期间,为了完成难友们的嘱托,罗广斌每天晚间趴在宿舍的地铺上奋笔疾书,追记整理同志们在狱中的讨论和总结。后来,住宿条件改善,罗广斌才有了办公桌可供写作。12月25日,大屠杀后的第28天,重庆解放后的第25天,罗广斌写成《关于重庆组织破坏经过和狱中情形的报告》。遗憾的是,曾与罗广斌敞开心扉讨论、为《报告》贡献了宝贵素材的革命志士此时已长眠地下。

"根据党的组织纪律,被敌人捕获、经历过牢狱之灾的党员,被解救后须写一份情况说明。罗广斌是一位党性很强的同志,他将《报告》和自己的说明材料一并交给了上级。"王浩说。

1989年,重庆市委党史研究室原副主任、研究员胡康民根据川东地下党老同志萧泽宽等人提供的线索,几经周折,在重庆档案馆找到了这份报告。

1996年，《红岩魂》在北京展出（重庆红岩革命历史文化中心　供图）

随后，他采访了罗广斌生前多名战友，阅读了大量档案，全面了解这份报告后面鲜为人知的历史，将报告第七部分"狱中意见"，概括成今天广为人知的"狱中八条"，并在当年《红岩春秋》杂志"渣滓洞、白公馆烈士殉难40周年纪念特刊"中首次披露。

这份珍贵的《报告》如今只剩残件15页，有2万多字。按原报告所分小标题，共有七个部分，现在只存第一、二、三、七四个部分和第四部分的大部分。现在可以读到的部分，已比较充分地反映了当时地下斗争、监狱斗争的艰难历程，大破坏带来的惨痛教训和烈士们的崇高精神。

第一部分"案情发展"，主要介绍"《挺进报》事件"的前因后果。

第二部分"叛徒群像"，着重揭露原重庆市工委书记刘国定、副书记冉益智，原川东临委副书记涂孝文，原川康特委书记蒲华辅，原重庆城中心区委书记李文祥等人的叛变罪行，剖析他们平时言行中反映出的人生观问题和叛变时的心理状态。

第三部分"狱中情形"，简略叙述了渣滓洞、白公馆两座监狱的由来和狱中斗争的情况，充分显示了在监狱这个特殊环境里，革命志士的坚强意志和战斗精神，在监狱斗争史上放射出别样的光彩，占有突出的地位。

第四部分"脱险人物"，主要介绍两座监狱在大屠杀中突围脱险和在此之前经过各种渠道被营救出狱的部分人士。

第五、第六两部分已完全遗失。依据报告全文，推测第五部分为"烈士典型"；第六部分为"特务屠手"。

第七部分"狱中意见"八条，即"狱中八条"，共两页，约3000字，被完整地保存下来。

一份沉甸甸的党性教材

王浩介绍，胡康民对《报告》第七部分进行了总结，得出"狱中意见"八条如下：

一、防止领导成员腐化；

二、加强党内教育和实际斗争的锻炼；

三、不要理想主义，对上级也不要迷信；

四、注意路线问题，不要从"右"跳到"左"；

五、切勿轻视敌人；

六、重视党员特别是领导干部的经济、恋爱和生活作风问题；

七、严格进行整党整风；

八、惩办叛徒、特务。

众多被关押在渣滓洞、白公馆的共产党人倒在了重庆解放前夕，却想着党的未来长远发展。在革命生涯中，他们注重党性修养，坚定理想信念，锤炼革命意志，永葆革命本色。面对种种酷刑折磨，他们大义凛然、百折不挠、宁死不屈，为中国人民解放事业献出了宝贵生命。

"狱中八条"自面世以来，在广大干部群众中屡屡引起强烈的反响。"狱中八条"之所以如此震撼人心，是因为党心、民心和烈士的心灵相通，紧密相连。

胡康民在文章中总结说，"狱中八条"具有生动的形象性。它是数百名烈士用鲜血和泪水凝铸出来的，透映着烈士群体血肉模糊的身影，熔铸着烈士群体无私奉献和崇高人格的形象，因此特别具有说服力和感染力。

"狱中八条"具有深邃的哲理性。它朴实无华，明白简洁，却内涵丰富，揭示了党内生活和社会生活中的许多规律，所以才能经受住历史的检验，发人深思，促人猛省。

"狱中八条"具有现实的针对性。烈士留下的遗嘱，至今仍具有旺盛的生命力。

地下斗争时期，考验共产党员的是生死关、毒刑拷打关、敌人收买关。

王浩在重庆红岩历史博物馆为游客讲解"狱中八条"的有关历史（王浩 供图）

叛徒们过不了这几关，出卖的是革命，是党的组织，是党员的生命。如今，考验共产党员的是名利关、色情关、权力关。腐败分子们过不了这几关，出卖的是社会主义建设事业，是党的形象，是党和人民的血肉联系。腐败分子就是新时期共产党的叛徒。

2024年是新中国成立75周年。75年前，革命烈士在生命最后关头留下的血泪嘱托，至今仍发人深省。再读"狱中八条"，仿佛能听见渣滓洞、白公馆烈士发出的长啸，警示着我们切莫将这血泪的嘱托化作过眼烟云，随风飘去。

"重庆红岩干部学院于2023年开发了'狱中八条'有关党课，重庆红岩历史博物馆推出了'狱中八条'研究的有关书籍、论文、解读文章等，同时推出内涵丰富的红岩故事展演等，只为进一步讲好'狱中八条'背后的故事，使这份沉甸甸的党性教材始终保持生命力。"王浩介绍道。

最是直辖澎湃时

杨 涛 郑 友

> 1997年3月14日，第八届全国人民代表大会第五次会议通过《关于批准设立重庆直辖市的决定》，决定批准设立重庆直辖市，撤销原重庆市；重庆直辖市管辖原重庆市、万县市、涪陵市和黔江地区所辖行政区域。6月18日，重庆直辖市正式挂牌。

讲述人

周勇，男，重庆市重庆史研究会名誉会长，中共重庆市委党校原副校长、教授，曾任重庆直辖市经济社会发展战略研究专家顾问组副组长。

"昔日的'四川省重庆市'，将改为'重庆市'，这不仅是称呼上的变化，我们每个人的履历，也都将伴随着这一刻而改变。"

作为重庆成为直辖市后召开的第一次党代会，1997年5月27日，中国共产党重庆市第一次代表大会在市委礼堂开幕。时任中共重庆市委党校副校长、教授，重庆直辖市经济社会发展战略研究专家顾问组副组长的周勇，以党代表身份参与和见证了这一历史性的时刻。

自此，重庆承担起"进一步发挥中心城市的区位优势、龙头作用、窗口作用和辐射作用，带动西南地区和长江上游地区经济、社会发展的历史使命"的历史重任。

正是从这一刻起，这座具有数千年文化底蕴的城市便悄然发生改变，实现华丽转身。

溯源 重庆历史上的"三次直辖"

2024年8月2日，渝中区上清寺重庆史研究会，回忆那段激情澎湃的岁月,周勇仍记忆犹新。

在重庆直辖之前,成立了以时任四川省人大常委会副主任、重庆市政协副主席韦思琪为组长的重庆直辖市经济社会发展战略研究专家顾问组,副组长包括时任重庆大学副校长、教授张湘伟,时任重庆社科院院长、研究员鲁济典,以及时任中共重庆市委党校副校长、教授周勇。

"在设立重庆直辖市的问题上,并非一帆风顺。"周勇坦陈,不同意见始终存在,"在一些人看来,比重庆条件更好、更应该设立直辖市的城市还有不少。"

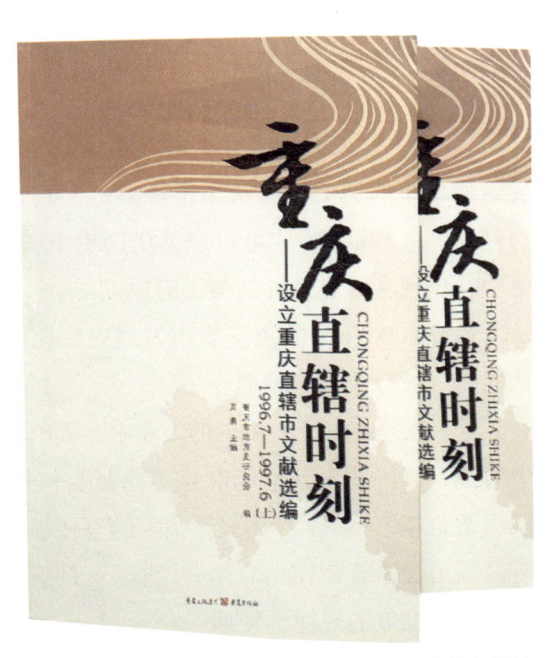

由周勇主编的《重庆直辖时刻》第一次比较完整地梳理反映了重庆直辖决策和实施的历史进程,具有重要的学术价值和社会意义(重庆出版社 供图)

1997年3月1—14日召开的第八届全国人民代表大会第五次会议,将对国务院关于提请审议设立重庆直辖市的议案进行审议并投票表决。这是对重庆直辖筹备工作的一次大考,为此,重庆方面需要做的功课不少。

"当时的难处在于,由于未经全国人大审议,'重庆直辖'的话题不能在媒体上公开讨论,因此社会人士并不了解'重庆直辖'的真实原因。这就需要从不同角度向社会说明为什么是在重庆设立直辖市。"周勇介绍专家顾问组成立的初衷。

当时,一位市领导找到周勇,希望他能够写一篇文章,说明重庆直辖的唯一性,不要长篇大论,只要千字文,言简意赅地向外界说明这个问题。

"一个宏大的主题,一篇千字短文。"周勇现在都觉得这是个难题,差不多想了一个月,最后是他的历史学背景帮了忙。当时,周勇正承担着四川省"八五"期间哲学社会科学重点科研项目《重庆通史》的编写任务,这部著作记录着从公元前200万年到公元1952年的重庆历史。

在周勇看来,它是重庆沧桑之变的历史见证。"这些内容我已经研究了近

20年，时常在心中涌动，其中的苦难奋斗、曲折艰难、光荣辉煌，可歌可泣、可圈可点、可感可叹。"

"我们不是要说明为什么是在重庆，而不是在其他地方设立直辖市吗？其实这座城市的历史早就给出了答案。"周勇灵光一闪，《重庆历史上的"三次直辖"》一挥而就，"可以说重庆历史上曾经经历过三次'直辖'，而这种状况往往出现在历史发展的关键时刻。"

研究3000年来的重庆城市发展史，周勇发现：历代中央政府曾三次对重庆实行一级行政机构管理——

第一次是在秦统一中国的大业中，灭巴国，置"巴郡"；第二次是在抗日战争时期，国民政府升重庆市为"特别市——陪都"；第三次是在邓小平、刘伯承、贺龙等老一辈无产阶级革命家的直接领导下，新中国设立重庆"直辖市"。

周勇探索规律作出总结，"直辖"是重庆发展的历史机遇和强大动力，是重庆城市发展的规律性使然。

"因此，在世纪之交的关键时刻，党中央、国务院再次决定设立重庆直辖市。重温重庆的'直辖'规律，我们应该意识到历史机遇的珍贵和历史责任的重大。"在周勇看来，这样的历史，在中国城市史上都算得上是独一无二。

文稿写好后，刊发在重庆市委党史研究室主办、供领导参阅的内部刊物《史鉴》1997年第1期。随后，这篇稿件被通过各种渠道呈送到领导机关，也送给了媒体。

对话　"重庆将拥有辉煌的未来"

作为重庆史研究会3届会长，在研究重庆史的40多年中，周勇越来越感受到重庆历史的厚重。

"那是因为重庆不是一个小地方，而是个大地方。"在周勇看来，重庆史，不仅仅是8.24万平方公里土地的小历史，由于重庆是在中国历史和世界历史发展的关键时刻发挥过重要作用的城市，因此重庆的历史便成了中国历史和世界历史的重要部分。

正因为重庆的这个特质，周勇有幸见识了一些重要人物，经历过若干重要时刻。

其中，值得一提的是周勇曾接待过美国前国务卿亨利·基辛格。基辛格一生传奇，被美国前总统福特称为"美国历史上最伟大的国务卿"，曾一百多次踏上中国的土地，为中美关系作出了杰出贡献。

其间的交往和对话，令周勇终生难忘。

1996年9月8日，基辛格第二次访问重庆。当时他的公开职务是基辛格联合咨询公司董事长，与他一起来的还有几位著名的企业家，其公开的使命是为美国的财团提供咨询服务。

醉翁之意不在酒。显然，基辛格是奔重庆直辖而来。"'重庆直辖'的消息在海外媒体传开，

1997年3月14日，第八届全国人民代表大会第五次会议通过关于批准设立重庆直辖市的决定（重庆日报 供图）

重庆在海外媒体上的曝光率直线上升。"周勇清楚地记得，1996年9月5日，党中央、国务院批准四川省关于委托重庆市代管万县市、涪陵市、黔江地区的请示，"这发出了重庆即将成为中国第4个直辖市的信息。"

在国内，尽管筹备工作已在紧锣密鼓地进行，但从法律上讲，设立重庆直辖市还必须经过1997年初的第八届全国人民代表大会第五次会议的审议之后才能公开报道。

周勇参加了直辖市发展战略的研究工作。周勇当时担任中共重庆市委党校副校长、教授，是一名学者，身份具有一定的弹性。因此，市委的代管领导小组宣传教育组曾多次安排他接受境外媒体的采访。这次基辛格前来，也派周勇陪同参观，讲解有关历史，并与之交谈。

"重庆直辖已是公开的秘密。"周勇自然明白，在这个背景下，基辛格来渝，"可以说，他是来做中国经济特别是中国西部经济开发的战略性研究的。"

9月8日那一天，基辛格在重庆的活动很多。他提出要参观第二次世界大

1997年3月18日，重庆市委、市人大、市政府、市政协在重庆市人民大礼堂召开隆重庆祝设立重庆直辖市大会（重庆日报 供图）

战期间中美两国联合抗击日本军国主义的那些旧址，在周勇陪同下，一行人一起参观了桂园，那是1945年国共双方在重庆谈判后签署"双十协定"的地方。

随后，一行人来到重庆史迪威博物馆。基辛格在参观时，对朱德当年送给史迪威的相册特别感兴趣，因为那上面有当年毛泽东、周恩来在延安与美军观察组的合影，弥足珍贵。

同时，基辛格情不自禁地介绍了他在20世纪70年代与毛泽东、周恩来在北京的多次会面经过。

参观结束时，周勇问基辛格对重庆的印象如何，得到的答复是，访问给他留下了深刻印象："我们今天再一次回顾了第二次世界大战期间中美合作抗击日本军国主义的历史，同时再一次亲眼目睹了重庆的可喜变化。"

在重庆史迪威博物馆的留言簿上，基辛格题词："中美两国在反法西斯战争期间的崇高而史诗般的合作是双方将来更加辉煌合作的基础。"

基辛格告诉周勇，纵观中国城市的发展进程，都是以港口发展为先导的。重庆本身就有这个条件，三峡工程完成后，重庆与武汉可以直通万吨船队，条件就更好了。加上重庆人有干劲，有献身精神，整个城市充满了活力。

"重庆将拥有辉煌的未来。"当天，基辛格预言，"重庆的发展将取得像浦东一样辉煌的成果。"

"当时我以为这是外交家的戏言。"让周勇始料未及的是，当晚，时任重庆市委书记张德邻会见基辛格时，他又讲了同一番话，"后来，他在美国、在中国香港还说过类似的话，对重庆的直辖起到了很好的宣传作用。"

感怀 "我的1997年'3·14'时刻"

1997年3月14日15时54分，这是一个历史性的时刻，出席第八届全国人民代表大会第五次会议的2720名代表对关于批准设立重庆直辖市的决定进行投票表决：2403票赞成，148票反对，133票弃权，36人未按表决器。

当天下午，周勇在中共重庆市委党校给学员上课。课后，校办公室的同事告诉他："重庆电视台的记者到处找你，很着急。"回拨电话，周勇接到任务，根据安排，重庆电视台《新闻联播》节目将对他们全家收看央视播出重庆直辖新闻的情景进行报道，并对他进行采访。

"重庆直辖，这是一个历史性的新闻事件。"周勇表示，这让他非常意外，这是从来没有过的事情，"他们要完成任务，不由分说，我就只好恭敬不如从命。"

这时离晚上7时不到两个小时。周勇一边处理公务，一边给妻子单位打去电话，让她下班后赶快回家。"我到家时，儿子正和姐姐的儿子在家里玩。我告诉他们，先不吃饭，等采访完了再吃不晚。"然后，一家人就静静地等待着中央电视台《新闻联播》节目开始。

在此之前，中央人民广播电台已播发全国人大批准设立重庆直辖市的新闻。

"但是，当我真真切切地看到宏伟的人民大会堂内的满天星斗，看到济济一堂的人大代表庄严地按下电子表决器，看到大屏幕上显示出那一组决定性的数字，听到乔石委员长的一声'通过'，那真叫心潮澎湃。"周勇回忆，胸中涌动的热流冲上脸庞，冲入头脑，冲出眼眶。

当天重庆电视台的记者采访时说了些什么，周勇已记不太清楚，然而，这股热流成为他终生的记忆。"能够为这座城市的'直辖'做一点实实在在的事情,能够以自己的方式亲历重庆历史上的'第四次直辖',真是一个最好的回报。"

1997年5月27日,中国共产党重庆市第一次代表大会在市委礼堂开幕。

当天,周勇作为党代表来到市委大院。抬头仰望,五月的黄葛树郁郁葱葱,遮住了蓝天,这时几片黄叶随风飘散,静静地落在地面,那是重庆独有的景观,"我在心里说道,直辖的热度终将散去,尽管大院依旧,黄葛依旧,但我们每个人命运的齿轮都将随之开始转动"。

《重庆日报》关于重庆直辖的报道(周勇 供图)

时光如白驹过隙,转眼,便是27年光阴。重拾这段记忆,重读那些篇章,周勇有感慨、有感激、有感动,更有无尽的感怀。

静水深流

龙籽凝　张　鉴

> 1998年，由广大重庆群众票选，经重庆市委、市政府通过，首届"振兴重庆争光贡献奖"设立。该奖是由重庆市委、市政府设立的全市最高综合性荣誉奖。

讲述人

黄济人，男，首届"振兴重庆争光贡献奖"获得者，重庆市作家协会首届主席，第七届、第八届全国人大代表，第九届、第十届、第十一届全国政协委员，享受国务院政府特殊津贴专家，现为重庆市作家协会荣誉主席、国家一级作家，曾获得全国首届"中国人民解放军文艺奖"、全国精神文明建设"五个一工程"奖等，代表作有《将军决战岂止在战场》《一个全国人大代表的日记》等。

2024年7月3日下午，重庆解放碑人潮涌动、热闹非凡。记者穿过新民街，来到重庆市作家协会荣誉主席黄济人的家。

眼前的黄济人，虽两鬓霜雪，但精神矍铄、神采奕奕。他家的客厅四壁悬挂着多幅名家字画，客卧展柜放着他与铁凝、王蒙、鲍国安等人的合影，书房书架上的名著已浸透岁月痕迹，左侧书格，静静躺着五卷本《黄济人文集》，里面凝结的是他一生写作的心血。

黄济人是和重庆一同成长起来的本土作家，亲历重庆众多历史性时刻，他畅游于重庆建设的时代大潮，在记录历史与书写现实之间流转。他的每一部作品背后，都有一段珍贵的记忆。走进他的作品，或飞入烟尘弥漫的历史深处，回溯往昔岁月；或抵达陡峭耸峙的现实高地，览照今时新貌。

"用文学为历史正名"

黄老从书架上取出《将军决战岂止在战场》,这是他的首部长篇小说,亦是他的成名作。他眼含柔情轻抚封页,向我们娓娓道来该书背后的故事。

黄济人祖籍重庆江津,父亲黄剑夫曾为国民党少将,1950年在阆中起义后加入解放军。1978年,在父亲的追悼会上,黄济人与阔别多年的舅父邱行湘(曾是国民党少将,1948年被俘,1959年为首批特赦战犯)重逢,舅父提及自己在功德林接受改造后对新中国的积极认识,让黄济人颇受触动。他当即对舅父说:"我想把你们的故事写下来。"

在内江师范专科学校(今内江师范学院)就读大一的黄济人利用暑假到南京拜访舅父。舅父告诉他:"你光采访我不行,你还得去北京采访其他更有影响的战犯。"

怀揣着舅父的介绍信,黄济人马不停蹄赶往北京。在北京,黄济人前后走访30多位已获特赦的国民党将领,其中杜聿明的遭遇令黄济人印象深刻。

杜聿明被俘后,妻儿在台湾生活艰辛,其妻向蒋介石求助却受冷遇,其子绝望轻生。而在收容所的杜聿明,不仅得到医疗救助治好胃溃疡等顽疾,思想也产生转变。由于表现积极,杜聿明登上了第一批特赦名单,出狱后,被安排为全国政协文史资料研究委员会文史专员。1981年,杜聿明离世前对妻子说:"共产党待我不薄,不要给共产党添麻烦。"

当事人的亲述让黄济人产生了一种使命感:他要让更多人了解这段历史。

黄济人在学校拥挤昏暗的宿舍写作,捡砖头当案桌,向老师借凳子、裁纸画格子当作稿笺,仅用半年时间就完成了30万字的手稿。考虑到这份手稿的重要意义和题材敏感度,黄济人做了个大胆的决定:将稿子直接寄送公安部。

彼时的公安部,正被一本在国际范围内影响恶劣的《战犯自述》困扰,该书内容颠倒

1983年黄济人获得第一届"中国人民解放军文艺奖"(黄济人 供图)

是非、混淆黑白。黄济人的书稿来得及时，公安部肯定了黄济人书稿的价值，并将其更名为《将军决战岂止在战场》，意为除掉过去的阴霾，还一片晴朗的天空。

1982年，该书由解放军文艺出版社出版，引发海内外读者广泛关注，荣获首届"中国人民解放军文艺奖"、全国畅销书奖、郭沫若文学奖等奖项。

"我从历史中挖掘写作题材，历史赋予了我很多灵感。"从内江师专毕业后，1983年，黄济人来到重庆市文联《红岩》编辑部工作，并成为一名专业作家，不断深入挖掘历史政治题材，创作了《崩溃》《哀兵》《征夫泪》等一系列作品，逐渐成长为重庆文坛的代表人物之一。1989年，黄济人当选为重庆市作家协会主席。

"让重庆人民知道重庆是怎样直辖的"

1997年3月15日上午，《重庆晚报》发表的《历史的选择——重庆直辖市议案是怎样通过的》呈现在3000万重庆市民面前，全城轰动。

文章的作者，正是黄济人。

1997年第八届全国人民代表大会第五次会议召开，会议有个重要议程"国务院提请全国人大审议设立重庆直辖市"。2月26日，黄济人作为全国人大代表，赴京参加全国两会。

"我们自信满满，以为议案通过是板上钉钉的事，没承想却遇到不少阻力。"黄济人说。

当时，各地区代表都可以在简报上发表对重庆直辖的意见，一位天津女作家在简报上发文反对重庆直辖："重庆是中国最大的县城，高低不平，一望无际的破房子，毫无活力。"还有的作家表示："重庆文化滞后的状况令人担忧。"

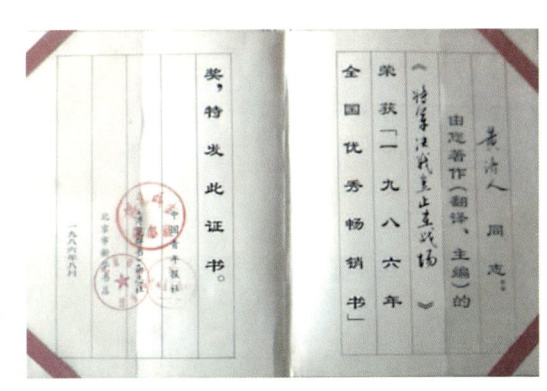

代表们的激烈争论，让黄

1986年黄济人获得"全国畅销书奖"（黄济人 供图）

静水深流 | 263

济人想起和时任《重庆晚报》副总编辑许大立的约定——将重庆直辖议案通过的全过程用文字记录下来。

黄济人白天开会议政，搜集素材；晚上熬夜写作，完稿立即传真回重庆。"我的记录必须有真实感和现场感，我要让重庆人民知道我们重庆是怎样直辖的。"黄济人说。

1997年3月14日，第八届全国人民代表大会第五次会议为批准设立重庆直辖市的决定进行大会表决。

下午3点54分，黄济人按下赞成键，忐忑地等待主持人宣读结果。

"出席2720人，赞成票2403，反对148票，弃权133票，有36人未按表决器。"

"通过！"

会场顿时响起震耳欲聋的掌声，重庆直辖市从此诞生了！

重庆直辖的第二天，《历史的选择——重庆直辖市议案是怎样通过的》在《重庆晚报》发表。文章采用日记体，将议案通过的过程徐徐展开，细节详实、过程生动。重庆民众读着这些鲜活的文字，仿佛坐在人民大会堂和代表们一起参加会议。

报纸一出，市民哄抢一空，报社不得不紧急加印60万份，一时搞得"洛阳纸贵"。

1997年6月，《历史的选择——重庆直辖市议案是怎样通过的》被收入《一个全国人大代表的日记》出版，引起社会各界的关注，该书对于了解新中国成立后重庆的建设发展具有重要意义。

1998年，黄济人凭借为重庆建设作出的突出贡献荣获首届"振兴重庆争光贡献奖"。

"记录三峡移民的真情"

2001年6月起，身为重庆市作协主席的黄济人，开始围绕三峡移民频繁外出采访。

其实早在1992年，黄济人作为第七届全国人大代表，就直接参与了三峡工程议案的审议和表决。

4月3日，七届全国人大五次会议通过关于兴建长江三峡工程的决议。三峡工程自此开启了波澜壮阔的建设历程。

重庆直辖后，为了铭记移民们远离故土，为三峡工程建设作出的巨大贡献，时任市委领导对黄济人委以重任，让他采访记录三峡移民的情况。

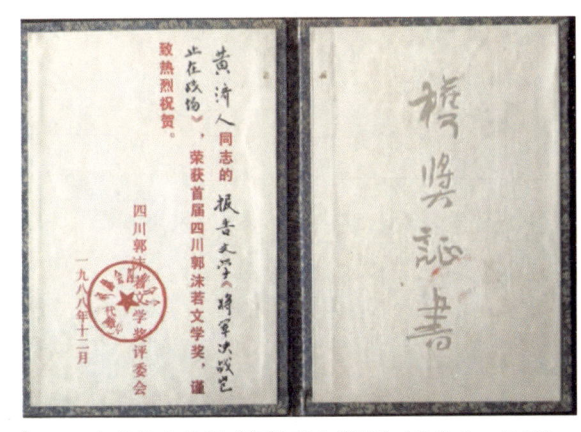

1988年黄济人获得"郭沫若文学奖"（黄济人 供图）

"老百姓们关心着这座城市和自身命运。"黄济人说，三峡移民为了国家和人民的利益，离开了祖辈生活的地方。作为一个作家，不把他们的亲情、友情、乡情和爱国之情记录下来就是他的失职。

从2001年6月开始，黄济人的足迹踏遍上海、江苏、安徽、山东等11个省市的每一个移民点，采访了上百位重庆的外迁移民。黄济人采访的第一位移民是重庆奉节的易美贵。易美贵迁到湖北荆州后，分到十亩良田和宽敞明亮的房子，开了家小店，日子越过越好。但老易还是会思乡。从重庆忠县迁到荆州的阎文君说："思乡久了，反而变成了一种享受。"

"无论身处何方，他们的家乡情都难以磨灭。"随着采访的深入，黄济人越发感慨，"移民们无论日子过得多好，他们对重庆的情结永远无法割舍。"

历经9个月漂泊采访，黄济人收获17本厚厚的采访笔记，写就一部20万字的作品：《命运的迁徙》。这部作品血肉丰满，展现了三峡移民舍小家为国家的奉献精神，是记录重庆建设的现实主义题材的重要作品。2003年，该书荣获全国精神文明建设"五个一工程"奖。

黄济人流转于历史与现实之间、兼顾文学创作和社会职责。1999年，重庆市作协从重庆市文联中独立出来，在重庆市作协第一次代表大会上，黄济人当选重庆市作家协会主席。任职重庆市作协主席期间，黄济人在创作上笔耕不辍的同时，主持成立了文学院、挖掘默默无闻的文学新人、培养签约创作员；邀请国内外知名作家来渝交流创作经验，加强重庆作协和国内外文坛的联系……一大批"70后""80后"作家走向中国文坛的前台，所谓的"文

静水深流 | 265

化沙漠"慢慢长成一片绿洲,重庆文化正一步步走向国际。

退休后,黄济人时常出席各类文学活动,传授"为文之道",分享写作经验;提携重庆本土新人作家,为他们的新书写评写序……

"我是被时代之光照耀着一路走来的,不仅有人搀扶我,还有人背我。"黄济人感恩重庆这座城市的哺育和时代的眷顾,他也倾尽全力回馈着这座城市、这个时代。

2010年黄济人(右)与铁凝看望《红岩》作者之一杨益言(左)(黄济人 供图)

采访结束后,黄济人题字赠与记者:"'静水深流',这是我最喜欢的四个字。"

静水深流,这正是黄济人一生的写照。他在文学这片土地上辛勤耕耘,文字如细水长流,洗涤了虚妄,还原了历史真相;照映了现实,记录了重庆建设;滋养了心灵,于平凡中展现了不凡的人性光辉。

铁轨上的生死时速

陈国栋

1999年5月23日，重庆市沙坪坝区西永镇（今重庆市高新区西永街道）中学初三年级三班女生陈渝，为救老人被列车挂成重伤。同年6月，共青团中央、全国学联授予陈渝"舍己救人优秀共青团员"称号。6月30日，教育部授予陈渝"见义勇为好学生"称号。

讲述人

陈渝，女，重庆市沙坪坝区新桥司法所所长，多次荣获市级、区级奖励。

"当时，也没有多想，只是一心想把老人拉下来，以防被火车撞上。"

2024年8月2日，当再次被问及25年前勇救老人前是怎么想的时，重庆市沙坪坝区新桥司法所所长陈渝的回答，依然质朴。

自古英雄出少年。当年，年仅15岁的初三学生陈渝，因在铁道上救助一名老人，被火车挂飞撞向护栏，摔成重伤。事后，陈渝舍己救人的事迹获得共青团中央、教育部等表彰。

25年，弹指一挥间。聊起往事，陈渝心潮澎湃。

救人　初三女生被列车挂飞

1999年5月23日是个周日，这天与平常相比并没有多少不同。但这一天，重庆市沙坪坝区西永镇（今重庆市高新区西永街道）中学初三年级三班女生陈渝的人生，却从此发生转折。

当天早上，陈渝与同学一道去场镇，当行至襄渝铁路西永段梁滩河大桥时，一列火车迎面飞驰而来。陈渝转身发现，身后一位素不相识的老大爷还在铁路上惊慌奔跑。列车越来越近，危险就在眼前！在千钧一发之际，陈渝猛地转过身，一个箭步冲上去，一把将老大爷拉下铁轨。老人得救了，陈渝却被列车挂住，重重摔在大桥栏杆上，瞬间失去知觉。

事发现场附近的人们见状，赶紧冲了过去。只见陈渝倒在地上，口吐鲜血，人事不省。

"喂，120吗？沙坪坝区西永村铁道口，刚才有个女孩被火车撞了，可能有生命危险，请你们快点来！"一个好心人拨通了120电话。很快，救护车呼啸而至，将陈渝救走。"这个娃儿，伤得这么重，还活得出来不？"陈渝的伤情让人揪心。望着救护车远去的背影，人们议论纷纷。

当陈渝睁开眼睛时，她发现自己已躺在重症监护室，鼻孔插着氧气管，身上到处是检测仪器。床前，有很多陌生面孔——都是来探望她的。"陈渝啊，你昏迷了一天一夜了，终于醒过来了，我们好担心你⋯⋯"平常在家务农的父母泪如雨下，告诉她是重庆铁路医院的医护人员在救治她。

经专家诊断，此次撞击让陈渝颅底骨折、脑震荡、多处肋骨骨折、严重肺挫伤、肾挫伤，60%以上的呼吸功能受损。

躺在病床上一动不能动，身体承受着常人难以承受之痛，从昏迷中醒过来的陈渝，脑海里像回放电影一样，受伤前的情形又浮现在眼前。"那个老人还好吧，有没有受伤？"陈渝问道。"好得很！多亏了你，他才没有受伤。你住院之后，那个老大爷和他的子女还来看过你。"众人连忙安慰她。

听完大家的讲述，陈渝心里踏实多了。"救了一个人的命，那我这一身伤也值得了。"陈渝说。"很庆幸没给我留下什么后遗症。我现在的身体很健康，只是胖了一点。"1999年8月2日，陈渝笑着对记者说。

感动　英雄少年获全国表彰

由于伤情严重，陈渝在医院病床上一躺就是两个多月。住院期间，陈渝的英勇事迹广为传播。社会各界对这个勇敢的小女孩纷纷投去关注的目光。市领导、区领导、教育主管部门负责人来了，许多中小学生代表来了。救火英雄梁强也来了。大家对躺在病床上的陈渝表示由衷的钦佩，纷纷鼓励她坚强振作,早日康复。

陈渝的英雄壮举,在巴渝大地乃至全国都引发强烈反响。沙坪坝区委、区政府,重庆市教育委员会,重庆市委、市政府相继作出关于向新时代英雄少年陈渝学习的决定。共青团重庆市沙坪坝区委、共青团重庆市委、共青团中央先后授予陈渝"舍己救人优秀共青团员"的荣誉称号。不仅如此,教育部还授予陈渝"见义勇为好学生"荣誉称号。

教育部关于授予陈渝"见义勇为好学生"荣誉称号的决定这样写道:"陈渝同学无私无畏、舍己救人的英雄行为不是偶然的,她是在党的教育下、在爱国主义和革命英雄主义的激励下成长起来的新一代的先进典型。她是班上第一批共青团员,平时始终严格要求自己;她学习勤奋,热心公益事业,勇于奉献;她尊敬师长,关心同学,乐于助人;她热爱劳动,生活俭朴,自立自强。她用青春和热血谱写了一曲九十年代舍己救人的动人赞歌。"

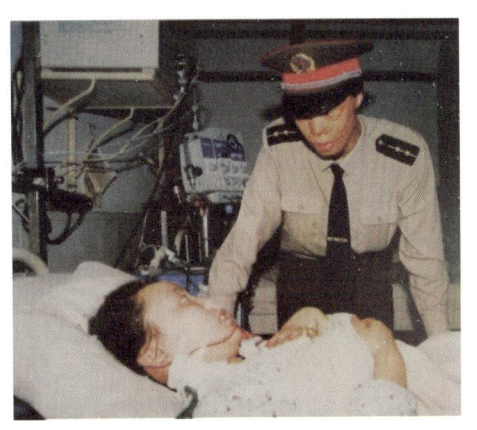

救火英雄梁强看望少年英雄陈渝
(重庆日报 供图)

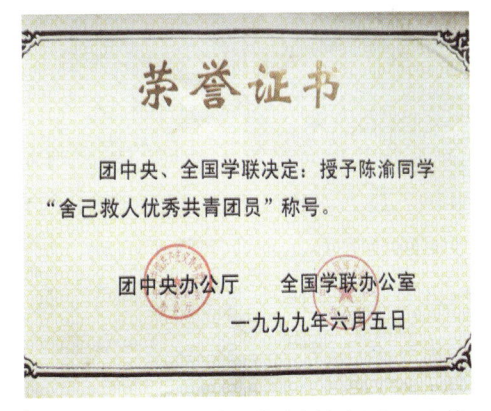

陈渝获得团中央、全国学联表彰(陈渝 供图)

教育部号召广大青少年学生要广泛开展向陈渝同学学习的活动,学习她无私无畏、舍己救人的献身精神;学习她好学上进、自强不息的奋斗精神;学习她热爱集体、关心他人的友爱精神;学习她热爱劳动、艰苦奋斗的勤俭精神以及脚踏实地、从我做起的奉献精神。各级教育行政部门和各级各类学校要以陈渝同学的英雄事迹作为进行爱国主义、集体主义和社会主义教育的生动教材……一时间,全国大中小学掀起向陈渝学习的热潮。

因为一直在医院接受治疗,陈渝遗憾错过了这一年的中考。康复出院后,陈渝想找一所学校复读。重庆多所中学了解到这一情况后,主动联系陈渝的父母,邀请陈渝前去复读。最后,陈渝选择了重庆八中。

陈渝说，自己原来的学习底子不是特别好，为了逐步缩小与同学们的差距，只有花更多的时间学习：啃书本、练习题，遇到不会做的题，不厌其烦地向老师和同学请教。考虑到西永距离八中有点远，陈渝每天回家不方便，学校把陈渝安排在一位退休老师家里住下，一方面可以照顾她的起居，另一方面义务帮她辅导一下学习。

经过一年的努力，陈渝的学习成绩进步明显，顺利考上重庆八中高中部。三年后，品学兼优的陈渝被保送至西南政法大学。

低调 在平凡中默默奉献

2007年，大学即将毕业的陈渝和同学们一样忙着找工作，可是她的求职简历上，对于救人壮举只字未提。

"我并没有做惊天动地的事，只是做了我能做到的事。"陈渝说，救人一事早已过去，自己更愿意以一颗平常心去找工作。

陈渝先是在企业工作了不到一年，然后在2007年报考公务员，进入沙坪坝区童家桥司法所工作。2018年，陈渝担任沙坪坝区童家桥司法所所长，负责指导人民调解，承担社区矫正等工作。2022年初，陈渝调至沙坪坝区新桥司法所工作。

街道的同事们说，陈渝在基层工作这些年，默默地奉献着，从不轻易将过去的高光时刻挂在嘴边。"刚来街道工作时，她填写的个人资料中并没有多少特别之处。一次，区里统计机关干部获奖情况，她这才填报了。"童家桥街道一位干部说，"原来，英雄就在身边。她太低调了。"

不仅仅是很多同事不知道陈渝是"经历过大事的人"，时至今日，就连陈渝12岁的女儿，

陈渝在社区开展普法教育（陈渝　供图）

都不知道妈妈原来这么英勇。

沙坪坝区司法局高级工周喻在25年前曾参与了对陈渝的慰问，"看着在我眼里还是个小女孩的她身受重伤，虚弱地躺在床上，我心痛无比，却又肃然起敬。我当时在心里问自己：要是我也遇到了这种突发情况，我敢于冲出去吗？"

采访中，记者听到很多关于陈渝少年时期的点点滴滴：陈渝的父亲积劳成疾，丧失劳动力，全家生活只能靠母亲辛勤奔波，卖点大米来维系。每天上学前、放学后，陈渝就烧饭、喂猪、洗衣、收拾屋子，星期天、假期还下地干农活，为父母分忧；家住同一个院的孩子上学要过铁路，邻居们很担心，陈渝就每天带着一群小朋友上学，风来雨往，一送就是5年；有一段时间，陈渝特别节俭，原来她是为了存点钱，好给灾区捐款……

有关方面将陈渝的英勇事迹编印成书（陈渝 供图）

"陈渝的英雄壮举决非偶然。那坚定的两步，是陈渝15年人生道路的自然延伸；那舍己救人的5秒钟，是陈渝多年积淀的美好品德的瞬间迸发。""（她）把生的希望让给别人，把死的危险留给自己，在那一刹那显示出非凡的勇气。陈渝用青春和热血谱写了一曲新时代精神文明的赞歌。"当年，重庆市高教工委、重庆市教委在报给教育部的一份文件中的这几句话，让人感慨不已。

建设西部大开发
"2号"特大工程

申晓佳　龙籽凝

> 2000年12月16日，渝怀铁路开工建设，于2005年4月竣工，2007年4月18日全线开通货运和客运业务。作为西部大开发"2号"特大工程，渝怀铁路西起重庆市，东抵湖南省怀化市，全长624.523公里，被誉为重庆东南方向的"黄金路"。

讲述人

马述林，男，重庆市政府原参事、市发展改革委原副主任，曾担任重庆市铁路建设领导小组办公室主任。

2024年7月23日，重庆地区发布高温预警，一条穿越山川、横跨重峦的钢铁巨龙在烈日下温度攀升。铁路局作业人员顶着酷暑"问诊"钢轨，力保铁路正常运行。这条在高温下吞吐客流、大宗货运的钢铁巨龙就是西部的"致富之路"——渝怀铁路。渝怀铁路的建设，见证了重庆从内陆腹地走向开放前沿的壮丽篇章。

希望之路：坐着火车走出大山

2000年1月9日，重庆市西部大开发工作领导小组首次会议召开，标志着重庆市正式启动西部大开发工作。

西部大开发战略，是党中央总揽全局、面向新世纪实施的一项重大战略，政策适用范围包括重庆在内的12个省（自治区、直辖市）及湖南、湖北、吉林的部分自治州。重庆实施西部大开发以来，在基础设施建设、生态环境保护、产业结构调整、科技人才培养等方面取得显著成就。

其中，2000年12月16日开工的渝怀铁路是西部大开发"2号"特大工程，工程量浩大，技术难度高，但对沿线地区经济社会发展有巨大的带动作用。对秀山人而言，渝怀铁路就是一条不折不扣的希望之路。

2007年4月18日，渝怀铁路全线开通货运和客运业务。同年11月1日8时40分，重庆北首次开行到秀山的8609次列车。首趟车的1300多张票，早在前一天下午3点就全部售罄。

"这一天，我等了10年！"秀山土家族苗族自治县居民冉晓勇在外打工多年，深知大山阻隔的艰难，一直盼望秀山能通铁路，"通车后我特意带上全家，坐火车去重庆中心城区玩了一趟。"

事实上，渝怀铁路不仅是秀山的希望之路，更是沿线所有地区的希望之路。在这条铁路修建之前，武陵山区的许多人从未见过火车。坐火车走出大山，是沿线群众共同的梦想。"当年，筑路队伍受到沿线各地群众热烈欢迎。"重庆市政府原参事、市发展改革委原副主任马述林曾担任重庆市铁路建设领导小组办公室主任，他表示，渝怀铁路起于沙坪坝区，在重庆境内经过渝北区、江北区、长寿区、涪陵区、武隆区、彭水苗族土家族自治县、黔江区、酉阳土家族苗族自治县、秀山土家族苗族自治县。当时，沿线群众听说要修铁路，欢天喜地，奔走相告。

马述林回忆，铁路技术人员每一次踏勘，都会受到当地群众热情欢迎。1999年8月，中国国际工程咨询公司专家组来黔江调研，当地群众不顾暑热，带来花生、瓜子、红鸡蛋送

| 2007年渝怀铁路铜仁地区开通典礼（陈晓岚 摄）

建设西部大开发"2号"特大工程

给专家组成员。甚至有群众步行二三十里山路赶来，只为见专家组一面，表达欢迎、感激之情。

挑战之路：建成"中国铁路桥梁第一跨"

寄托着沿线群众希望的渝怀铁路，也是一条充满挑战的铁路。渝怀铁路沿线地形地质复杂，线路两跨嘉陵江、长江，三跨乌江，穿行于乌江河谷和武陵山区。特别是涪陵区至酉阳土家族苗族自治县一带，是我国著名的石灰岩溶地区，地质灾害严重，曾被视为铁路建设的禁区。

在这样的自然条件下，渝怀铁路建设之艰巨可想而知。随着西部大开发的号角吹响，渝怀铁路的建设者们毅然担起重任，走上工地。边建设，边攻关，成了渝怀铁路工地上的常态。其中，位于武隆区的渝怀铁路黄草乌江大桥就是典型例子。

渝怀铁路黄草乌江大桥全长410.65米，最大跨度为168米，是当时全国铁路双线桥跨度最大的桥梁，被称为"中国铁路桥梁第一跨"。因地理环境复杂，建设者们面临众多技术瓶颈。

整座大桥总用混凝土量多达3000多立方米，但由于地理环境限制，现场

| 渝怀铁路列车驶过涪陵区蔺市镇（苏思 摄）

连可供车辆掉头的地方都没有。如果采用常规的混凝土大型罐车倒运、吊车吊装输送，不但混凝土质量难保证，造价也高得惊人。

技术攻关，成为唯一的选择。项目组创新制定出远距离泵送混凝土施工方案，自行设置了一套精密的混凝土自动计量、搅拌及泵式输送设备，又在输送管出口端头安装了一套辐射装置，使之能够将混凝土输送到以搅拌站为中心的方圆600米范围内。整个工序只需10多人，工效比传统施工方式提高了几十倍。

类似的瓶颈，项目组突破了许多。在技术创新的同时，中国铁建大桥局还对施工废料等进行防泄漏无害化处理，保证项目不会造成环境污染。

腾飞之路：带动沿线经济发展效益超2000亿元

已"服役"10多年的渝怀铁路，带来了一系列可喜变化，并将继续带着沿线群众的希望朝前跑。渝怀铁路建成通车，使川渝地区与东南沿海的客货运缩路程短270公里至550公里，使重庆到怀化的时间从18小时缩短至8小时。

这一优势很快得到体现。2007年4月，渝怀线货运量仅为1万余吨，5月就达到了4万多吨，而到了9月，这一数字升至13万吨。据统计，渝怀铁路的开通使得沿线70多个城镇受益，带动沿线地区的经济发展效益超过2000亿元。

渝怀铁路的作用为何如此之大？在渝怀铁路修建以前，重庆向东的铁路有襄渝、川黔、焦柳、湘黔四条铁路干线，这四条干线东西相距400多公里，南北相距800多公里，在当中形成了一个面积近24万平方公里的铁路空白区域。而渝怀铁路在这块空白区域里画出一条对角线，成为重庆通向沿海的捷径。换句话说，渝怀铁路将重庆与中南地区、华东地区和沿海发达地区连成一体，同时也承担起了川渝地区往来湖南、江西、福建等地区货运量的一大半。

马述林认为，渝怀铁路的建成通车，充分体现了"火车一响，黄金万两"。铁路沿线工业、旅游业发展局面焕然一新，更为招商引资创造了必要的条件。它的建成，对重庆有着重大的意义。

焕新之路：铁路运能提升4倍

随着经济社会发展，既有渝怀铁路的运输能力已经饱和。2020年12月25日，渝怀铁路二线全线开通运营，渝怀铁路正式进入复线运营模式。渝怀铁路二线是在既有渝怀铁路单线旁边增建的第二线，其西起团结村站，横跨重庆市和贵州、湖南两省，终到怀化站，全长约600余公里。

为确保二线铁路早日全线通车，铁路部门制定了分段验收及开通方案。此前，渝怀铁路二线重庆至涪陵段、涪陵至中嘴段、怀化至同田湾段、同田湾至锦和段、锦和至桃映段、冯家坝至桃映段、石子坝至冯家坝段已相继开通。新开通线路为中嘴至石子坝段，全长约83公里，为国家Ⅰ级铁路，设计速度为120公里/时，全段共有桥梁33座、隧道21座，桥隧比达82.4%。

重庆涪陵站，首趟途经渝怀铁路二线涪陵至中嘴段的K585次列车驶出车站（崔力 摄）

据了解，该段线路地形地质构造复杂，不良地质现象多，施工安全风险高，沿线穿越了乌江峡谷、武陵山谷地区、溶蚀丘陵、溶蚀槽谷区。

为应对不良地质条件，全线多采用"桥隧代路"方式修建，桥隧比例高。此外，由于临近既有运营线路，施工安全风险高、难度大，工程设计人员采用"确保安全、提前预判、精心设计、研判结合、合理过渡"的设计理念，合理解决了黄草二线隧道软岩变形、岩爆、高瓦斯、顺层偏压等技术难点和彭水、保家楼站等站改关键节点，为该段线路的顺利开通创造了有利条件。

二线开通后，渝怀铁路的整体运能提升了4倍，进一步完善了西南铁路网布局，有效缓解了川渝地区东出铁路对外能力的紧张状况，让沿线1300多万人口受益。这条曾在西部大开发中发挥重要作用的"黄金路"，将为新时代推动西部大开发、成渝地区双城经济圈建设继续贡献力量。渝怀铁路的故事，还在续写。

桂园新声

王婉玲

2001年，近现代重要历史遗迹及代表性建筑重庆市渝中区桂园被公布为全国重点文物保护单位。

讲述人

吴统凡，男，重庆红岩革命历史文化中心文物部部长，2019年桂园整体保护和提档升级工程项目具体执行人。

在重庆市渝中区，有一条已近一百年的老街，这里的每一栋楼、每一片瓦，都诉说着独属于历史的印记。这里便是中山四路。第二次国共合作时期，国共两党共商国是、中国共产党真诚谋求和平民主团结的历史见证地——桂园，就坐落于此。

踏入桂园，院内绿树成荫，右侧便是毛泽东和周恩来曾经暂居之处。主楼门前有两棵桂树，入门右侧的会客室是国共谈判和中共代表的会客场所之一，当年毛泽东、周恩来与国民党代表进行谈判和签订会谈纪要的地点就在这里。

时间的长河会冲淡很多事物，但唯一不变的就是历史的刻痕。如今的会客室，墙壁上挂装着根据历史资料复原的展品，靠墙放置着整齐的座椅，厚实的实木方桌立在其间……青砖小瓦，一桌一椅，都是历史的重要见证。1980年，桂园被公布为省级文物保护单位；2001年，桂园被公布为全国重点文物保护单位。桂园的文物保护工作也随之拉开序幕。

桂园从历史烟云中一路走来

说起桂园，重庆红岩革命历史文化中心文物部部长吴统凡拿出一个厚厚的笔记本，他说，"要谈桂园的文物保护发展历程，就得先谈谈桂园的历史"。

桂园始建于20世纪30年代，初为国民政府财政部四川财政特派员关吉玉所有，1938年，时任国民政府军事委员会政治部部长陈诚租赁桂园为官邸。1940年后，陈诚又将桂园转租给时任国民政府军事委员会政治部部长张治中。张治中迁入居住时，曾亲手种下两棵桂花树，并因其父有"桂徵"之名，故将此院命名为"桂园"。

1945年抗战胜利后，为实现和平建国，8月28日，中共中央主席毛泽东赴重庆进行了为期43天的和平谈判。这期间，张治中将此楼提供给毛泽东在城内办公和会客之用。

重庆谈判期间，为广泛争取团结各方面和平民主力量，毛泽东会见了国民党左、中、右派人士，民主党派人士，社会知名人士，各国驻华使节和国际友人，宣传中国共产党的主张，赢得了民心和社会各界的支持。1945年10月10日，国共双方代表在桂园签署了《政府与中共代表会谈纪要》，即著名的《双十协定》。

1949年11月30日，人民解放军进入重庆，宣告重庆解放。重庆解放后，桂园就逐渐变为居民的住所。"那时大家对于文物的保护意识偏弱，居民在里面私拉电线、改造衣帽间等，都是常事。"吴统凡有些无奈地说。

彼时的桂园，长长的走廊连接着多个房间，每到中午烧菜时，油烟味便常和煤球味混在一起，楼道里，有居民正晾晒的衣物，也有养植的花草，还有拉得长长的电线，它们交错缠绕在桂园的各个角落，蒙着厚厚的灰尘。

1962年，桂园实施了第一次保护修缮。"此次修缮主要是针对居民生活痕迹进行相关维护。"吴统凡表示，因居民长久居住，桂园的墙体受损较为严重，木质结构与油漆漆面也均有不同程度的老化。由于当时居民较多，只能进行局部的修缮与维护，不过好在桂园建设结构好，没有因居民居住导致大量的残破和损坏。

1977年，经过再次修缮和复原后，桂园正式对外开放。1980年，四川省人民政府公布桂园为省级文物保护单位。2001年，国务院公布桂园为全国重点文物保护单位。今天，桂园已成为人们触摸历史的生动载体。

让文物"复活"的158天

2001年，桂园被公布为全国重点文物保护单位后，分别于2007年和2012年实施了抢险维修与保护修缮工程。此后，吴统凡也逐渐意识到，修修补补难以从根本上解决桂园的老化和病害问题。

2019年8月，桂园再一次启动保养维护工程。这次，不再是"破哪儿补哪儿"，而是对桂园进行整体保护和提档升级。开工前，吴统凡带着设计人员将桂园里里外外仔细勘察了一遍，商讨并报审后决定，此次整体保护和提档升级主要从文物维护、环境升级和展览展示三个方面同步开展。

墙体维护，便成为他们要跨过的第一道坎。"我们在勘察时发现，墙体有不同程度的损伤和老化。"吴统凡坦言，"此前多次局部修补，使用的材料不同，对墙体造成了不同程度的影响。"

针对风化、病虫害等墙体自然受损问题，吴统凡与设计人员、工程人员决定使用砖粉修复剂修复病损墙体，他们将部分墙体送去检测机构分析材质，并将此作为砖粉修复剂选择的主要因素。同时，针对此前各个时期修补墙体的勾缝不符合原工艺的问题，吴统凡决定使用传统勾缝工艺。"使用传统勾缝工艺，尽量将原来不符合规定的工艺和材料都替换为原工艺、原材料。"吴统凡补充道，"我们会根据历史照片、历史信息、检测分析结果和专家评估，对比制造出来的墙体材质，评估是否符合原来的材料和工艺。"

太新、太鲜艳、质感不对……在一次次的对比与评估中，吴统凡和设计人员、工程人员终于解决了墙体材质、原工艺技术等难题，并逐一解决了此前作为居民楼时隔墙改建不规范等问题。

在修复的同时，吴统凡等人也在思考如何化被动为主动，将抢险

| 2019年，桂园整体保护和提档升级工程，工人们正在进行墙体补缝（重庆红岩革命历史文化中心　供图）

桂园新声　｜　279

变为预防。为此，他们针对墙体下部易受雨水浸泡和环境潮湿导致微生物侵蚀的病害问题，预防性使用了憎水剂，为墙体套上了"雨衣"。"只有全方位了解文物所面临的风险和威胁，才能有针对性地采取预防性保护措施，减少文物损害的可能性。"为此，吴统凡坚持在一线，持续性考察桂园的真实情况，风雨无阻。

屋面翻修，梁架检查、加固，糟朽封檐板及檐口天棚翻修，地面翻修，卫生设施，排水改造……历时158天，桂园整体保护和提档升级工程于2020年1月竣工。竣工那天，吴统凡抚摸着桂园外墙上的青砖，看着这栋与他朝夕相处158天的中西式砖木结构楼房，一如整体保护和提档升级之前的样子，他满是欣喜，因为他心里明白，这栋楼已经焕然一新。

让桂园真正"活"起来

在对桂园进行整体保护和提档升级的同时，设计人员和工程人员还对桂园旁的临街建筑进行"量身定制"的改造，同步打造文物建筑原状复原陈列、专题展两大相辅相成的展示利用板块。踏入临街小楼，历史的气息扑面而来，屏幕上播放着重庆谈判的影像资料，墙上是有关重庆谈判的图像、文字资料，展厅里放着有关重庆谈判的各类手稿、书信。"这是'重庆谈判'专题展厅。"吴统凡说道。

在这一方天地里，融合了"两种命运博弈，两个前途交锋""弥天大勇赴渝州，霖雨苍生新建国""殚精竭虑促和谈，折冲樽俎展雄略""宣传中共主张，厚植民主力量"四个单元，此中内容，是重庆红岩革命历史文化中心研究人员几十年来对重庆谈判的最新研究成果。

不仅如此，专题展厅还运用AR展示、触屏查询、透明屏文物展示柜等科技手段，对文物进行多维度展示，生动再现重庆谈判的历史。

"静态的陈列常难以调动参观者的积极性。"吴统凡指了指展厅陈设上自带的二维码，说，"扫扫看。"

扫开二维码，展厅中陈设的故事、藏品、视频在屏幕里清晰明了，令人惊叹不已。

"在对桂园旧址进行整体保护和提档升级的同时，我们也在不断思考，要

2019年，桂园整体保护和提档升级工程竣工后的桂园主楼（重庆红岩革命历史文化中心　供图）

如何将传统工艺与现代技术结合，使桂园真正'活'起来，发挥它的价值。"吴统凡解释道，"考虑到桂园旧址主要以复原陈列为主，我们在这栋小楼里设置了专题展览，围绕重庆谈判的背景、意义，以及当下受到的启发，为参观者带来一场交互式的历史体验。"

这栋"量身定制"的小楼，获得了众多参观者的好评——

"这些互动真的很有趣，革命文物也'活'了起来。"

"眼前的文物变得更立体了。"

……

而这，只是让桂园"活"起来的初次尝试。

历史因铭记而永恒，精神因传承而不灭。如今，吴统凡及同事们致力于围绕桂园进行创造性转化和创新性发展，预备为桂园的主楼旧址及书信、手稿等文物建立三维模型，将线下展览搬到线上，创新文物展示传播方式，使文物转化为可虚拟互动的内容。同时，面对"不断开创新时代思政教育新局面"的使命要求，桂园也在积极引导青少年走进旧址学习、实践、体验，感知重庆谈判厚重的历史文化。

瞿塘峡壁题刻"搬家"记

陈 诚

2002年1月，位于重庆市奉节县境内的瞿塘峡夔门摩崖题刻搬迁工程正式启动。12幅题刻被分别切割安置、原地保护和翻模复制，人工复制品保存于下游500米的另一处悬崖上。

讲述人

姚炯，男，夔州博物馆文物保护与管理部主任。

人们与夔门相识，大抵多是因为使用过人民币纸币。

翻到第五套人民币10元钱的背面，就能看到雄奇险峻的夔门——赤甲山与白盐山隔江对峙，化作瞿塘峡峡口两道无比厚重的锁江铁门，将长江牢牢地锁在其中，汹涌的长江水被束成一线，冲破夔门滚滚东逝。唐朝诗人杜甫曾写道："众水会涪万，瞿塘争一门。"清人何明礼则用"夔门通一线，怪石插横流。峰与天关接，舟从地窟行"描绘夔门山水之壮丽。

对于身为夔州博物馆原文保科科长（现任文物保护与管理部主任）的姚炯而言，三峡一直是他心中最美的风景。而也正因参与瞿塘峡壁题刻搬迁工程的机缘，姚炯第一次遇见了王川平。当时，这个工作一丝不苟，将三峡视为"美丽长江的标志性河段"的重庆市三峡文物保护领导小组王组长，给他留下了深刻的记忆。

《奉节县志（1991—2016）》记录了2002年摩崖石刻搬迁的现场情况（奉节县地方志办公室 供图）

夔门题刻保护刻不容缓

1997年6月19日是重庆直辖市挂牌第二天。这一天，国家文物局和重庆市政府在渝召开全国文物系统对口支援三峡文物保护工作会议。

"三峡文物保护的重点在重庆、难点在重庆、成败的关键在重庆！"时任国家文物局副局长张柏在大会上坦言。

在三峡工程建设期间，生态保护、移民和文物抢救性保护是库区三大难点工作。国家文物局主持调查和制定了三峡文物保护规划，是三峡文物保护工作的第一步，这一阶段从1992年持续到1996年；1997年到2009年，则是三峡文物保护规划的实施阶段。彼时，已成为市文化局副局长的王川平，被任命为重庆市三峡文物保护领导小组组长，成为重庆库区三峡文物保护工作的"操盘手"。

数据显示，在三峡工程完成175米蓄水前，库区有超过1087处文物需要得到保护，其中752处位于重庆，瞿塘峡壁题刻便是其中之一。在三峡，瞿塘峡最为雄奇，浩浩长江携天下之水奔来峡口，"夔门天下雄"由此而来。正是由于瞿塘峡秀美壮阔的风景，加之峡壁上好的石材，峡岸的峭壁成为历代刻石记事抒怀的绝好地点。

瞿塘峡壁题刻"搬家"记 | 283

从南宋至近代，人们在此刻下长达180米，总面积约600平方米的12幅题刻，真、草、隶、篆，四体皆备，摩崖临江，巨制鸿篇，是三峡中一处价值很高的文化遗产，一道壮美的人文景观，是昭示于天地之间的三峡文化精神的宣言书。其中最为珍贵的是南宋乾道七年的一块"皇中兴圣德颂"碑，最为巨大的题刻是民国孙元良的"夔门天下雄，舰机轻轻过"，每个字宽4.5米、高4.35米，一个笔画里竟然可容一个成年人站立。

"2003年6月10日，三峡大坝蓄水线达到135米，江水会淹没瞿塘峡壁题刻，当时若不加以干预、保护，这些珍贵题刻将永远被江水淹没。"姚炯说。瞿塘峡壁题刻中所有题刻的底部海拔仅有115米至119米，江水涨上来之后，所有的题刻将被淹没在滔滔江水之下，如何尽快地将题刻保护起来，妥善地留给子孙后代，成为文物工作者的当务之急。

"可以说瞿塘峡壁题刻保护，就是这样一路被节节高涨的水位撵着跑的。"姚炯回忆。为此，重庆市专门成立了"重庆市奉节县瞿塘峡壁摩崖题刻保护工程"工作专班，中国文物研究所和建设部（今住房和城乡建设部）综合勘察设计院设计了"部分切割、部分复制、原地保护、异地复建"的总体方案。

2001年10月22日，瞿塘峡壁题刻保护工程开工，整个工程由国家文物局、中国文物研究所、建设部综合勘察设计院、西安文物保护修复中心、西安古代建筑工程公司、重庆市文物局、重庆市奉节县文物管理所等单位指导、设计、施工。

为瞿塘峡摩崖题刻"搬家"

2002年8月10日，王川平到瞿塘峡壁题刻搬迁保护工程工地检查工作，彼时姚炯正在负责现场施工。当时，被列入保护搬迁的12块石刻碑文中，南宋乾道七年的"皇中兴圣德颂"碑等均被列入切割搬迁的"特殊移民队伍"。

沿着斧削刀砍般的江边乱岩爬到崖壁下，只见分布在500多米长岩体上的摩崖石刻，已经被施工脚手架严严实实地"包围"起来。在饱经峡风谷雨侵袭的悬崖上，专业工人围绕着题刻碑文用圆锯或风镐切槽钻孔，伴随着轰鸣的马达声，题刻四周石屑飞扬；而在绝壁35米高处，工人们正攀上搭起的脚手架对部分危险岩体（400余平方米）进行铆固处理……

瞿塘峡壁题刻（中共奉节县委组织部　供图）

在伸入大江的一片陡峭石滩上，工人们修建起一条简易缆车轨道。由于瞿塘峡摩崖古石刻集中于峡口绝境，除了冒险乘船渡过瞿塘激流外没有任何道路可以抵达现场，所有施工设备全靠人工一点点抬到崖脚，而切割下来的巨大题刻届时也得靠这条缆车轨道拖运下山。

除了要从绝壁上"啃"下石刻碑文，在一些依崖搭建的塑料布工棚里，文物保护专家正在干着一件细心活儿：拓片。由于每一块题刻的搬迁、复制及拓片的程序均经过科学论证和反复考虑，因此拓片这种石刻碑文"克隆版"工作必须先期进行。

"瞿塘峡壁题刻搬迁最精彩的一幕是首次在国内采用了线锯（金钢丝串珠）切割。这种当时国际最先进的文物切割设备在工作时几乎没有任何震动，不会对文物本身造成伤害，以获取最原始的历史文化信息。"姚炯回忆。

除了切割搬迁的3块石刻碑文外，剩下的9块石刻虽然进行了翻模复制、人工刻石及拓片等，但原始石刻会被三峡水库淹没。

为了尽量保护这些珍贵的摩崖石刻，王川平联合各方专家决定给这些石刻加装钢网，也就是给它们全部穿上类似防盗门窗似的保护装置，减少淹没后江水激荡的浸蚀损伤。姚炯称，也许今后我们有能力了，还可以将它们从50米深的水下"请"出来，届时这些宝贝石刻仍然比较完好。

在瞿塘峡壁题刻群下游300米处，就是翻模复制后的题刻的"新家"。通过危岩处理、修缮加固、清理杂草灌木等手段后，搬迁来的石刻被"粘贴"在水库水位175米之上的182米处岩壁上，形成一道在淹没线以上的瞿塘峡摩崖石刻群。

将历史的记忆交给后人

2002年10月18日，经过施工人员近一年的努力，瞿塘峡壁题刻保护工程迎来验收的日子，这天，王川平起了个大早，专门挑了一身干净整洁的白衬衫。瞿塘峡的风猎猎作响，王川平陪同来自全国各地的十多名文物专家一起，前往验收现场。专家组组长、国家文物局专家组成员、三峡文物保护规划组组长黄克忠用激动的声音大声宣布："经评审，瞿塘峡壁题刻保护工程为重庆市三峡文物保护优质工程！"

后来，每当王川平乘船路过瞿塘峡，他都会仔细观摩沿岸题刻。原址上的题刻被水淹没了，人们的视线自然地聚焦到新址的题刻上。新址上的题刻按原来的顺序，或切割搬迁，或原样复制于峡口下游几百米处，比原题刻更醒目、有序，更便于观赏。

"蓄水后的效果证明了当初这一保护工程设计合理，选址准确，措施得当，更具人性化，更能弘扬瞿塘峡壁题刻所蕴含的三峡文化，这个题刻的新家，真的不错。"王川平说。

奋战"8小时重庆"

胡晨愉

2003年12月26日，重庆长寿至万州高速公路建成通车；同时，涪陵至秀山、万州至巫山、万州至城口3条国省道公路扩建工程完成初通。至此，"8小时重庆"建设工程全面通车。

讲述人

李健，男，原重庆高等级公路建设投资有限公司（今重庆旅游投资集团有限公司）党委书记、董事长、总经理，全国劳动模范。

"蜀道之难，难于上青天！"诗人李白寥寥数笔便勾勒出蜀地山川的巍峨与险峻。

地处我国西南腹地的重庆，自古便是天堑之地，要想将其建设成为长江上游地区的经济中心，助推重庆实现跨越式发展，交通枢纽建设必须先行。

作为时任重庆高等级公路建设投资有限公司（今为重庆旅游投资集团有限公司，以下简称高投公司）党委书记、董事长、总经理的李健，以突破制约重庆经济发展的交通瓶颈为己任，他根据市委、市政府的前瞻性布署，带领团队在崇山峻岭间开辟出一

2003年10月，建设中的重庆长寿至万州高速公路（周衡义 摄）

条条通衢大道。

昔日天堑变通途，畅通的交通网络不仅缩短了城乡间的距离，更为重庆经济发展注入了强劲动力。

勇担建设新使命

时光轻轻翻回至重庆直辖之初。

那时的山城重庆，虽山川秀美，却也为交通之困所扰。薄弱的交通基础设施，犹如一道枷锁，紧紧束缚着重庆对外开放的脚步。从城口、巫溪、巫山、秀山等偏远县城到达重庆主城区需要花费12至14个小时，不仅让当地居民出行不便，更成为制约重庆经济发展的一道鸿沟。

历史的转折往往蕴含于不懈的探索与果敢的决策之中。

1997年，重庆市委、市政府高瞻远瞩，把加快公路设施建设作为经济发展的突破口和切入点，提出了"五年变样、八年变畅"的目标。这一战略决策，犹如晨曦初现，穿透漫长的黑夜，为重庆交通发展带来了希望、指明了方向。

2001年，重庆市一届人大五次会议审议通过《重庆市国民经济和社会发展第十个五年计划纲要》，明确提出"十五"期间，在交通建设方面要实现最远区县8小时内到达主城区的目标，"8小时重庆"应运而生。

李健深知交通对于地方经济发展的重要性，更明白"8小时重庆"公路工程对于重庆城市建设的深远意义。

"'8小时重庆'是市委、市政府下达的关于交通建设的重要任务，是促进重庆经济社会发展，帮助贫困和少数民族地区脱贫致富的重要举措。"李健意识到，这不仅仅是一项工程任务，更是对全市人民的一个庄严承诺，既可以形成重庆大交通网络、方便人们出行，又可以形成大城市带动大农村格局、助推贫困与少数民族地区对外开放，还能激发地区经济发展的内在动力，为重庆的长远发展奠定坚实基础。

站在山城的高处，望着脚下蜿蜒曲折的山路，李健心中涌动着前所未有的使命感与责任感。

誓把天堑变通途

"8小时重庆"建设并非一帆风顺,一度面临着资金短缺、施工难度大、工期紧张等多重挑战。

"尤其是在2002年,该工程一度搁浅,彭水、酉阳、城口、开州路段的建设一度陷入停滞,工期已过三分之二,而建设工程量仅完成一半,着实令人担忧。"李健的话语中,带着几分沉重,几分追忆,仿佛那段艰难岁月就在眼前。

直辖之初的重庆,经济基础较为薄弱,基础设施欠账如同沉重的包袱,压在这座年轻直辖市的"心头"。只有加大投入,走出基础设施建设的瓶颈制约,才能迎来经济腾飞的新局面。然而,发展交通、电力、工业、公共设施建设等需要庞大的资金支持,对财政资源相对有限的重庆而言,无疑是一个巨大的考验。

作为改善区域交通条件、促进经济一体化的关键举措,"8小时重庆"建设初期的投资规划是由中央及市政府承担大部分资金,区县则需自筹剩余的三分之一。然而,这一资金分摊方案在具体实施过程中却很难向前推进。多数区县由于地处偏远、经济基础薄弱,财政自给能力有限,难以承担高昂的建设费用,市级财政亦是捉襟见肘、备感压力。

| 重庆长寿至万州高速公路(重庆渝东高速公路有限公司　供图)

资金短缺，如同悬在头顶的达摩克利斯之剑，让"8小时重庆"建设一度陷入困境。为此，市委、市政府积极寻求破解资金短缺之道，成立包括高投公司在内的八大国有投资集团，试图通过市场化运作，拓宽融资渠道。

自2002年高投公司成立以来，政府把原来分散于各区县用于"8小时重庆"建设的项目资金进行整合，集中注入高投公司，助推高投公司迅速获得银行高达130亿元的授信额度。于是，"死钱"变"活"了，高投公司利用这笔资本金滚动贷款、扩大资金运作规模，合同贷款使用金额达到80亿元。机制一变，活力倍增。高投公司在成立后的短短4个月时间里，便在重庆数十个区县350多公里的高等级公路上掀起了一场场波澜壮阔的建设攻坚战。

功夫不负有心人。2003年12月26日，涪陵至秀山、万州至巫山、万州至城口3条国省道公路扩建工程完成初通；同时，由重庆高速公路发展有限公司（今重庆高速公路集团有限公司）承建的长寿至万州高速公路也顺利竣工并正式通车。自此，"8小时重庆"公路工程全面通车。

梦想照进现实，施工图变为实景图。那一刻，山城沸腾了。从重庆最偏远的城口、秀山、巫山等县城乘汽车到主城区的时间由最长的16个小时缩短至一半，重庆边远地区的经济迎来了前所未有的高速增长。

激活发展新引擎

"8小时重庆"公路工程的全面竣工，不仅重塑了山城重庆的交通版图，更以其磅礴之势，掀开了重庆经济发展的崭新篇章。

昔日，重庆偏远区县与主城之间被山川阻隔，道路崎岖难行。而今，"8小时重庆"建设的壮丽蓝图已成现实，重庆各区县的距离被不断拉近。

"交通是城市发展的大动脉。"李健的话语饱含深情与自豪。见证了"8小时重庆"公路工程建设的全过程，李健认为，交通改善不仅缩短了重庆各区县间的地理距离，更激活了重庆经济发展的无限潜能。依托便捷的交通网络，人流、物流、信息流加速流动，山野间的特色农产品、旅游资源等得以快速走出大山，驶向更广阔的市场。与此同时，传统产业焕发新生、新兴产业不断涌现，既为当地居民创造了更多就业机会与收入来源，又为重庆经济持续健康发展注入了源源不断的活力。

"更令人瞩目的是，'8小时重庆'建设促进了资源的优化配置与公共服务的均等化。"李健解释道，"交通条件改善，人们的出行选择更加多样化，时间成本大大降低。因此，偏远区县与主城在资源配置、公共服务、产业发展等方面的联系更加紧密、互动更加频繁，居民生活更加便捷、舒适。"

　　如今，李健已步入退休生活。但他对重庆交通事业的热爱和执着追求，仍照亮着后来者前行的道路。而他，也以一位交通追梦人的身份，时刻关注着重庆交通的每一个细微变化、每一项跨越式发展。

　　每当晨曦初现或夜幕降临，李健总爱漫步在城市的街头巷尾，用那双曾经规划无数线路的眼睛，仔细审视着每一条新修的道路、每一座新崛起的桥梁，仿佛能从中读出重庆交通发展的脉搏与未来。而重庆的交通事业，也在一代又一代交通人的共同努力下，续写内畅外达的新篇章。

为人类贡献家蚕基因组

文凯丽　孔令湫

2004年12月，家蚕基因组框架图相关论文在《科学》杂志上发表。这是我国科学家继完成人类基因组1%计划、水稻基因组计划之后，为人类贡献的第三大基因组成果。

讲述人

向仲怀，男，曾担任西南农业大学（现西南大学）校长、蚕桑丝绸学院院长、西南大学蚕学与系统生物学研究所所长等职务，是中国工程院院士、国际著名蚕学专家，我国蚕桑学科的带头人，也是该学科唯一的院士。他领导完成了世界上第一张"家蚕基因组框架图"，牵头建立了世界上最大的家蚕基因库，完成家蚕、桑树、家蚕微孢子虫基因组计划，并创造性提出"立桑为业、多元发展"的产业技术体系建设方向，为我国蚕桑学科建设与人才培养作出杰出贡献。

在位于西南大学的资源昆虫高效养殖与利用全国重点实验室（原家蚕基因组生物学国家重点实验室）里，有一件特别的宝贝：一幅长达数米的长卷上，排列着红蓝相间、长短不一的若干组条码，这就是世界上第一张高质量家蚕基因组框架图。

这张框架图覆盖了家蚕基因组95%的区域，获得16948个完整基因，其中约有6000个为新发现，奠定了中国在世界蚕业的国际领

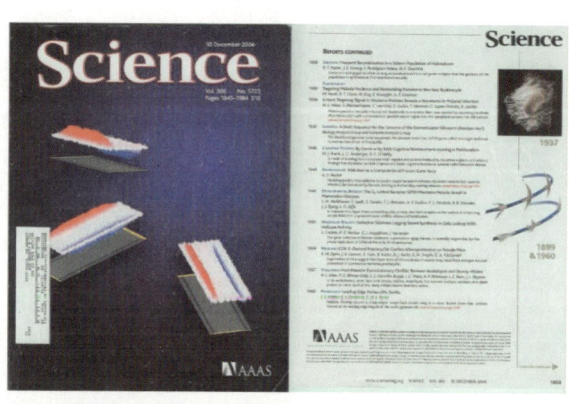

家蚕基因组研究论文在SCIENCE发表（西南大学　供图）

先地位。

2004年12月，家蚕基因组框架图相关论文在《科学》杂志上发表，成为我国科学家向人类贡献的第三大基因组成果。

这一重要成果背后，离不开一个人，他就是中国工程院院士、国际著名蚕学专家向仲怀。

"驼铃叮当，原野回荡；蚕丝之光，再燃五千年不灭的火种，重建新世纪的辉煌。"向仲怀填下的这几句歌词，饱含着他对我国蚕桑产业未来发展的期许。与蚕桑结缘大半辈子，他倾尽全力不懈奋斗，就是为了点燃蚕丝之光，续写一个又一个辉煌。

厚积薄发，开启中国蚕业科研新阶段

1937年7月，向仲怀出生在四川省涪陵县（今重庆市涪陵区）一个中医药世家，出生时正是全民族抗战爆发的时期。

1941年，日机轰炸涪陵，向仲怀跟随父母被迫迁回故乡四川省武隆县（今重庆市武隆区）。他从小接受传统教育，读国学典籍，既有传统知识分子的儒雅，又有浓烈的家国情怀。

1954年，向仲怀考入西南农学院（今西南大学）蚕桑系，1958年毕业后因成绩优异留校任教。没想到，初出茅庐的他就干了一件轰动蚕学界的大事。

20世纪50年代，川北地区连年暴发灾害性蚕病，全国众多专家数次会诊，始终找不到病因。

1959年，刚刚大学毕业的向仲怀作为工作组成员被派往四川省射洪县（今射洪市）。他一到当地就不走了，誓要为蚕农找到解决蚕病的对策。

每天查病情、收标本、解剖蚕，历经4个多月的艰苦探寻，向仲怀终于发

| 青年向仲怀（西南大学　供图）

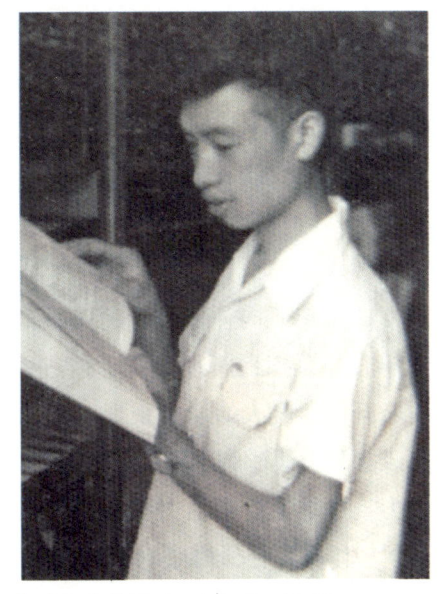

现了病死蚕上的壁虱母虫，确认了病原是当时尚无记录的壁虱，并制定了防治方案，很快就使该地区的蚕茧产量由每张5公斤增至当时的正常产量25公斤，填补了国内蚕学研究的空白。这项研究当时获得四川省科学大会奖。对向仲怀来说，此项研究最大的收获并不是奖项。

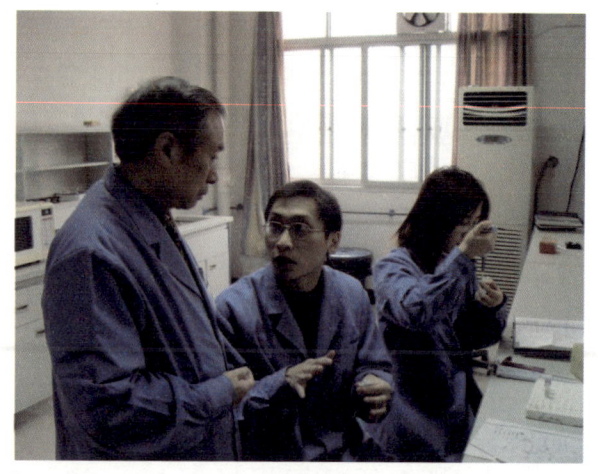

向仲怀（左一）在实验室指导学生（西南大学　供图）

"我觉得最大的收获，是知道了搞研究不沉下心去是做不好的。搞研究工作，发现突破往往是在细枝末节的地方，因此要老老实实地搞科研。"向仲怀说。

1962年，向仲怀因能力突出，成为我国家蚕遗传学奠基人蒋同庆教授的助手，开启了他研究生涯非常关键的成长阶段。

在蒋同庆的指导下，向仲怀系统学习了家蚕遗传知识，参加了基因分析研究和遗传系统的保存工作。

"那时每周都有答疑课，作为蒋教授的助手，我要负责实验课和答疑，这首先要我自己弄懂所有的内容。"向仲怀说，不断的磨砺，进一步加深了他对蚕学的研究兴趣与韧劲。

1982年，经蒋同庆推荐，向仲怀前往日本学习。两年的时间里，他抓住每一个学习机会，以每三四个月完成一个项目的进度，广泛涉足蚕桑学科前沿领域。

1984年，向仲怀带着满满两箱书籍和资料如期归国，他将先进技术教给青年教师，把最新理论技术带进课堂，并邀请一批国外知名专家前来讲学，不断开阔年轻人的学术视野。1992年，他在西南农业大学（今西南大学）领导成立了蚕桑丝绸学院，1993年建成全国首个农业部蚕桑学重点开放实验室，大力推进蚕桑分子生物学和遗传工程研究，同年获蚕学博士学位授权点，开启了中国蚕业科研攀登的新阶段。

1995年，向仲怀当选中国工程院院士。

"21世纪丝绸之路"的高地，依然在中国

20世纪末，分子生物学研究方兴未艾，人类基因组计划刚启动不久，向仲怀就敏锐地捕捉到蚕业最前沿的方向，在1996年提出我国第一个家蚕基因组研究计划书。

"蚕桑学科，一定要融入现代学科。蚕的遗传基础很好，经济价值也很高，中国是丝绸之路的发源地，我们最应该做这个事情。"向仲怀说。

随即，向仲怀领导研究组率先完成10万条家蚕基因测序，赢得了话语权，推动中日达成合作完成家蚕基因组的国际合作计划。

2001年8月，由日本组织，在法国里昂召开的国际鳞翅目昆虫基因组计划筹备会议，蚕丝产量占世界总产量70%的中国竟未被邀请参会。2003年初，为了建设所谓的"21世纪日本丝绸之路"，日本政府背弃承诺，直接否定了中日合作协议。

消息传来，向仲怀紧急前往日本，与日方据理力争，但日方仍以"政府的决定"为借口拒绝了他的请求。

一场围绕丝绸之路捍卫民族尊严的科研战悄然打响。

来不及等待国家调拨资金，向仲怀拿出所有积蓄，押上自己一手组建的实验室全部家底，辞去原西南农业大学校长的职务，带领团队全身心扑在家蚕基因组测序上。

2003年6月，测序工作紧急启动，仪器以每天产生10万条数据的速度高速运转，团队成员平均每天工作十四五个小时，困了就在办公室打地铺……两个多月后，团队比预定时间提前5天完成所有需要的数据。

"这项研究只能赢不能输！"向仲怀说，"家蚕基因组研究是提升学科水平和产业发展的基础，谁抢占制高点，谁就处处领先。"

要赢，就必须赶在日本之前，独立完成家蚕基因组测序。

终于在2003年11月，向仲怀带领团队根据家蚕基因组测序成果绘制完成世界上第一张"家蚕基因组框架图"。

2004年12月，《科学》杂志发表了这一重大成果。这是我国科学家继完成人类基因组1%计划、水稻基因组计划之后，向人类奉献的第三大基因组成果，全面确立了"21世纪丝绸之路"的高地，依然在中国。

"立桑为业、多元发展"，用科学造福农民

用科学造福农民，是向仲怀从事科研工作70年不断追逐的梦想。站在蚕业科学的最前沿，他最牵挂的，就是蚕农的钱袋子。

改革开放后，市场经济给传统蚕业带来极大挑战，蚕丝业盈利空间狭小、市场需求骤降，很多企业倒闭或转到其他行业，农民种植的桑树销路减少，毁桑弃桑现象极为严重。

如何解决广大蚕农的收入问题，实现蚕业的可持续发展，成为一道绕不开的行业命题。

2006年，向仲怀带领团队开展了全国范围的考察调研，历时3年，行程数万公里，足迹遍及24个省区市。

深入的调研让向仲怀坚信，桑树作为生态树种，全身都是宝。"发展桑树产业，不能固守单一模式，必须建立新的产业技术体系。在这个体系中，蚕桑共同发展，充分利用，桑叶不仅仅是蚕的口粮，更是春天的桑叶饼、冬天的桑叶茶。"向仲怀说。

调研成果与桑树基因组研究相辅相成，桑树的遗传多样性被充分发掘，2009年，向仲怀提出"立桑为业、多元发展"的现代蚕桑发展方向。

如今，在南方丘陵、北方黄土高原等地区，桑树已被广泛用于石漠化、沙漠化等生态治理；饲料桑、果桑、茶桑、生态桑……一片广阔的发展新天地逐渐铺展开来。

中国蚕桑再一次走出困境，焕发出新的生机与活力。

"这个产业是农业，一定要把农民的利益放在前面。农民的利益好了，这个产业的发展就好了。我是首任首席科学家，我有这样一个责任。"向仲怀说。

如今，已迈入耄耋之年的向仲怀始终不忘自己的责任，仍带领团队推动产业升级，为国家培养一批又一批蚕业科学优秀人才。

"我是教书的，我也是奔跑在丝绸之路上的，我不过是骆驼脖子上的一个铃子，贡献一点声音，走一步，我响一声。要相信年轻人能把这一责任担当起来，服务于国家的需求，创造属于我们的辉煌。"向仲怀说。

勇救四孩痛失两亲仍坚强

范圣卿

2005年，6条小生命被突如其来的山洪围困，危急之下，时年48岁的忠县善广乡雨台村村民黄永明，冒死从激流中先救出了4个邻家孩子。当他准备救自己的女儿和孙女时，山洪无情，直接将两名至亲吞噬。

讲述人

黄永明，男，忠县善广乡雨台村原村民、重庆燃气集团退休职工，2005年"振兴重庆争光贡献奖"获得者。

时光如白驹过隙。都说时间可以冲淡记忆，但在黄永明心里，2005年那个夏天发生的一切，任凭时间之河如何冲刷，依旧记忆犹新。

那年，黄永明眼睁睁看着自己的女儿和孙女被洪水吞噬。然而她们的"死"，却换来了另外4条小生命的"生"。一转眼，19年过去，英雄现在过得怎样？

6个小女孩被山洪围困

时间回到2005年8月5日，忠县善广乡雨台村3组的6个小女孩，结伴到两公里外的"母猪林"割牛草，其中包括黄永明12岁的女儿黄晓红和5岁的孙女汪惠婷。

下午5时，晴朗的天空突然狂风大作，电闪雷鸣，转眼间便下起了暴雨。不祥的预感瞬间涌上黄永明心头，他赶紧放下手中的农活，去给孩子们送伞。

谁知还没到达，便听见暴雨中传来几个孩子绝望的呼救声。

"救命，哪个来救救我们！"

循声望去，只见远处那条平日干涸的"母猪笼河"，此时水面竟达到了20多米宽。黄永明连滚带爬冲到河边，只见6个孩子分别站在两块大石头上边哭边喊救命。其中，黄晓红背着汪惠婷站在离岸边仅两米的石头上，另外4个孩子则相互挽着手臂站在河中间的一块大石头上。

洪水急速上涨，已淹至4个孩子的大腿，她们在巨石上摇摆着，随时可能栽倒在湍急的洪水中。如此看来，女儿和孙女所处的境地似乎要安全些。

在这千钧一发之际，黄永明一边大喊着"晓红，你们顶住，我马上来救你们"，一边跳进洪水中，朝河中央4条垂危的小生命扑去。

| 黄永明（黄永明　供图）

此时，洪水已经没过黄永明的胸部。他一把抓起9岁的黄英扛在背上，一手提着12岁的陈雪梅，奋力回游。将两个孩子放到安全的地方后，他再一次扎进洪水中，救另外两个孩子……

救下4个孩子　女儿和孙女却被洪水吞噬

"爸爸，你怎么不来救我们？"无数个日日夜夜，黄永明耳边总会响起女儿黄晓红对自己说的最后一句话。

当他成功救出河中央的4个孩子，准备转身救自己的女儿和孙女时，只见洪水如猛兽一般，已经将她们吞噬得只剩脑袋浮在水面上。

黄永明赶紧伸出手，想将两个孩子拉回岸上，谁知自己浑身乏力，身体不受控制，竟没够着她们。正欲不顾一切扑过去时，一个浪头打过来，两个孩子就不见了。绝望的黄永明不管不顾，一头扎进水里。

但一切为时已晚，等黄永明再次浮出水面时，发现自己已被冲到下游20米远的一个浅滩上，女儿和孙女却依旧不见踪影。

村民们到处寻找，直到8月8日下午，才在邻近两河乡的地方发现两个孩子的尸体。她们的衣服被洪水冲没了，身上到处都是伤。

想到自己在洪水中往返4次，每次经过女儿和孙女身边时，她们都用求生的目光死死盯着自己，黄永明便再也控制不住，哭了起来。

"我对不起她们，我女儿是几个孩子中最大的，也是最高的，我以为她们相对安全，没想到……"硬朗的庄稼汉流下热泪，但不管他怎么哭泣，女儿和孙女都回不来了。

13年前，寡妇张正芳带着儿子汪胜德嫁给了黄永明。直到36岁，黄永明才有了自己的独生亲女儿黄晓红。他视这个女儿如稀世珍宝，女儿去世前几天，他正准备去中学给她报名。但现在，黄永明永远失去了她。

望着悲痛欲绝的恩人，另外4个孩子的父母也哽咽了。

"今生无以为报，今后，我们的女儿就是恩人的干女儿！"

救人英雄进城打工　三百村民冒雨送行

黄永明的事迹感动了无数人。2006年2月，他获得2005年"振兴重庆争光贡献奖"荣誉称号。

"我们不能让英雄流血又流泪。"当年，时任重庆燃气集团董事长的蒲自庆得知黄永明的事迹后，便产生了帮助英雄的想法，将他和儿子汪胜德聘为燃气集团的花工和阀井工，并签订劳动合同。其中，黄永明聘期为17年，汪胜德为管道维护分公司的正式员工。

据黄永明回忆，离开村子那天在下雨，道路非常泥泞，机动车无法进村，他只得步行出村。300名村民得知消息后，自发背起黄永明的行李，带着音响，走了5公里泥路将父子俩送到乡政府。

62岁的严梅珍与黄永明从未谋面，但听说他要离家进城打工后，大清早便背着孙女前来送行。现在，黄永明早已成了妇孺皆知的英雄，一路上，不少村民前来搭话、祝福。平时最多走40分钟的路程，大家走了整

黄永明获得2005年"振兴重庆争光贡献奖"荣誉称号
（重庆日报　供图）

整两个多小时，把人送到后，村民们才依依不舍，三三两两地结伴离开。

而燃气集团那边，蒲自庆早已安排好了一切，从培训、住宿、餐饮，事无巨细，他都亲自交办。希望父子俩一来，就能有宾至如归的感觉。

家乡仍在传颂英雄故事

好人总有好报！现在，19年过去了，英雄过得怎么样？

"我现在很好，长期居住在观音桥附近，这几天刚回忠县老家吃酒……"据黄永明讲述，目前，他已经退休，儿子依旧在燃气集团原岗位上。

工作期间，单位的领导、同事很照顾父子俩，不仅在技术和专业领域上帮助带领他们，生活上也时时关注着两人，有什么困难，只要说一声，大家便会一起想办法帮他们解决。

退休后的黄永明每个月能领到5000元左右的退休金，这笔钱，完全够他的生活开支。汪胜德失去女儿后，又生了一个儿子，现在一家人过得其乐融融。

当年被黄永明救起来的4个孩子，目前都在广州一带工作，其中有三个已经结婚，还有一个未婚。前些年，她们过年过节都会给黄永明打电话，有时还会专程提上礼物去看望他。近些年，已婚的那几个大部分时间都在照顾家庭，互相之间的联系便少了些。

但她们的父母还是会经常给黄永明打电话，关注着他的近况。现在，黄永明在重庆，有事才会回老家，她们也去外面打工了，大家虽然聚少离多，但关系一直很好。村里面的人也都记着他，并将他的事迹讲给晚辈们听。每次回去，仍会有很多人前来跟他闲话家常，关心他的近况。

说起自己的女儿和孙女，黄永明说，他还是会时不时想起她们，但人死不能复生，自己也慢慢释怀了。

"我希望被我救起来的4个孩子，能代替我女儿和孙女好好活下去！"黄永明说。

喜望群星耀满天

唐余方　刘　露

2006年5月10日至11日，重庆市科学技术大会召开，首次颁发重庆市科技突出贡献奖。中国工程院院士、第三军医大学（今陆军军医大学）教授程天民和中国工程院院士、重庆大学教授黄尚廉成为重庆市首届科技突出贡献奖获得者，各获奖励50万元。

讲述人

程天民，男，97岁，江苏宜兴人，中国工程院院士，第三军医大学（现陆军军医大学）原校长兼党委书记，曾14次参加我国核试验，发现并命名骨髓巨核细胞被噬现象，研究成果居国际先进水平，是我国防原医学特别是复合伤研究的开拓者。

2023年12月23日，陆军军医大学举行了一场特殊的讲座，主讲者是中国工程院院士、陆军军医大学原校长程天民。

当时，程天民96岁高龄，多病缠身，行动较困难。然而，面对台下3000多名师生，他侃侃而谈近2个小时，将自己70多年的教学和科研经历分享给了年轻一代，勉励大家将人生理想融入国家发展和对真理的追求中。

这场讲座让许多人备受鼓舞。在陆军军医大学乃至我国防原医学领域，程天民早已成为一个标志性的精神符号，他扎根防原医学、坚守复合伤研究的故事在一代代师生中口口相传、历久弥新。

尊重科学　勇于探索

2024年5月29日，我们在位于重庆市沙坪坝区的陆军军医大学见到了程天民。他精神矍铄、满头白发，思维清晰、语言流畅，真切地向我们讲述了他经历的不同时代和事件，从事的不同专业和工作。

1927年，程天民出生于我国历史文化名镇——江苏省宜兴市周铁镇，1954年，他随第六、第七军医大学合校来到重庆，开启了与这座城市70年的不解缘分。"我1954年就来到重庆，学术成长的主要地区就在重庆的高滩岩和大西北的戈壁滩。"程天民说。

程天民对重庆有着深厚的感情。2004年，他曾为第三军医大学和重庆的情谊写下一副对联："五十春秋与山城人民共苦同甘，半个世纪尽军医天职救死扶伤。"获得重庆市首届科技突出贡献奖，就是程天民与重庆同甘共苦的重要证明。

2006年5月，重庆市科学技术大会召开，首次颁发重庆市科技突出贡献奖，程天民成为重庆市首届科技突出贡献奖获得者。程天民全票通过获此殊荣，源于其丰硕的科研成果。

程天民的研究领域是防原医学与病理学，主攻方向是难度极大的复合伤研究。复合伤是指机体同时或先后遭受两种或两种以上不同性质致伤因素作用而发生的复合性损伤，发病机制复杂、救治措施困难，需要病理、生化、血液、免疫等多学科交叉使研究不断深入。

20世纪50年代末，一些国家就开始对复合伤进行实验研究，我国也有部分研究团队在进行，但都由于种种原因半途而废了。

程天民（中）和他的第一位博士研究生、全军复合伤研究所原所长粟永萍（左），第二位博士研究生、防原医学教研室郑怀恩教授（陆军军医大学 供图）

"防原医学和复合伤研究不仅要坚持下去，还要开辟新的方向。"程天民说，"从事科研工作不是为了获得物质奖励，而是为了解决科学问题和实际问题，这比什么都强。"

程天民果断将复合伤作为主要研究方向。1979年，第三军医大学正式组建复合伤研究室，这是当时我国唯一一所以复合伤为主要研究方向的科研机构。

研究室成立之初，要设备没设备，要场地没场地，研究人员只能在曾用于堆放建筑材料的席棚里做实验。作为研究室主任，程天民带领大家自力更生，研制出致伤模型与设备，能够在实验室里模拟出各种单一伤、烧伤、冲击伤等。"当我很深入地去研究它们，会发现很多科学上没有解决的难题，吸引我去不断探索。"程天民说。

程天民在学习（陆军军医大学　供图）

尊重科学、勇于探索，是程天民身上鲜明的特质，他发现并命名骨髓巨核细胞被噬现象，针对复合伤创造性地提出"复合效应"，聚焦放射复合伤和烧冲复合伤两大代表性复合伤展开深入研究，他牵头完成的"放烧和烧冲复合伤的病理学研究"获得国家科学技术进步奖一等奖，"放烧复合伤几个关键环节的治疗及其理论基础实验研究"获得国家科学技术进步奖二等奖，"放创复合伤时创伤难愈与促愈的实验研究"等获得军队科技进步奖一等奖……他带领团队数十年如一日地坚持防原医学、复合伤研究，让复合伤研究室发展成为全国唯一、有一定国际影响力的全军复合伤研究所。

1996年，程天民当选中国工程院院士，成为我国防原医学领域仅有的两名院士之一。

国之所需　心之所向

"从事军事医学，特别需要奉献精神，一定要把个人前途与国家、军队建设的需要紧密结合。"回忆起科研道路上的抉择与坚持，程天民这样说。

1951年，程天民放弃成为一名外科医生的梦想，听从组织安排，留校被分配到病理科担任实习助教，从病理学开始了他的教学和科研生涯。不承想，两次特殊的临时任务，改变了他的学术方向。1958年，由于国家和军队发展需要，程天民被临时抽调去开展急性放射病研究；1961年，他又被抽调去研究放烧复合伤的病理变化。

这两次特殊的任务拓宽了程天民的学术视野，他不仅接触到防原医学，而且深刻感受到防原医学研究的重要性。

"我们这么大的国家和军队，如果不搞防原医学，或在防原医学中不搞复合伤研究，就会在战略上留下重大缺口。"程天民表示。

1964年，我国第一颗原子弹爆炸成功，已经有了一些放射病研究经验的程天民主动请缨参加核试验。1965年至1980年，程天民先后14次奔赴戈壁滩参加核试验，克服重重困难和风险，获取到大量珍贵的伤情资料和标本。每次参加核试验短则半月，长则半年，程天民根本顾不上家里，他的夫人、药理学教授胡友梅不得不独自照顾两个孩子，为了研究抗疟药，她每天早晚挤公交车往返于学校与药厂之间，非常辛苦。

参加核试验的经历，改变了程天民的科研之路，他将擅长的病理学与防原医学结合起来，全身心投入到刚刚起步的防原医学，特别是放射复合伤的研究中。从山城重庆到大漠戈壁，从病理学到防原医学，从科研的技术岗位到校长的管理岗位……程天民的一生经历了多次变化，每次变化都紧紧围绕国家和军队需求展开。这种浓烈的家国情怀和纯粹的赤子之心让无数人为之动容。

陆军军医大学教授史春梦是程天民的学生，回忆起与导师相处的点滴，许多往事在他脑海里沸腾。2017年，陆军军医大学按照新的任务要求，要发展火箭军医学，已经90岁的程天民为这门学科的发展奔走多年，他希望史春梦能够牵头火箭军医学的研究。那时，史春梦深耕"干细胞与创伤修复"研究领域10余年，已经取得非常突出的成果，要从一个熟悉的领域到一个不熟悉的领域，挑战很大，他向导师表达了自己的犹豫。

程天民听后，说："如果再年轻20岁，我一定亲自去做！但现在我年纪大了，只能给你们把把关。"每次想起导师的这些话，史春梦都非常感动："一个90岁的老人还在为了学科发展而努力，我没有任何理由再犹豫"。

老有所为　奉献余年

获得重庆市首届科技突出贡献奖时，程天民已经78岁了，仍在开展科研和教学工作。"年纪慢慢大了以后，开始大家叫我'老程'，后来叫我'程老'，的确是老了。"程天民笑着说。

怎样对待年老，程天民有着自己的认识和体会，他既不怕老也不服老，同时又珍惜老、善待老。"老，说明过去实践的时间长，今后工作的时间短，更要抓紧晚年的时间做一些力所能及的工作。"程天民说。

程天民在教学生做实验（陆军军医大学　供图）

进入耄耋之年后，程天民把更多的时间和精力投入到人才培养上，他对学生、学生的学生关怀备至、精心培育，"不当盖子，当好梯子，修桥铺路，敲锣打鼓"，努力为年轻人的成长创造有利条件，让他们成为事业发展的主角。

采访中，程天民多次提到人才对事业发展的重要性，"一个单位能不能发展，关键在于你的人才队伍，要努力做到背后不是一片荒漠，而是一片森林。在关键时刻拉一把可能改变一个人的一生，这样的事情能够做就尽量多做一点"。

帮助、提携年轻人的事，程天民做过很多。

1997年，程天民自掏腰包5万元，让学生余争平去添置新的实验台，这才使余争平能开展更多研究。这些年，他把科教成果奖励所获得的160万余元捐献出来，用以奖励优秀学生，支援希望小学等。

2006年，程天民将1999年出版的《军事预防医学概论》进行拓展和深化，主编出版了《军事预防医学》，当时，他已是晚期青光眼，246万字的专著，他是拿着放大镜一字一行完成的，为学生们留下一笔沉甸甸的宝贵财富。

如今，程天民的学生、学生的学生都在各自的岗位上发光发热。

步入晚年后，程天民很喜欢作诗，有几句诗，他写给自己和他寄予希望的年轻一代：

夕阳虽晚当映霞，犹存丹心吐芳菲。

待到日落西山时，喜望群星耀满天。

让大足石刻走向世界

郑 友

> 2007年6月19日，重庆市委、市政府在重庆市人民大礼堂举行重庆直辖10周年庆祝大会。当天，郭相颖等128人被授予"重庆直辖10年建设功臣"称号。

讲述人

　　郭相颖，男，文博研究馆员，重庆市文史馆馆员，曾任重庆大足石刻艺术博物馆首任馆长、大足县（今大足区）副县长等职，是大足石刻列入《世界遗产名录》的主要推动者。

　　"同意中国重庆大足石刻列入《世界遗产名录》……"当地时间1999年12月1日，在北非摩洛哥马拉喀什召开的世界遗产委员会全委会上，当主持人宣布这一消息时，全场沸腾。继甘肃敦煌莫高窟后，重庆大足石刻成为中国第二处石窟类世界文化遗产，奠定"北敦煌，南大足"地位。6年申遗，终获成功。全委会给予大足石刻高度评价，称大足石刻是人类天才的艺术杰作，代表了中国石刻艺术的最高水平。

　　以古开今，鉴往知来。坚定文化自信，就是坚持走自己的路，当好文化自信的使者。郭相颖先后荣膺"郑振铎—王冶秋文物保护奖"，获评"全国文物系统先进个人""重庆直辖10年建设功臣"等称号。

投身文保与"石刻"结缘

　　"旁人可能不理解，尽管生活苦，但我觉得能与非常高贵的艺术品为伴很是幸福。"

1974年初，大足县文物保管所原驻守北山石刻的工作人员去世。机缘巧合，当了10年"教书匠"的郭相颖被调到大足县文物保管所工作，那年他37岁。因石刻所在的区域山高地偏，生活清苦，组织上担心新来的郭相颖当"逃兵"，在调令上特意用括号括起5个字"只准住北山"。

安顿好幼子和病妻，郭相颖独自一人走上守护北山石刻的岗位。

"你教书教得好好的，为啥要来守菩萨？"果不其然，看到山上来了一位身高1.75米相貌堂堂的年轻人，周边农民不免有些诧异。面对各种误解和疑问，郭相颖并不多作解释。

郭相颖伫立在大足石刻雕像前
（中共重庆市大足区委宣传部　供图）

在当时，"守菩萨"可不是什么"好差事"。"当时在北山寂寞得很，一年到头基本都是我一个人。"没有水喝，没有菜吃，就自己挖水坑蓄水、开荒地种菜，每周清扫两次石刻走廊，作为一名"护石人"，郭相颖过着比和尚还清苦的日子，这一守就是整整10年。

然而，从小喜欢画画的郭相颖，初驻北山，便被那些有着近千年历史的石刻直击人心的美和深厚的文化底蕴所吸引。每次清扫石壁走廊时，他总会驻足停留，俯仰兴叹。视觉上的震撼、心灵上的冲击让郭相颖与石刻结下不解之缘。不仅如此，曾是教师他具备丰富文化知识，更加意识到，文物是国家非常珍贵的一笔财富。他决心好好研究、保护好这一文化瑰宝，越发虔诚地投入到对石刻的探索、研究中去。

20世纪80年代初，国家文物局要求全国重点文物保护单位必须建立"四有档案"（有保护范围、保护标志、记录档案、管理机构）。其中，图像资料不可或缺。

"当年，文管所连最简单的黑白照相机都没有，也没有谁系统地画过石刻，我就自告奋勇。"一条皮尺、一个画架，郭相颖说干就干，开始精心描绘每龛佛像。严寒酷暑，夙兴夜寐，前后历时两年多，郭相颖将北山、宝顶山石刻绘制成两张长达20多米的白描长卷，将两山拥有上万尊造像的恢宏场景

让大足石刻走向世界　｜　307

展现在世人面前。

这番功夫，让郭相颖把北山、宝顶山大大小小的造像牢牢地印在脑海里、心里，这也是他后来解说石刻时总是得心应手的原因。

手绘长卷助"石刻"申遗

"当电话打完的那一瞬间，我再也抑制不住，泪如雨下。"

当地时间1999年12月1日，北非摩洛哥马拉喀什，大足石刻6年申遗终获成功。时隔20余年，回顾当时激动人心的场景，郭相颖至今记忆犹新。在经久不息的掌声中，身为中国代表团成员的他冲向会场外的电话亭，用国际长途电话向国内同事报喜。

当电话接通时，手握话筒竟抖个不停，一向能说会道的郭相颖，此时竟语无伦次。这一战，他准备了近10年，种种辛酸如放电影般清晰呈现在脑海。

新中国成立后，大足石刻得到国家重视，先是成立大足县文物保管所，后又将宝顶山、北山石刻列为第一批全国重点文物保护单位。然而，受制于多方面原因，彼时的大足石刻鲜有人知。

20世纪80年代，改革开放的春风吹到大足石刻。1980年，重庆市政府外办组织加拿大、法国、美国等12个国家和地区的363位客人到大足石刻参观访问，随后国内外游客逐渐多了起来，世界范围内的专家学者也接踵而至，大足石刻也逐渐有了名气。其间，市、县党委相继提出"要使大足石刻走向世界"的号召，顿时感到"文物工作春天的来临"的郭相颖，锚定"今生一定要把大足石刻搞闹热起来"的信念。

1987年，郭相颖在与国家文物保护研究所工程技术人员的闲谈中，第一次听到联合国教科文组织评审编录《世界遗产名录》一事，并得知1986年国家文物局在研究拟申报"世界遗产"单位预备名单时，已将大足石刻列入。激动万分的他认为，这是大足石刻走向世界最好的路子，立即在大足县开展相关筹备工作。

1993年，国家文物局又将大足石刻列入申报世界遗产推荐名单。大足石刻距离世界遗产更近一步，这让郭相颖看到了实现梦想的曙光。然而，"申遗"谈何容易。当郭相颖建议要将大足石刻申报为世界遗产时，不少人觉得他是"异想天开"。

彼时,我国被列入《世界遗产名录》的仅有故宫、长城等为数不多的知名历史文化遗产,石窟类文化遗产方面,唯有敦煌莫高窟。当地领导干部多不主张申报,"云冈、龙门都没申报,大足石刻尚不成熟",加之财政紧缺,难上加难。

"正是由于我们不出名,所以我们才要往前挤。"郭相颖心中憋着一股冲劲儿,据理力争。

历史性的时刻终于到来。但评审当天,现场发生一段插曲。在评审最关键的时刻,由于幻灯片播放的单张照片不足以展现大足石刻宝顶山、北山等处的宏大全貌,让其显得有些单薄,加上语言理解上的差异,在场专家疑窦丛生。

眼见审议受阻,郭相颖急中生智,忙拿出两张文本中大足石刻宝顶山、北山手绘长卷的资料。"这些图都是我亲自画的,可以和那些照片相比对,完全是真实的。"郭相颖的一句话让在场人员对他肃然起敬。

道阻且长,行则将至。长卷完整展现宝顶山、北山上万尊造像的宏大全貌,经讨论现场专家得出一致结论:大足石刻不仅艺术水平高超,而且规模宏大,同意入选《世界遗产名录》。

组建博物馆让"石刻"闪光

1984年,郭相颖调任大足县副县长,分管文化、旅游、城建、宗教等工作。"老实说,我当时真舍不得离开石刻。"郭相颖回忆道。不过,这样的分工让他从更高层面来推进了大足石刻的保护和利用。同时他还每年为前来参观的来宾现场讲解大足石刻100余场,被人誉为"七品导游"。但"舍不得"三个字郭相颖绝不只是嘴上说说罢了。几年后,他作出一个令人费解的决定——多次申请回到大足石刻文物保管所工作。

1990年,郭相颖重回大足石刻文物保管所,在其基础上组建起县处级机构重庆大足石刻艺术博物馆,并任首任馆长。从那以后,他更加尽心地投入石刻研究、修复保护工作中去,培养得力干部、发展石刻旅游。这一干,就是一辈子。郭相颖牵头主编的《大足石刻》《大足石刻铭文录》《大足石刻研究文集》《大足石刻民间文学》等书籍,为大足石刻的保护传承事业作出重要贡献。

"我一看见石窟事业发展就高兴,一谈到石刻就激动。"这是郭相颖内心的

2015年6月13日,完成抢救性保护后的大足石刻千手观音向游客开放参观（视觉重庆谢智强　摄）

真实声音,退休后的他,无时无刻不在为文物保护工作魂牵梦萦,"搞文物工作的人不仅要考虑现在,更要想将来,要让子孙后代看得更久一点、更远一点。"

这种传之后世的远见,在大足石刻得到充分体现。位于大足石刻宝顶山区的千手观音,开凿于南宋淳熙至淳祐年间（1174—1252年）,是我国现存最大的集雕刻、贴金、彩绘于一体的摩崖石刻造像,被誉为"世界石刻艺术之瑰宝"。

时光荏苒,进入21世纪,历经800多年的千手观音造像在经年风侵水蚀下,病害频发。2008年,国家文物局正式启动该造像抢救加固保护项目,并将其定为全国石质文物保护"一号工程"。这一修,就是8年。其间,郭相颖作为研究院专家,多次参加论证会,提出重要修复意见。

半生一觉石刻梦,圆梦两鬓已成霜。离开石刻研究院院长岗位后,郭相颖仍每年为大足石刻做解说或讲座近百场,还录制大足石刻"一龛一说"专题视频80集。择一事,终一生。如今86岁高龄的他,依旧活跃在大足石刻保护研究和宣传推广工作的第一线。

开创国内保税港区新模式

陈骅 任继友

2008年12月18日，重庆两路寸滩保税港区挂牌成立，2022年1月调整更名为"重庆两路果园港综合保税区"，规划面积6.49平方公里。这是我国内陆首个"水港+空港"一区双功能保税港区，开创了国内保税港区新模式。

讲述人

黄莹，女，重庆保税港区开发管理集团有限公司产业发展一部副部长，原重庆两路寸滩保税港区成立的见证者、建设者。

作为我国内陆首个"水港+空港"一区双功能保税港区，重庆两路果园港综合保税区（原重庆两路寸滩保税港区）既是重庆外向型经济发展的重要平台，也是整个西部地区对外开放的重要窗口，是助推重庆打造内陆开放高地的"加速器"。

2008年12月18日，重庆两路寸滩保税港区（今为重庆两路果园港综合保税区）挂牌成立。自此，这里不仅拥有发挥保税物流、保税加工、仓储、贸易、结算等功能的水港功能区和空港功能区，还拥有承接围网内企业的生产配套、加工、物流运输等功能的产业配套区和综合配套区，形成了"大通关、大通道、大平台"的开放体系。

十余年间，从荒芜山丘到现代园区，一个又一个传奇故事在两路果园港综保区上演：先后获批设立进口肉类、进口水果、进口粮食等多个国家级指定口岸，以及金伯利进程国际证书制度指定实施口岸；积极推动海关、出入境检验检疫局通关监管便利化，创新口岸通关模式，推进查验业务流程再造，进一步简化监管作业环节，压缩通关时间……

鸟瞰重庆两路寸滩保税港区（视觉重庆苑铁力　摄）

如今，这里已是世界认识重庆的窗口，更是重庆与世界"做生意"的门户。

攻坚克难　出海口"逆流而上"

2008年11月12日，一则经国务院批准设立重庆两路寸滩保税港区的信息，在巴渝大地引发阵阵欢呼。

收到信息的重庆保税港区开发管理有限公司筹备团队还来不及庆祝，便迅速启动了开工建设方案，准备在尽可能短的时间内建成运营。

"当时面对的建设难度是难以想象的。"回忆起当初那段建设岁月，重庆保税港区开发管理集团有限公司产业发展一部副部长黄莹深有体会。

开工建设前，在寸滩，最高处的海拔为315米，最低处只有176米，高差达139米；在两路，最高处的海拔为400米，最低处为315米，高差达85米。

"以寸滩为例，当时有14座高压电塔耸立在山上，放眼望去，密密麻麻的高压线将保税港区笼罩着，山下还有深沟，几乎没有一块地是平整的。"从黄莹的叙述中不难想象，当时的寸滩不仅地势条件不太理想，且土地权属错综复杂，业主单位多达10余家，征地拆迁难度大。

从一组数据就可窥见当时保税港区的建设难度。水港工程平均挖深66米，平基土石方量1200万立方米，平均每分钟有6辆卡车往外运送渣土；空港工程平均挖深26米，平基土石方量900万立方米，进入空港区域的道路是从山中间硬挖出来的。

重庆两路果园港综合保税区空港区主卡口（重庆保税港区开发管理集团有限公司　供图）

彼时，以电子信息为代表的全球产业链正在重组，以重庆为代表的内陆地区迎来融入国际贸易格局的大好时机。保税港区的建设者们深知，早一日建成，外向型产业集群就能加快形成，早一天验收，就有希望在国际市场抢占更大份额。

因此，保税港区从施工进场的第一天起，就不断刷新着建设记录：2010年5月，一期建成并通过验收；2011年12月，初期规划范围实现整体围网，提前4年完成"整体规划、分步实施、滚动发展，2015年全面建成"的要求。这样的"加速度"，换来了入驻企业数量的几何级增长，智能终端项目纷纷签约，一批又一批世界500强或行业龙头企业纷纷入驻。

在这里，国外货物进入港区，不算进口，不需缴纳进口关税，货物出港区进入国内销售才办理报关手续，并按货物实际状态征税；国内货物进入港区视同出口，实行退税；港区内企业之间的货物交易不征收增值税和消费税。

"从海关审批流程来讲，相当于长江出海口逆流而上数千公里，被拉至中国版图的西部腹地重庆。"黄莹骄傲地说。

强化配套　"保税+"多点开花

保税港区建成投运后，如何让这块对外开放的宝地充分发挥作用？黄莹的答案是，强化优势配套。

保税港区在建成初期全面开展了"打造亚洲乃至全球最大笔电基地"的

规划建设工作。

2010年12月1日，全球第二大笔记本电脑供应商宏碁集团（Acer）与重庆市政府签约，将其全球生产基地落户空港功能区。2010年底至2011年，和硕、纬创、仁宝3家世界500强ODM企业也先后落户空港功能区。

"这让港区的建设如虎添翼。"黄莹说，以此为契机，保税港区全力以赴加快生产生活设施建设。

根据市政府对电子信息产业西进趋势的判断和"行动早、措施实、见效快"的要求，保税港区全力做好空港功能区笔电企业人力资源保障工作，保障企业"当年落户、当年投产"，在空港功能区为宏碁等知名电脑品牌商及ODM企业量身打造了电子信息产业保税加工生产基地。不仅如此，保税港区还深入推动"保税+智能制造"高质量发展，持续助推"保税+服务贸易"创新发展，加快形成"保税+口岸物流"聚集辐射平台，对外开放水平不断提升。

2019年上半年，由保税港区入驻企业——飞力达重庆公司研发设计的西南地区自动化立体仓储正式投用。该仓储高9.4米，库位4.7万个，库存周转率每天约9万卷，并配有堆垛机、机器手、智能AGV机器人、RFID门禁等一系列智能化设备，将人力成本节省到原有仓储所需的三分之一，效率提升30%，仓储利用率提升2~3倍，收发货准确度可达100%。

作为智能化生产的重要环节，自动化立体仓储设备曾在2018中国国际智能产业博览会上亮相，吸引众多目光。以该自动化立体仓储为代表，近年来，保税港区加工贸易产业强链补链实现多项新突破。

此外，作为内陆开放示范窗口，依托两江新区的优势资源，保税港区还在不断做大做强"一带一路"商品展示交易中心。如今，交易中心正加速提升"窗口功能、贸易功能、旅游功能"，努力建成内陆地区最具影响力的保税商品展示交易中心。

深化功能　口岸高地多点发力

2019年2月22日，重庆保税体验旅游景区（4A级）授牌活动在"一带一路"商品展示交易中心举行。以该交易中心为核心，重庆保税体验旅游景区

位于重庆的"一带一路"商品展示交易中心(重庆保税港区开发管理集团有限公司 供图)

成为全国首个在保税港区内打造的4A级景区。

"这也是保税港区深化功能,为建设口岸高地多点发力的结果。"黄莹介绍,为充分发挥政策和口岸优势,寸滩水港功能区特意打造了以保税展示交易为核心,涵盖进口汽车城及房车体验中心,集购物、休闲、娱乐、文化体验旅游为一体的综合性景区,成为展示各国特色商品的"世界之窗"。

在功能深化上,如今的两路果园港综保区已经实现了"一次报关、一次查验、一次放行",让内地出口企业的货物运行时间比以往缩短20天至一个月,也为重庆及周边省区市企业的发展打开方便之门。

"不仅如此,两路果园港综保区还在大力推进产业基地建设,从保税仓储业务入手,将目光瞄向高附加值的冷链物流业。"黄莹说。同时,两路果园港综保区还在积极打造内陆国际商品及西部保税物流展示交易中心,通过展示交易拓展国内外市场,以激活带动保税港区其他产业的发展,为西部地区的企业联接国际市场提供服务。

"以前周边地区的企业出口货物,需要运到沿海出口之后,才能获得出口退税。现在只需将货物运进保税港区,就可以立即获得出口退税。大大缓解了企业的资金压力。"黄莹将保税港区比作重庆与世界握手的窗口,这样的政策优势,不仅让重庆的出口企业受益,重庆周边地区也能同样享受到"红利"。

当前,两路果园港综保区正围绕打造全国有重要影响力的高质量发展战略性开放平台这一战略目标,全力推动高质量发展,实现高水平开放。如今,两路果园港综保区已形成临空经济区、临港产业园、寸滩重庆自贸中心三大功能片区,构建了千亿级开放型产业体系。两路果园港综保区依托一区双功能的独特优势,通过政策创新和功能拓展,不断在交通、口岸、政策等方面发挥着别具一格的优势,让重庆和周边地区在这里和世界"做生意"。

千年题刻白鹤梁

王婉玲

2009年5月18日,历时近8年、耗资1.89亿元的重庆白鹤梁水下博物馆正式建成,标志着三峡工程文物保护工作基本完成。重庆白鹤梁水下博物馆是为保护因三峡水库蓄水被淹没的白鹤梁题刻而修建的博物馆。白鹤梁题刻记载了自唐迄今1200年间72个年份的水文资料以及历代文人墨客留下的3万余字诗文,是世界上已知时间最早、延续时间最长、数量最多的水文题刻。

讲述人

陈涛,男,白鹤梁题刻原址水下保护工程项目管理部负责人。

长江以磅礴之势浩荡东流。在重庆涪陵段的江面上,一艘艘轮船鸣笛而过,江风徐徐,一派繁忙。

"涪陵"二字取自"涪江之滨,巴王之陵",这里是乌江与长江的交汇之

2009年5月18日,重庆白鹤梁水下博物馆开馆典礼(陈涛 供图)

地，也是碧波与浊流不舍昼夜的交融之处。而一座鱼形的建筑便潜藏于水下，时隐时现。这就是重庆白鹤梁水下博物馆，世界首座水下博物馆。

白鹤梁题刻原址水下保护工程项目管理部负责人陈涛在休息之际，总爱沿着江边的步道走走停停，端详着水下那条影影绰绰的"小鱼"。

"它就像我的孩子一样，早就不可分割了。"话语随着江风飘去很远，裹挟着陈涛心里那份对"小鱼"的情意，好似又回到了最初的那段日子。

初见·变"突发"为"日常"

1988年，白鹤梁题刻被国家文物局公布为"全国重点文物保护单位"。

1992年，第七届全国人民代表大会第五次会议审议通过"关于兴建长江三峡工程的决议"。但三峡工程建成蓄水后，白鹤梁题刻将会永远沉于江底。

1994年，白鹤梁题刻的保护工作正式拉开帷幕，国家文物局组织专家形成了双层壳式方案、蜂巢拱顶壳方案等7个较为成熟的方案。最终采用的，是中国工程院院士葛修润提出的"无压容器"方案。

"方案敲定时，我正好加入项目组。"陈涛回忆道，"拿到方案图纸的那一刻，我觉得这是一个大胆的创新。""原址原貌保护与展示"，图纸所呈现的，便是这9个字。但这短短9个字，陈涛和团队却走了近8年。这8年时间里的突发情况不计其数，用陈涛的话来说，"'突发'已经成为'日常'"。

白鹤梁题刻未被淹没前的原貌（陈涛 供图）

千年题刻白鹤梁　　317

2003年2月13日，白鹤梁题刻原址水下保护工程正式动工。工程原计划用3个枯水期的时间完成所有水下作业，但开工后不久他们得知，三峡水电站将提前一年进行发电，这意味着水下作业的完成时间将缩短为两个枯水期。为提前完成任务，团队开始采用"三班倒"轮班制度，24小时不间断施工，陈涛也紧急与葛修润院士进行探讨，最终决定变更方案。

"在方案变更中，'水下照明'板块难度较大。"葛修润院士直言，水下照明原先采用的是光纤照明技术，需要专门的设备管

白鹤梁题刻原址水下保护工程项目建设中（陈涛　供图）

道进行连接，管道的建设时间长、难度大，如何缩短时间？葛修润院士建议，取消设备管道。陈涛决定前往湖北武汉，与葛修润院士一同组织白鹤梁题刻原址水下保护工程设计单位，找寻新的答案。

出发前夜，陈涛偶然看到家中电视里正在科普LED灯的节能功效，彼时LED灯还未在国内大量普及，听完科普，他眼前一亮。

第二天到达武汉后，陈涛将LED灯的功效及作用与葛修润院士、设计人员进行了探讨，并多方联系，找到国家科学技术委员会（现国家科学技术部）节能办公室，拿到了有关LED灯的最新资料，并请专人进行介绍。

"他带来了一个装有LED灯珠的手电筒，在会上进行演示，当手电筒打开照向我时，我什么也看不见了，心里就一个字，亮！"陈涛说。LED灯不仅亮度高，还无须建设专门的设备管道，大大缩短了水下作业时间，大家一致决

定使用LED灯。最终，白鹤梁题刻原址水下保护工程用两个枯水期的时间顺利完成水下作业，陈涛心里的巨石总算落了地。

2005年，白鹤梁水下保护体基本建成。2006年枯水期，抽掉部分江水后，陈涛从检修孔进入保护体，第一次直面这道天然的石梁、千年的国宝。

"刚进去的时候，题刻上全是淤泥，清理后发现题刻的岩体周围有不少裂痕。"心疼，是陈涛面对题刻最真实的感受，"想把工程做得更好，保护好我们的'宝贝'。"

见证·从"看不见"到"看得见"

带着这份信念，陈涛与团队在披荆斩棘的道路上不断前行。2009年5月18日，重庆白鹤梁水下博物馆正式建成。这本是一件让人极为高兴的事情，但陈涛脸上却愁云密布。

原来，几天前，陈涛和团队成员正激动地对重庆白鹤梁水下博物馆进行整体通电，但当他进入水下的参观廊道时却发现水体仍旧一片漆黑。原以为是通电出现了故障，但陈涛反复尝试后发现通电照明一切正常，也就是说，灯是亮着的。

那为何水里毫无光亮呢？"是水体浑浊导致的黑暗。"陈涛惊出一身冷汗，究竟是多么浑浊的水，才能将灯的亮度全部掩盖。

5月18日，岸上庆祝活动依旧，但在水下，陈涛坐在廊道上，端详着这雾蒙蒙的水体。"建设者要上对得起祖宗，下对得起子孙"，葛修润院士的话语犹在耳畔，陈涛眼里闪过一抹坚定："问题必须解决。"

6月，扛着巨大的压力和责任，陈涛带领团队开始攻坚克难。"我认为这是白鹤梁题刻原址水下保护工程最艰难的一段日子。"陈涛苦笑道，"不知道原因在何处，我们只能一点点排查，直到找到问题、解决问题。"

在观察与推敲的过程中，陈涛发现水体中的灯罩出现了问题。微弱的光线里，有无数碎屑堆积在灯罩上，它们不断下落，覆盖在题刻上。历来的经验告诉陈涛，这可能是水体污染物。他立即联系水下照明的施工单位，准备将灯罩从水体中取出进行化验。但一波未平一波又起，潜水员拆卸灯罩时，再次发生了意外。"我们的灯皆安装在强电桥架和弱电桥架上，潜水员在桥架上站起来，通过通讯设备告知我们他'出水'了。"陈涛说。

陈涛立即让潜水员测量出水厚度，并在后期再次复查，两次检测得出出水厚度约1米。"这表示我们水下缺少排气的环节。"陈涛解释道。

如何在保护体内增加排气的功能？在将灯罩送去化验等待结果的同时，陈涛与团队展开了讨论。有成员认为，可以使用循环水管道，在管道上安装阀门，通过人工调节的方式进行排气，这一提议获得了团队大多数成员的赞同。

最终，团队通过了使用循环水管道的方案。经过初步试验，证实的确有效，排气问题得以解决。与此同时，化验结果证明，碎屑是由于灯罩中含有铝合金材料，一旦在水中时间过久，就会产生浮渣。了解原因后，陈涛和团队成员将所有灯罩更换为不锈钢材质，避免了碎屑对水体的再次污染。一个灯罩、一次排气……陈涛带领团队细细排查，将所有问题逐步解决。

2010年4月14日上午8时30分，重庆白鹤梁水下博物馆再次通电。那天，陈涛围着每个舱走了三圈，又回到廊道，双手颤抖着、声音哽咽着，向领导与葛修润院士拨通了报喜电话，"这一次，我终于亲眼见证了白鹤梁题刻被看见的全过程"。

牵挂·化情意为守护

2010年4月，重庆白鹤梁水下博物馆正式对外开放，白鹤梁题刻原址水下保护工程暂时告一段落。回到重庆市中心城区的陈涛心里空落落的，他在涪陵有了一份深深的牵挂："我看着它从无到有，看着它迎接五湖四海的观众。"白鹤梁时刻牵动着陈涛的心，他每年都会回到白鹤梁，细细查探，确保其安然无虞。

2014年春节前夕，重庆白鹤梁水下博物馆工作人员在进行节前安全检查时，发现参观廊道的观察窗玻璃出现了银纹。得知情况后，陈涛立即赶往重庆白鹤梁水下博物馆，并联系设计单位，一同勘察、观察窗玻璃的具体情况。最终得出结论：这是玻璃老化引发的银纹。

首批观察窗玻璃在2005年安装并投入使用，已陪伴白鹤梁水下博物馆近10个年头，而这种观察窗玻璃正常使用寿命仅有8年。老化后的玻璃已存在安全隐患。但在40米的深水中进行观察窗玻璃更换，国内没有任何先例可循。面对该如何更换老化玻璃的问题，大家都不约而同地看向了陈涛。

"此项任务风险大，涉及白鹤梁题刻工程的安全以及人员安全。"陈涛顿了顿，表情严肃，"我愿意担起这份责任，继续守护白鹤梁。"

"我也愿意和陈涛一起完成这份重任。"参观廊道的主设计、原中国船舶重工集团公司某研究所援潜救生中心高级工程师刘忠铭说。

时隔多年，再次并肩作战，陈涛心里满是激动。但很快，第一块玻璃就给了他们一个"下马威"。"外窗玻璃由于水压造成变形，拆卸难度比预计的更大。"陈涛说，"无论使用何种方法，玻璃都无法松动。"对此，陈涛与刘忠铭小心谨慎地推敲方法，他们深知，若稍有不慎，玻璃出现裂纹，水就可能"压"出来，一切都将前功尽弃。

最终，陈涛与刘忠铭使用力矩放大器等工具，成功拆除压紧环，换上了新玻璃。新更换的玻璃具有硬度高、抗压性强、透光性好等特点，可以更好地保护、展示白鹤梁题刻。清洗霉斑和污垢、除锈、上漆……当最后一块新玻璃完好无损地安装进观察窗时，陈涛与刘忠铭相视一笑，紧紧握住了彼此的手。"无论是葛修润院士，还是曾与我共事的刘忠铭、孙亚力等人，他们都是我的'老师'，我受他们的教诲，从不懂到精通，蹚出一条属于白鹤梁的路。"陈涛的眼中满是感激。

如今俯身望去，题刻、石鱼在眼前清晰呈现，一派历史与当下、人文与自然的融合景象。陈涛则继续用他的方式，守护着石语江声。

山水入"划"

范圣卿

2010年，住房和城乡建设部将重庆列为全国五大中心城市之一。此后，重庆按照国家中心城市的定位，开始提升规划理念，转变规划重点，注重城市空间拓展与品质提升并重。

讲述人

邱建林，男，原重庆市规划局副局长。

秋日将至，重庆梁平双桂湖国家湿地公园又将迎来成群结队的候鸟。每年秋冬，候鸟将飞越重峦叠嶂，如赴约一般来到这里。

中华秋沙鸭、灰雁、鸳鸯，各式各样的珍稀鸟类都能在双桂湖找到属于自己的家，并在这里度过漫长的冬天。2022年数据显示，来这里过冬的候鸟，数量已创历史新高。

由于候鸟聚集，每年，双桂湖都会吸引成群结队的观鸟爱好者和摄影爱好者，来此观鸟、摄影。这里湖水清澈、植被茂盛，谁能想到，如此"原生态"的一个湖，竟在城市中。可以说，双桂湖国家湿地公园的成功打造，是重庆城市发展和生态保护协同发展的缩影。

2024年8月8日，重庆市规划设计研究院会议室里，邱建林回忆起关于重庆规划的点滴往事，其中，便有双桂湖国家湿地公园背后鲜为人知的故事。

首席规划师入驻区县

关于重庆被列为全国五大中心城市之一，邱建林拿出了中国城市规划设计研究院编制的《中国城镇体系规划（方案）》，里面明确记录了重庆是全国五大中心城市。尽管最后国家没有下发红头文件正式批复，但这一方案在业内很有影响，不少城市希望进入该名单。

重庆在这之后，按照国家中心城市的定位，开始明显提升规划理念，转变规划重点。在城市规划方面，更加注重空间拓展与品质提升并重的规划。

"当时，我们给每个区县派了一名首席规划师。这些首席规划师都是专家型的'志愿者'。"邱建林表示，重庆规划人才资源丰富，首席规划师们来到区县后，为区县当顾问、参与区县城市规划相关研究、担任区县重大项目专家评审，从专业角度，做出专业评判，为区县建设建言献策，并在关键问题上把好关，时间证明，他们发挥了重要的作用。

首席规划师们通过讨论，签署了"自律公约"，规定不许和当地有任何利

清晨，朝霞为重庆梁平双桂湖国家湿地公园镀上一层金红，小微湿地星罗棋布，水天一色，美不胜收（余先怀 摄）

益纠葛，且每个区县的首席规划师三年一换，确立了严格的管理制度。在他们的努力下，重庆各个区县在规划编制和规划实施中，都取得了可喜的成绩。现在，首席规划师制度仍在延续。

而现在的梁平双桂湖国家湿地公园，便得益于当时的规划理念和规划制度。邱建林回忆道，早年间，双桂湖是一座水库，随着梁平区的发展，有些人希望可以搞环湖建设，在湖边修建水景房楼盘，以获取更好的经济效益。

"当时，正好在负责联系区县工作的我，坚决反对在双桂湖周边规划建设用地。我们顶着巨大的压力，坚持正确的规划理念，保住了这块水域！"邱建林说，历史上，杭州的"半湖山水半湖城"是典型的规划成功案例。梁平和杭州有相似之处，如果规划得当，将取得和杭州一样的良好效果。

如今，双桂湖不仅得到当地党委、政府悉心保护，变身国家湿地公园，成为周边老百姓喜爱的公共空间，还助推梁平区成功入选第二批国际湿地城市。事实证明，大家当初的坚持没有错。

除了梁平区，云阳县的滨江公园、龙脊岭公园，秀山土家族苗族自治县的滨江路，巫溪县的柏杨河湿地公园，永川区以三湖贯穿的新区中轴线……几乎每个区县的优秀规划实施项目，都反映了城市规划的先进理念。

绿色休闲区域应运而生

汛期时，在九滨路九龙外滩公园能看到一河浩瀚江水，鹅公岩大桥和江边的高楼大厦，将这里绘成一幅繁华滨江都市画。而在江水退去的季节，江边消落带上青草悠悠，很多市民会带着帐篷来这里休闲、玩耍。家住九龙坡区谢家湾附近的市民贾元志每到周末，都会和朋友一起来这里吹吹江风。

除了这里，重庆还坐落着南滨路雅巴洞湿地公园、江北嘴江滩公园、相国寺滨江公园、盘溪河滨江公园……一座座滨江公园生机盎然，曾经"粗放""素颜"的老重庆，正慢慢变得"细腻""精致"。

党的十八大以后，重庆对滨江地带进行新一轮的优化、规划，对这些区域进行提档升级，陆续规划了步道、绿化道、公园等一系列城市基础设施。现在，一条条滨水绿道、一座座滨江公园的落成，都和当年的整体规划密不可分。

北碚区缙云山的黛湖被称为重庆的"小七孔",湖边有大片的香樟树,来到这里,可以慢慢闲逛,"打卡"拍照。位于渝北区的铜锣山矿山公园曾是石灰岩采矿区,巅峰时期,矿山企业一度达到上百家。后来,这里以生态保护为核心理念,以矿迹保护、生态修复为本,以奇幻景观为亮点,以沉浸式矿山旅游体验为特色,打造了集科普体验、休闲游乐、生态健康为一体的国家矿山公园和国家5A级旅游景区。

这些规划建设,都是基于加强美丽山水建设而具体规划的。围绕国家中心城市的功能优化,重庆从先进的规划理念出发,所开展系列规划编制、规划保护和生态建设等工作,都显出前瞻规划理念的重要性。

在提升品质和绿色环保的前提下,近年来,重庆市规划和自然资源局组织编制了一系列详细规划,使重庆城市边角地也变成社区体育文化公园,有的还设有科普体验区。这些公园选址多在距离社区步行10至15分钟的区域,公园内还根据群众需求,设置了相应的体育设施、活动场地,不仅解决了社区周边体育场地匮乏的难题,也为居民提供了一个免费休闲、娱乐的公共空间。截至2021年,重庆利用边角地共建成92个社区体育文化公园,且均免费对市民开放。

这些规划可谓一脉相承,在提升市民生活品质的同时,也为城市建设增添了一份绿色。

"两江四岸"嘉陵江岸线贯通工程——北滨路长安码头段(重庆市住房和城乡建设委员会 供图)

山水入"划" | 325

优化轨道公交换乘

随着城市的发展，2005年，全国第一条跨座式单轨线路——重庆轨道交通2号线开通试运营，标志着重庆正式进入轻轨时代。2011年，重庆轨道交通1号线小什字—沙坪坝段开通试运营，同年3号线两路口—鸳鸯段开通运营，这使得世界上最长的跨座式单轨线路正式面世。

轨道交通的出现，有效缓解了重庆的交通压力，也让市民的出行更加便利。邱建林回忆起当年的情景，称轨道交通让自己上班的路程更近了。

但是，轨道交通在起初规划时，其进、出站口和公交车车站的衔接方面，存在一些问题。有的地方，市民如果想在两者之间换乘，需要走较远的路。

针对这个问题，市规自局及相关事业单位组织实地调研，大家分为几组人马，走访了多个区域，发现这是一个普遍存在的问题，那么，究竟应该怎么办？考虑到影响轨道交通修建的因素很多，思来想去，要将换乘问题进行优化，就只能让公交站点尽量靠近轨道交通站点进、出站口修建，50米左右为最佳换乘距离。

2015年前后，这一规划构想被正式纳入城市建设。"十三五"期间，重庆公交方面就解决市民出行"最后一公里"问题，采取了多种有效措施。

在公交和轨道换乘方面，2023年前后，重庆中心城区建成了百余个公交轨道一体化换乘站，公交、轨道平均换乘距离由215米缩短至35米；换乘距离小于50米的站点占比达到69%，较优化前提高31%；换乘距离在100米范围内的站点占比达到85%，较优化前提高26%，基本实现轨道出入口100米范围内公交换乘设施全覆盖。

在接下来的建设中，重庆将全力推进新开通轨道站与公交停靠站的换乘接驳工作，确保新开通轨道站涉及的公交换乘站同步建成投用。

驾驶中欧班列驰骋丝绸之路

陈 骅　李 欣

2011年3月19日，我国第一趟中欧班列（渝新欧）在重庆团结村站始发。这是一趟满载"重庆造"IT电子产品的国际班列，目的地是1万多公里外的德国杜伊斯堡。它的开行，让沿线国家互联互通、合作共赢。自此，列车的轰鸣声替代古代的驼铃响，沉睡的古丝绸之路开始苏醒。

讲述人

江彤，男，我国第一趟中欧班列（渝新欧）首发司机，曾就职于中国铁路成都局集团有限公司重庆机务段，先后荣获2019年"重庆市模范退役军人"、2023年重庆市"最美退役军人"称号。

手指、口呼、确认信号，江彤目视前方，手握闸把。"X8732，请求发车。"伴随着一声嘹亮的鸣笛，2024年7月11日，中国铁路成都局集团有限公司重庆机务段电力机车司机江彤，驾驶着一列中欧班列（渝新欧），缓缓驶出团结村站。这列满载集装箱的中欧班列，将再次驶向1万多公里外的德国杜伊斯堡。

2011年3月19日，我国第一趟中欧班列（渝新欧）在此始发，将满载"重庆造"的IT电子产品运往德国杜伊斯堡。自此，列车的轰鸣声替代古代的驼铃响，亚欧大陆上沉睡的古丝绸之路开始苏醒。

第一趟中欧班列（渝新欧）在重庆团结村站始发（视觉重庆李斌 摄）

10多年来，中欧班列从无到有，从青涩到成熟，不仅让重庆不断延伸的对外开放之路越走越宽、越走越远，还助力沿线国家互联互通、合作共赢，成为全球商贸往来的"命运纽带"，也成为人类命运共同体理念的生动诠释。

出发：向着"开放之路"

"能成为第一趟中欧班列（渝新欧）的首发司机，至今都觉得很幸运。"江彤感慨地说，他在这条"开放之路"上见证了许多发展。

中欧班列（渝新欧）的诞生，源于重庆等中国西部地区对外开放的迫切需求。深居西部内陆腹地的重庆，距离出海口和边境线都超过2000公里。曾经，面对产品的出口需求，要么向东经沿海地区"漂洋出海"，但耗时过久；要么通过空运，但费用极高。

"困"则思变。

重庆将思维和视野向西投射，中欧班列（渝新欧）应运而生。它将重庆与沿途的哈萨克斯坦、俄罗斯、波兰和德国等国家紧密相连，让我国西部地区与欧洲的时空距离从40多天缩短至15天左右。

然而，一道道难题的出现，阻碍了中欧班列（渝新欧）向前发展的脚步——货物每到一个国家都要开箱检查，手续繁琐；沿途出现的极端温差让不少产品品质受损；途中的安全问题也是货主们的一大担忧……

"确实很费神。"江彤回忆说，当年，每次发车前都捏着一把汗，担心班列无法准时、安全抵达。

这些困难，并没有困住重庆对外开放的决心，反而成就了中欧班列（渝新欧）的一次次成长——

联合多方制定"五国六方"铁路联席会议制度，牵头统一亚欧两大铁路组织的运单，确立"五定"班列开行模式；

成立渝新欧（重庆）物流有限公司作为统一运营平台，实质化联通亚欧大陆各个关键环节，让中欧班列（渝新欧）畅通运行；

与沿线国家积极沟通，让中欧班列（渝新欧）实现沿途海关监管互认；

针对沿途低温难题，研发出保温材料、集装箱卫星定位跟踪系统，解决了货物运输的安全问题……

随着一个个难题的解决，以及2013年中国提出"一带一路"倡议，中欧班列（渝新欧）的发展进入"快车道"。

"开行数据就是最好的证明。"江彤自豪地说，"最开始一周最多也就发出两趟车，还经常空车返回，导致运输成本费用颇高。如今一天就能发出十几趟，还几乎趟趟都是重去重回（指拉着货去拉着货回来）双向运输，有效提升了集装箱的循环使用率，降低了物流运输成本。"

江彤的自豪，折射出重庆近年来在坚持对外开放中的主动求变。

以中欧班列（渝新欧）为例，从2011年的年发17班，到如今年发超过2000班，中欧班列（渝新欧）目前已累计开行超1.5万列，运输箱量超130万标箱，运输货物近1700万吨，累计运输外贸货值超5300亿元。

扩张：线路"越来越广"

江彤似乎真的很幸运，用他自己的话说，"总能赶上中欧班列的重要时刻"。

2021年1月1日，中欧班列（成渝）号首趟列车从重庆、成都两地同时发车，江彤又被选为首发司机之一。当日10时许，相距280公里的重庆国际物流枢纽园区和成都国际铁路港内，两列中欧班列（成渝）号列车随着汽笛声同时缓缓驶出站台。满载电子产品、机械零件、智能家电的两列中欧班列，一路向西分别驶往德国杜伊斯堡和波兰罗兹，分别到达西欧、东欧的交通枢纽中心。这是中国国家铁路集团有限公司首次批准成渝两地统一品牌，并使用统一名称开展品牌宣传推广，是成渝地区双城经济圈建设在"十四五"开局首日迈出的重要一步。

"众所周知，重庆、成都均是全球重要的电子信息和汽车产业基地，现在因为中欧班列带来的物流条件改善，正吸引数百家全球电子信息上下游企业陆续落户，助推成渝地区成为全球重要的电子信息产业基地之一。"江彤说。

因为常年开行中欧班列（渝新欧）重庆至达州段线路，江彤对于该班列带来的价值早已如数家珍。而今成渝两地又在开展中欧班列深度合作，不仅有利于中欧班列（成渝）优化线路运行、提升运营时效和提高整体服务水平，保障区域产业链供应链稳定，还能更好发挥国际枢纽通道的规模效应和对产业、贸易的集成带动效应，推动两地从内陆腹地向门户枢纽和开放高地加快转变。

随着中欧班列这条贯通欧洲的铁路路线茁壮成长，重庆已成为全国中欧班列开行时间最早、运输货值最高、带动产业最强的城市，2022年6月更是成为全国首个中欧班列重箱折列开行破万的城市。

2022年2月21日，团结村铁路集装箱中心站内，可用于集装箱搬运的正面吊正在工人的指挥下运行（中国铁路成都局集团有限公司兴隆场车站 供图）

不仅如此，江彤还深切地感受到工作的变化——机车型号变了，载重更重；所在班组从最初的二十多名司机增加到现在的七八十名；以前只有襄渝线，现在还有兰渝线和其他线路；从最初装载单一产品，到如今涵盖上千种货物……

"我有时候在超市购物，看到货架上的外国商品，都忍不住想，这也许就是我们的班列拉回来的。"江彤自豪地说。

如今，中欧班列（渝新欧）已稳定运行线路超50条，辐射近40个国家和地区的110个城市，越来越多进口商品搭乘中欧班列进入千家万户，一些城市的街道上甚至出现搭乘中欧班列而来的进口豪车……

优化：相信"越来越好"

2024年7月11日，一场急雨过后，重庆机务段机车整备场显得干净透彻。下午5时许，一束光透过列车轮对，照射到小小螺丝钉上。"哐哐哐……"阵阵敲击声响起，江彤弯着腰，一手拿着手电筒，一手举着铁锤，开始行车前的准备工作。检查完机车，江彤进入司机室。"机车信号显示正确、无线通信装置作用良好、行车数据核对无误……"一切准备就绪，鸣笛声传来，列车缓缓启动，驶向前方。

江彤当天的任务，依旧是将该趟中欧班列（渝新欧）安全准时地从重庆驾驶至四川达州。但较之以往不同的是，这是一趟全程时刻表班列，意味着当中欧班列在途经各个国家时，有了明确的接续时刻要求，相比于普通的中欧班列，运输时间更加稳定、运输服务更加高效。

2024年3月29日，中欧班列（渝新欧）十周年纪念专列缓缓驶出站台（中国铁路成都局集团有限公司重庆机务段　供图）

2024年6月15日，一列满载55柜货物的X8011次中欧班列（重庆—德国杜伊斯堡）从团结村站驶出，同日，重庆首列全程时刻表进口班列也自德国杜伊斯堡启程。这标志着中欧班列（渝新欧）正式迈入全程时刻表行列，并实现去回双向贯通，为重庆的对外开放与物流发展开启了新篇章。

相较普通班列，全程时刻表班列在各运输路段上均设定了固定的车次、线路、班期及运行时间。同时，针对出入境口岸站的换装、交接等关键环节进行科学规划与优化，确保运输效率与稳定性的显著提升。通过明确接续时刻要求，采取"优先编组、优先挂运、优先发车"的原则，重庆中欧班列在境内外各轨距段铁路开行时均能实现高效运转。

"据测算，全程时刻表班列整体运行时效预计较普通班列提升30%以上。"江彤又一次见证了中欧班列的"成长"，重庆至杜伊斯堡全程时刻表班列的双向开通，不仅大幅缩短了各环节作业时间，提升了通道的整体运营效率，更增强了重庆作为内陆开放高地的吸引力与竞争力。

如今，通过全程时刻表班列每周"一去一回"的开行频率，将为国内外企业提供更加稳定、高效的物流供应链服务，重庆也能更好地融入全球产业链和供应链体系，促进重庆与"一带一路"共建国家的产业合作和互补。

2024年9月20日，江彤光荣退休。当记者问起，要怎样形容这一路见证的"开放之路"时，江彤铿锵有力地说道："越来越好"，接着又补充了一句，"中欧班列越来越好，重庆对外开放之路越走越好"。

山沟里飞出金凤凰

龙籽凝

> 2012年中国共产党第十八次全国代表大会召开，来自重庆市巫山县当阳乡红槽村的基层干部严克美作为党的十八大代表参加大会。

讲述人

严克美，女，重庆市巫山县当阳乡红槽村人，党的十八大代表、党的十九大代表，现任重庆市巫山县医疗保障局局长，曾被评为"全国脱贫攻坚先进个人"。

2012年11月初，重庆市巫山县当阳乡红槽村，万山红遍，层林尽染。"美娃子，到了北京，多带点好信息回来。"红槽村党支部书记严克美出发赴京参加中国共产党第十八次全国代表大会时，乡亲们对她寄予厚望。

扎根农村　心系乡亲

到这次去北京开会之前，严克美回红槽村已有4年了。作为从红槽村走出的第一位女大学生，严克美在2008年6月从宜宾师范学院毕业后，在上海找到了一份工作。同年10月，严克美在与父亲的通话中得知红槽村原村党支部书记离任的消息，萌生了回村的想法。

"回村，改变家乡贫穷的现状。"严克美下定决心，毅然辞去了大城市的工作，回到了生养她的红槽村。"努力读书上大学，就是为了离开大山，现在你却要飞回大山。"父母和亲戚并不支持她的决定。家人的不理解，并没有动摇严克美的决心："我是在国家的帮扶和家乡父老乡亲们的帮助下才完成学业的。我希望家乡发展起来，乡亲们能过上好日子。"

2009年1月，在组织和党员群众的信任与期盼中，严克美当选红槽村党支部书记。严克美上任的第一件事，是借钱买了辆摩托车。"在一个月内，我骑着摩托车跑遍了村里所有的农户，收集意见和建议。"严克美根据这些意见和建议，和村"两委"班子讨论后，拟定了红槽村的发展规划。

"红槽村落后的根源在于基础设施落后。"严克美说。从2008年到2012年，严克美骑着摩托车行驶约3万公里，跑遍了村里的每个角落。在严克美的努力下，红槽村整修村级公路12公里，村民出行不便成为过去式；完成农村电网改造，全村人都用上了优质电；安装人畜饮水管道5万米、建设水池16口，家家户户都喝上了干净水。"红槽村的人均收入也从我任职之初的2900元增长到7000余元。"严克美开心地说，红槽村的日子越过越好了。

严克美召开"院坝会"（严克美 供图）

使命光荣　重任在肩

走进庄严肃穆的北京人民大会堂，严克美激动万分。"我牢记我是重庆巫山人，是一名基层代表。"大会上，严克美紧紧围绕增强扶贫开发力度，就基础设施建设、产业发展、改善农村基本生产生活条件、民生事业、生态建设和保护等内容作了发言，得到大会秘书处的重视，并在重庆代表团3号简报上刊发。

严克美长期扎根基层，她以基层干部的视角记录着乡村的新发展新变化，了解乡亲们的所想所盼，在大会上代表乡亲们发声。会上，严克美认真学习，积极参与讨论。会议间隙，严克美做好笔记，整理好发言材料。她还不时通过电话了解村里的产业发展情况。对村里的困难群众，她也提醒村干部要经

山沟里飞出金凤凰 ｜ 333

常走访，看他们有什么需求。会议期间，严克美认真履职尽责，圆满完成各项任务。"党的十八大为我增添了动力和信心，作为党的十八大代表，很多事情还等着我去完成。"严克美说。

回归基层　造福群众

回到家乡，严克美备感振奋。她想为乡亲们干更多的实事。2013年，严克美考入当阳乡政府，成为一名公务员。因为牵挂着村民的致富增收，她主动请缨，先后担任该乡平定村的驻村干部、玉灵村驻村第一书记，即使有孕在身，仍坚持在脱贫攻坚一线工作。

"我最了解乡亲们需要什么。让乡亲们的日子越过越好，是我最大的愿望。"严克美说。

担任玉灵村第一书记后，她用一个月的时间访遍了全村11个社396户群众，迅速掌握了全村的基本情况。结合打赢脱贫攻坚战的决策部署，她与村"两委"班子一起研究制定了玉灵村整村脱贫工作方案。

酒香也怕巷子深，当阳乡生态旅游资源丰富，但缺"门路"。严克美首先着手改善村里的交通、饮水、用电等基础设施建设，同时对村容村貌进行美化改造，为生态旅游广开大门。

在党的十八大精神的指引下，在党和政府政策的支持下，经严克美和村民的不懈努力，玉灵村焕然一新，成为集生态旅游、农产品种植等多种特色经济于一体的美丽富饶乡村。

青山起伏，重峦叠嶂，种满脆李的玉灵村宛如一颗镶嵌在青山碧水之间的明珠。往来的游客和商旅熙熙攘攘、车辆络绎不绝，一派热闹繁荣的景象。

"你说我不向往大城市的繁华生活，那是假话。"严克美说，"但看到家乡变美变富，乡亲们的日子越过越好，我还是觉得待在基层更有意义。"

严克美像千千万万的基层工作者一样，扎根一线，用辛勤和汗水浇灌着脚下的大地。

时间回溯到2014年，当阳乡遭遇洪灾，全乡累计发生48起地质灾害事故。受灾最严重的平顶村，山体滑坡造成12户群众房屋全部被冲毁，道路全部垮塌。

红槽村鸟瞰图（中共重庆市巫山县委宣传部　供图）

"大灾大难时，干部就是主心骨，党员就是风向标。"严克美说，"我必须做干部的标杆。"她每天攀爬7公里山路，坚持到安置点安抚每一个灾民，掌握灾民情况，帮助灾民实现生产自救。严克美扎扎实实做好基层每一件事，第一时间出现在群众面前，向他们伸出援手。

再接再厉　奋勇前行

2017年10月，作为党的十九大代表，巫山县当阳乡玉灵村"第一书记"严克美到北京参加了中国共产党第十九次全国代表大会。

宣讲党的十九大精神、全力推进乡村振兴……参加完大会回到村里，严克美马不停蹄地在村里奔忙。

严克美告诉乡亲们，她要带领大家一起奋斗，努力缩短与城市的差距，补齐发展中的短板，让农村居民也能过上富裕的生活。

了解到村民李刚林在政府的引导下种了8亩脆李，严克美提醒他做好脆李管护，做好施肥、拉枝、修枝、刷白和病虫害防治等工作，争取来年脆李有个好收成，卖个好价钱。

村里路通了，环境好了，不少村民开始兴建农家乐。挂念困难群众丁德元建农家乐一事，严克美数次上门了解情况，帮助解决实际问题。见农家乐客房装修得差不多了，就差床和电器没有到位，严克美提醒他厕所和厨房的卫生一定要搞好，农家乐才有更多的回头客。

听说村里准备争取资金改善村组道路，丁德元非常欢迎。"路好了，就会有更多的人来，村里人气旺，我们的生意才会好。"丁德元说。

后来，村里陆续开了多家农家乐。在玉灵村，游客们不但可以看到集峡谷、瀑布、溪流、溶洞等于一体的秀美风光，还可以品尝到五颜六色的生态饭菜，既"养眼"，又"养胃"，慕名前往的游客和回头客越来越多。

2024年5月，严克美担任重庆市巫山县医疗保障局局长。在新的工作岗位上，她依然保持着一颗赤诚之心，全身心扑在工作上，全心全意解决群众的急难愁盼问题。

党的十八大以来，严克美一步一个脚印，在基层岗位上兢兢业业为人民服务。这些年她获得了不少荣誉，全国劳动模范、全国三八红旗手、中国青年五四奖章、全国脱贫攻坚贡献奖等。面对这些荣誉，严克美谦虚地表示自己干的事都很平凡。

"我会不忘初心，砥砺前行，让群众的日子越过越美，把家乡建设成为富饶美丽的家园。"她说。

用"隐名"传递人间大爱

陈 波

在2013年度感动重庆人物颁奖名单中，13年来捐款不留真名的"尹明"获得特别奖。

讲述人

陈波，男，重庆日报报业集团记者，曾在重庆日报时政社会新闻中心工作。

2000年，《重庆日报》刊登了一篇读者来信，为一名家庭困难的丰都小女孩谷巧玲寻求资助，圆她求学梦。不久后，一位化名为"尹明"的读者向报社寄去汇款，请报社代为转交谷巧玲。

从2000年初第一次捐助开始，尹明每年两次通过重庆日报社转交助学款。2007年起，他又开始资助另一位名叫王迎春的小女孩。

截至2013年，尹明向重庆日报社寄去46笔善款，帮扶6名身处困境中的孩子，13年从未间断。

但是，尹明是谁？至今无人知晓。

人们说，尹明隐姓埋名资助贫困儿童多年，他身上体现出的大爱和大义，感人至深。

"隐名"大爱风雨无阻

"尹明又寄来汇款单了！"2013年7月16日，两张署名尹明的汇款单，又被寄到了重庆日报时政社会新闻中心，所有的编辑记者一时间陷入了沉默。

尹明对他们而言，既熟悉又陌生。

2000年1月5日，《重庆日报》以"读者来信"的方式，刊登了一篇题为《谁能圆你求学梦》的文章，详述了丰都县谷巧玲家母亲瘫痪、父亲出走、自己失学、全家温饱堪虞的境况。

1997年，谷巧玲的两个"天"塌了。一个"天"是母亲——因重度风湿性关节炎而瘫痪在床；一个"天"是父亲——在某个清晨消失无踪，杳无音讯。这一年，谷巧玲刚满9岁。这个家一下走到了山穷水尽：谁来照顾瘫痪在床的母亲？谁来看管刚学会走路的妹妹？谁来打理快要枯死的庄稼？

2000年，《重庆日报》刊发了丰都小女孩谷巧玲因贫失学的新闻（重庆日报　供图）

这时，只有9岁的巧玲站了出来。没有锄头高的巧玲，只能依靠体重，借助杠杆原理一点点挖土翻田；每月两块钱的电费实在"太贵"了，就不用电灯，点起了煤油灯；在一个母亲呻吟不止的清晨，巧玲将一头长长黑发齐根剪断，跑到镇上换回几瓶止痛片和几斤盐巴；为了不增添家庭负担，她准备辍学了……

文章刊登后，重庆日报社收到了一大批信件、捐款。

这批捐款中，有一张是委托重庆日报转交的300元汇款单——"请转交丰都县龙河镇刀利坪村二社谷巧玲小朋友"。署名尹明，地址为"重庆市中山三路3000号"。

爱心无言却传递有声

2000年，借助捐款，巧玲回到了学校。

海水涨起来，但总会很快落下去。新闻晕轮效应一过，捐助的潮水迅速消退。

因为家庭原因，那时的巧玲，已经比不少同龄人懂事，她担心"明天怎么办？下周怎么办？"那段时间，巧玲经常望着天空发呆。

巧玲再次想到了退学。

偏巧此时，重庆日报社又给她转去尹明的一笔300元汇款。

拿到汇款单，巧玲高兴得手舞足蹈。

惊喜，还没有结束。

三个月后，尹明通过报社再次寄去300元。

巧玲后来告诉我们，她取到汇款后，跑回家里，翻箱倒柜找起来。她找出了三个月前尹明写给她的一封信："巧玲，从现在起，我将每月给你寄100元生活费，希望尽我微薄之力帮助你这个坚强的孩子圆求学梦……"

她说，看到"尹明爷爷"的信，她感动泪流，一直说"是真的，是真的……"

十多年过去了，巧玲还珍藏着"尹明爷爷"寄给她的书包。她说她最喜欢2003年春节了。那年春节，巧玲收到了尹明寄来的包裹，里面装着两套新衣服和一封信："这一次多寄了300元，可采购年货……"衣服很合身，巧玲感动不已。

尹明一直关心着巧玲的成长。

"不必为成绩不冒尖而不安，贫困家庭的孩子学习上有很多不利因素。"

"能顺利考上初中和高中，说明你已经尽了很大努力，应感到自豪。"

……

平实信文中，透着浓浓真情。

尹明曾在自己即将动一场大手术可能失败的情况下，给谷家写去一封"临终遗嘱"式的信："前不久动了一次手术，术前我专门嘱咐家人，如果手术失败，务必代我将今年的资助款全部寄出。好在如今已过危险期，我的资助方式不变。"

承受大爱的谷巧玲，在2007年8月，三次拒绝尹明资助，委托重庆日报社将尹明汇款"转赠"万盛区青年镇堡堂村张蕾和杨开文两个贫困小女孩，以最动人的方式完成了她的18岁成人礼，也将尹明的大爱传递给了更多的人。

一年、两年、五年、十年……这位尹明的汇款从未间断过一次，资助谷巧玲的金额也从最初的一次300元，增至后来的一次1200元。

整整13年过去了，这位将大爱当作信仰的人士，感动了众多读者，也感动了一批批新闻人。13年间，重庆日报发起过多次大规模寻找，却发现无论是地址还是姓名，都是虚构。

2013年3月4日，学雷锋日前夕，我采写了一篇跨版深度报道《寻找尹明》，还原这位爱心人士的动人故事。

然而，尹明终究还是没有找到。没过多久，尹明的汇款又一次准时而至。

"尹明爷爷改变了我的人生，若是可能，我很想跟他见见面，跟他说一声，这些年，真的谢谢您了！"2013年11月的一天，远在丰都的谷巧玲在电话里，向我诉说着自己的愿望。

当时的谷巧玲已是24岁的大姑娘，且已经毕业一年多。当得知尹明仍旧在给她捐款时，她感慨不已。

六个被改写命运的小女孩

2006年，《重庆日报》报道巫山官渡镇雷坪小学11岁女孩王迎春父亲瘫痪、母亲出走、她和弟弟面临辍学的故事。自此，尹明的资助对象又多了一个。

2007年，尹明入选2006年度感动重庆十大人物20位候选人，成为唯一一个用爱心符号替代头像的候选人。但即便重庆媒体用尽全力，他依旧没有出现。

一年后的2008年3月，尹明为当时被火车碾断双腿的一岁女童小菲菲捐款1000元。同时附信倡议社会各界：凡有力量捐款的人士，请为小菲菲捐款！

信尾他首次透露了自己的个人信息："客居重庆40年，深知这座城市和她的人民是那样的善良！"

彼时，距尹明上一次给谷巧玲和王迎春汇完共计2000元的资助款，仅相隔1个月。

据不完全统计，截至2013年，尹明先后35次前往邮局汇款，共计汇出46笔，资助总金额高达38600元。

13年间，尹明先后资助了谷巧玲姐妹、王迎春、张蕾、杨开文、小菲菲等6名饱受命运折磨的小女孩，并彻底改写了她们的人生。

但尹明究竟是谁，依旧是一个让人温暖的谜题。

"尹明"成为这座城市的爱心符号

"尹明是谁？"重庆日报发动了一次又一次的寻找。

手中线索，是一张张汇款单。

第一张汇款单，留的地址是"重庆市中山三路3000号"。

我和同事来到渝中区两路口街道。街道负责人说："中山三路如果有3000号，就铺遍大半个渝中区了。"

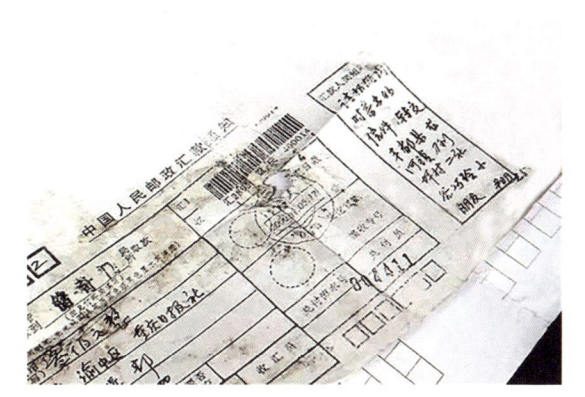

重庆日报收到的一张汇款人为"尹明"的汇款单（重庆日报 供图）

我和同事再次研究资料，又锁定另一地点：一张汇款单留的地址是"弹子石正街77号"。

我们又迅速赶往重庆南岸区弹子石街道。"这是个真实地址，就在我们辖区，但已经拆了。"弹子石街道石桥社区一位负责人说。

大家又是一片惋惜。

记者们攥着汇款单，再次寻找线索。这一次，我们将目标锁定在了邮戳。

尹明寄出的汇款单，上面分别盖着"中山二路邮局""解放碑邮政支局"的印章。

大家立马前往查询，但得到的答案只有一个：对尹明没印象。

从渝中区中山三路、解放碑，到南岸区南坪东路、弹子石，尹明为了"隐名"，在重庆主城区（今重庆主城都市区中心城区）地图上，画出一个U型足迹，像一条神秘的微笑曲线。

"事了拂衣去，深藏身与名。"

没找到尹明，似乎很遗憾。

但邮政储蓄银行解放碑支行一位负责人说得好："既然尹明选择了行善不求名，那我们就尊重他吧，这是对他最好的支持。"

后来，尹明还在继续通过报社献爱心。但尹明姓啥名谁？从事什么职业？家住哪里？大家无从得知。

2014年，重庆日报与共青团重庆市委联合成立尹明助学基金（设在重庆青年志愿服务基金会下面的子基金），并成立了尹明助学志愿服务队，常态化开展"尹明助学圆梦行动"，涌现出越来越多尹明式的人物。

虽然我们至今不知道尹明是谁，但更多的人活成了他的样子！

为国争"气"

彭 宁　胡雪莹

2014年3月，涪陵页岩气田投入商业开发，成为川气东送管道重要气源之一。

讲述人

葛兰，女，涪陵页岩气田开发的第一批参与者，首创中国页岩气井合理配产制度、国内首套页岩气勘探开发地质—工程—采气一体化大数据分析决策系统，荣获"重庆市三八红旗手""中国石化十大杰出青年"等荣誉称号，现任江汉油田页岩气管理部副经理。

2014年3月，一则发自中国的通告，在世界页岩气行业掀起波澜。

中国石油化工股份有限公司宣布，重庆涪陵页岩气田正式投入商业开发——由此，中国成为继美国、加拿大之后第三个实现页岩气商业开发的国家。

但在无成熟经验可借鉴、缺乏核心设备和技术人才的情况下，如何实现页岩气开发技术从无到有、从有到优？一重重新技术壁垒等待突破。生于1989年，看起来柔柔弱弱的女工程师葛兰，便是这场攻坚之战的破壁者之一。

工作中的葛兰（左一）（李占军　供图）

扎根一线　化身气田开发"兰妈妈"

涪陵页岩气田开发之初，葛兰是为数不多的几名先遣女将之一。

当时气田开发规律不清，很多技术"拦路虎"挡在面前。葛兰驻扎在现场，围绕气藏管理的重难点问题，白天查看气井情况，录取第一手准确资料，晚上搞研究，分析状态，制订措施。

2014年10月，气田投产井达42口，产能高但递减快。

"生产急需一种科学合理的配产技术支撑，可中国没有经验可以借鉴，北美采用的方式又跟我们不一样，我们只能从零探索，屡战屡败，屡败屡战，每天在气田游走，反复试验。"葛兰回忆道。那段时间她为了论证一口井数据的准确性，有时要来来回回花费两三天时间。

经过半年"屡败屡战"的艰苦努力，在对48口配产试验井的2000多万个数据进行反复比对后，葛兰终于带领团队攻克重重难关，创立了中国首个页岩气井全生命周期动态合理配产技术。现场应用之后，让页岩气井的稳产期达到2年至3年，可采储量可以提升5%到10%，成功填补了国内的技术空白，这一成果，同时影响着国际页岩气生产制度的转变。

"我有两个宝宝，一个是家里的姑娘，一个就是这些气井。"11年来，葛兰化身"兰妈妈"，一直坚持强化精细管理、严控气井递减，做实"一井一策"管理模式。气田860口井的"生老病"，她都能做到实时掌握、熟记于心。

但对于她而言，她陪伴、照顾着这些气井，气井也在无声地带领她不断成长、突破。

2017年6月7日，是气田首次对DN550清管站——白涛收球站段进行清管作业的日子。

那日凌晨4时左右，100多人集结完毕准备前往沿途站点。路灯下，年轻的同事们朝气蓬勃、干劲十足，夜晚仿佛在这一刻被青春的激情照亮。

"青春，就要挥洒在为国奉献的第一线。"在气田的几千个日夜，这句话一直在葛兰脑中回响。这些年，她与同事们离开家乡、远离都市，用青春的汗水与智慧，孕育出一个个"气宝宝"，见证着涪陵页岩气田投产井数从1口到100口到800口，产能从0.2亿方到50亿方再到100亿方。

"每一个数字背后都有着涪气人的默默奉献。"回忆起那天的情景，葛兰依然会感动得眼中含泪，"我为自己能成为其中一员感到无比自豪。"

不断创新　致力建设数智气田

2013年，随着气井数量不断增多，数据逐渐繁杂，急需建立数据库进行系统化管理。但葛兰对此领域也并不了解，为此她从零开始学习，遍寻相关数据库，奔赴几家兄弟单位实地学习；利用休息时间见缝插针自学数据算法；建立各项业务数据展示模块，搭建理论模型，带领团队一遍遍测试、调整……2015年，葛兰终于牵头建立了涪陵页岩气勘探开发一体化数据库，实现了无人值守条件下的报表自动录取与上报、远程监控与预警提示。

而这，只是她探索页岩气智能化管理之路的开始。2019年，她带队自主研发了国内首套页岩气勘探开发地质—工程—采气一体化大数据分析决策系统，填补了国内页岩气勘探开发大数据分析的技术空白。

2022年，气田进入全面智能化建设时期，原有的数据库和分析决策系统无法满足生产链条全过程管控要求，葛兰再次勇挑重担，将数字化、信息化、

| 涪陵页岩气公司焦页平台钻井现场（李占军　供图）

智能化气田建设作为新的攻关方向，牵头建设智能化气藏管理平台。该平台将汇聚800多口井的实时动态和历史数据，并依据智能化数据化分析，实现气藏管理的"规范管""精准管""智能管"。

面对海量数据，她带领团队只用了一年多时间便将800多口井的100多万条数据全部录入整理完毕，让被誉为气田"最强大脑"的平台顺利上线，而同类公司起码要花4年时间。

"搞研究，就是要坐得住冷板凳。"面对繁重的科研项目和海量的基础数据工作，葛兰常常一天10多个小时趴在电脑前，和图表、数据较劲，进行大量比对分析，有时难免感到吃力，但她觉得科研工作要耐得住寂寞，不拼体力但要拼细致、比耐心、比百折不挠的精神。

有时候葛兰忙得连饭都顾不上吃，加班到凌晨。有一次她肩周炎犯了，忍了几天，肩颈痛到连轻微扭头都费劲，也只是去拔了个火罐又回来接着干。当气藏管理平台顺利运转，让气藏管理异常识别与治理效率提升50%时，葛兰笑笑道："一切付出都是值得的。"

传递薪火　打造国内领先科研团队

这些年，气田里来了不少年轻人，繁重的科研任务和海量基础数据整理，令部分新人望而生畏。如何让新到岗大学生快速成长并发挥每一个人的力量，提升团队整体实力，成为葛兰现下考虑最多的问题。

"跟我上井去。"为了打造出国内领先的管理型页岩气藏工程科研团队，葛兰时常带着年轻人上平台了解现场、熟悉流程，回到办公室又根据目前气田气井的生产情况，给他们设立一个课题，针对性开展研究。还帮助他们制订详细的周、月、季度的学习计划，建立"学习曲线"，确保一个都不"掉链子"。

葛兰的父亲曾在她初入职场、畏惧气田工作艰辛时说过一句话："你是学石油的，就应该在这里。"

当年，父亲的话像镇山虎，敲醒了葛兰，如今，她也学着父亲的模样，为后辈开解、指导。

当团队成员在工作中遇到瓶颈，葛兰就利用工作间隙、夜晚加班、饭后散步等时间，组织大家开展讨论，告诉徒弟们应该往什么方向努力或者借鉴什么手段。"主要是帮助他们捅破那层窗户纸，具体的工作还是需要他们自己去干，加快成长。"葛兰说。现在，这些大学生早已成为各个科室的主力，能够独立承担对某口气井或者某个区块进行跟踪分析。

郑珊珊是2020年毕业的研究生。她一到气田，就跟着葛兰学习本领。

几年前作为青年技术骨干，郑珊珊承担了"页岩气水平井重复压裂选井方法研究"科研课题。而重复压裂选井本身情况极为复杂、考虑因素众多，葛兰便帮着她一起梳理思路、查阅文献、做汇报展示、奔走现场。她说："我们师徒俩有空了就一块讨论，在食堂吃饭的时候都聊个不停，我想不到的兰姐全帮我想到了。"

一年之后，在葛兰的精心指导与郑珊珊的努力攻关之下，"页岩气水平井重复压裂选井方法研究"科研课题获得公司科研成果一等奖，当年还有几分稚气的女生在气藏动态分析、评价方面已能够独当一面。

打破重庆地区不产油的局面，助力中国石化在页岩油领域的探索开发；开展气井增产潜力研究，全面支撑页岩气田产量重上2000万立方米……如今，葛兰的团队已获得国家专利20项、申报专利33项，获得全国青年文明号、全国工人先锋号、全国五一巾帼标兵岗等一系列荣誉，成为引领页岩气田高质量发展的一面旗帜。

"长安"新动能

陈一豪

> 2015年12月15日，长安品牌第100万辆乘用车下线，标志着长安成为我国首个乘用车年产量过百万的自主品牌。

讲述人

　　任勇，男，重庆长安汽车股份有限公司产业推进项目组电池产业高级项目总监兼重庆长安新能源科技有限公司电池开发高级总工程师，参与建立了我国多项新能源汽车及关键零部件设计、工艺、试验规范。

　　在重庆，位于江北区江北嘴金融城T2写字楼的长安汽车股份有限公司的停车库里，停满了颜色各异、造型不一的汽车。在新能源汽车风行天下的今天，这本不是什么新鲜事，但其中一辆造型朴素、放在今天甚至有些不起眼的"长安逸动EV460"汽车，出现在这里却显得有些突兀。它的主人——任勇，就在楼上工作。他曾经是重庆长安新能源汽车有限公司党委书记、总经理。作为最早入行中国新能源汽车领域的专业人才，他的工作履历勾勒出了长安汽车这家百年企业转型的脉络，也映射着中国新能源汽车行业的崛起之路。

神秘计划

　　1862年，上海松江城外的龙门寺，一座滚烫的熔炉倒出了中国近代工业的第一炉铁水，浇筑出了觉醒的中国近代工业，也诞下了长安汽车的前身——上海洋炮局。

任勇与长安"G318"汽车（陈一豪 摄）

抗日战争爆发后，几经更名的原长安工厂西迁至重庆，而后在此扎根生长。

1958年，长安汽车生产出了中国第一辆吉普车——"长江牌"46型吉普车，填补了中国汽车工业的空白，从此与"车"结缘。

20世纪80年代，乘着改革开放的东风，长安汽车从军工行业转向微型车领域，生产的微型面包车系列在当时非常受欢迎。

1986年，在那个轿车还是一种奢侈品的年代，任勇从重庆大学电机系毕业进入长安汽车，在发动机研究所从事产品电气系统的设计研发工作。

任勇的人生转折点发生在2001年。那一年，科技部发布新能源汽车战略规划，并在"十一五"期间和国家"863"计划中，设立电动汽车重大专项。

"这个计划是1986年3月提出的，故简称'863'计划。"任勇说。"863"计划对中国的高技术研究的推动是巨大的，从当时的大环境看，随着汽车工业迅猛发展和汽车保有量的快速增长，我国能源和环境受到严峻挑战，发展节能环保汽车成为汽车工业技术创新的重要方向。

由于混合动力汽车能满足整车低排放和低油耗的综合要求，因此备受青睐。而任勇当时主持的，便是"863"计划中的"ISG型混合动力长安轿车开发"。

"简单来说，就是'从无到有'，开发一款混合动力的轿车。"任勇回忆道，"为了尽快推动研发进程，长安汽车联合重庆大学、清华大学等高校和研究院所，进行了长安中度混合动力轿车关键技术研究和产业化开发，各种项目叠加，研发历时近7年。"

尽管有这么多人扑在项目研发上，但是开发难度依然巨大。"有一次，我们需要一款永磁同步交流电机，几乎找遍了国内所有的供应商，最后好不容易找到一家，做出来的电机尝试启动20次，却有16次启动失败，还有2次启动后电机转动方向反了，只有2次成功了，让人哭笑不得。"任勇苦笑道。

2008年"五一"假期，任勇和同事几乎没合过眼，为了完成各项性能试验，技术人员几班倒，累了就睡在车上，醒来就接着干。而他们忙碌的目标，

长安汽车重庆两江工厂总装车间，即将下线的整车
（王全超　摄）

是为了让"杰勋"这款车能够登上北京奥运会的舞台。

2008年5月12日，长安汽车公司楼下的广场锣鼓喧天，礼炮齐鸣，25辆由长安汽车自主研发的长安"杰勋"混合动力轿车在此正式启程发往北京，并作为奥运服务示范车向世界进行展示。

这款倾注了任勇无数心血的车，创下了多项"中国第一"：国内第一款自主研发量产的混合动力轿车；第一个将中度混合技术方案实现产业化的车型；第一款在整车、动力总成和混动系统三个方面全新自主的一体化设计的量产车型；国家"863"计划重大汽车专项中第一款实现量产下线的自主品牌轿车……

也是在这一年，重庆长安新能源汽车有限公司成立，任勇任副总经理一职。这家公司负责统一运作长安新能源汽车产品的研发、制造和销售。长安汽车对新能源汽车的发展决心从此时起锋芒毕露。

"第100万辆"的秘密

任勇经常挂在嘴边的一个词，是"产业化"。在他看来，中国新能源汽车的真正起步，就是从其产业化开始的。

"'杰勋'的成功，给当时的长安汽车带来了3项成果。我们收获了一辆车、培养了一批人、形成了一套研发体系，这些都是宝贵的财富。"任勇说。从2001年到2010年这9年间，长安汽车"从无到有"地建立起了第一条新能源汽车供应链，从而让后续车型的开发有了一套规范、完整的流程。"起初我到国外公司去谈业务，人家说什么我听什么，因为他们掌握我们不懂的技术和经验，又过了几年，等到我们摸索出一些门道后，我已经可以对他们说'不'了。"随后的长安汽车不再满足于借鉴和效仿国外品牌的设计和技术，投入重金先后建立了长安汽车英国研发中心、长安汽车北京公司、长安汽车碰撞实验室、长安垫江试验场，等等。

2015年12月15日，对于中国汽车行业来说，应该是个值得庆祝与铭记的日子。2015年，长安品牌乘用车第100万辆下线之日，也是中国品牌乘用车年产100万辆新纪录的诞生之时。当日，长安品牌2015年第100万辆乘用车下线，标志着长安成为我国首个乘用车年产量过百万的自主品牌。当时下线的，正是任勇如今座驾的前身——"逸动EV"。时任中国长安汽车集团有限公司董事长的徐留平在下线仪式上如此感慨："回顾历史，正是技术创新、经典产品、深耕客户的长安汽车，实现了长安品牌乘用车从无到有、从有到强的华丽蜕变。"

"长安品牌第100万辆乘用车之所以选择'逸动EV'，一是因为它很好地结合了节能减排和自动化技术，二则是因为它是长安汽车推向市场的第一款电动车。"任勇说。这款车的开发历时3年，并由他本人担任项目总监。"当时一般推出新车型都会做完一轮包含几千项指标的试验，而这款车做了3轮。在研发上持之以恒的投入和坚持，是这款车成功的关键，每一年，长安汽车都会将销售收入的5%投入到研发上。"任勇介绍，"逸动EV"整车总体性能水平接近国际先进水平，优于"逸动"传统车水平，"其中动力性、操控性、可靠性等已接近或超过国际同级车"。

科技"长安"

不可否认的是，属于汽车的智能化时代已经到来。2018年4月23日，长安汽车宣布正式开启第三次"创业"，计划在2025年实现中国汽车品牌规模国内第一、全球前十。

所谓第三次"创业"，是指长安汽车从传统汽车制造企业向智能低碳出行科技公司转型。"智能化"和"新能源"成为此次转型的关键。按照规划，长安汽车将以打造经典产品为核心，同时将"智能化"和"新能源"打造成为长安产品的标配。在智能化方面，长安汽车在2018年推出"北斗天枢"计划，全力将长安汽车打造成智能汽车领域的领军者；在新能源方面，长安汽

长安汽车新能源汽车智能生产线（长安汽车股份有限公司 供图）

车继续全面推进2017年提出的"香格里拉"计划，完成三大新能源专用平台的打造，推出涵盖从小型车到高性能轿跑的全谱系车型。

2021年5月10日，长安汽车迎来了第2000万辆新车下线，成为首个产销突破2000万辆的中国自主汽车品牌。"转型成不成功，对于企业来讲，最直观的反映还是在销量上。"任勇笑着拿出一沓文件，是不久前公布的长安汽车销量数据：长安汽车2024年1—6月销量1334051辆，同比增长9.7%，创7年来新高。"更让我们欣喜的，是长安汽车自主品牌新能源汽车1—6月销量近30万辆，同比增长69.9%。"任勇感叹道，"看到新能源汽车如今增势如此迅猛，我真是觉得当初这条路走对了。"

任勇的思绪回到2003年，那时他正为自己的职业生涯规划烦心，"当时新能源汽车领域就像是伸手不见五指的黑夜，前景不明朗，当时谁也不知道这条路走不走得通"。在一次会面中，一位朋友对任勇说："如果你坚持走下去，也许20年后，当你的孙子走在大街上，看见满大街跑的都是电动汽车，那时你就可以给他讲，这是你爷爷开拓的事业。"

一道惊雷在任勇心中炸开。此后20多年，他果真为当初的畅想不断努力着，当初的愿景如今已近在咫尺。这些年，任勇换过许多车，从传统燃油车到混合动力车再到最新推出的长安"深蓝S7"，他都尝试过，但最终还是开回了他前些年买的"逸动EV460"，这是当年"逸动EV"的升级款。"这是我自己开发的车，还是有感情的。"任勇说，"这些年来，眼瞧着厂里从生产面包车、轿车，再到如今讲的智能汽车，长安汽车还有太多创新点值得期待。"

长安汽车的漫漫发展长路不仅仅是一个企业的变迁之路，更是整个中国汽车工业崛起的缩影。从传统制造业加速向智能低碳出行科技公司转型，长安汽车仍在不断追逐未来、与时代共舞。

在"世界中转站"吊装城市未来

别致 刘露

> 2016年1月4日，习近平总书记来到重庆两江新区果园港考察。

讲述人

胡万琪，男，重庆果园集装箱码头有限公司操作部助理、全国劳动模范、全国五一劳动奖章获得者、中国工会十八大代表。

长江穿城而过，奔流不息，在重庆两江新区果园港，一声声汽笛划破长空，江畔橘红色的场桥岸桥有序工作，五颜六色的集装箱整齐码放在堆场，来自世界各地的货物汇集于此，卡车往来穿梭……一个港口型国家物流枢纽的恢弘景象映入眼帘。

立足重庆奋力打造新时代西部大开发重要战略支点、内陆开放综合枢纽"两大定位"，果园港通向世界的门越打越开。从一个"散杂货码头"成长为中国内陆最大的多式联运枢纽港，果园港的蝶变离不开每个人为实现"把港口建设好、管理好、运营好"的不懈努力。全国劳动模范、重庆果园集装箱码头有限公司操作部助理胡万琪就是其中之一。

苦练本领

距地面24米高的场桥操作室里，胡万琪微微前倾，透过脚下的钢化玻璃观察，聚精会神地控制手里的操作杆，使吊具锁头和集装箱四边角的锁孔完美契合，很快就起吊成功。着箱、起吊……不到3分钟时间，就能平稳地将一个20余吨重的集装箱从堆场吊装到地面的车上。庞大的场桥宛如一个机械战甲，而吊具灵巧得就似胡万琪的手臂。看似简单轻松的操作，其实极其考验操作者的细心和技术。十几年来，从胡万琪手中经过的集装箱，每一个都能稳稳当当地"着陆"，没有一次失误。何以练就这样的本领？那是勤奋好学、善于总结经验的胡万琪，用经年累月的练习实操和极高的责任心使命感锻造出的。

时间回到2006年，从部队复员的胡万琪回到重庆老家，不满20岁的他进入原重庆港务物流集团下属的重庆港九股份有限公司九龙坡集装箱码头分公司，在这里开启了"桥吊"生涯。"我看到师傅们在驾驶室操作，进行提升、下落着箱、抓箱回移、定位安放等多种作业。桥吊下方巨大的集装箱就像一块块积木，在空中划过一道轻盈的弧线，迅速而准确地安放在集装箱卡车上，感觉特别神奇。"刚接触桥吊时，胡万琪充满好奇，但实际操作却没有这么容易。"还记得第一次上桥的时候挺紧张的，毕竟有24米高，楼梯也都是镂空的。"胡万琪回忆。部队培育出的素质让胡万琪快速克服了心理障碍，跟着师傅学习后，本领也不断提高。

这项技术看着容易，实际需要快速高效、一次到位，精准到厘米级。"与一般大型机械操作人员相比，桥吊司机要求更高。每个动作都必须准确无误，不能有半点闪失。因为一旦出了事故，既影响港口吞吐效率，又影响船期。"胡万琪说。为此，胡万琪常常利用休息时间和无作业任务的时间到桥吊操作室去"掐表"练习，或是钻研相关的专业机械书籍，学懂弄通关于桥吊设备的构造、性能等知识。仅仅经过9个月的培训，胡万琪就在同一批培训学员中脱颖而出，考取了特种作业证。经过多年坚持不懈的努力，原本桥吊司机每小时单机工作量一般在15个自然箱，胡万琪每小时单机工作量却能达到25个以上自然箱，在同行司机中长期名列前茅，成为公司最年轻的技师，还被评为全国劳动模范。

随着水运业务的发展，胡万琪从九龙坡到寸滩港，又到了果园港。"我的工作只是与一个个铁皮箱打交道，但它们装载的是这座城市经济发展的未来。"胡万琪自豪地说。在他看来场桥不光是一台冰冷的机械设备，也是他人生路上的忠实伙伴，是畅通城市经济发展的桥。

牢记嘱托

2016年1月4日,习近平总书记考察重庆时来到果园港,看到港区已初具规模,称"这里大有希望",并叮嘱果园港的建设者、管理者们"把港口建设好、管理好、运营好,以一流的设施、一流的技术、一流的管理、一流的服务,为长江经济带发展服务好,为'一带一路'建设服务好,为深入推进西部大开发服务好"。

习近平总书记的殷殷嘱托,深深激励了包括胡万琪在内的所有果园港人。果园港的迭代升级不断推进。果园港港口功能配套持续完善,不断探索向"前港后园""水铁公多式联运"调整,为企业节约成本、提供更多便利,进一步发挥枢纽作用。2017年12月,中欧班列(渝新欧)在果园港首发;2019年3月,陆海新通道(果园港)班列首发,长江黄金水道、中欧班列、西部陆海新通道在果园港实现了无缝衔接,一条条新增的航线,让物流更加通畅;2019年5月,首趟"沪渝直达快线"试点班轮顺利开行,该航线整体时效提升40%以上……

果园港已建成四向开放通道,让不沿边不靠海的重庆成为开放前沿:向东,通过长江黄金水道,联通长江经济带各港口城市群,实现江海联运;向

重庆两江新区果园港(李前磊 摄)

西，通过中欧班列，连接西北、中亚及欧洲；向南，通过西部陆海新通道，连接东盟、南亚，同时辐射云贵川等地；向北，通过"渝满俄"国际铁路班列，联通中蒙俄经济走廊。2024年上半年，果园港国家物流枢纽完成货物总吞吐量1290.9万吨，开行西部陆海新通道班列479列。

创新求变

今天的果园港是一座多式联运枢纽港、一座通江达海门户港，也是一座绿色生态智慧港。远程控制覆盖32台场桥，通过室内操纵鼠标和操作杆就能装卸货物；集装箱"无纸化"平台、智能闸口系统配合升级优化后的集装箱系统智能算法，让港区实现了单证电子化、道闸无人化、服务自助化……谁能想到，这个充满智能化、高科技气息的高效能港口，多年前刚开港的时候，只有两台场桥、两台岸桥。

习近平总书记的殷殷嘱托激发了果园港人的责任感、使命感和紧迫感。"如果要说果园港最大的变化，无疑是人的思维的变化。以前觉得遥不可及的事情，现在或许可以试试；以前觉得从来如此的事情，现在或许可以改改。"胡万琪说。思维一变天地宽，也让果园港迈入高质量发展的快车道。

2016年，果园港开始推动智慧港建设，实施场桥远程操控系统重点技改项目的重任落在了胡万琪的肩上。历经三次迭代升级，技改完成后，胡万琪给班组成员开展培训，让他们熟练掌握远程操控技能。"现在一个人可同时操作三至四台场桥，作业精度更准，效率还更高了。"胡万琪说。

2019年，胡万琪劳模创新工作室成立，旨在大力开展技术创新、管理创新活动，解决生产经营中的难点问题，提高生产效率，降低成本。工作室成立后，行业技术专家、公司优秀管理人员、技术骨干成员都加入了创新团队，每年都要攻克至少三个课题。"今年，我们正在研究防止场桥钢丝绳和集装箱卡车对拉的问题。"胡万琪介绍。在工作中，他们注意到偶尔会出现由于前来提箱的集装箱卡车上的锁头没有完全打开，场桥司机停止作业，但装箱集卡车司机没有注意，往前行驶造成与钢丝绳对拉的问题，很容易造成钢丝绳损坏，甚至可能造成人员受伤。胡万琪说，场桥、岸桥上有集装箱防吊起的功能，但场桥钢丝绳和集装箱卡车对拉的问题却没有一套成熟的设备来避免，这是一个全新的课题，完成后可以让整个作业流程形成闭环。这一课题已经完成了两轮讨论、验证，即将开始进行实质性改造。胡万琪劳模创新工作室成立以来，还自行研制了集装箱双排门架喷淋消毒装置、增设闸口高度限制报警装置，完成远控场桥的智能防风锚定自动化改造、场桥托令电缆滑车车轮改造等创新成果，让港区的智慧化程度更高。

2024年7月，胡万琪（后）在智能远控场桥操作室里给操作人员答疑（刘露 摄）

如今，胡万琪不仅凭着出色的专业技术，取得了各类荣誉，也致力于带动培养更多技术好手、技能人才，为物流运输作出更大的贡献。

"重庆稻"香飘海外

汪茂盛　吴曼祯

2017年，重庆市与越南、孟加拉国、老挝等国开展杂交水稻合作示范和技术推广，重庆品牌水稻在国外种植面积超过100万亩。

讲述人

李贤勇，男，重庆市农业科学院水稻所原副所长、研究员，"新世纪百千万人才工程"国家级人选，享受国务院政府特殊津贴专家，第二届重庆市学术技术带头人和重庆市杰出专业技术人才，首届重庆英才·优秀科学家。他先后主持国家和市级重大科技项目14项，培育水稻新品种24个，累计推广面积近1.5亿亩，荣获全国劳动模范、全国农业科技推广标兵等荣誉。

2024年7月10日上午9时，重庆市垫江县，天灰蒙蒙的，山雨欲来。这对重庆市农业科学院水稻研究所原副所长、研究员李贤勇来说，不是一个好天气。

"现在正值水稻授粉抽穗时期，下雨天没办法授粉，只能另寻时间。"李贤勇一边观察国家级杂交水稻种子生产基地内水稻雌蕊和雄蕊的长势，一边向我们解释。

一年四季几乎都泡在实验田里的李贤勇，皮肤被晒得黝黑，顶着一头白

2024年7月9日，李贤勇在观察水稻生长情况（吴曼祯　摄）

发，身穿沾着水渍的白衬衫和沾着泥土的凉鞋，俨然一副农民模样。扎根杂交水稻研究领域30余年，他不仅是突破重庆优质稻空白的"第一人"，而且带领本土自主选育出的Q系列杂交水稻走出国门，让重庆水稻香飘海外。

摘掉重庆"劣质稻产区"帽子

20世纪60年代，李贤勇出生在四川省开县（今重庆市开州区）的一个农村家庭，从小就对土地爱得深沉。

读大学本科期间，乡亲们最爱问这个大学生的问题是：怎么让粮食高产？怎么插秧更省力、省时？渐渐地，本来学习师范专业的李贤勇萌生了一个想法："当老师不能解决当时的实际困难，那就报考西南农学院（今西南大学）的研究生，改学农学。"

1991年，刚到工作岗位，李贤勇就陷入迷茫漩涡："感觉水稻这一领域什么都被前辈们研究透了。"带李贤勇的老师傅让他别待在办公室，去田里跑。于是，李贤勇开始蹲守在各个农技站，跟农业技术人员和农民天天待在一起。慢慢地，他发现自己之前的想法太不成熟，"农民的需求太多了，不下基层根本不知道。"那时候，产量高质量又好的优质稻米是农户的最大需求，初生牛犊不怕虎的李贤勇就把研究方向定在了自主选育优质稻上。

自主选育优质稻在当时看来，可谓痴人说梦。

"重庆种植优质稻有两个难点，寡照和高温。"李贤勇说。寡照意味着水稻光合作用的时间不够，同时高温会将水稻"逼熟"，导致灌浆时间太短，既不利于高产，又不利于提高水稻品质，即便是国内其他地区的优质稻品种来到重庆也同样"水土不服"。因此，在那时，重庆稻区一直被认为是全国稻米品质改良难度最大的稻区之一，被划为"劣质稻产区"。要实现重庆自主选育优质稻的想法，连当时杂交水稻研究领域的各大资深专家听了也摇头。

"我想试一试。"李贤勇说。虽然当时所有人都说不可能，但是农民真真切切的需求摆在面前，哪怕最后没成功他也无悔。

这么一试，就是十年。

为了找出能抵抗寡照的特异育种材料，李贤勇在十几万份种子材料中"大海捞针"，终于找到了一株捕光色素叶绿素b含量高出普通株一倍的天然变异材料。

但找到材料，跟培育出新品种之间还有很长的距离，李贤勇经过反复育种和扩大种植实验，2001年，"Q优1号"诞生。有了这个关键材料，2002年"Q优2号"培育成功，重庆实现了优质稻"零"的突破，米质达到国标三级。接下来的几年时间，Q优系列不断迭代更新，重庆彻底摘掉了"劣质稻产区"的帽子，还向市外输出了大量优质稻。如今Q优系列品种已覆盖整个南方稻区，累计水稻种子推广应用面积1.5亿亩以上，增收100亿元以上。

"让优质稻走向更远的世界"

"这一块是出口孟加拉国的，那一片是出口越南的。"穿梭在位于垫江县的国家级杂交水稻种子生产基地内的李贤勇，向我们介绍起基地的各项数据：哪些是对照组，哪些是早育品种，哪些是稻油轮作品种，他都如数家珍。

在工作之初，李贤勇从没想过他选育的水稻能走出国门。

2002年，李贤勇和团队成员到泰国、孟加拉国、老挝等东南亚国家考察，发现一些东南亚国家的粮食需求非常大，水稻出口经济效益好，同时能让东南亚的老百姓解决吃饭问题。就这样，东南亚一些国家开始进口来自中国的优质水稻品种。

单纯的经济合作一直持续到2017年。随着东南亚国家农业技术的发展，孟加拉国相关部门负责人提出"授人以鱼不如授人以渔"，因此，2017年，重庆与孟加拉国的有关城市正式签订合作协议，将原有的进口转为技术示范推广，真正让他们实现自给自足。

从2002年到2017年，重庆先后在越南、老挝、孟加拉国、缅甸、尼日利亚、坦桑尼亚等国家实施以Q系列杂交水稻为代表的试验示范

重庆市农科院专家在孟加拉国稻田里进行技术指导（重庆市农科院　供图）

国家级杂交水稻种子生产基地内试验田中生长的水稻
（吴曼祯　摄）

和技术推广，审定杂交水稻品种8个，推广种植面积100万亩以上。"高产量优质品种是杂交水稻领域研究的永恒课题。"Q系列品种的不断突破，给了李贤勇探索更优质高产杂交水稻品种的底气。

"西南地区的很多农户希望水稻种植的直播方式能更简化。"李贤勇口中提到的"直播"，指的是跳过传统育秧和栽秧环节的一种高效种植技术。在重庆这个多山地多丘陵的地区，机械种植难度大，主要还是依靠人工育秧和栽秧，成本高，直播方式应运而生。

但直播技术存在弊端：因稻种在水下很难正常发芽和生长，广泛推广的直播技术为先放干水，播种一个月后再蓄水，这种方式对降雨节点的把握要求很高，如果放水期多雨，蓄水期又少雨，农户可能歉收。"Q系列水稻出口东南亚多是种植在平原地区，丘陵、山地地形就需要其他种子才能克服自然劣势。"李贤勇说。如果能找到水稻耐水淹、耐缺氧的基因，就能选育出在水淹状态下发芽的品种，跳过放水环节，直接围水就能种。

想法很好，要实现却困难重重。"杂交水稻品种选育好比大海捞针。"李贤勇说。他们逐一鉴定从全国各地搜集的近万份材料，再将表现好的材料作为亲本继续进行杂交，不断在水淹状态下找寻耐缺氧的品种。

"头几年没有任何收获，团队有些成员都垂头丧气了。"但他一直认为"育种十年都算快的，只要方向正确，沉心静气慢慢找，总归有收获"。

不骄不躁，经过年复一年的实验，团队逐渐总结出包括"避免播种前青苔和浮萍生长"在内的一套水淹种植技术规范，也找出了耐水淹的水稻特异株。终于在2018年，精米率超过65%的"神9优28"水稻品种培育成功。这个品种不仅结束了传统种稻的"辛劳模式"，节约成本，还能实现以水压草，减少除草剂的施用，有利于农业环保。如今，"神9优28"淹水直播技术已成为成渝地区双城经济圈特色高效粮油生产技术，并实现了南方稻区全覆盖。

"杂交水稻的新课题是在田间地头发现的"

"2024年8月,我们响应国家'一带一路'建设号召,派专家前往尼泊尔开展杂交水稻技术示范推广工作。"李贤勇说。他临近退休,却深感还有太多事情要做。

从迷茫的科研新人到成果累累的团队领头人,李贤勇始终秉承着"杂交水稻的新课题是在田间地头发现的"这一理念。"李老师基本都是在各个基地的田里待着,每次都能发现我们没发现的问题。他总是有很多创新的想法。"垫江基地负责人管玉圣说。

这些创新点源于实际。"我们的优质稻,不仅胜在口感,更胜在健康。"李贤勇说。近几年,糖尿病人、高血压患者对于稻米精细化的诉求越来越迫切。起初,李贤勇听到不少糖尿病人希望有人能研究出"吃了血糖能稳定的大米",刚开始,他也觉得这是天方夜谭,但当他把这些诉求当成研究方向,却发现并非没有可能。

李贤勇在查阅医学书籍的同时拜访了一些医学专家,了解到只要提升稻米中淀粉的高抗性,让稻米在煮熟的情况下也能保持淀粉高抗性,就能让人体在摄入淀粉后将其缓慢吸收,保持血糖稳定。仅仅是把高抗淀粉性基因分离出来,李贤勇团队就花了几年时间,最终这项功能米于2022年在部分地区进行推广,重庆市南川区就是其中之一。

"若不是亲自试验,哪里会相信还有不用育秧、插秧,吃了还能稳血糖的大米。"南川区鸣玉镇明月村水稻种植户张治华说。村里和他一起抢着种李专家带来的"金种子"的农户有100多户。不仅是种植户满意,消费者的反馈也很好。为老百姓解决实实在在的问题,正是李贤勇多年如一日地耕耘在杂交水稻领域的初心。"水稻领域的一些老师也许一辈子都没有特别大的突破,但是他们一直在坚持,而我算很幸运的。"李贤勇说。他时常教育后辈,研究方向论证好后,更重要的是持之以恒,因为成果不是一蹴而就的,是经年累月的付出换来的。

智慧农业、精细化农业……李贤勇还有太多事想做,但可能需要下一辈杂交水稻科研人来接力。只要脚踏大地、用心为民,我们相信,袁隆平先生的"禾下乘凉梦"就会后继有人。

用生命守护平安

郑友别致

2018年2月18日,重庆市渝北区石船镇渝长东街十字路口,杨雪峰在疏导交通时遭遇暴力袭击,与持刀歹徒殊死搏斗,不幸壮烈牺牲。同年8月,中共中央宣传部追授他"时代楷模"称号。

讲述人

黄长富,男,重庆市公安局渝北区分局交巡警支队副支队长,渝北区公安分局交巡警支队原石船公巡大队大队长。

虽然已过去6年多时间,但和杨雪峰搭档过的点点滴滴,至今仍清晰地烙印在渝北区公安分局交巡警支队原石船公巡大队大队长黄长富的脑海深处,挥之不去。

"有一种倒下叫站起,有一种伟大叫平凡。"杨雪峰,用实际行动为这句话写下了生动注脚。

2018年2月18日,农历大年初三,正在渝北区石船镇渝长东街十字路口疏导交通的杨雪峰遭遇暴力袭击。为避免伤及无辜

杨雪峰生前指挥交通的画面,烙印在全国人民心中(重庆市公安局渝北区分局 供图)

用生命守护平安 | 363

群众，他在腹部颈部多处被刺、血流不止的情况下，毫不畏惧地与持刀歹徒展开殊死搏斗，终因伤势过重医治无效不幸牺牲，年仅41岁。

杨雪峰生前系重庆市公安局渝北分局交巡警支队石船公巡大队副大队长。从警以来，他参与侦破案件近300起，处理交通警情2万余起，没有一起群众投诉，先后荣立个人三等功2次，获个人嘉奖7次，5次获评优秀公务员。

杨雪峰牺牲后，先后被追授为"时代楷模""全国公安系统一级英雄模范""最美奋斗者""重庆市优秀共产党员""重庆市人民满意的公务员"，获评敬业奉献"重庆好人""中国好人"称号。

雪峰说："在哪儿工作不重要，把工作干好才重要"

1997年7月，杨雪峰从重庆警官职业学院（今重庆警察学院）毕业，并被评为"优秀学员"，本可留校任教的他主动申请到基层工作，毫不犹豫地投身公安交通管理工作一线。

为提高执法业务水平，杨雪峰留心记录工作中遇到的案例，然后将常用法律法规和案例一一对应，制成了图文并茂的"口袋书"。同事们在工作中遇到问题，打电话给他："交通违法的业务代码是多少？扣多少分？处罚依据是哪一条？"他总能对答如流。久而久之，大家都称他为"杨百科"。

这位"杨百科"执法公正、严格也是出了名的。

面对亲朋好友请托时态度坚决：杨雪峰的舅舅骑摩托车超载被处罚，找到杨雪峰请他打招呼关照，但杨雪峰自始至终都没开口，最后自掏腰包替舅舅缴了罚款。面对威胁时临危不惧：执勤查获一起毒驾时，面对车上下来3个气焰嚣张的彪形大汉，杨雪峰毫不畏惧，义正词严地告诫他们法律后果，大汉们瞬间"哑火"。最终，毒驾嫌疑人被依法行政拘留。

石船公巡大队距城区50多公里，辖4个镇79个村，巡护里程1057公里，任务重、问题多。杨雪峰一来，就全身心投入工作，一个多月吃住都在单位。"当时我把治理难题交给雪峰，他很快就摸清辖区交通状况，把场镇的堵点梳理出来，还结合走村串巷掌握的情况，绘制了场镇交通路线图，重新规划了车辆通行线路。"时任石船公巡大队大队长的黄长富回忆说。杨雪峰还和有关部门一起规划停车位，设置集中停车区；发动场镇社区干部和志愿者，在赶场天和节假日协助维持交通秩序；整理场镇发生的典型交通案例，编成通俗易懂的安全出行顺口溜……多管齐下，辖区交通事故发生率同比下降20%。

从警21年，杨雪峰曾多次调换工作岗位，从繁华闹市到偏远乡镇，从基层到机关再到基层，他始终勤勤恳恳、毫无怨言。他总说，在哪儿工作不重要，把工作干好才重要。

群众说："杨警官好暖心，真是服务到家了"

杨雪峰曾收到过一面锦旗，上面写着"柔性执法化误解，一心为民保安全"，落款是石船镇太洪村村民唐兴奎。而这，源于一件"小事"。

唐兴奎有辆小轿车，但3年来从未年检过。2016年10月的一天，车被杨雪峰拦下了。"买车时销售人员说6年不用年检，你是不是想罚我的款？"唐兴奎当时着急去办事，火气较大。

"我原以为肯定要受处罚，但杨警官却说'今天算警告和普法'，并留下我电话，叮嘱3天内年检。"唐兴奎说。事后他把审车的事忘了，没想到几天后，杨雪峰打来电话再次提醒自己赶紧去补办手续。事后，他很感动：这位"啰唆"的警官是真心对自己好啊。

从警以来，杨雪峰为民服务不断线，受过他帮助的群众多达数百人，他常对同事说，"老百姓的小事就是顶天的大事"。

2017年10月的一天，杨雪峰在渝北区统景镇中心小学巡逻，发现一辆接送学生的面包车严重超员。依法对违规驾驶员进行处罚后，杨雪峰又自掏腰包联系中巴车，将车上的孩子一一护送回家。为解决这些孩子上学的交通问题，杨雪峰和交通运管部门反复联系沟通，促成了一条客运专线的开通。"杨警官好暖心，真是服务到家了。"统景镇中心小学学生家长周华云说。

类似的事情还有很多很多。作为一名共产党员，杨雪峰一直把自己的热情和心血都倾注在群众身上：依法扣留80岁老人的无牌摩托车，为老人购买返程车票，并将其送上大巴车；面对熊熊燃烧的出租车奋不顾身地跑去灭火，颈部、手臂被飞溅的火星烫起多处大水疱；为防过往车辆落水一直值守被洪水淹没的金滩大桥，24小时没合过眼……

战友说："把英模精神传承下去、弘扬开来"

2018年2月20日清晨，杨雪峰追悼会在渝北区殡仪馆举行，生前战友、上千名群众自发来为他送行。追悼会现场，赶来了一位当时刚刚入警不久的小伙子，名叫汪泽民。

1998年8月，年仅3岁的汪泽民在商场走失险被坏人拐走，幸好遇见了一名警察叔叔才逃过一劫。为表感恩，家里人特意珍藏了当时报道此事的报纸。20年来，汪泽民一直试图寻找这位恩人，可因为种种原因，一直没能如愿。直到2018年大年初三，汪泽民在网上看到"民警被刺牺牲"的消息以及《警情通报》，才终于确认牺牲的前辈竟然就是曾经救下自己的"杨叔叔"，但如今阴阳两隔，藏了多年的心里话杨雪峰已经听不见了。在杨雪峰的影响下，汪泽民带着理想和憧憬，走上了从警之路。如今，汪泽民以一名轨道民警的身份，继续着"杨叔叔"未竟的公安事业，当好党和人民的忠诚卫士。

杨雪峰牺牲后，"把英模精神传承下去、弘扬开来"，成为与他一起奋斗过的战友们发自内心最强烈的愿望。为了纪念和缅怀杨雪峰，重庆市公安局决定，在其生前工作的石船公路巡逻大队加挂"杨雪峰大队"的牌子，并在大队旁建设"时代楷模"杨雪峰学习教育基地，让在这里工作和参观的每一位同志都成为传承者和践行者。

2019年10月，"时代楷模"杨雪峰学习教育基地全面建成并开放投用。其中，陈列室展陈了杨雪峰童年、学习、工作、荣誉等180余件珍贵图片和实物资料；与陈列室相邻的烈士园里，矗立着杨雪峰的半身铜像。基地先后被确定为"全国学雷锋活动示范点""渝北区爱

2018年《重庆晚报》关于杨雪峰殉职的报道（重庆晚报 供图）

366　那年·那事·那人　重庆1949—2024

2023年，渝北区公安分局组织民警参观杨雪峰先进事迹陈列室（重庆市公安局渝北区分局　供图）

国主义教育基地""重庆警察学院大学生思想政治教育社会实践基地"。

"我宣誓：我志愿成为中华人民共和国人民警察，献身于崇高的人民公安事业，坚决做到对党忠诚、服务人民、执法公正、纪律严明……"2023年8月18日，重庆市公安局渝北分局招录的新警在杨雪峰铜像前整齐列队，举行入警宣誓仪式。这是重庆公安机关引导和激励广大民警弘扬英模精神、当好英模传人的一个缩影。英模形象不仅深深扎根在杨雪峰曾经工作和战斗过的这片热土上，更是根植于千千万万一线干警的心中。

如今，干警们坚守着杨雪峰对党忠诚的政治品格、服务群众的为民情怀、公正执法的价值追求、清正廉洁的道德操守，以夯实基层基础、服务民生发展、筑牢平安屏障推动建设更高水平的平安重庆，用实实在在的工作业绩告慰和纪念战友。

让科技"长"在田间地头

郑 友

> 2019年9月10日，农业农村部发布全国农业社会化服务首批20个典型案例。其中，由重庆市梁平区新农人农产品股份合作社创始人蒋丽英实践并提炼的代耕代种的服务模式——"全程保姆式托管让农民当'甩手掌柜'"榜上有名，成为重庆唯一入选案例。

讲述人

蒋丽英，女，重庆市梁平区碧山镇龙桥村党总支书记、村委会主任，重庆田中秧农产品股份合作社理事长，全国青年致富带头人。她长期扎根农村、深入基层，为梁平及西部地区上万农户指导水稻种植，创新形成全程保姆式托管服务方式。

"高一点，再高一点，风太大，小心别把秧苗给吹倒了……"2024年6月13日，重庆市梁平区仁贤街道五一社区水稻托管基地，随着六旋翼农用无人机在空中盘旋，秧苗荡起一圈圈涟漪，一颗颗尿素被撒入稻田。作为一名已有6年无人机驾龄的"老飞手"，46岁的蒋丽英在一旁不停叮嘱着执飞者。20分钟不到，10亩地的化肥便播撒完毕。

不管播种、施肥还是除草，蒋丽英样样精通。从每年的4月初持续到7月中旬，在梁平区的田间地头，总能看见她和无人机的身影。在梁平区碧山镇龙桥村出生长大的蒋丽英，在科技的助力下，长期活跃在乡村振兴的战场上。

继先后荣获"全国劳动模范""全国青年致富带头人""全国三八红旗手"等殊荣，2024年5月29日，蒋丽英又获评2024年重庆市"最美科技工作者"称号。

弃商从农逐梦田园

2024年6月14日,梁平区碧山镇清平社区,谈及蒋丽英,55岁的徐登宽不由自主地伸出大拇指。

时间回到2017年3月12日。"我们可以为大家提供耕、播、防、收等各种服务。"当天,在清平村,蒋丽英向村民推广水稻社会化服务。一天下来,效果不尽如人意——向蒋丽英了解"行情"的人不少,可最终"签约下单"的人寥寥无几。

回家后,蒋丽英躺在床上辗转反侧,分析原因发现,一方面是当地村民对机械化种田、无人机种田等现代化农业耕种方式不了解,另一方面是村民对她缺乏信任,"不放心将一年的收成'押宝'到一个'女娃娃'手中"。

生在农村、长在农村的蒋丽英,从小就对农村和农业有着特殊的感情。2010年,时年32岁的蒋丽英作出"弃商从农"的决定,将自己在城里的理发店转让,返乡创业。拿出20万元,流转70亩土地,全部种上黑花生,是她返乡干的第一件事。

蒋丽英将目光锁定在科技上。通过几个月的学习,她不仅掌握了黑花生的生长特性,更学会了无人机操作技术并考取了专业证书,农用机械也用得越来越熟练。在科技赋能下,蒋丽英的黑花生迎来丰收。首战告捷,她又组

丰收在望(视觉重庆刘辉 摄)

让科技"长"在田间地头

建了梁平县（今梁平区）新农人农产品股份合作社（今重庆田中秧农业科技股份合作社），带领有需求的村民一起发展，实现了黑花生的全过程机械化种植。

为了赢得村民信任，在提供耕、播、防、收等服务内容的基础上，蒋丽英拓展了"包产承诺"服务，保证由自己进行社会化服务的稻田年均亩产量能够达到500公斤以上，不足部分由自己补足，多余部分则归村民所有。

收益有了保障，不少村民便抱着试一试的态度，将自己的农田交给蒋丽英打理。清平村的徐登宽便是第一个与蒋丽英签约的村民。当年，徐登宽托管给蒋丽英打理的稻田，每亩产量达到了592公斤。高兴之余，他四处为蒋丽英"打广告"。一来二去，蒋丽英在村里的名声越来越响，找她帮自己种田的村民也越来越多，蒋丽英由此迈出了水稻社会化服务推广的第一步。

科技助力农田种植

年过六旬的张维碧，种植了近50亩水稻，是蒋丽英的服务对象之一。

"快来帮我看看，长得好好的秧苗，怎么突然就变黄了。"2023年3月20日，突如其来的状况，让梁平区碧山镇龙桥村村民张维碧束手无策，无助的她拨通了蒋丽英的电话。20分钟后，蒋丽英来到张维碧家的育秧田边，掀开保温膜，只见秧苗青中泛黄，显露出一丝病态。她一边察看秧田周边环境，一边向张维碧了解情况。"可能是秧田的水源受到了污染，有害金属入侵土壤，影响了秧苗生长。"一番观察后，蒋丽英给出了自己的判断。眼看插秧在即，秧苗要是出了问题，误了农时，一年的收成也没法保证。张维碧慌了神，抓着蒋丽英的手寻求帮助。"我去帮你借一台抽水机，你家的秧田需要尽快换水。"在蒋丽英的帮助下，张维碧的秧田换了水，喷洒了药剂，重砌田坎阻断了污染源。10余天后，秧苗重获新生，长势喜人。张维碧脸上露出笑容，直言"还是知识管用"。

在农业上倾注越多、耕耘越久，蒋丽英越是明白，科技创新是新农业的唯一出路。于是，她将更多精力放在了科技含量更高的农业社会化服务上。

2014年，蒋丽英自费购买拖拉机、插秧机等农业机械，为机械化作业探路；2016年，蒋丽英接管碧山镇清平社区水稻种植，迈出现代农业社会化服务第一步；2017年，蒋丽英购买3台无人机开展"飞防"研究，将稻谷炒熟后播撒在田块中并铺上试纸，反复对比试验，积累应用参数……

创新、试验、总结，再创新、再试验、再总结，2018年，蒋丽英在碧山镇清平社区开启梁平区首例水稻无人机直播种植，并喜获丰收。接着，蒋丽英以合作社为依托，开展集耕、播、防、收等于一体的水稻社会化服务，村民只需缴纳少量服务费用，便可当"甩手掌柜"，将农业生产环节的农事委托给她解决，实现"坐在家中待丰收"的愿望。此后，来找蒋丽英帮忙种田的村民越来越多。目前，蒋丽英每年为10多万亩稻田提供社会化服务，涉及四川、陕西、贵州、新疆等地，成功带动上万农户增收致富。

2024年6月13日，重庆市梁平区仁贤街道五一社区水稻托管基地，蒋丽英签订农业保险合同（郑友 摄）

智慧引领乡村振兴

2024年6月13日，在梁平区仁贤街道五一社区水稻托管基地，执飞农用无人机进行施肥的，除了蒋丽英及其哥哥蒋莉祥，还有来自梁平区职业教育中心田中秧智慧农业产业学院的高一学生赵铎萌和尹红富。充电、更换电池、灌装尿素一气呵成，虽然上手才两个多月的时间，但赵、尹二人早已轻车熟路。

2021年3月10日，蒋丽英联合梁平区职教中心，创办田中秧智慧农业产业学院。回忆过往，她用"苦尽甘来"形容。至今，蒋丽英都还记得同年9月20日的宣讲场景：她指着一架无人机，绘声绘色地为刚入校的新生讲解智慧农业的现状和前景。有此一举，源于田中秧智慧农业产业学院首年招生的"惨淡"。

当时，梁平区职教中心的学生及其家长，都认为在乡下种田是一件"不光鲜"的事，都想干点"体面的工作"。所以学院成立之初，几乎无人问津。

面对窘境，蒋丽英筹划了为期3天、总计10堂覆盖全校学生的宣讲，让大家对现代农业有正确、客观的认识。宣讲结束后，田中秧智慧农业产业学院迎来了第一位学生——王洪林。出生于梁平区复平镇小山村的他，从小接触的农业模式就是"肩挑背扛"，对蒋丽英的讲述，王洪林很感兴趣，特别是无人机的各类应用。

在教学过程中，又出现了新的问题：王洪林的父亲坚决不同意孩子就读"种田的专业"，试图强迫孩子换专业。其他学生家长也存在类似情况。学校方面沟通无果后，蒋丽英开始收集关于科技创新农业的相关资讯，发给孩子们的父母看；拍摄孩子们驾驶拖拉机、执飞无人机的小视频发给他们的父母看；邀请家长们到学校座谈、到田间地头看子女的实际操作……久而久之，家长们的观念逐步转变，不少人认为：年轻人搞农业，还真是有些办法。

随后，越来越多的家长同意并支持自己的孩子选择田中秧智慧农业产业学院，跟着蒋丽英一起投身智慧农业。截至2023年，该学院已培养学生200余人，120余人考取了资格证书，并全部与蒋丽英的合作社签订了就业协议。其中，20名优秀学生晋升为合作社的合伙人，通过投资设备、投资土地的方式，年收益可达10余万元。

14年时间，蒋丽英创新科技服务模式，助推梁平区水稻生产机械化率达到90.56%，位列全市第一。梁平区也因此获批"全国第六批率先基本实现主要农作物生产全程机械化示范县（市、区）"。2019年，由蒋丽英躬身实践后总结提炼的《全程保姆式托管让农民当"甩手掌柜"》经验入选《全国农业社会化服务典型案例》，并面向全国推广，实现了从传统农业种植到机械化农业种植再到智慧农业种植的迭代升级。

蒋丽英的微信名是"Farmer"（农民）。蒋丽英始终以农民的身份为荣，同时，她也是一位主动探索传统农业向智慧农业转型的先行者，"谁种地，种什么，怎么种"的时代难题，她用实际行动给出了答案。

2024年6月13日，重庆市梁平区仁贤街道五一社区水稻托管基地，蒋丽英兄妹执飞无人机播撒化肥（郑友 摄）

让三峡文物"活"在当下

汪茂盛　宁小倩

2020年11月18日，重庆中国三峡博物馆当选"巴蜀文化旅游走廊新地标"。

讲述人

　　王川平，男，重庆中国三峡博物馆名誉馆长，重庆市政府文史研究馆馆员，国家文物局专家库专家，出版研究文集《在历史与文化之间》、诗集《王川平诗选》，主编《中国地域文化通览·重庆卷》《重庆库区考古报告集》等。

　　2024年8月4日上午7时01分，重庆中国三峡博物馆官方微博发布公告，当日预约已满。2024年7月以来，重庆中国三峡博物馆保持高客流量。

　　预约靠"手速"成为想一睹馆藏珍宝真容的游客们的必备技能。实际上，重庆中国三峡博物馆爆红网络，并非一朝一夕之事。

　　以重庆人民大礼堂对称轴为主轴线，重庆人民广场与重庆中国三峡博物馆之间以巨型琵琶图案连接，俯瞰时优美雄壮。不仅是外观吸引人，馆内收藏的"三羊尊""虎钮錞于""'巫山人'左侧下颌骨化石"等珍宝也吸引着无数游客前来观赏，央视《国家宝藏》栏目第四季的重庆期也将重庆中国三峡博物馆作为"主角"，这些都印证了重庆中国三峡博物馆

▎这是2024年7月28日在重庆中国三峡博物馆举行的《玉出大江——长江流域史前玉器特展》上拍摄的玉琮（黄伟　摄）

的影响力正逐渐提升。

而重庆中国三峡博物馆名誉馆长王川平，则是用了一辈子的时间，见证了这里的变化，也助推重庆中国三峡博物馆走上了如今高质量发展的道路。

全力以赴

1978年，时年28岁的重钢四厂工人王川平，在改革开放的激昂号角声中参加高考，并成功考入山东大学考古专业。至于为何选择考古专业，王川平受父母影响，认为："考古工作是与文物打交道，相对单纯。"就这样，他机缘巧合地踏入了考古领域。

1982年，王川平被分配至重庆市博物馆工作。起初对考古兴趣不浓的他，却在工作中越干越投入，未承想，这一干便是一生。

在三峡工程建设期间，生态保护、移民以及文物抢救性保护是库区面临的三大难题。由于时间紧迫、技术难度高且经费难以按时到位，三峡文物抢救保护一度被视为最难攻克的关卡，甚至不少专家直言"无法开展"。1992年至1996年，国家文物局主持调研并制定了三峡文物保护规划；1997年至2009年，则是三峡文物保护规划的实施阶段。彼时，已担任市文化局副局长的王川平，被任命为重庆市三峡文物保护领导小组组长，成为重庆库区三峡文物保护工作的牵头人。王川平暗自下定决心："唯有全力以赴，方能无愧于祖先。"三峡文物保护工作，时间紧迫，任务繁重，抢救文物数量众多，在国内乃至世界文化遗产保护领域都极为罕见。要完成这样一项"几乎不可能完成的任务"，仅依靠重庆的力量远远不够。

为了守护好三峡文化的根基，国家文物局几乎调集了全国的精锐力量汇聚三峡。"山区缺电，只能依靠煤油灯和蜡烛照明。许多专家夜间归来绘制图表，因视力不佳，有时头发和眉毛还会被烧到。"王川平说道。在中国考古学界，若未曾参与过三峡文物保护工作，实为一大憾事。在这样一场艰巨的战斗中，王川平凭借坚定的意志和实际行动，逐渐在三峡考古界声名远扬。

终得其"所"

三峡淹没区抢救出的文物应如何安置？怎样才能实现更好地保护、研究与利用？为妥善保护三峡库区抢救出的文物，2005年6月18日，位于重庆人民大礼堂中轴线上、人民广场西侧的重庆中国三峡博物馆正式开馆。

王川平介绍，修建重庆中国三峡博物馆，初衷便是为三峡文物寻觅一个归宿。他深知，作为直辖市的重庆，需要这样一座博物馆。新馆落成时，面积达4万多平方米，拥有30多万件文物的保存空间……重庆中国三峡博物馆不仅成为了三峡文物的安身之所，也将这些考古成果完整地展示于世人面前。"它被国务院办公厅批准命名为'重庆中国三峡博物馆'，中国的三峡博物馆建在重庆再合适不过。"王川平说。

步入博物馆大厅，迎面便能看到一对子母阙，其上雕刻着朱雀白虎，配以铺首衔环，虽历经近两千年风雨，依旧精美绝伦。这便是闻名遐迩的国宝——乌杨阙。在中国现存的30余处汉阙中，乌杨阙是唯一通过考古发掘复原的，保存、展示最为出色的汉阙。从这件国宝的发掘，到最终"落户安家"于三峡博物馆的大堂，每一步都留下了王川平的足迹。同样被视为三峡博物馆"镇馆之宝"的文物——鸟形尊、虎钮錞于、景云碑、偏将军金印、三羊尊等，也都得到了王川平及其同事们的精心呵护，在博物馆中"安然"地接受世人的观赏。如今，王川平已退休，但身为名誉馆长的他，一如既往心系博物馆建设。在他的悉心指引下，库区一座座博物馆相继建成……

重庆中国三峡博物馆外景（重庆中国三峡博物馆 供图）

任重道远

"历史上，巴、蜀两国大部分时间都友好相处，两国之间几乎没有明显的国界线。"王川平介绍。巴蜀文化是中华文化中一朵源远流长而又瑰丽多彩的奇葩，在成渝地区双城经济圈建设中，两地正携手打造高品质生活宜居地。重庆中国三峡博物馆作为集合了巴渝文化、三峡文化、抗战文化、移民文化和城市文化的历史艺术类综合性博物馆，成为两地进一步携手推进文物保护的有力抓手。

实际上，三峡博物馆与四川渊源颇深。早在20世纪50年代，因成渝铁路开工而在资阳发现了"资阳人头骨"化石，为保护文物开发，中共中央西南局于次年批准成立西南博物院，这正是重庆中国三峡博物馆等博物馆的前身。"西南博物院的收藏古今并举，一大批西南民族民俗藏品被收藏入馆。"王川平说。这些藏品成为重庆中国三峡博物馆等博物馆的藏品基础。而同样在四川的一些文博单位，也经常能看到出土自重庆的文物。例如，涪陵小田溪遗址出土的"战国填漆云纹铜方壶"、巫山大溪遗址出土的"大溪文化玉人面纹佩"等珍宝就被收藏在四川博物院。

重庆、四川的互动逐渐频繁，2020年6月，四川博物院和重庆中国三峡博物馆在官方微博开启"双城直播"接力，上半场半小时由重庆中国三峡博物馆开场，下半场半小时由四川博物院收官，线上观众纷纷留言"这样的直播再多一些""看不够"等。这次直播无疑是一次川渝文物的生动展示，一场打破时空的对话。但合作不止于此。王川平说，川渝同奏"文物曲"，必须规划先行，共同制定具有科学性、前瞻性和可行性的文旅发展规划，共同推动重要硬件设施建设和重点项目落地。

说干就干，2020年7月9日下午，在重

| 2024年7月28日，在重庆中国三峡博物馆，观众参观《玉出大江——长江流域史前玉器特展》（黄伟 摄）

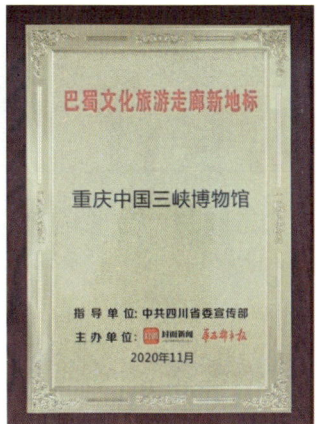

重庆中国三峡博物馆获评"巴蜀文化旅游走廊新地标"（重庆中国三峡博物馆 供图）

庆市文物局、四川省文物局领导的见证下，重庆市文化遗产研究院、四川省文物考古研究院、成都文物考古研究院三家机构在重庆签署了《推动成渝地区双城经济圈文物保护利用战略合作协议》，将成渝地区双城经济圈文物考古推向更高台阶、合作推向更深层次。

2020年11月18日，"成渝十大文旅新地标"颁奖典礼暨成渝文旅发展交流活动在四川省成都市举行。三峡博物馆获"巴蜀文化旅游走廊新地标"称号。在为期一个月的网络投票中，投票网站全网点击量已达数亿次，总票数接近450万，重庆中国三峡博物馆能够从中脱颖而出，与其深厚的文化底蕴和多样的展陈形式密不可分。"自古以来，川渝历史同脉、文化同源、地理同域、经济同体、人缘相亲，这在其他城市群是少有的。"王川平说。川渝有着美好的发展前途和充足的发展动力，同时需要我们巴蜀儿女续写巴蜀共生共荣的新篇章。

为长江"十年禁渔"志愿护渔

冯驿驭

> 2020年12月31日，由重庆市人民政府主办，重庆市长江禁捕退捕工作领导小组办公室、江北区人民政府承办的长江流域重点水域十年禁渔全面启动活动（重庆分会场）在江北嘴执法船舶码头举行。自2021年1月1日起，长江流域重点水域开始实行十年禁渔。

讲述人

刘鸿，男，重庆市江津区鸿鹄护渔志愿队队长，参与志愿护渔已有10年。

伴随着执法船队开展联合巡江的鸣笛声，重庆市内长江流域重点水域历时10年的全面禁捕正式启动。2020年12月31日，由重庆市人民政府主办，重庆市长江禁捕退捕工作领导小组办公室、江北区人民政府承办的长江流域重点水域十年禁渔全面启动活动（重庆分会场）在江北嘴执法船舶码头举行，这意味着长江流域重点水域禁捕（以下简称"长江十年禁渔"）于2021年1月1日开始。

长江十年禁渔，是党中央、国务院为全局计、为子孙谋的重要决策，是推动长江经济带高质量发展和恢复长江母亲河生机活力的重要举措。重庆地处长江上游和三峡库区腹心，实施长江十年禁渔，对推动长江经济带绿色发展、保障国家生态安全意义重大。对从小生在江边、被长江水养大的刘鸿而言，长江十年禁渔对他个人而言更是意义非凡。

长江流域　十年禁渔（今日重庆刘晓娜　摄）

初战告捷

21世纪初，刘鸿亲眼看到，违规采矿、采石毁坏着江岸，非法捕捞冲击着长江渔业。那时候，许多渔民都发出痛苦的疑问："长江是不是空了？"作为一名渔民，刘鸿最恨的便是非法捕捞的电鱼船。这些电鱼船采用电捕作业，船尾撑有两根竹竿，上面缠有铜线。竹竿、铜线带着电流投入水中，瞬间释放超强电流，让大量鱼群遭殃。电鱼后，非法捕捞人员再使用通电的抄网捞起鱼儿，一趟下来能捕获几百斤鱼。"长江就像是我的母亲。看到这些非法电鱼的行径，我心里很难过。"刘鸿说。

2014年，刘鸿开着自己的一艘小渔船回长江边上的老家，途中见到渔政部门工作人员正在投放鱼苗，给长江水中鱼群增殖。"这么多非法捕捞电鱼船，鱼苗放下去都被他们电死了。"刘鸿说。

渔政工作人员无奈地说："我们渔政工作人员实在太少了，有时候面对这些非法捕捞电鱼船也力不从心。"旋即，工作人员又两眼放光地问："你愿意参与志愿护渔吗？看到有非法捕捞的电鱼船通知我们，我们会进行处罚。"

长江风光（别致 摄）

　　刘鸿答应下来，当天吃完午饭便驾船出发开始志愿护渔。才驶出一公里，他就发现不远处有一艘非法捕捞电鱼船，有两人正在船上用电网捕捞。"你们用这种灭绝性的手段捕鱼，不想着为子子孙孙留点长江鱼吗！快停下！"刘鸿一边大喊着，一边举着手机拍照、发消息给渔民朋友请求帮助。眼看一个身材魁梧、皮肤黝黑的大汉开着快船追来，电鱼船上的两人撒下网就跑，刘鸿驾船疾追。在风浪湍急的江面上，在护渔志愿者上任的第一天，刘鸿便和非法电鱼分子上演了如此惊险的一幕。刘鸿虽办了渔民证，但平日里极少捕鱼，船上也没有多余设备，所以开得比电鱼船快得多。两公里后，刘鸿追上了电鱼船。他对两名非法捕捞人员大喊："请跟我到渔政部门接受处罚！"

　　"我们凭什么跟你去？"对方挑衅。刘鸿驾船把电鱼船逼到岸边，本以为对方会就范，谁知电鱼船突然调转船头，径直撞上了刘鸿的船。眼看自己的船被撞进水，刘鸿便跳进江中，又拉住电鱼船舷，翻身上去。在电鱼船上，刘鸿制服了一名非法捕捞人员，另一人仓皇逃走。前来帮忙的渔民把刘鸿的船拖了起来，避免其沉没，然后通知了渔政部门。人赃并获，还是抓的现行，另一人此后也不得不投案自首。

　　初战告捷，给了刘鸿极大的信心："我的志愿护渔之路开始了！"

全身护渔

刘鸿不仅组织起同样痛恨非法电鱼的渔民，还把自己经营的建筑公司工人也组织起来，一支护渔志愿队就此组成。第一个月，护渔志愿队就抓了近20条非法捕捞电鱼船的现行。当时，江津的非法电鱼分子之间流传着刘鸿的故事，大家都知道这一片有个人在抓非法捕捞电鱼船，很厉害。

护渔之初，刘鸿驾驶的是一艘铁板船，但大部分的电鱼船经过改装，航速更快，刘鸿经常追不上。2015年7月，刘鸿合规地用建筑公司的收益，定制了一艘高强度铝合金巡护艇，最高航速达到每小时50公里，是市面上航速最快的巡护艇，编号为"渔巡001"，此后又定制了"渔巡002"号。刘鸿和护渔志愿队升级着装备，非法电鱼分子也同样与他进行"装备竞赛"。"后来，这些非法电鱼分子被渔政部门抓捕，工作人员告诉我们，他们的电鱼船换上了动力更足的发动机。"刘鸿又对应着再次升级装备，从国外引进了高性能发动机。

2019年，在江津区农业农村委员会的指导下，刘鸿正式成立江津区鸿鹄护渔志愿队，此后新添了中型艇和大艇，组成了护渔"舰队"。"目前，护渔队共有2艘巡护艇、5艘中型艇和1艘大型艇。"刘鸿介绍。这些船只是分工不同，巡护艇负责制止非法捕捞行为，中型艇负责清江清网，大型艇负责远距离巡航。

组建"舰队"，购买夜视仪、对讲机、无人机等设备，再加上运行、维修的费用，刘鸿这些年已为护渔花掉300多万元，这些投入全部是他从建筑公司的收益中合规支出的。

为了护渔，刘鸿不仅投入了大量资金和精力，甚至自己受了伤也在所不惜。

2015年，农历春节，刘鸿和队员接到举报说有人在非法捕鱼，他们立即驾船前往。"非法捕捞分子看到我们的船就跑了，我们便停船上岸。"刘鸿说。突然，十多个人从山坡上冲下来，他们都是非法捕捞分子，把刘鸿和队员包围起来。刘鸿拿出手机拍照、录像，便有人前来抢夺手机，刘鸿防不胜防，又被另一人用鹅卵石砸破了头，血流不止。事后，刘鸿报了警，这伙人被抓捕落网。当天夜里，头上缝了五针、缠着纱布的刘鸿回到家里，妻子一时竟没认出他来。

有一次，一艘船假装自己是电鱼船引诱刘鸿驾船靠近，实则船上装载的是钢筋、石头，用于攻击刘鸿的船。平日里，刘鸿也发现，自家护渔船附近有人在"盯梢"，自己只要启航，他们就会给电鱼船通风报信。这让刘鸿的妻子十分担心丈夫的安危。"护渔受伤，在所难免。"刘鸿这样安慰妻子。不久后，渔政部门给刘鸿和队员们发放了制服，完善了证件，流血事件便很少发生了。

流血、增加投入……刘鸿把自己的全部身心都奉献给了长江。截至目前，他和队员助力破获的重大非法捕捞案件超过1000件。

盛景重现

2021年1月1日，重庆长江十年禁渔开始，同年，重庆开始建设首个珍稀鱼类收容救护中心，该中心设立在长江江津段的救护船上，聘请刘鸿的护渔志愿队负责鱼类救护工作。

2022年9月的一天，刘鸿与队员在长江上巡护时，发现江津张家沱附近的岸边放置着一张渔网，捞起渔网一看，网内竟有9尾国家一级保护动物长江鲟。不幸的是，其中2条长江鲟已失去生命迹象，另外7条已翻起鱼肚，奄

长江上游珍稀特有鱼类国家级自然保护区重庆收容救护中心（熊燕 摄）

奄一息。刘鸿把它们带到救护船上，这才发现它们长时间被网线勒住，身上到处都是血痕，其中一条伤势严重，命在旦夕。刘鸿为这条长江鲟做了缝合手术，队员们给每条长江鲟抹上红霉素软膏进行消炎处理，然后投放到康复池中。康复池内安装有循环充氧机，这种充氧机除了供氧外，还有净化水质的作用，为受伤的鱼儿提供无菌的生长环境。

"这些小家伙很怕人，刚放入活水舱就躲进暗处。"刘鸿说。但几天相处下来，它们和大家逐渐"亲近"，看见有人来，还游到舱口"打招呼"。一周后，7条长江鲟已基本康复。刘鸿用软网将它们一条一条捞出放入江水，目送它们重回长江。

自救护中心成立以来，刘鸿已救护近40尾长江鲟，以及30多尾胭脂鱼、40多尾崖原鲤。除了这100多尾珍稀鱼类外，刘鸿还救护了7000多尾各类长江鱼。如今，每次驾船游于长江上，刘鸿都能看见，岸边的青草茵茵，多年未曾见到的水鸟在其中嬉戏；水里鱼儿变多了，有时甚至会蹦到船上……

"2023年，我们还在水里发现了淡水水母呢！"刘鸿感慨道，"今年是我参与志愿护渔的第10年，我亲身感受到，每年长江都发生着可喜的变化。"

刘鸿的所见所感，也是长江十年禁渔带来的真实成效。

2021年1月1日，长江流域重点水域实行十年禁渔。这是以习近平同志为核心的党中央从战略全局高度和长远发展角度作出的为全局计、为子孙谋的重大决策，是落实长江经济带共抓大保护措施、扭转长江生态环境恶化趋势的关键之举。3年多来，重庆各级各部门锚定"一年起好步、管得住，三年强基础、顶得住，十年练内功、稳得住"总体目标，担当作为、精准施策，有力有序推进各项工作，长江十年禁渔取得阶段性成效。

"这里是我的家，我不救哪个去救？"

郑 友

> 2022年夏天，重庆遭遇罕见高温天气。自8月11日起，全市多地发生山火，其中，缙云山山火的火势最为猛烈，前后燃烧了整整5天。在决战缙云山山火的那一夜，无数消防人员和志愿者在防火隔离带上筑起一道长约两公里的"灭火"长城，全力以赴守护家园。

讲述人

张俊，男，重庆市北碚区二馒头汽摩托车培训中心教练。扑救北碚区缙云山山火时"一骑当先"，张俊相继获得"重庆好人""中国好人"称号。

"身为重庆人，守护家乡是我的责任，我只是做了该做的事。"2022年8月，重庆市北碚区缙云山的一场山火，让作为志愿者的重庆市北碚区二馒头汽摩托车培训中心教练张俊焦心不已。

一场场蹈火出征，一阵阵摩托轰鸣，一次次摔倒爬起，汇聚起感动整座城市的温暖和力量。扑救山火"一骑当先"，张俊"热心肠"的故事逐渐为人所知并广为流传。逆行山火，张俊相继获得"重庆好人""中国好人"称号。2023年12月8日，重庆市委宣传部将他作为见义勇为模范候选人申报全国道德模范。

参与缙云山山火扑救的张俊汗流浃背（张俊 供图）

逆火而行

"看，这几棵树是我去年种下的木荷，那边的几棵树是枫香，都是防火树种。"2024年8月6日上午，夏日炎炎，艳阳高悬，张俊用摩托车载着记者驶往北碚区歇马街道缙云山四号防火隔离带，酷热的风袭来，在耳边"呼呼"作响，让人感受到一股火热的气息。

2022年8月以来，由于持续高温干旱，重庆多地相继发生山林火灾。8月21日22时30分许，山火在北碚区歇马街道虎头村爆发。受风力风向、地形地势等因素影响，大火扑而复燃，多点散发，愈烧愈烈，火势逐渐向缙云山核心保护区和城市聚居区蔓延。

从山火发生的那一刻起，全市人民就开始了集结。在前线，专业救援人员第一时间开展山火扑救。在后方，不少市民也通过捐赠物资、报名争当志愿者等方式参与到山火救援中来。这当中，就有张俊。当时救火的一幕幕，如今还时常浮现在他的脑海。

缙云山地势陡峭，通往灭火点的道路狭窄，普通车辆上山困难，只有摩托车才能适应这样的路况。作为一名摩托车爱好者，张俊平时通过新媒体平台发布一些摩托车方面的内容，在抖音、快手等平台拥有超过30万的粉丝。"山路太陡，火又大，能不能再多叫些摩托车来运输物资？"2022年8月22日上午，张俊接到一通来自重庆交巡警的求助电话，他不假思索地应承了下来："这里是我的家，我不救，哪个去救？"他马上录制了一段小视频发到网络视频平台上，并标注了定位，召唤摩友们带车前来帮忙。与此同时，张俊迅速组织10余辆摩托车率先上山勘查情况，制订援助计划。

视频发布的24小时内，播放量就突破50万人次，有近百台摩托车前来支援。其间，张俊头顶烈日，驾着摩托车将矿泉水、灭火器、冰块等消防物资从山腰处的中转站一车车地运至防火隔离带。脚穿一双黄胶鞋，戴着头盔，驾驶着一辆摩托车，这就是山火救援期间张俊的标配。每天，他的衣服裤子都被汗水浸透，湿了又干，干了又湿。

义无反顾地穿行在尘沙四起的崎岖小路上，源源不断地运输着生机和希望，正是如此，更多人认识了这个网名为"二馒头"的摩托车手张俊。

大火扑而复燃，多点散发，愈烧愈烈。后勤补给仍有缺口，人手逐渐吃力，心急如焚的张俊于2022年8月23日在社交平台再次发布了一条招募短视

张俊（左）重回缙云山参与植树造林（张俊 供图）

频。让张俊没想到的是，这条视频发送仅1个小时，播放量就突破了500万人次，近千台摩托车陆续从全国各地赶来。当时，四川、武汉、广东等全国各地的摩托车手纷纷给他打来电话，更有一位来自黑龙江的摩托车手想带领500位车手前来驰援。考虑到就近原则，张俊最终整合资源，组织周边区县和省市的1000多台越野摩托车和车手，紧急投入运输后勤补给物资和一线开挖隔离带的战斗中。

勇者无畏

"我相信，待到来年春暖花开时，一棵棵树苗一定会把防火隔离带装点得生机盎然。"置身缙云山中，忆及众志成城般的救火往事，张俊心生感慨。他的思绪，不经意间又回到了当时的场景：8月的重庆，气温以40℃为基准持续升高。缙云山上，浓白夹杂着灰黄的烟雾直冲云霄，高温炙烤，山火加持，滚滚热浪扑面而来。

彼时，为了让物资和消防人员能更快从山下抵达隔离带，抢险人员临时开挖出一条简易便道，一共设置了5个集散点。从3号点再向上，坡度陡增，而且由于道路难行，消防车一过，水和尘土混合成了又厚又滑的泥浆，很多摩托车前一段行程是"满面尘灰"，后一段行程则是"泥浆裹身"，用背篓背着物资上山非常考验技术。"车子一滑，人就飞出去了。"运输过程中，张俊清楚地记得，很多摩托车手都曾翻车。他在救援途中也曾好几次摔倒，以前因骑车受过伤的胳膊在此次救援中再度受伤。

尽管山火肆虐、山路崎岖，摩托车的轰鸣声却从未停歇。张俊带领着上千辆摩托车组成的志愿者队伍，昼夜不停、翻山越岭，活跃在救援一线，分批运送救援物资和人员。背篓里的冰糕，摩托上的冰块，传递着善意和爱心。参与救援的许多消防员，第一次坐摩托车上山，第一次在火场上吃到了冰棍。

2022年8月24日，在配合消防员挖好超高隔离带后，张俊马不停蹄地带上部分车手支援璧山灭火；8月25日，缙云山灭火总攻发起，张俊协同越野摩托车手们运输各类物资以及近百名消防员上山灭火，并一道建立起运输物资与协助灭火的"人墙"；8月26日，山火被彻底扑灭后，张俊继续带领车手，为清理灭火战场的人员做好后勤保障工作。至此，张俊在这里连续奋战了5天。

据不完全统计，张俊和其他摩托车手合计运送4000多件矿泉水、3000多份盒饭、100多件防暑药品、大量冰镇食品、上百名消防人员以及几百个专用重型灭火器上山，配合挖掘隔离带8公里，打通了北碚山火救援的物资保障生命线。包括张俊在内的众多志愿者，为夺取山火救援行动胜利做出了不可磨灭的贡献。

网友们不禁心生感叹："明知艰难却毅然出发，这些重庆崽儿，好帅。""山间小路，热浪奔涌，看不清你的脸，却能看清你勇敢的心。"

家国情怀

"从小望着缙云山长大，与生俱来便和缙云山有着无法割舍的感情。"37岁的张俊是一名土生土长的北碚人，老家位于北碚区东阳街道西山坪村。从西山坪村远眺，缙云山就坐落在嘉陵江对岸。事实上，他是这么说的，也是这么做的。近两年来，张俊几乎每周都要重上缙云山，与森林管护站的工作人员一起讨论山林的抚育、管护等。

2022年冬季，缙云山迎来大雪天气，飘飘洒洒的雪花让缙云山遍地银装

张俊号召广大摩托车手参与扑灭缙云山山火（张俊 供图）

素裹，积雪最厚时甚至能没过脚踝。一些林业专家告诉张俊，大雪覆盖能减少部分病虫害的发生，这对春季森林的生长大有益处。

张俊腿脚不那么灵活，尤其不擅于翻山越岭，但偶尔也会跟随护林员一起巡山，他会小心翼翼地清理掉幼枝上的积雪，和工人们一起给受伤的树干包扎，促其愈合，恢复生长。就在2023年4月，张俊带着儿子上山玩耍时，竟然发现一株株新竹从烧焦的竹根缝中长出，"有的比人还高，竹叶碧绿青翠，甚为繁茂，一阵微风吹过，竹林'沙沙'作响。那一刻，我喜出望外"。

顺着张俊手指的方向，记者看到，如今新竹已成为了竹林，郁郁葱葱，呈现出一片生机勃勃的景象。当年，张俊参与通宵奋战挖出的隔离带，成了这片林子的防护墙。林业部门找来，请志愿者代表回缙云山做森林防火宣传，他欣然应允。

如今，只要有时间，张俊便会参加一些森林防火宣传的志愿服务活动，向缙云山上的游客讲述救火故事，呼吁游客不乱扔烟头、禁止燃放烟花爆竹等。让这片山林能够继续造福山民、泽被子孙，张俊满怀憧憬。村里找到张俊，想借助"名人效应"，宣传推广农产品。他二话没说，出镜、拍摄、剪辑便是一通忙活。

2023年6月，张俊荣登"中国好人榜"。"我只是一个普通人，尽自己所能为生我养我的地方做了点事，这个荣誉应该属于成千上万的志愿者。"谈及未来，张俊满眼坚定，"可能是我的性格，总喜欢做一些正能量的事情，就感觉自己应该上，有了大家才有小家。"

用灯光为新重庆"写诗"

龙宣辰　王琬玲

2023年除夕夜，中国·重庆首届国际光影艺术节优秀作品展在重庆市南岸区长嘉汇弹子石广场、江北区江北城街道聚贤岩广场举行，为人们呈现了一场丰盛的视觉盛宴。

讲述人

周波，男，四川美术学院教授，中国照明学会室内照明专业委员会委员，重庆市照明学会副理事，重庆市美术家协会艺术与科技专委会副主任。

2023年的除夕，对于许多重庆人来说，都是难忘的。一场迎春灯光秀在夜空上演，山城在光影与音乐的律动中，显得美轮美奂。

彼时，四川美术学院教授周波手握对讲机，默默站在灯光秀展示台旁。由他总负责的中国·重庆国际光影艺术节优秀作品展是这场灯光秀重要组成部分。

周波是国内照明艺术设计高等教育的开创者。2012年，他率先创办了国内艺术院校照明设计专业方向；2018年主持了国内首个"光艺术创新设计人才培养"项目；2022年策划了"中国·重庆首届国际光影艺术节"。在艺术与科技的碰撞中，周波用一束束灯光，照亮重庆之夜。

零的突破　为重庆引入国际光影艺术比赛

如何以光影艺术为城市发展赋能，具有重要的学术与行业意义。

"在国际光影艺术领域，重庆乃至大多数中国西部内陆城市都缺乏知名度。"在周波看来，鲜有城市能比重庆更适合这项夜间的艺术："一是重庆空间载体好，山、水、城、桥、林构建了丰富的光影艺术载体层次；二是城市夜景本来就是重庆的特色与城市名片，是国际旅游目的地之一。"

2022年，以"一带一路"国际化交流项目为契机，四川美术学院争取到举办"中国·重庆首届光影艺术节"的机会。但当周波踌躇满志地等待各国队伍参赛时，数百封邀请函竟石沉大海，无一回复。"重庆没举办过这个比赛，大家不信任、不放心。"周波却不认输，他与学生给全球知名光影艺术创作团队，一个个发邮件、打电话，用充分的沟通建立信任。

最终，在2023年1月6日至10日，川美成功举办"中国·重庆首届国际光影艺术节"，来自18个国家和地区的133件光影艺术作品，让九龙坡区黄桷坪街区成为一个大型的沉浸式光影艺术空间。

501艺术仓库的外墙面变成了一个特别的展场，来自中国等国家的一种3D投影技术（3DMapping）作品覆盖其上，光影线条在墙体上自由翱翔，一个个奇幻的光影世界，破开黑夜的虚空，让红色的砖墙以崭新的形态出现在人们眼前。

很快，2023年1月21日除夕当夜，"2023迎春·中国重庆首届国际光影

市民举着手机拍摄"2023迎春·中国重庆首届国际光影艺术节优秀作品展演"内容（四川美术学院　供图）

"2023迎春·中国重庆首届国际光影艺术节优秀作品展演"现场图（四川美术学院 供图）

艺术节优秀作品展演"在长嘉汇弹子石广场与聚贤岩广场同时举办，与大桥、楼宇、趸船上的灯光共同点亮重庆两江四岸核心区的璀璨夜空。

重庆的光影之夜，惊艳八方。

开全国先河　打造中国照明艺术的主力军

21世纪初，随着城市建设与文旅等行业快速发展，照明设计人才愈发得到重视。但传统的照明设计人才一般由工科院校培养，而照明艺术作为一种视觉艺术更需要艺术创意设计人员的高度参与。

能否在川美也开一个相关专业？周波一将此念提出，便得到四川美术学院各级领导认可。

为此，他踏上了"寻师之路"，穿梭于各个相关行业展会，到开设了相关专业的高校求经。

为了向知名照明设计公司美国BPI前总裁、美国纽约帕森斯设计学院建筑照明设计研究所教授周錬请教，周波特意从乘飞机到北京，购票参加周錬讲座。

通过诚意的交流，曾为故宫博物院、自由女神像、吉隆坡双子塔、香港国际金融中心等国际知名建筑进行照明设计的周錬答应了周波，带着国际化的视野与成熟的照明艺术教学经验，担任四川美术学院公共艺术学院艺术与科技专业照明艺术设计专业方向的客座教授。

2012年，四川美术学院在艺术与科技专业下新设照明艺术设计专业方向，成为国内第一个设立照明设计专业教学的艺术院校。

自此，照明人才培养不再是纯工科教育，光与艺术在川美的课堂上交融发展。

2021年，艺术与科技专业获批重庆市一流专业建设；2022年，获批国家一流专业建设。12年来，川美立足于社会对照明艺术人才的需求，从零开始，不断探索、广泛合作，在照明行业专家、学者、企业的大力支持下，专业建设和人才培养都取得了优异的成绩，成为了国内照明艺术设计人才培养的核心力量。

"2023迎春·中国重庆首届国际光影艺术节优秀作品展演"中展示的优秀作品
（四川美术学院　供图）

流光绘影　用专业装点重庆夜晚

周波热爱重庆。但也因为热爱，常觉不足。

"重庆夜景装饰不能限于千城一面"，"隧道与桥是重庆的特色，在夜间装饰方面还有可提升空间"……多年来，周波深入各地调研重庆城市空间照明艺术设计情况，用自己的专业装点着重庆的夜晚。

"照明艺术，是一场与生活互动的艺术。"即使已过去许久，周波依然记得2023年除夕时，为灯光秀做最后调整的夜晚，当光圈打在空地上，与光影追逐的孩童那银铃般的笑声；也记得，当光柱掠过市民头顶，大家的目光随之延展至两江四岸时，欢呼声中的幸福。

城市灯光是夜晚的艺术，而这些热情与欢乐，便是支撑年过六旬的周波，熬过一个个长夜的精神支柱。

如今他正忙着操办"中国·重庆第三届国际光影艺术节"，他希望光影艺术节能成为重庆与国际灯光艺术对话的舞台，为他热爱的城市添光加彩，成为山城的文化金名片。

夜来街路如金带，城市繁华看彻宵。当我们漫步在山城夜色之中时，也许眼前的某盏灯、某束光，便是周波为这座城市写下的诗篇。

"小巷书记"的民生使命

胡晨愉

> 2024年4月22日，在重庆考察的习近平总书记走进九龙坡区谢家湾街道民主村社区，同社区居民亲切交流。作为民主村社区党委书记、居委会主任，伍成莉向总书记介绍了这两年社区的发展情况和居民生活发生的变化。

讲述人

伍成莉，女，重庆市九龙坡区谢家湾街道民主村社区党委书记、居委会主任，重庆市第六届人民代表大会代表。

初见伍成莉，是在她工作的间隙。2024年7月12日，在重庆市谢家湾街道民主村社区党群服务中心，她刚为国家电网重庆市区供电公司九龙供电中心党总支、重庆燃气集团股份有限公司九龙坡分公司经营党支部和民主村社区第一网格党支部的党员上完一堂党纪学习教育专题党课，一头秀发整齐地束在脑后，尽显干练。

前段时间，习近平总书记来到重庆考察，走进九龙坡区谢家湾街道民主村社区，察看小区改造等情况。作为民主村社区党委书记、居委会主任，伍成莉向习近平总书记汇报了这两年社区的发展情况和居民生活发生的变化。

"中国式现代化，民生为大。"习近平总书记的殷殷嘱托催人奋进，让伍成莉为民服务的心更加坚定。

向下扎根
深耕基层沃土

2024年，是伍成莉扎根社区的第13个年头，每天处理千头万绪的社区工作，早已成为她的习惯。她用13个春秋，将自己的根深深扎进了谢家湾街道这片充满烟火气的土地，用细腻与坚忍，书写出一段又一段社区佳话。

但她与社区的缘分，绝不仅限于这13年。

在伍成莉的童年记忆中，舅舅所居住的社区，有一位特别的婆婆，她总是戴着醒目的红袖套，和蔼可亲、雷厉风行。每当遇到困难，居民们都会向她寻求帮助。"为什么大家都如此信任她？"年幼的伍成莉心中充满了疑惑。

2024年《重庆日报》关于习近平总书记视察重庆市九龙坡区谢家湾街道民主村社区的报道
（重庆日报 供图）

随着时间推移，伍成莉渐渐领悟到，"红袖套"婆婆之所以在居民中享有如此高的声望，是因为她用切身行动、奉献精神，赢得了众人的尊敬与爱戴。这份感受，如同一粒种子，扎根在伍成莉的心中。

中学时代，伍成莉对法医书籍情有独钟，那些关于探寻真相、揭示罪行的文字，如同春雨滋润着她内心深处对公平正义的渴望，"谋一份公平正义，守一方安宁祥和"的信念在她心中"生根发芽"。

2006年，伍成莉大学毕业。在陕西上大学的她，毅然放弃台资企业的高薪工作，选择回乡发展。干行政、做销售，在企业上班的她，有着不错的收入，但她总觉得生活中似乎缺少了某样东西，"那是一种难以言喻的满足感与归属感"。

"小巷书记"的民生使命 395

时光更迭向前，六年一晃而过。2012年，九龙坡区首次面向社会公开招聘社区工作人员。

伍成莉心中的那颗种子，终于等到了破土而出的机会。递交报名申请，顺利通过笔试、面试、计算机考试，她如愿成为谢家湾街道综合治理办公室（现谢家湾街道办事处综合事务岗）的一名工作人员，负责协调、管理辖区内13个社区的平安建设、信访维稳等工作。

"自那时起，我便给自己立下一条规矩——让居民进门见笑脸，出门展笑颜。"面对多元化的居民诉求，伍成莉始终保持耐心、充满热情，"每一位走进综治办的居民，都带着各自的困扰与期待，我不能让他们失望。"

倾耳细听　时时放心不下

社区虽小，却连着千家万户。

"群众之事无小事。"自伍成莉选择投身社区工作的那一刻开始，她的心便与社区、与居民紧密相连。"解决居民烦恼，必须练就'十八般武艺'，而其中最关键、最有力的'武器'，就是倾听。"经过深思熟虑，伍成莉一语总结出她多年来深耕社区的宝贵经验，"只有倾听，才能识别群众需求，从而找到解决问题的最佳途径。"

2020年，谢家湾街道华润凌江社区网格员傅萍向伍成莉反映，该社区内，一家租户生活捉襟见肘，不仅支付房租压力大，就连日常生活的开销也难以负担。了解情况刻不容缓，伍成莉立即赶往租户家中。原来，租户是一位身患尿毒症的父亲，与他相依为命的，是一个年仅9岁的孩子。持续、高昂的医疗费用，如同一座大山，压得父子二人几乎喘不过气来。在与他们深入交谈后，伍成莉清晰地认识到，当下他们最迫切的需求便是争取资金援助、缓解租房压力。联系房东说明情况、争取爱心企业援助，在多方的支持和帮助下，父子二人不仅房租全免，还收到了生活必需品和医疗救助金。

资金问题已然解决，如何照顾患病父亲成为摆在9岁孩子面前的一道难题。"我们会安排专业护工照顾你的父亲，你只需要专心学习，其他的都交给我们。"伍成莉承诺道。

时光荏苒，转眼间，2024年仲夏已至。6月14日，中考刚落下帷幕，伍成莉的手机屏幕亮起，一条微信消息跃入眼帘："阿姨，你现在在哪里？我今天中考结束了，我想见见你。"那天下午，孩子穿着伍成莉赠送的球鞋，满怀期待地赶来见她。孩子脸上灿烂的笑容，仿佛夏日里的阳光，温暖而耀眼，"看到他如此阳光开朗，我便放心了，也觉得我的工作更有意义了"。

从综治办基层办事员的岗位一步步走来，经过黄家码头社区居委会副主任、副书记，华润凌江社区党委书记、居委会主任等多个岗位的锻炼，如今，伍成莉一肩挑起民主村社区党委书记、居委会主任的重担。"变的是职位，不变的是倾听者、知心人的角色。"伍成莉说。

"欢迎你们反映问题，我们一起来解决。"民主村社区居民彭其碧说，这是"小伍书记"时常挂在嘴边的一句话。从家长里短到柴米油盐，只要是居民关心的问题，无论大小，伍成莉都会倾耳细听、尽心解决。

牢记嘱托　不负切切期盼

2024年4月22日，习近平总书记在重庆考察时来到民主村，察看小区改造和便民服务情况，同社区工作人员和居民群众亲切交流。"我向总书记介绍了近年来社区建设的成效、居民生活发生的变化。"伍成莉激动地说，"总书记像拉家常一样关心我们，让我们感到非常温暖。"

考察当天，习近平总书记来到社区会客厅察看展板，仔细倾听讲解，不时驻足提问。在"落寞的住区"部分，一组微微泛黄的老照片吸引了习近平总书记的目光。照片展示的，正是民主村改造前的模样。

民主村，是一个承载着几代建设机床厂工人记忆的老旧社区，始建于20世纪50年代。房屋沿坡而建、错落有致，历经岁月洗礼，静静矗立在时光长河中，一砖一瓦都诉说着岁月变迁的故事。多年过去，风雨侵蚀下的房屋、坑洼不平的道路、错综复杂的管线，昔日令人羡慕的国有大厂家属区，开始日渐萧条。与此同时，随着城市发展，民主村周边地区高楼渐起、商铺林立，尤其是附近的杨家坪商圈和万象城商圈建成之后，老旧的民主村更是显得格格不入。"那时居民都说，旁边是商场，我们是'乡场'。"伍成莉坦言，"居民们心里的落差越来越大，一批又一批年轻人选择离开。"

2021年，全国首批城市更新试点工作正式启动，九龙坡区作为试点区之

民主村社区食堂（胡晨愉　摄）

一，民主村片区城市更新项目被列为市级重点项目，民主村正式拉开"更新"序幕。老旧小区改造，既要改善外露的面子，也要做好惠民的里子。

"总书记留意到，我们社区60岁以上老人占比超30%。"伍成莉说，习近平总书记问，社区的老楼有多高、有没有电梯、老人方不方便下楼。她一一回答，社区里的楼梯房一般有8层，电梯安装工作已经启动，目前已安装好4部，其余的在陆续推进。

老旧小区焕然一新，居民精神生活也日益丰富。伍成莉欣喜地向习近平总书记汇报，每次社区举办活动，居民都会积极参与，社区凝聚力越来越强。"总书记来我们社区视察，让我们干事的信心更足，干劲也更足。"伍成莉说，"这是一份关切，更是一份信任。我一定要竭尽所能，团结带领社区干部居民，把我们的家园建设得更好。"

因事制宜　巧解民之所忧

乘着政策东风，民主村城市更新项目二期正在稳步推进。

"如何让小区改造真正改到居民心坎上？"夜深人静时，沉甸甸的责任感如潮水般涌来，让伍成莉辗转反侧，难以成眠。"众人拾柴火焰高，既然是众人的事，那便同众人商量。如此，才能真正做到'民呼我为'。"伍成莉深信，

"只要实实在在为老百姓着想、为老百姓办事,老百姓是感受得到的。"在民主村,她引领了一场场生动的民主实践,以单元楼入户通道的改造为例,都是坚持采用"一栋一策"的灵活策略,"让住户自己说了算"。

民主一村44栋,原入户口并未设置无障碍通道。一日,居民廖阿姨找到伍成莉,希望将单元入户口的楼梯改建为无障碍通道。如此提议,是因为该栋2楼有一位老人腿脚不方便,日常出行需要乘坐轮椅。征求群众意见、设计可行方案,不久后,楼梯变成缓坡,为老人铺就了一条无障碍的回家路。

在民主二村5栋,情况却截然不同。

民主二村5栋的入户口恰好与马路相接。城市更新项目设计师在对该区域进行勘察后,提出在楼梯两侧增设无障碍通道。然而,这个看似完美的设计方案却遭遇了居民的反对,"加装无障碍通道不仅会侵占马路、存在安全隐患,还可能导致原本狭窄的通道变得更加拥挤"。连续多日深入群众,耐心听取各方意见,伍成莉最终决定因地制宜,放弃在民主二村5栋加装无障碍通道的方案。

道路升级改造,仅是民主村旧貌换新颜的举措之一。安装电梯、规整管网、搭建雨棚、重塑外立面……如今,一项项城市更新举措在民主村悄然铺开,伍成莉坚持凡事与居民共同商议,力求让每一项决策都符合居民的实际需求。

"智慧源自群众,力量汇聚于共识。"伍成莉说,"真正解决群众所需,他们自然会点赞。"将芝麻小事放在心上,将居民的需求作为行动指南。伍成莉如同"红袖套"婆婆一般,用真心换取了居民的信任和支持。

岁月悠悠,十三载深情耕耘,伍成莉从一名初出茅庐的青年干部成长为"小巷书记"。她对这片土地的爱,如同细雨润物,无声滋养着每一颗渴望幸福的心,让爱在细微处悄然绽放。"每当看到居民满意的笑容,听到他们温暖的关怀,所有的疲惫都化作了无尽的甘甜。这份来自基层工作的获得感、群众认可的幸福感,是我生命中最宝贵的财富。"说到动情处,伍成莉眼角含泪,"这是我热爱的工作,也是我想要的生活。"

附录

历史上三次提出建设"新重庆"奋斗目标

刘 华

回顾重庆解放以来的历史，三次提出建设"新重庆"的奋斗目标，以此激励全市人民不懈奋斗，在新的发展阶段实现重庆新的跨越式发展。

重庆解放之初
提出"建设人民的生产的新重庆"

1949年11月30日，西南重镇重庆解放。重庆解放后，在西南局的领导下，重庆仅用短短53天时间，顺利实现了对旧政权机构的接管工作。1950年1月23日至29日，重庆市第一届各界人民代表会议召开。会上，西南局第一书记邓小平作《团结起来 战胜困难》的报告，西南局第二书记、西南军政委员会主席刘伯承作《为建设人民的生产的重庆而斗争》的报告。邓小平在报告中指出："人民的新重庆，是会在重庆人民团结的基础上加速地建立起来的。"

这次会上提出了"建设人民的生产的新重庆"的奋斗目标，其中"人民的"充分体现了新成立的人民政府是人民自己的，也是为人民谋幸福的；"生产的"体现了恢复和发展生产是解放初期刻不容缓的首要任务。1951年12月，重庆市人民政府将这一奋斗目标——建设人民的生产的新重庆，镌刻在重庆市区佛图关的崖壁上，以此来号召和激励重庆人民为之不懈奋斗。在这一奋斗目标指引下，在党中央和西南局的领导下，重庆各级党组织团结带领全市人民，迅速医治战争创伤，及时进行土地改革和城市社会改造运动，采取一系列措施调整工商业、整顿财政金融、稳定物价、修建铁路……国民经济得到迅速恢复和发展，人民生活得到极大改善。

重庆直辖之初
提出"建设繁荣、富裕、文明、进步的新重庆"

1997年3月14日，八届全国人大五次会议审议通过《国务院关于提请审议设立重庆直辖市的议案》，正式批准设立重庆直辖市。1997年5月27日至6月1日，中国共产党重庆市第一次代表大会召开，审议通过了《负重自强，加快发展，为建设繁荣、富裕、文明、进步的新重庆而奋斗》的报告，号召全市各级党组织和全体共产党员为建设繁荣、富裕、文明、进步的新重庆而努力奋斗。

这次大会把中央的系列大政方针与重庆实际相结合，将发展作为第一要务，提出建设"繁荣、富裕、文明、进步的新重庆"奋斗目标，对直辖后的重庆开好局、起好步产生了重要作用。此后，重庆紧紧抓住重庆直辖、三峡工程建设和实施西部大开发战略等历史机遇，带领全市人民实现了重庆直辖后各项工作的良好开局，经济社会发展速度明显加快，综合经济实力不断增强，人民生活水平不断提高，作为特大经济中心城市的"龙头"作用、"窗口"作用、枢纽作用和辐射作用进一步增强，带动了川东乃至西南地区和长江上游地区的经济社会发展。

新时代新征程
提出全面建设社会主义现代化新重庆

2022年12月21日，中国共产党重庆市第六届委员会第二次全体会议召开，审议通过了《中共重庆市委关于深入学习贯彻党的二十大精神 坚决拥护

"两个确立"坚决做到"两个维护"在新时代新征程全面建设社会主义现代化新重庆的决定》，号召全市各级党组织和广大党员干部要更加紧密地团结在以习近平同志为核心的党中央周围，高举中国特色社会主义伟大旗帜，全面学习贯彻落实党的二十大精神，坚定信心、同心同德、苦干实干、砥砺奋进，为全面建设社会主义现代化国家、全面推进中华民族伟大复兴贡献更大力量。

全会强调，要对标落实党的二十大战略部署，全面建设社会主义现代化新重庆。新时代新征程新重庆这一主题主线，锚定了重庆发展新的历史方位，要以时不我待、只争朝夕的责任感和使命感，拥抱新时代、奋进新征程、建设新重庆。这次全会紧扣"新时代、新征程、新重庆"主题主线，对建设社会主义现代化新重庆的目标任务、路径举措、体制机制等作出了全面部署。

回顾重庆解放后三次提出建设"新重庆"奋斗目标，都是顺应历史发展的新变化，在党中央的领导下，擘画了重庆新发展蓝图。重庆解放之初，人民翻身成为社会的主人，提出"建设人民的生产的新重庆"的奋斗目标，体现了为人民谋幸福、为民族谋复兴的政治自觉。重庆直辖之初，"小重庆"变身"大重庆"，提出"建设繁荣、富裕、文明、进步的新重庆"，体现了顺应管理体制变化的必然要求。在全党全国各族人民迈上全面建设社会主义现代化国家新征程、向第二个百年奋斗目标进军的关键时刻，对标落实党的二十大战略部署和推进中国式现代化的目标要求，重庆提出"全面建设社会主义现代化新重庆"的奋斗目标，这是主动适应全面建设社会主义现代化国家需要的战略选择，以更好推动党的二十大精神在重庆开花结果。

新征程已经开启，新蓝图催人奋进。全市上下要以"全面建设社会主义现代化新重庆"的奋斗目标为引领，以加强党的全面领导、全面加强党的建设、全面从严治党为主线，完善党建统领"885"工作体系，与时俱进打造具备适应和引领现代化能力的新时代"红岩先锋"变革型组织，为推动高质量发展、创造高品质生活、实现高效能治理提供坚强保障，奋力谱写中国式现代化重庆篇章，为强国建设、民族复兴伟业作出新的更大贡献！

作者系重庆市委党史研究室二级巡视员

后记

《那年·那事·那人：重庆1949—2024》是在中共重庆市委宣传部的指导下，由中共重庆市委当代党员杂志社编纂、重庆出版集团出版的为庆祝新中国成立75周年的献礼图书。

今年是新中国成立75周年，也是重庆解放75周年。2024年初，在中共重庆市委当代党员杂志社召开的年度重大主题宣传（出版）选题会上，总编辑张斌璨提议实施庆祝新中国成立75周年出版项目，从新中国成立以来，每年选取一件事，以事找人、以人说事，通过一个个故事，回顾75年来重庆波澜壮阔的伟大历程，从重庆一域管窥新中国成立75年来的伟大足迹。这一设想得到中共重庆市委宣传部副部长马然希的肯定，也引起了重庆出版集团的共鸣。在中共重庆市委宣传部的指导下，中共重庆市委当代党员杂志社和重庆出版集团决定联袂出版《那年·那事·那人：重庆1949—2024》，共同向新中国成立75周年献一份贺礼。

在广袤的巴渝大地上，每天都有大事、要事、新鲜事发生，在75年中选事找人，就像在浩瀚的大海中寻找珍珠。为了尽可能地寻找具有代表性的事件和人物，中共重庆市委老干部局、中共重庆市委党史研究室、重庆市档案馆、重庆市地方志办公室、重庆红岩革命历史文化中心、重庆日报报业集团等单位给予了大力支持，党史专家周勇、艾新全、唐润明等多次参加选题研讨，帮助出谋划策。

因为时间跨度长，选出来的人和事难免挂一漏万，加之仁者见仁、智者见智，选出来的事和人也难免失之偏颇。由于时间仓促，水平有限，参与访谈、写作的人员较多，且以年轻记者为主，因此内容难免有粗糙之处，有的史料、细节恐与史实有所出入，因此请广大读者海涵，批评指正。

参与访谈、写作的主要是中共重庆市委当代党员杂志社的编辑记者：周神青、赵青、徐焱、张熊雄、董莎莎、夏祥洲、段雅婷、全丽、赵廷虎、刘桂池、唐浚中、郭羽、蒋炀、杨涛、郑友、刘丹、唐余方、王雪、陈诚、汪茂盛、龙宣辰、孙茜、许幼飞、冯骅驭、陈一豪、别致、陈骅、王婉玲、胡晨愉、范圣卿、龙籽凝、刘泳含、张雨欣、胡梦元、罗欣、李杜鹃、曾媛、周小凤、李微希、李凰言。

同时还要感谢以下作者的参与，他们是（按姓氏笔画排名）：文程生、文凯丽、孔令湫、申晓佳、冯茴花、宁小倩、任重、任继友、刘祎、刘政宁、齐宏、李琅、李欣、李前磊、张鉴、张祎、张桂林、杨可、陈波、陈英、陈万鑫、罗成友、周云、周芷琦、周闻韬、胡雪莹、姜峰、高万红、高晓燕、唐奕、袁玲、黄艳春、彭宁、穆仕刚。

本书能顺利出版，要感谢中共重庆市委宣传部的精心指导与大力支持。

感谢中共重庆市委党史研究室的领导和同志们在百忙之中为本书进行审核把关。

本书的编写和出版，得到了重庆出版集团党委书记、董事长、总经理李斌，副总编辑别必亮等同仁的大力支持和倾心付出。

重庆市政府原顾问甘宇平同志冒着酷暑亲自为本书作序，让编者备感振奋。

尤其感谢所有受访者，他们不仅是新重庆的建设者、亲历者、见证者，也是这本书的讲述者；还有很多热心人，包括一些已经离开重庆多年的老领导，他们也为本书的编写提供了很多宝贵的意见。

本书所选图片主要来自重庆日报报业集团、视觉重庆等单位和受访者。对于部分历史图片，因年代久远，无法联系到作者的，我们已将版权使用费交付重庆市版权保护中心代为转付。

在此一并致以谢忱！

编　者
2024年8月24日